聞き書 村井実回顧録 正続

森田尚人・諏訪内敬司 編

■ 正編　まえがき

私は大学入学以来、ほぼ六十余年の歳月をもっぱら一教育学徒として過ごしてきたのであるが、その間の主要な研究活動をめぐっての「聞き書き」が、ここに、教育哲学会から選ばれた森田尚人教授とご協力の方々の五回にわたるご質問とそれへの私の応答という形で記録されたわけである。

私はいま、このことを教育学徒としての無上の光栄であり、また幸せとも感じている。そして今回のこの企てとその進行にあたって、深いご理解力と行き届いた心遣いとで私の応答を導き出してくださった森田尚人教授にはもちろん、ご協力くださった生田久美子教授と松浦良充教授、およびこの企画を発案・推進くださった教育哲学会の当局に心からの感謝を捧げたい。

心からの感謝と言うが、私はいま、これは文字どおり「心からの感謝」としか言いようがないと感じている。理由は、三つに分けて挙げることができると思う。

一つは、聞き手としての森田教授のリードの下に行われたご質問が、教授の側の豊かな学術的教養と、取り上げられる問題への広く深いご理解と、刻々に変化する話題の流れへの行き届いたお心配りとをもって、じつに見事に進められたということである。

それによって、答える私の方でも、思わず引き込まれ促されて、時には無用とも思えるおしゃべりまでしてしまったかもしれないが、それによって「聞き書き」の全体は、はからずも過ぎ去った時代相を再現したりして、読者にはかえって興味深いものとなり、また学術研究というものを、意外に人間的に親しみやすいものとして受けとめていただけることになったかもしれないと思うのである。

第二は、答える立場の私の側のことであるが、生来不精な性質と生活に慣れてきたために、このたびしみじみ反省させられたのは、出会った当時には新鮮できわめて重要と感じられたはずのことがら、決して忘れまいぞ、忘れるはずはないと思っていたことがらが、いつか綺麗に記憶から消え去っていて、今回の巧みなご質問に応じていまさらのように蘇って、思い出させていただいてよかったと感じさせられることがじつに多かったということである。

学術研究上であれ、先生方や友人との私的な交わりについてであれ、思い出されたことはさまざまであるが、当時はなんでもないかに感じていたことがらさえいまや重要な意味をもっていたと気付かされるケースも少なくなかった。六十年という時代の大きな変化が挟まっていたということもあるが、私にとっては得がたい再体験の機会と言うのであろうか、それとも人間一般としては、ソクラテスのいわゆるアナムネーシス（想起）の神妙な働きとも何か通じるものがあったのであろうか、とに角思いがけなくもじつにいい回想の機会を与えていただけたと、心から感謝しないではおれないのである。

そして第三の理由である。

これは、ここで私が回顧を求められた「教育学」研究という生き方に直接に関わってのことであるが、私はこの回顧を通じて、じつはいま、過去六十余年にわたる自分の「教育学」研究の生活が完全に「アポリア」（行き詰まり）に陥ったのであり、その意味で「挫折」したと感じないわけにいかないでいるということである。

私の研究の行きついたところが、最近の拙著の表題が示すとおり、『新・教育学「こと始め」』ということであり、一読して直ちに分かっていただけるように、私にはいまや、私たちの日本でのみならず、世界中での「教育」の考え方が従来のままではもはや通用しないと見られるに至ったのであり、「教育学」もまた、新しい人間観、つまりこれまでは完全に見過ごされてきたと思われる、「人はだれもが『よく生きよう』としている」という人間観に立って人間を見直し、その新しい人間の事実をあらゆる仕方で共同吟味することから出直さなければならない、という研究上の自覚、言い換えれば、人類が久しく慣れ親しんできた「善悪」「正邪」の観念や概念、あるいはそれらと不断に結びつく道徳的諸概念、またそれと対立して考えられてきた「欲望」「功利」「快楽」「繁栄」等の諸概念・諸観念をいまや厳しく再吟味して、人間の生き方に対してそれらのもつ比重を整理し直すという研究上の自覚に目覚めなければならないと考えられているのである。

だが、その自覚の必要性は、現在の世界ではおよそ受け入れられそうにない。となれば、私自身にとっては、自分のこれまでのほぼ六十余年にわたる「教育」研究の歩みは明らかに「アポリア」（行き詰まり）に陥ったことになるわけであり、その意味で完全に「挫折した」と認めないわけにいかないと思うのである。

しかし、そこに同時に、おのずと、私がこの「聞き書き」の出現に心からの感謝を禁じえない第三の、いわば決定的な理由も生ずるわけである。

もし、この「聞き書き」の読者のどなたかが、何人かでも、多ければ多いほど願わしいのであるが、日本ででも世界の他の国のどこかででも、私の陥ったこのアポリア（行き詰まり）と「挫折」の意識の意味を真剣に受け止めてくださって、若々しい意欲に燃えて「新・教育学」の「こと始め」に身をもって踏み出してくださるということになれば、私にとっては、もちろんこれに過ぎる幸せと感謝の思いはありえないからである。

二〇〇九年五月一日

慶應義塾大学名誉教授
元教育哲学会代表理事　村井　実

■ 正続編　まえがき

本書は、モラロジー研究所客員教授諏訪内敬司氏が、ロックフェラー財団の招待によるアメリでの生活経験と、雑誌『教育の時代』、小学館『教育学全集』、「放送大学」等の問題で終っていた教育哲学会による私の『聞き書き』（既刊）を再録して巻頭に置き、それにあらためてその後のヨーロッパ諸国や再度のアメリカでの私の研究と日本での教育活動についての御自身による私の「聞き書き」を追加され、さらにそれら二つの「聞き書き」の付録として、私の講演記録や座談会などを択び加えてお纏め下さったものである。これで、正編と続編を併せて私の「開き書」がほぼ生涯にわたって整ったことになる。

こうした書物の編集のご計画を伺ったときは、謹恭で誠実なお人柄の諏訪内敬司氏に私の世情に見境のない言説がどう択んで取り上げられるかがいささか気になったが、ご選択に現実にパスしたと見えるものを一つ一つ自分で思い返してみて、やっと一安心したところである。

私はじつは、書いたにしても話したにしても、いやしくも「教育」と呼ばれることがらの現実に関しては、ほぼ半世紀余にわたって、政府・文科省についてであれ、権勢を誇った当時の日教組についてであれ、遠慮会釈のない批判を繰り返してきた。一般には憚かられるような批判も、少なくはなかったはずである。

しかしそういう際どい問題や批判の文章は、流石にこの書物には避けて下さったようである。むしろもっぱら、人間の「教育」と呼ばれる根本的な大事の在りように関わる、一般的に頼もしく楽しい期待や姿勢の文章が、好んで択ばれているように読み取られる。ペスタロッチーの遺跡訪問旅行での、訪問地の一つシュタンツの町直前での即席講義なども思いがけなく納められていたりして、私としては懐かしいかぎりであった。

とにかく、教育という問題についての、編者の広く深い愛情と、話題の選択に当たっての教育学徒としての洞察とお人柄とが、おのずから偲ばれないではいない書物となった。

諏訪内学兄と倉橋桂子さん、および御協力下さった諸学兄にはいろいろとご苦心のほど、まことに感謝に堪えません。

二〇一五年一月

慶應義塾大学名誉教授
元教育哲学会代表理事　村井　実

目次

第三回 79

第四回 123

Ⅱ 続 編

I

正編

第一回

二〇〇八年四月十七日
（成城・村井先生宅にて）

◇インタビュアー
森田　尚人
生田久美子

■ 広島から佐賀へ

森田　始めさせていただいてよろしいでしょうか。
村井　はいどうぞ。
森田　先生のお生まれは大正十一年、一九二二年ですね。
村井　そうです、二二年ですね。
森田　まず、ご家族のことからお伺いさせていただけたらと思います。ご出身地の佐賀県東松浦郡北波多村というのを、ちょっと地図で調べたんですが。
村井　ああ、これねぇ、父の名前は、右という字です。石じゃなくて、ウサブ（右三）という字。
森田　失礼しました。
森田　この『著作集』の年譜（『村井実著作集』第八巻、小学館、一九八八）では、商家と書いてありますが。
村井　そうですね。
森田　どんな商いをなさっておられたのですか。
村井　北波多村のなかの芳谷炭鉱という所でした。大正時代にはたいへん栄えた、夜も昼も区別がないほどに栄えた炭鉱だったんですね。それが私の子どもの頃の記憶になると、かなり衰えていました。それで、もう栄えた様子はなかったんですけれども、それでもまだやはり三菱の系統の炭鉱として、有名な炭鉱ではありました。そこで雑貨屋でしょうかね、いまのスーパーのようなものを開いていたらしいですね。それは私の祖父が炭鉱の全盛時代に始めたらしいんですけどね。たいへんな生活だったらしいですよ。たぶん欧州大戦の頃じゃないでしょうかね。日本の景気がよかったらしいですからね。
森田　地理的には、佐賀県と言っても福岡に近い。
村井　唐津に近い。
森田　唐津。
村井　いまは唐津市になっていると聞いています。だから、この北波多村というのもないと思います。
森田　住まわれた所は、いまの市役所支所ですか、北波多村の役場があった近くなんでしょうか。芳谷という所は。
村井　いえ、北波多村の中心からはちょっと離れたところにありましてね。炭鉱の部分、芳谷炭鉱の地域なんです。その芳谷炭鉱のセンターに、私の祖母・祖父がつくった店があったんですね。それがたいへん景気よくやっていたんです。
森田　お母様のことでは何か。父上とお母様とのことで、思い出のようなことは。子ども時代に母親の影響を強く受けるということが多いようですけれど、先生の場合はいかがですか。

村井　私は祖母の影響を強く受けたような、祖母に育てられたようなものでしたから。母はまぁ、お嬢様育ちで、ほとんど何も積極的にはしなかったような感じでした。祖母が全部世話をしてくれましてね。祖母というのは出身が広島だったんですね。それで広島の市内に大きな店がありましてね。なんか「ハンヤ」という屋号の店だったらしいのですが。猿猴川という川が広島の駅のそばに流れていますね。広島の川は全部太田川に流れ込みますが、その支流がいくつもあるでしょう。その一つが駅のそばに流れていて、これを猿猴川と言って、猿猴橋という橋が駅のまん前にあります。その「猿猴川の水が枯れても、ハンヤの財は枯れることがない」と言われるほどの店で、ハンヤという。

森田　「ハンヤ」の「ハン」はどのような字を書くのでしょう。

村井　はぁ、知りません。ハンヤと言っていたのだけど、私の聞いた話です。細かなことはよく知らない、ただ聞き覚えで、そういう家だったということを言っています。それで、私の祖母は結婚していたらしいんですが、ある日、欧州大戦の頃だと思いますね、とにかく株で一夜にして全部お金がなくなったのだそうです。それで宇品から船に乗って、九州博多へ夜逃げをしたらしいんですね(笑)。その祖母もせっかく嫁入りしていたのに連れ出されてね。というのも、申し訳ないからということで、連れ戻されましてね。それで連れられて九州に、そして、いまの私の祖父にあたるのと再婚したらしいのです。で、その私の祖父というのが藩のお蔵方だったそうですが、また有名な呑み助で、遊び人だったらしくて、唐津には「飲むなら出そうマタキチさん」とね、小唄があった。村井マタキチロウという名前だったんだけど、結局胃を悪くして死んだらしいんですね。九大病院で。

森田　おいくつで、お亡くなりに。

村井　六十歳すぎてのようですね。

森田　先生はおじい様のご記憶は。

村井　私はありません。結局祖父が死んで、祖母ひとり女の子ひとりになったものですから、母は養子を取らなければいけないというので、私の父親の右三というその人が、出入りしていた大きな店の小僧さんだったらしいんですね。養子に迎えられましてね。だから、そういう話で、聞き覚えでよくわからないのですけど、とにかく炭鉱が威勢のよい時代だったものですからね、たいへんなもので。そのマタキチロウという遊び人の祖父が帰ってくるときには、もう家に近づいてくるとね、一町も向こうから先触れが来て「お帰り」というわけで、玄関に奉公人から何から頭をついて並んでないとご機嫌が悪いので、子どもの頃から苦労したという話を、母はしていましたね。とにかくそういう時代があったということですが、私が生まれた頃にはもうその爺さんは亡くなっていましたしね。炭鉱ももう衰微に向かっていました。それでも、炭鉱ですからね。朝晩とにかく、僕の記憶では、坑夫たちが全部炭鉱から上がってくるわけでしょう。ぞろぞろぞろぞろ家の前を通って行くんですが、女の人なんかは選炭、いい石と悪い石を選ぶ、選炭女子（せんたんおなご）と言ってました。その選炭女子はみんな上半身裸で真っ黒で。そういうのがぞろぞろぞろぞろ家の前を通っていった異様な風景はまだ覚えていますね。

森田　おばあ様のことで、記憶に残っていることは。

村井　祖母からはいまの、せっかく嫁入りしていたんだけれども、宇品から船に乗せられて九州へ来て、また結婚させられたということ。

森田　先生に対するしつけということでは、おばあ様からの影響はいかがだったのですか。

村井　昔風のおとなしい、世話のいいおばあさんでしたからね。可愛がられて育てられたという記憶だけありますけれども。

森田　ご兄弟も多かったということも、おばあ様が育てられたということでしょうか。

村井　私は長男なものですから、下はたくさんいました。

森田　一番下の方といくつぐらい、年齢で離れているんですか。

村井　一番下のは、僕が兵隊へ行ってから、あれ、行く前だったかに生まれたくらいですから。歳はずいぶん離れていましたね。一番下の弟とは二十歳以上離れていましたね。

森田　ご長男でいらしたということは、付近の遊び仲間と言いますか、そういうときにもずいぶん責任が重いと言うか、人間関係を自分でつくっていかなくてはならないという面もあったかと思いますが、近所の幼かった頃の思い出というのはいかがですか。

村井　うーん、とにかく炭鉱というところは独特な雰囲気と一種の独特な秩序を、炭鉱モラルというような生活の秩序をもっていたわけです。坑夫だけの町、村というか部落ですね。学校に入りましても、同級生は坑夫の子どもばかりですから。なんて言ったらいいのかなぁ。いま森田さんが頭に描いていらっしゃるような、教訓だとかいうものとはおよそちがってむちゃくちゃなんですよ、生活が（笑）。そういう何か教育的に意味を持ちそうなことについて言うとすれば、ただやたらに近所の子どもが集まって、とにかく朝飯から晩飯まで、メンコをしたり、こまを回したり、喧嘩をしたり、裏の山あたりを走り回ったり。とにかくまったく無秩序と言うか、説明のしようもないような、勝手な生活をしながら育っていたということではないでしょうか。同級生たちのほとんどはいわゆる長屋と言いますね、炭鉱の五軒か六軒が一列になっている、そういう家に住んでいたわけですからね。友達と遊ぶと言っても、そういう家にたまに遊びに行ったこともありますけれども、とにかくおよそ教育という言葉で想像できるようなことはあまり考えられない生活でしたね。

森田　かなり貧富の差も大きな世界だったということでしょうか。

村井　貧富というか、貧と言えばみんな貧ですよ。たまに丘の斜面の高めのところに社宅というのがあった。その社宅というのが要するに炭鉱の役員の家ですね。で、そういうところから来ている子もたまにいましたけれど。これはまぁ、お坊ちゃんのふうな感じで。服装なんかも少しはきれいで、それが富と言えば、富ですね。

だから、警察署のおまわりさんの子どもだとか、郵便局の子どもだとか、そういった子はやはり炭鉱の坑夫の子ではありませんから多少は富に属する方で、なかなか説明のしようが難しいような気がするのですよ。想像していただくのも難しいのではないかと思うのですね。その雰囲気というのは、独特のものですね。

■ 炭鉱立（？）の小学校

森田　そういう子どもたちが集まってきた小学校のことに関わりますが、小学校での思い出ということで何か。

村井　炭鉱が小学校をつくっているわけです。だから、炭鉱の学校ということです。ちょっとした丘がありましてね。その丘の上にその学校だけがあるんですね。学校の周りに運動場があって、運動場の端っこの藪あたりに、ときどき気がつくと、若い坑夫たちがこっそりばくちを打っているのがいたりね。そういう妙な雰囲気でしたね。だから、小学校というのは炭鉱が全部取り仕切っていて、どういう組織になっていたのかな。芳谷いうのは部落の名前ですけれど、芳谷尋常小学校という名前でした。

森田　その学校はどのくらいの規模なのでしょうか。一学年何クラスくらいの規模だったのでしょうか。

村井　これも、毎年坑夫の出入りが激しいものですから、だいたい規模としては五十人単位くらいですか。それが少ないときには三十人くらいになることもありますし、多いときには五十人を超すときもあります。そういうことで男女はもちろん別ですけれどね、その当時ですから。たまに先生が足りないことが起こったりすると、女子（おなご）交じりという、つまり男女共学ですか、そういうクラスが一つ二つできたりすることもありました。それは臨時的な措置だったのだと思います。

生田　オナゴマジリというのは。

森田　共学ですよね。

村井　女子交じりというのは、だから非常に格好が悪いということが（笑）。

森田　先生はだいたい男の先生ですか。

村井　いや、先生は男の先生も女の先生もいました。私が一年生に入ったときは、担任は女の先生でしたね。放課後になると、いつも先生が机に突っ伏して泣いていたのを覚えてますよ。まともに授業なんて聞かないですものの。教室を出たり入ったり、授業中でも出たり入ったり、一日中勝手なことをやっているんですから。喧嘩はするし、よくあれで授業が成り立ったものだと思いますけれど。

森田　尋常小学校四年で、高等小学校へ、ですか。

村井　いえ、小学校は六年でした。小学校六年出ましたら、唐津の町まで汽車で三十分か四十分くらいかかると思うのですが、佐賀と唐津を結んでいる唐津線という汽車に乗りましてね。炭鉱から唐津線の駅まで行く特別の汽車がありまして、まずそれに乗って、途中一度乗り換えて、それから唐津線という、いまでもありますが、その汽車に乗り換えて唐津へ出る。それで汽車通学をするわけですね。それでも小学校から中学へ行く子は一人か二人、毎年いるかいないかですからね。私の場合はたまたま中学へ行ったわけですが、唐津には商業学校というのもありましてね。商業学校に行くのが一人と、中学校に行ったのが二人。僕ともう一人。だから、上の学校に行ったのは三人だと思います。あとはもうみんな坑夫の子ですから。坑夫の子たちは坑夫になったのでしょうね。

生田　何人の集団の中での二、三名ですか。

村井　卒業するときにはそうですね。四十名くらいではなかったかしら。もう炭鉱が、それから二年ほどたって閉鎖になりましてね。

森田　そんなに早くですか

村井　それで、小学校もいまではただの狐狸の住処になっていると思いますけれど。だから、もう人数もずいぶん減っていたわけですね。卒業するときには四十人いなかったのではないかと思います、一時は六十人くらいに増えたこともありましたけどね。

森田　先生が教室に掲示された絵について、どこかに書かれていましたけれど、あれは小学校のときでしょうか。

村井　ああ、そういうことありましたね。四年生のときですね、小学校の。四年生のときにね、教室の後ろに張り出すでしょう。うれしいもんですよ。裏を見たら、甲の上として、「筆遣いが面白い。もう一枚描いてこい」と赤い筆で書いてあったから、本気にして描いていったらほんとうに恥ずかしい思いをしましたよ。あくる日、「はい、描いてきました」とね、真っ先に先生のところにもっていったら、ぜんぜん忘れているわけね。だって、張り出されるまでに既にもう何週間もたっていますしね。だから、先生が覚えていなかったのは当たり前のことなんですが、こっちはついうれしかったものですから。しかし、あれは恥ずかしかったですね（笑）。何かに書きましたけど（『対談・人間観と教育観』一一五～七頁）、やっぱりあれからかな、僕はほんとうに絵が描けなくなってね、不思議に、自分でもわからないのですが。途中でこうくしゃくしゃっと変な絵にしてしまうのですね。そういう変な癖がついちゃいましたけど、ああいうのは心理学的に言えば何かあるのかもしれませんね、理由が。

森田　それは小学校の。

村井　小学校のことですね。のちに、「自我」がそのころ生まれていたと考えさせられた、こういうことがありました。いまも唐津と佐賀を結ぶ唐津線の汽車の窓から右手に「岸獄（鬼子岳）山」というのが聳えて見えますが、芳谷炭鉱というのはその麓にあったわけです。その山の先端が断崖絶壁のかたちに突き出していて、その部分が「姫落とし」と呼ばれていました。山全体が古い山城で、頂上の峰づたいに古い石垣や防塁の跡が重なり、掘ったりすると祟りがあるなどと伝えられていて、不気味な雰囲気でした。「姫落とし」という岩からはるかに唐津の海の方まで見渡すことができましたが、「姫落とし」という呼び名は、昔ここまで追いつめられた姫君がこの岩から身を投げたという伝説からきたのだということでした。

ところで、この「姫落とし」の大岩が、小学生だった私の密かな haunting place だったという、私の奇妙な記憶です。これは当時の友だちも、学校の先生も、家族も知らず、永久に私だけしか知らないことでしょうが、私自身もどうしてそういうことになったのか、自分でもわかりません。とにかく、その岩の上に座ってぼんやりと時を過ごすのが、年に何回かですが、子どもとしての私の密かな楽しみになっていました。なぜかと聞かれれば、答に窮します。しかし、私はいま、こうした性質の経験は、大なり小なり、どういう子どもにも、それぞれの環境のなかで必ずありそうに感じるのです。

森田　小学校を卒業なさってみて、先生の思い出とかではいかがですか。小学校の先生については、そういう感じくらいでしょうか。

村井　そうですね。小学校の先生は、どなたも普通のいい先生だったのではないでしょうか。

森田　炭鉱立ということは、転任とかが、そういうシステムのなかであるようなかたちだったのでしょうか。それとも組合が雇うような人たちだったのでしょうか。

村井　どうもからくりがよくわからないのですが。制度上は村立だったかもしれませんね。私は炭鉱の子ではないので、授業料というのを袋に入れて五銭払っていた記憶があります。北波多村という村でしょう。そのなかに北波多村のセンターになる農村中心の部落があって、ほかに炭鉱中心の部落があって。私は炭鉱の方の芳谷という地域にいたのですね。そこに小学校があり、また村のセンターになる方には、尋常高等小学校があった、もう少し大きな学校でした。そことの関係は、運動会などでお互い競争、かけっこの競走をするとかいう催しはありましたけど。こちらの方は炭鉱が支配している小学校でしょ。向こうは村が支配している学校ですね。だから、多少何か違いがあるんだという、そうした意識はありましたね、私どもには。しかし、制度上の細かなことは私にはわかりませんでした。

■ 唐津中学校時代の転機

森田　それでは中学校の方に進んでもいいですか。

村井　はい。

森田　中学校は佐賀県立唐津中学校に、昭和九年に入学されます。

村井　はい。

森田　それはごく当然に中学校へ進学するということでしたのでしょうか、先生のなかでは。

村井　そうですね。私は小学校を出ますときにね、先生は当然中学校へ行くものと思っていられたらしいんですが、親父は養子でしょ、そして自分自身がどこかの小僧をしていたのが養子で迎えられたという経歴があるものですから、長男に小学校が済んだんだからいずれは自分のあとを継がせなきゃならないと思っていたわけですね。それですから、そのあとを継がせるのにはどうしたらよいかということで、学校に行くよりも、どこかへ修業にやった方がいいんじゃないかとか、学校に行くとしてもまあ商業学校くらいに行かせた方がいいのだろうかというような考え方だったみたいですね。

入り婿に入った父は、佐賀藩の侍の出で、帰農していたわけですが、姓を「成松」といい、『葉隠』という著名な本にも逸話が紹介されている一族の出だということでした。ただ、悪い意味での「葉隠」気質と言いましょうか、家庭内では自分の気持ちをすなおに家人にあらわすことのできない人だったようで、私にはなにごとにつけ一種の暴君のような感じでした。それが私の進学にあたって衝突を引き起こした原因だったと思います。

それが、先生がそんなのではちょっともったいないからというので口説いてくださって、結局中学へ受験することになったんだと思います。だから、その頃から私の将来はかなり危なかったんですね（笑）。中学校を出るときにその対立がいよいよ本物になりましてね。結局、親父はどうしても自分の家の仕事を継がせなければならないと言う。私はどうしても嫌だということで、商人になる気がないものですからね。それでまあ結局、もう親父に金は出してもらわなくたって俺が勝手にやるというので、要するに金のかからない学校を探しまして、勝手に自分で。そうすると軍隊の学校、つまり陸軍士官学校だとか海軍兵学校や機関学校、海軍経理学校などですね。それと高等師範学校と。これは東京と広島の二つありました。それだけなんですね、親に金をもらわないで行ける学校は。祖母から子どもの頃からお前は広島へ行くんだよなんて話しを聞かされていたような気がするので、それもあったのだと思います。それと箱根の山を越えて東京に行くなどということは、いまのようないきさつで勝手に行くんですからね、だから、考えもしなかった。もうとにかく一番近い所ということで、広島へ。それで広島へ試験を受けに行くということに自分で勝手に決めてしまったんです。すでに小学校六年を卒業したときからもやもやっとしたその問題が、親父との間であったのですけどね。

森田　一番伺いたかったことは、先生が高等師範を選ばれたのはなぜかということだったのですが、わかりました（笑）。

村井　いや端的に言えば、高等師範というのは金がかからないんですよ。そういう学校は軍隊の学校と、それから高等師範しかなかったわけですから。

森田　他の師範学校の場合もお金は不要だったのですか。

村井　師範学校といいますのは、中学校と同じレベルの学校。

森田　あ、失礼しました。

村井　そう言えば戦後は師範学校が全部、それぞれの各県の新制大学のなかに取り入れられましたけれども。その前に、戦争中に師範学校というのも専門学校になっていたわけですね。だけど私が中学を出ます当時は、師範学校というのは中学と同じなので。

森田　そうすると、中学校を選択するときに師範学校か中学校か、という選択は先生のなかにはおありにならなかった。

村井　そうですね。師範学校を選んで行くか、工業学校、商業学校へ行くか、中学校へ行くか、女の子だったら高等女学校へ行くか、女子師範へ行くかという、そういうことなのですね。そういうことは私の世代には当たり前に思えることが、すっかり世の中変わってますよね。それこそオーラルヒストリーということの意味があるのかもしれませんね（笑）。

森田　恥ずかしいです（笑）。中学校時代の勉強のこと、友人のこと、日常生活のことなどをお話しいただければと思うのですが。

村井　とにかく田舎からこんなふうに行ったでしょ、中学に行っても何をやるのかさっぱりわからないわけですよ。中学に入ったら、英語というのがありますよね。英語なんてものは、「A、B、C、D」というアルファベットを書いた下敷がありましてね、セルロイドと言ってたけど、いまはプラスチックと言うのかな、そういう下敷があって、それに「A、B、C、D」なんて書いてあって、「エー、ビー、シー、リー」、ラリルレロの「リー」、「イー、エフ」とか仮名が振ってあった。その「エー、ビー、シー、リー」くらいまでは知っていたんですけどね。これが英語というものかと思っていたわけですね。それで中学へ入ったわけでしょう。そして、いきなり英語の授業があるわけでしょう。何のことかさっぱりわかりませんでね。そうですね、試験が二回あるんですね。一学期に、前期と後期と。前期の試験が終わったら、たしか英語の成績というのはぜんぜんついてなかったのかな（笑）。何を勉強するのかもさっぱりわからないで、英語の授業はあるのだけれど、何のことだかさっぱりわからない。そして呼び出されましてね。点数がつけられないと（笑）。とにかく英語を何とかしなきゃいけない。勉強しなきゃだめだというふうに怒られましてね。それで、とにかく勉強すると言ったって、じゃあどういうふうに勉強するのかぜんぜんわからないという状態でしたね。仕方がないから、サンモンというのがありましてね。何と言うのかな。科目についての自習書ですね。サンモンと言いってましたが、どういう字を書くのかな。

生田　赤本みたいなものですかね。私たちは何て言ってましたっけ。

村井　うーん、赤本とでも言うのかな。

森田　アンチョコでもない。

生田　アンチョコ。

村井　アンチョコだね。そう。教科書通りの英語が書いてあって、それに仮名がふってあって、脇に意味が書いてあって。で、それを暗記する。できない子はそうしてましたね。そういうのを教えてもらった。"I go to school." とかというのは、「アイ・ゴー・トゥ・スクール」と仮名で書いてあってね、「私は学校へ行きます」と訳が書いてある、そんな本ですよね、アンチョコというのは。だから、そういうのを覚えればいいとわかって勉強を始めたわけですね。

生田　それが先生一二歳のときですよね。中学校に入学なさったのは一二歳とか一三歳とか、それくらいの年齢ですよね。

村井　そうそう。

生田　この年譜によりますと、高等師範に行く前にポーだとかホーソンだとかディケンズを読みまくるというふうに書いてありますが、そこの落差というか、そこをどういうふうに越えられたのかなと思っているのですが。四年とか五年の間に、何かきっかけがあったのでしょうか。

村井　三年の夏休みになるときに、とにかく勉強しなきゃいけないような気がして、それで、一学期が終わったときに、本屋にちょっと寄ってみたんですね。そしたら『受験旬報』という冊子が売ってましてね。それから岩波文庫というのが本棚に並んでいて、そのとき買った本が『ソクラテスの弁明・クリトン』という本でしたね。それから『倫理学』というのがあって、何だろうと思って開けてみたら、スピノザの『エチカ』って。何か幾何の本みたいな、中身がね。定理何とかと書いてあって、変な本だなぁと思いながら。しかし、そのソクラテスの『弁明』とスピノザの『エチカ』とを買って、それから『受験旬報』と買って帰ったんですね。夏休みにね。そして、それを全部読んで。あ、そうだ、それから小野圭次郎の『英文解釈法』と言ったかな、という本があって。

森田　僕らの頃にもありました。

村井　あぁ、そう。それだけ買ってきた。それで『英文解釈法』というのを、その夏休みの間に全部読んじゃった。三回くらい読んだかな。どういうわけか知りませんけど、急にやる気が起こったんですね。そして、三回読みましてね。それで、ホーソンだとかいうのはそのときに、たしかその小野圭次郎のなかにそういう名前がちょろちょろっと出てきてね。それから、古本屋さんが一軒ありましてね。その古本屋に行ったら、いまのホーソンの *Twice-Told Tales* というのだとか、それが田舎のくせに売っていたのですよ。どういうわけだか、ポーの *Prose Tales* だとかね。それでそういうのを買ってきて、勝手に読み始めたんですね。それは三年の夏休みから。休みがすんで学校に出ましたら、秋になりましょう。急に、もうあっという間にね。田舎だからほかはみんなのんきだから、誰も勉強しない。たまたま僕が勝手に勉強しだしたら、ほかのやつよりできるようになっちゃったというだけのことだと思いますけど。

森田　すると英語の授業ということよりも、ご自分で勉強するというお気持ちですね。

村井　そう。ほかに誰も助けてくれる人とか、忠告してくれる人もいたわけじゃありませんし。ただ、何となく、何か勉強しなきゃいけないという。英語なんか中学入ったとたんに呼び出されてショック受けましたしね。だから、それまではサンモン、さっきのアンチョコを暗記することで済ませていたんですけどね。それがおかしいなということは自分でわかりましたから。

森田　そこが重要なのでしょうか。

村井　そうですね。だから高等師範の試験では何か英語で読んだ本がありますかなんて面接で聞かれてね。ホーソンを読みましたとか。それからポーの *Prose Tales* を読みましたって。そしたら、先生が嘘だと思ったのでしょうね、読んだもの言ってごらんって。だから、ホーソンは何々、何々って、ちゃんと覚えていますから、全部ね。*The Gentle Boy* だとか、*Endicott and the Red Cross* ね。とにかくまぁ、先生の方がびっくりして。何で田舎から来た中学生がこんなのを知ってるんだろうということだったのではないかと思いますね。しかし、それがそういうふうに驚かれるようなことであるということも、自分では知らなかった（笑）。ただ、あの『受験旬報』ね、その三年の夏休みが終わりましたら、『受験旬報』に試験問題があって、それを旺文社というところへ送れば成績が全部『受験旬報』に出ますよね。成績の一番いいのからずうっと成績・名前が出ますね。そういうのがだんだん楽しみに面白くなってきてね。で、そういうので勝手に勉強してましたね。

森田　印象に残る先生とかはいらっしゃいますか。中学校時代に。

村井　そんなにありませんでしたけどね。ただ、私は三年のそれが始まりましてから、体をちょっと悪くしたと言うか。夏休みに小野圭次郎を三回も暗記するほど読んじゃったんで、多分それだと思いますよ。毎朝顔を洗う度に、鼻血がぱぁっと洗面器に出るような状態になりました。胸を悪くしたんだと思いますね。それで学校へ行くのをやめましてね。自分で勝手に読みたい本を、古本屋から買ってきた本を読むというふうになりましたので、その後は学校にはまともに行かなかったんです。そして、試験にだけ出かけて行って（笑）。試験は受けないと落第しますし、進級できませんから。で、試験にだけ出かけるようにしましたんですけどね。国語の先生が一人いらっしゃいましてね。弟が二級下にいたんですが、弟に何度か運動場でね、兄さん近ごろ顔が見えないけどどうしてるなんて聞いて下さったという、その先生がいい先生だったなぁという印象で、私は忘れられないですね。よくまぁ、気にして下さるなあということで。だからいまのご質問に思い出すのは、その先生のことですね。国語の先生です。

森田　授業に出なくても、試験だけ受ければ進級できるというのは、制度的に保証されていたのですか。いまだったらちょっと考えられないですね。

村井　そうかも知れませんね。高等師範へ試験の申し込みをするときに書類を出さなければいけないでしょ。で、学校から書類を作ってもらう。そしたら先生に呼ばれましてね。出席の日数が三分の一なければいけないから、三分の一にしといたよと言われましてね。あぁ、そうかと、そのときはじめてその出席日数というのがあるのかって（笑）。

生田　実際、三分の一も行ってなかったわけですよね。

森田　行ってなかった（笑）。

生田　それを三分の一にしてくださったのですね。

村井　そういうことで、はじめて「そうか」と思ったんですよ。それから脚気ということにしといたよと言われて（笑い）。脚気というのがありましてね、あの頃は怖い病気だったですね、あの脚気というのは。

森田　そうすると高等師範の面接のときに、出席日数のことなど問われることはなかったのですか。

村井　あぁ、それは聞かれませんでしたね。

森田　私たちが入試の面接をする場合に、内申書を見て、出席状況にまず目がいくのですけれど、そういうことはなかったわけですね。

村井　そういうことはありませんでしたね。気がつきませんでした。三分の一という話でしたけど、何日と書いてありましたかねぇ、わかりませんけど。誰でも多少の休みはあるわけでしょ。例えば、二百五十日なら、そのうちの七十何日とかあったのでしょうね。だから、たまたまそれが見過ごされたのかもしれませんね。

■ 広島高等師範学校

森田　ちょうど昭和十二年に「支那事変」が起こりますが。そういうことは先生にとっては。

村井　そうですね、南京陥落なんていうのは覚えてますね、ちょうちん行列か何かさせられたのを。しかし、もう小学校の頃から満州事変が始まっていましたから。小学校の四年か五年の頃に満州事変が始まったんでしょうか。それ以来ずっと戦争ばっかりですからね。だからもう戦争は当たり前、でもそれは兵隊さんがやってることで、一般の人たちはあまり気にしなかったのではないでしょうか。いまの南京陥落なんていうときにはお祝いか何かに駆り出される、ちょうちん行列に駆り出されるというようなことはありましたけど、誰もそんなに気にしてなかったと思いますね。

森田　佐世保は先生のお住まいに近いからということはあまりありませんでしたか。広島に行かれると、広島には呉とかもあって、軍都と言いますか、そういう地域的な特色というのもあまり見られなかったのでしょうか。

村井　それはね、広島には「済美」なんていう軍人の子どものための学校もあって、まさに軍都だったのでしょうね。ですけれども、気にはなりませんでしたですね。私が入ったのは昭和十四年ですね。それから昭和十五年、入った次の年でしたかね、それまで長い髪の頭をしていた上級生たちが坊主刈りにならなければいけないというようなことが言われたりしたようでしたけれど、それまでは何も気にしたことはありませんでした。そして、私は馬術部に入っていましてね。

森田　高等師範で。

村井　高等師範で、勝手に入れられたんですね。寮に入らなければいけない。寮の部屋が馬術部の部屋だったんですね。それで、自然に馬術部ということに勝手に決められましてね。そうすると、馬術部というのは広島の五師団の騎兵隊へ行って、馬術の練習をするわけですね。で、私はキャプテンになるわけですけれども。だけど、それはただそれだけのことで、別に戦争に関係したことはあまり考えたことはありませんでした。

森田　日常生活は普通に行われていたわけですね。

村井　普通の生活がずっと。少なくとも昭和十五年にいまの断髪しなさい、長い髪は切らなければいけないというようなことになっただけで、ほかにたいして影響はありませんでしたね。軍隊へは始終馬の練習に行っていたんですが、それもそれだけのことで、何か軍国主義的に締めつけられるとか、そういうことは何もありませんでした。

森田　先生が高等師範か軍隊関係の学校か選ばれるときに、軍関係でなくて高等師範を選ばれたという、その境目は。

村井　軍隊に行くつもりはぜんぜんありませんでした。たんに体が弱かったということです。肺門リンパ腺炎と言いますが、要するに肺病の初期ですね。そういうふうに診断をずっと受けてましたから。ですから、学校へ行かないわけですし。そういう状態で、軍隊ということはぜんぜん頭に浮かびませんでした。だから、選択肢は高等師範しかなかったのです。

森田　わかりました（笑）。で、高等師範は英文科に進まれますね。

村井　そうです。

森田　それは先ほどのお話の延長上と考えてよろしいで

しょうか。読書体験、ホーソンとかポーとか英文学をいろいろ読んだという。高等師範学校にもいろいろ学科があったかと思いますけれど、英文科を選ばれた理由は。

村井　それは、私は英語か国語かどっちかにしようかと思ってたんですけど、たまたま英語にしたんですね。まぁ、国語でもいいと思ってたんですけどね。要するに理科系統のいろんな数学とか物理とかありますけど、それはぜんぜん考えませんでした。で、英語はいま言ったように、もう三年の頃から五年生なんか馬鹿にしてましたから、やっぱり英語を選んだのが一番自然だったんじゃないでしょうか。そして、別に誰かに言われたわけでもないし。ま、ホーソンなんか読んでると、ほんとうに面白かったもんですからね。だから、そういうのが読めるからいいと思って、それだけのことでほかにあまり考えませんでした。

森田　広島高等師範は明治三十五年頃にできます。北条時敬という創立者の影響が非常に大きかった学校だったと言われますが、先生がお入りになったときはいかがだったのでしょうか。

村井　うーん、あまりそういう歴史的なことは存じませんでしたけどね。ただ、講堂に北条時敬さんから始まって、幣原喜重郎さんだとかいろいろ歴代の学長の写真が飾ってありましたのでね、だから覚えているんで、ほかには別に、とくにそれについて歴史や伝統がどうだこうだというようなことは教わったことはありませんでしたですね。ただ、自然に覚えていましたけど。

森田　高等師範学校の生活についてお話いただきたいのですが、先ほど寮に入ったとき、寮の生活は馬術部に入り、馬術部の部屋に入ると。

村井　そうです。部屋が十人ほどなんですね。部ごとに一部屋ずつに分かれてましてね、で、私の馬術部ということは否応なしに勝手に決められていたんですね。

森田　勝手に決められていたというのは、別の希望を出すことは可能だったということですか。

村井　いえ、寮に入ったら入る部屋が馬術部の部屋だっただけでね、これは有無を言わせずそうだったようです。これ変な話ですね。だけど、どういうわけか知りませんけど、要するにそういうことになっていました。だから弓道部だとか、やれ剣道部だとか、それぞれみなそういうことだったんだと思いますよ。勝手にそうなっちゃった。

森田　それで寮に入っていない学生は誰もいない、つまり全寮制ということですか。
村井　一年生は全寮制、二年になると下宿してもいい。だから、私は一年間だけ寮で、二年目からは下宿しました。
森田　馬術部の生活はいかがでしたか。思い出は。
村井　毎日ずっと。とにかく毎土曜日曜には騎兵隊へ行って、馬術の練習をするわけですけれど。
森田　馬術部は馬の世話などあるので、上下関係の強い部ではないんでしょうか。
村井　いや、そんなことはありませんでした、はい。ただ、寮長がいい人か悪い人か、まぁ悪いとか、癇癪もちか、威張っているか、それくらいはいろいろあったと思いますけれど、要するに寄り合い所帯だという感じで、別にそんなに感じませんでした。
森田　かなり馬術をなさったわけですね。いまでも馬には乗られるのですか。
村井　私はたまたま馬術やってたからでしょうね、軍隊に取られましたときに、野砲に入れられましてね。で、野砲隊に入ったら今度はすぐに予備士官学校に入れられましたけど、その予備士官学校ではやはり野砲ですから、みんな馬術をやらされるわけですね。だけど、馬術は一番うまかったね。百五十人いる予備候補生のなかでね。それともう一人、瀬理町君というのがうまかった。その瀬理町君と僕がずば抜けてうまかったんですよ。もちろんそうですよね、馬術部にいたんだから。それで、瀬理町君というのはオリンピックの選手になりました（笑）。これ区隊と言って、クラスが違ったのですけどね。瀬理町君は馬事公苑かなんかでね、たいへんでかい顔でね、オリンピックの選手になった。それと並んで僕は馬術がうまかった。少なくとも入ったときは。そういうことはありましたけれど、ただの笑い話で、偶然そうなったというだけの話で、何ということではないですがね。
森田　英文科の授業はいかがだったのでしょうか。
村井　高等師範でのですか。
森田　英文科の三年間に学ばれたことに関しては、いかがでしょうか。先生のこととか。
村井　そうですね。高等師範というのはものすごく試験の難しいところでね、とにかく全国から誰彼選りすぐられて、いわば我ぞと思うものが集まったんでしょうね。それが東京か広島かに来ていたわけです。ですから、みんなよくできましたね。そして、先生方も熱心におやりになっていたと思います。かなりよく勉強したと思いますけどね。二年、三年は英語劇というのをやるんです。

ほんとうに古典劇をやるんですが、私たちは三年のときはマクベスをやりました。で、私はマクベス役をやらされましてね。だからマクベスの台詞はいまでも覚えていますよ、全部。（本書二一一頁参照）

森田　先生の書かれるものに演劇のことがよく引かれることありますけれど、そういう体験も。

村井　そうですね。ひょっとしたらそういうことがあったかもしれませんね。

森田　私は文学部にずっといるものですから、英文科の教員には、仏文でもそうですが、演劇やっている方、戯曲などを専門にしている方はかなりの割合でおられるような感じがするのですけれども、そういう意味で英文科の授業のなかで演劇の占める比率は昔から大きいということでしょうか。

村井　いえ、授業では普通の授業を、文法もありますし、もちろん phonetics だとか、pronunciation だとかいろいろなことがありますから全部やらなければいけないでしょ。だから、演劇だけをやるというようなことはありませんでした。ただ、年に一回必ずそういう劇をやらなければいけないということはありましたので、授業とは別にその演劇の準備をしましてね、一年に一回公開してやるという。

森田　それはほとんど学生が主体となって行われるのですか。

村井　はい、それは学生が主体となってやっているわけですね。先生はもちろん指導してくださいますけれど。その頃外人教師がまだいましたのでね、昭和十七年までは。十六年末に太平洋戦争が始まりましてみんないなくなりましたけれど、いい先生がいらっしゃいました。

森田　ほかに英文学の先生で印象に残った先生は。

村井　世話になった先生方はもちろんいらっしゃいます。どなたにもお世話になりましたけれど。

森田　ここに当時の高等師範の教官の移動表（『広島文理科大学・広島高等師範学校創立四十年史』一九四二）がありますが。

村井　それは、おやおや。

森田　英文科ではどうでしょうか。

村井　ああ、小日向（定次郎）さんという方いらっしゃいましたよね。うーん。定宗（敷松）さん。この方は私がいる間に亡くなられましたね。あぁ、木坂（千秋）さん。木坂さんねぇ。木坂さんにはほんとうにお世話になりました。兄貴分みたいでしたね。だけど、フィリピンで行方不明になられた方です。木坂さんは高等師範を出て、それから京都大学の英文科へ行かれたわけですね。そういうルートがだいたい決ってあったのですけど。言語学のご専門でしたね。ほんとうに優秀な方だったと思いますけれど。そのころは外国へ留学する機会なんてないわけでしょう。だから、英文学をやっていてどんなに優秀であっても、本物の英語に出会ったことなんて一度もないわけですよ。当時の日本人は。それがたまたま日本軍がフィリピンを占領したということで、そうすると本物の英語に接する機会が日本人にはじめてできたということになるわけですよ。同じように仏領インドシナに日本軍が行って占領しますと、本当のフランス語に接する機会がはじめてできるわけです。それで、例の井上究一郎さん、プルーストの『失われた時を求めて』を訳した井上さんなんかも、それで仏印へ司政官というかたちで大喜びで飛んでいったわけです。井上さんは運良く無事に帰ってこられましたけど。木坂さんも行くことができたのですが、フィリピンへ行かれたまま、それきり帰ってくることができなかった。木坂さんはほんとうに惜しい方だったと思います。

いろんなことがありましたね。この先生方にはみんなお世話になりましたけれど。門脇（願珠）先生もそうですね。いやぁ、懐かしい名前いっぱいあります。だけれども、特別にどうこうと私の申し上げるようなことはとくにはないと思います。私はどの方にもたいへん、なかなか可愛がってもらえたのではないかと思っていますからね、高等師範ではね。

■ 教育学への関心

森田　教育学への関心は、高等師範時代にはどうだったのでしょうか。

村井　教育学ね。教育学というのは、もうお恥ずかしい限りで。高等師範というのは三年たちますと、大学をどうするかということを考えなければならないわけですね。高等師範は四年制なんですが、四年生になると強制的に実習をやらされるわけですね、付属学校で。ところが、私ははじめから高等師範へ行った理由が先生になるつもりではないんで、親父の考えから逃れるためだったものですから。それで三年で大学へ行けるんだったら行きたいと思っていたんですね。そしたら推薦という制度がありまして、一応の成績を取っていれば三年から大学へ推薦してもらえるんですね。それで私は推薦をしていただくことにしたのです。四年はもう実習ばかりですからね、もうそれはやりたくなかった。それで推薦をしていただくことにしたときに、どこへ行くかというのを決めなければならないわけですね。それで、そのときに教育にしたのです。

と言うのは、そのときまでずっと英文学をやってきたわけですから、英文学へ進めばいいわけですけれども。それで調べたんです。そしたらどうもね、当時一番偉い人というのが英文学としては斎藤勇という人。それから、言語学の方では市河三喜という人。あとから考えると、この二人とも成城、この近くに住んでいた方ですね。それで文学関係で一番偉い斎藤勇さん、文法関係は市河三喜さん。この二人の代表的な著作を全部調べたんです。そしたらどうもねぇ。斎藤さんは『英文学史』という立派な本がありましたし、それから博士論文は"Keats' View of Poetry"、「キーツの詩観」という、そういうのをとにかくこのとき読んでみたんですけれどもね。結局どうも、英文学をやったら、いくらこれほどの人たちのように偉くなっても、自分の好きなキーツなら、キーツという詩人は詩をどう考えていたかとかね、あるいは英文学史を書くとか、そういうことしかできない、することがないわけ。で、一番偉くなってもそうだと言うのなら、つまらないじゃないかと思ったんですね。それで英文科はもうここでやめようというふうに思った。

それで哲学の本をしきりに読んでいましたのでね、じゃあ哲学科に行くかとも思ったんです。ちょうど西田哲学の全盛時代だったのです。ところが、哲学というのはどうも、西田さんのはたいてい読んでいましたけれども、まぁわからないと言えばわからないんだけれども、結局自分が悟っていればそれでいいのかなぁという感じもしたんですね。自分がこう悟ったことを書いてらっしゃる。「絶対矛盾の自己同一」なんて言っているけど、どういうことかよくわからない。そうしたことを一生懸命考えて書いているのが哲学の本なのであって、結局なんか説得力がないというのかなぁ。自分が考えて、朝から晩まで考えて、そういうふうに悟っていれば、それで済みそうな感じが。少なくとも西田哲学を一生懸命読んだ限りではそういう感じですね。で、それじゃあどうもね、何となく頼りないという、つまり安心できない。

で結局、教育というのを考えました。教育というのは相手があることだから、もし自分が間違っていれば、自分が勝手に思っていたんだったら、すぐ相手から跳ね返ってくるわけだから、そしたらこれは確かめることができる。教育ならば相手のあることだから、はっきりさせることができるだろうと。そこで英文か哲学かと迷った挙句に、結局ふたつともやめて、教育ということにしたわけです。教育というのはもちろん広島ですからね、教育が中心の大学でもありましたので、教育にしたんです。で、このときの理由というのはほかにない。

森田 消去法みたいな感じですか。

村井 まさにそうです。ほんとうは英文科だったでしょうけど、斎藤さんや市川さんほど偉くなっても、これだけではつまんないと思ってね。一生涯これをやるんじゃどうもつまんない。ちょっと独りよがりになったときにどうしようもない、つまり、それをチェックする方法が何もない。で、教育なら相手があることだからいいだろうと。

森田 デューイの言う、「教育は哲学の実験室」という感じでしょうか。哲学理論を実際に試してみる実験室として、デューイが教育を考えたことと共通したものがあるような感じですが。

村井 そうですね。自分は哲学が好きだったわけですけれど、教育は試すことができると思ったわけですね。でも、実際は全然そんなもんじゃないとあとでわかったわけですが、そのときはそう思ったんですね。それで結局、教育を選んだといういきさつがありました。

森田 高等師範の場合は、英文学を勉強しているときにも、やはり教育学の授業とか、教育学の先生の動きとか、そういうことはほかの学校と違ってずいぶんあったと思うのですが。

村井 それはあったわけですね。教育史だとか、西洋教育史だとか、東洋教育史だとか、教育学概論だとかもちろんありました。だけど、僕はその教育の成績が悪くてね（笑）。あの当時は入試で面接というのがあって、非常に重要視されていた。だから、大学に入りますのにも、学長以下、主任教授やなんか全部の先生方の面接がありまして、そこへ一人ひとり出て行って、面接を受けるわけですね。

森田 推薦入学の場合でもですね。推薦を受けたあとに、面接に行くんですね。

村井 はい。それでそのときも、学長が塚原（政次）さんという方でしたけど、学長にからかわれましてね。「君は教育学に行くというんだけれど、教育の成績が一番悪いんじゃないか。英文の成績はいいようだから、英文に行ったらどうかね」と言われて、僕困っちゃいましてね。答えられないで、下を向いて困っていましたら、長田（新）さんがおられてね、教育学の主任だったと思いますけれど、長田さんが「あ、そうか。教育がわからないからやろうと言うんだな。よかろう」って（笑）。それで助かりましてね。こっちも、「やったぁ、そうか、なるほどそういうことか」と思って。「わからないからやろうと言うんだな。よかろう」というんで、それで助かりました。しかし、事実はそうでしたね、ほんとうに。ことに高師で一番最初に西洋教育史を習ったときは、平塚益徳という人に習ったんですね。そのときは九十五点か九十六点もらって、一番成績がいいと言うので、ある留学生と一緒にあの二人がいいと言うので呼び出されて、みんなの前で褒め称えてもらったことがあります。平塚さんという人はそういう派手な人で（笑）。それから二年目が吉田松陰をやっていた、なんて人だったかな。

生田　玖村敏雄ですか。

村井　玖村さん、そう、あの玖村さんに二年のとき日本教育史を習った。一年は平塚さんに西洋教育史を習ったわけで、そのときには九十六点か何かでよかった。それから二年は玖村さんに日本教育史を習った。で、今度は八十五点か何かで下がったわけですね。だけど、まああですよね。で、最後の三年で、これが概論、今度は教育学概論を習ったわけです。何て言う人だったかな。そう、辻、辻幸三郎という人。この人はコメニウスか何かをやっていた人ですね。

森田　聞いたことないですけど。

村井　これがね、五十五点か何か（笑）、三年は。だから、一年から二年、三年とだんだん下がってきているわけです。そこで大学へ推薦されたわけでしょう。

生田　三年は、辻幸三郎。

村井　そう、辻幸三郎。それが概論だった。だから、概論が五十五点だった。それで面接でいじめられたんですけどね。僕もね、何で五十五点なんだというので、辻さんのところへ行ったんですよ。「どうして先生こんな点数でしょうか」と聞いたの。そしたらね、辻さんが自分の頭を指して、「君、ここだよ、ここだよ」って（笑）。あんなに癪に障ったことないねぇ（笑）。だけど、その概論が何言っているのか、僕にはわからなかったね。しかし、考えてみるとね、いまだって概論なんていうのは何しているんだかよくわからないことが多いですよね。だから、きっとわからなかったんだと思いますけど。だけどねぇ、ここだよって頭をたたかれたのには参った。

生田　この時期のことで、私がどうしても先生に伺いたいということがあるんですね。それは正木（亮）弁護士についてなのですが。正木さんの講演に先生は出席なさらなかったとおっしゃっておられますね。「刑事法学者としてのペスタロッチー」というタイトルの講演でしたね。

村井　「ペスタロッチーの夕べ」というのが毎年二月十七日（命日）かなんかにありましてね。そのときに、正木さんがペスタロッチーについて講演をされたんですね。ちょうどそのときに広島控訴院の判事をしてらっしゃるときでした。それで呼ばれて講演されたんだと思います。看板があちこち出てた。僕は高等師範へ入ったばっかり、昭和十四年かな。だから、ペスタロッチーというのは聞いて知っていたけど、「何で講演者が刑事法学者なんだろう」と思ってね。ええ、そんなことあるのかなって。「刑事法学というのと教育と関係があるのかな」と、非常に不思議に思った印象が強かったですね。

生田　それが教育学に進まれる一つのきっかけになったということではない。

村井　ことではないですね。自分は高等師範に入ったばかりのことですから、ただ、そうか教育ということは刑事法学とも関係があったりするんだなぁということは、そのときはじめて考えさせられた。その程度のことですけどね。

生田　その後、「法は正義を食らうサタンである」という、そういう論文をお書きになってますよね。この論文は非常にアップ・トゥ・デイトな内容ですね。現代においても、「法が正義を食らうサタンである」なんて、ひと昔前までは考えられない考え方なんですけれども。先生の場合にはずいぶん前の段階で、正義論が正当なものなのかという問いをたてて論文を書かれたということ。今日のお話のなかで、ここが一番聞きたいところだったのです。

村井　だから非常に印象的ではあったのですね、正木さんの表題がね。「刑事法学者としてのペスタロッチー」というのがね。法と教育とが関係があるんだということ自体が、ほんとうに田舎者にははじめての経験でしたからら。「ええっ」、そんな世界なのかというのを考えさせられたという意味でね、ショックは大きかったですね。

森田　ペスタロッチーとの関係で言いますと、十六年二月に長田先生がスイスから感謝と表彰を受けているということが、この『四十年史』に出てくるのですけれど、そのことの思い出というのは、先生が英文科におられて何か。

村井　それは、私がまだ教育をやる前ですよね。

森田　前ですね。三年生か、二年生の終わりですかね。

村井　そうですね。ですから、私は直接には存じませんでした。

森田　しかし、ペスタロッチーという名前は、広島高等師範にいるとかなりなじみのある言葉ではありませんか。

村井　それもあったと思いますけれども、ちょうど長田先生のモルフの『ペスタロッチー伝』という翻訳の仕事が進行中で、前々から大きな立て看板だとか広告が本屋さんの窓に、モルフの『ペスタロッチー伝』というのがあちこち出ていたんですよ。ことに学校のまん前の積善館なんていう書店の大きな広告には、出版される一年も二年も前から出ていたと思います。ちょうどその時期でしたから、そして、モルフの『ペスタロッチー伝』が出たときに、スイスから表彰をお受けになったのだと思います。だから、ちょうどタイミングがそういう時期だったものですから印象に残っていたんだと思いますけど。私自身はまだ全然関係してませんでした。自分で教育学をやると思っていませんでしたし。

森田　たいへん面白いですね（笑）。

生田　そうですね。何か直接的な関心が当時はなくても、なんとなく環境のなかに雰囲気があったということですよね。

村井　雰囲気がね、だんだん出てきたというわけね。だって田舎から出てきて、何にも知らないでね、ただ金がもらえるから行っただけでほかに理由がなかったものですから、最初の動機がね。だから、それがそんなふうに雰囲気ができてきたんですね。たぶん、そういう形でだと思います。

森田　さらに続けてよろしいでしょうか。

村井　詳しく聞いてくださるものだから、ついつい長話になってしまって。

森田　興味が尽きないです。

生田　渡辺（弘）さん、田中（克佳）先生、それから白石（克己）さんが一緒におつくりになった先生の著作集の年譜をベースに、それからまた堀内（守）先生との対話（『対談・人間観と教育観』、東洋館出版社、一九七九）をつき合わせながら、伺いたいことがたくさんあります。

村井　だから、あなた方の方で準備がだいぶできているわけですね。僕が忘れてることがいろいろと思い出されてしまうものだから。昔からメモをとっておいたりしないものですから、ついつい忘れていることも多くって、質問されている間に思い出すことの方が多いです。ただ、この間お手紙を差し上げましたけど、考えてみたらね、小学館で出したのも（『人間と教育の根源を問う』、小学館、一九九四）ありましたし、前に堀内君から対談で伺っていただいたこともありましたので。

生田　私が学生の頃には授業の合間に先生からいろいろ、ちょっとしたエピソードやお話をいただきましたが、それを今回筋を通してつなげて、先生の思想なりをオーラルヒストリーというかたちで記していくという、そういうお話を森田先生から伺ったものですから、少しでもお手伝ができればと思って一緒にこうして伺っております。

森田　先生の学生時代というのは、いわゆる政治運動とかということは、先ほどのお話のなかでは、あまりそういう面が見えていたとは思えないのですけれども。

村井　僕の個人的なものもあるのかもしれませんが、しかし、ちょっと前にマルキシズムや何かが学生の間にずいぶん流行って、それでとっ捕まってぶち込まれたというようなのが先輩のなかには、高等師範にもいましたね。だけど、やっぱりちょっと前の話ですね。つまり、僕が入ったのは昭和十四年でしょ。だから昭和…。

森田　十年頃ですね。

村井　そう、その頃でしょうね。

森田　先生の先輩には、そうした体験者はおられたわけですね。学生運動、マルクス主義関係で捕まったという人は。

村井　そういう話をしてくれる人はいました。ひどい目にあったよという話は聞きましたけど。私自身の経験は、直接には誰もそんな気配はほんとうにありませんでしたね。

森田　書店からも一切そうした関係の本がなくなっている時代ですね。

村井　そうですね。ただ、私は下宿探しにあちこちの家を訪ねて行ったときに、警察にとっ捕まりましてね。そして、留置所に入れられて、要するに靴泥棒だと言う。それで、ほんとうにああいうときの警察というのはひどいものだというのを体験しました。一言言えば殴るんですよ。びんたを食らわせるんですね。そして、一晩留置所に置かれて、靴泥棒だと言うんでね。こっちは下宿を探しに訪ねて行ってたんですが。とにかく何か説明をしようとするとね、嘘つけと言ってぶん殴るんですね。多分結局向こうの言う通りにしかならないんでしょうね。そして、あくる日学校から連れに来てもらって、やっと放免されたのですが、ああいうときの警察がいかにひどいかということは実によくわかりますね。たったそれだけの経験でもね。説明できるようなものじゃないですね。

■ 広島文理科大学への進学

森田　いよいよ広島文理科大学に入られたあとのことをお願いします。一つは、先生は西田幾多郎の哲学に対する疑問を、何箇所かで書いておられますが。

村井　あれはほんとうに西田さんの、西田哲学の全盛時代でしたからね。哲学の本と言えばほとんどが西田哲学、本が売り出される前から岩波書店を学生が取り囲んでたという噂があるほど、そういう時代でしたからね。

森田　ただ広島の場合は、西田と並び称された西晋一郎がいましたね。

村井　西さんの授業はどうしても取らなければいけないというようなことで、取らされました。それから講義も受けましたけれどね。会沢正志斎の『新論』の講義でしたね。それも、その試験を受けなければならないので受けました。西さんという方はたいへんおとなしい真面目な方でしてね、だから、思想の方はものすごいファッショだったのかもしれませんけど、人柄はほんとうに立派な人でしたね。神様みたいな人だったんです。だから、講義もそういうおとなしい真面目な講義でした。ただ、テキストが会沢正志斎の『新論』でしたので、勇ましい話ばかりでした。ですけれど、これは当時の世の中では主流ではありませんから。

哲学の主流と言えばもちろん、私自身の趣味もありますけれども、西田哲学を中心とする京都大学でした。和辻（哲郎）さんだってあの当時は西田さんのところにいらして、やっと東大へ移られたばかりだったんですけど。だから、ほとんど日本中が西田哲学一辺倒だったのではないでしょうかね。ただほんとうに不思議に思いますのは、例えば『善の研究』というようなものを読んでない人はあのときの青年ではいなかったでしょうけど、あのなかで「善」のことは何も、つまり goodness ということについて何も書いてないんですよね。それが不思議でね、どうしてだろうっていう。

森田　ただ、先生の哲学の方法と、西田とか西とかとはだいぶ違う、むしろまったく正反対かと思うんですが、しかし、哲学の中心に倫理の問題、あるいは行為の問題を置くということには何か共通性とも言えるものがあって、先生が育てられた場と何か関係がどこか深いところでつながっているのではないかという気がしたのですが。戦後の教育学は、社会科学が中心になっていって、倫理学の問題から切れていきますね。それに対して、上田先生や村井先生は、やっぱり倫理の問題を中心に据えてこられたように思うのですけれども。それは、私どもが戦前の西晋一郎とか西田とかを読むときに、「ああこれなんだ」と思うことがあるんですけれども、そのへんはいかがでしょうか。

村井　「これなんだ」というのは。

森田　教育哲学の中心に倫理学がおかれていた時代があって、そのことを戦後の教育学が忘れてきたのではないかということなんです、私どもを含めて。そのあたりを先生や上田先生は継がれている感じがするのですが。

村井　そうですね。私は教育とは何だろうという関心がはじめから強いのですね。だいたい学問というのは、例えば倫理学と言えば、倫理というのは何だろうということ、教育学と言えば、教育というのは何だろうということ、物理学と言えば、物理とは何だろう、物の理屈、物はどうして成り立っているか、そういったことをやるのだという思い込みが非常に強かったのですね。それが戦後になりまして、もう同じ教育学でも、教育社会学だとか、教育心理学だとか。同じ教育心理学でも、何か病人の心理学だとか、子どもの心理学だとか、またぱあっと分かれるわけでしょう。そういうふうにして、同じ哲学でもまたいろんなふうに分かれますね。

だけど、戦前の私たちの感覚から言いますと、つまり教育ということがら、倫理ということがら、物理なら物理ということがらがあれば、それがそのまま、それが何であるかを問うものだという感覚の方が非常に強かったのですね。ですから、ただ方法的に、あるいは技術的にいろいろ違うというので違った学問があるということ自体が、あまり考えられなかったのです。ですから、その意味で、教育哲学会というものは、稲富（栄次郎）さんがやりたいがどうしようと相談に乗ってくれないかと言われたときにも、私は気乗りがしなかったんです。だって、教育学会というのがすでにあるわけですね。それは昭和十四年ごろに。

森田　十六年ですね。

村井　十六年ですか。長田先生たちがたしかお始めになったのがあるのに、そこへまた何かね。

　これは笑い話なんですが、戦後になってアメリカが来ますと、やたらに大学にアメリカふうの科目やなんかがどんどん入ってくるわけです。戦前の教育学の場合には、そのなかに教育哲学というような言葉としてはありましたけれど、科目としては教育哲学というのはなかったわけですね。教育学というものしかなかったわけです。ところが、それが今度はやれ教育社会学だとか、やれ教育心理学だとか、また滑稽なことには、昔からの教育哲学というのが科目として、学科として置かれて、さらに教育原理というのが科目として置かれて、大学のなかに両方ともなくてはならないことになった。教育原理と教育哲学とどう違うんだと言ったって、誰も説明できる人はいないわけです。たぶん、あの進駐軍が言い出して、それでアメリカでは教育原理があるから教育原理、日本では教育哲学と言っていたから教育哲学。どっちもやめるわけにはいかないから、どっちもあるという状態が続いたのでしょうね。いまではその整理はついているのでしょうか。

森田　つかないままに。

村井　多分つかないままにうやむやになっているのではないかと思うのです。そういう滑稽なことがいっぱい起こったわけです。

　私なんかが大学へ行こうという時代は、いま言ったように、哲学は哲学、教育学は教育学というふうに一応截然と分かれるようにしてあって、それぞれそれが何であるかということを考えるものだというように思っていたのですね。ですから、哲学というのはすべてのものについて、結局それが何であるかということを、知恵を愛して突っ込んでいくということでね。だから、そこから自然に物理学というようなものもできてくるわけだけれども、そういったもののさらに基本になる学問だというふうに思っていたわけです。ですから、西田哲学のように、とにかくいつも考えている。西田さんの代表的な最初の随筆集に『思索と体験』という本がありましたよね。要するに思索して思索して、そして、体験して思索するということの積み重ねが哲学だという。それはそれでいいですけど、ちょっとそれじゃあ心もとない。つまり、人に反論ができないとか、証明ができないとか、あるいは反論されてもそれへの反論、証明ができないとか、そういうことがあっても仕方がないんだというような印象を持っていましたね。だから、そういう意味で、西田哲学もどうも一所懸命思索し、朝起きるときから寝るときまで思索しているということはよくわかりますけれど、しかし、ほんとうにそれは何をしているのかということになると、やっぱりよくわからない。そういう印象を持っていました。

西田さんのお弟子さんたちが当時の世界の情勢に、世界史の哲学だとか何とかって言い出しまして、いろいろみなよく発言をするのですけれども、でもやっぱり私には、その発言の根拠になるものがどうしても納得できない。それは西田さんご自身のお書きになったものについてもそうで、そのほんとうの発言の根拠になるものがね、考えていらっしゃることはよくわかりますけれども、どうも根拠となるものが心もとないということで、私は哲学はやらなかったわけです。

だから、私としてはそういう気持ちが、その当時の気持ちがいまでもそのまま残っているという感じですね。そのうちにもうどんどん世の中が変わって、やれ現象学だとかなんだとか、いろんなことを言い出しまして、みなそれぞれ考えているのですけれども、ほんとうには何を求めているのか、つまり、落ち着くところがあるのかどうかがいまだによくわかりません。

森田　先生の場合は、長田先生の影響を受けられて、それからソクラテスの研究をなさいますね。さきほど稲富先生からギリシア語を学んだというふうにおっしゃられ、また書かれているところありますが。長田先生のことでは。

村井　長田先生の影響というのはあまり受けていないような気がしますね。概論の講義を受けたというくらいですね。個人的にも接触はあまりありませんし。だから、長田先生とは、教育学科に進むというのに試験を受けなければいけないので、長田先生の書かれた『教育学』(岩波書店)を読みましたけれど、あまり賛成できないことが多かったような気がしますね、気持ちとしては。ですから長田先生の影響はあまり受けていないように思います。

森田　あぁ、そうですか。

村井　むしろ、私が助手をしていましたときに、長田先生は学長で、直接的には稲富先生の助手でしたから、稲富さんの影響は受けて、それでとくにギリシア語でソクラテスを読むようになったのだと思いますね。

森田　そのソクラテス研究へのきっかけからお話いただけると。

村井　ソクラテスはね、これはさっきの中学三年のときに（笑）、『ソクラテスの弁明』というのをどういうわけか最初に読んだ本でありましたから。哲学というのは何だろうと思って読んだ最初の本が、ソクラテスの『弁明』だったということもあったのかもしれませんが。こんなことを人間は考えるものかなと思ってびっくりしたのですね。その印象は非常に強いものですが、その頃からもうずうっとコンスタントに高等師範の間中ソクラテスは、直接読んだわけではありませんが、ジョエット（B. Jowett）の訳なんかは読んでいました。ですから、それでいつの間にか、教育学をやり始めてもどうしても何かと言えばソクラテスにたち還るようになったのは、どうも中学のときに偶然に最初に読んだ本が『弁明』だったということで、自分ではほかには関係があまりわかりません。やっぱり何となくそういう運命になっちゃったんだなという感じなんですね。やはりソクラテスは非常に考える人だという感じでしたね、最初に受けました印象が。それは、いまでもそうなのですけれども。まぁほんとうに何を考えていたかわからないけれども、しかし、なかなか答えの出しようのない問題を、最初から、歴史の最初からとりあげて考えようとした人だという印象ですね。それがずっとソクラテスにつながってきている。そして、いまだにつながっているのだと思います。しかし、これは誰の影響だということでもないのです。

稲富（栄次郎）先生はギリシア語でお読みになっていましたけれども、稲富先生のソクラテスの解釈というのは、ほとんどドイツの何人かの哲学者たちの考え方を、どちらかというとそのまま受け継いでいらっしゃるかたちでしたから。それは私にはあまり賛成できないことが多かったですね。ですからその意味では、ソクラテスについては、稲富先生の影響でもありませんね。ただ、ソクラテスを直接読まなければいけないというのは、稲富先生も読んでいらっしゃったから、読まなきゃいけないと思った。しかし、稲富先生の解釈はほとんどドイツの有名な学者たちの解釈を受け継いでいらっしゃるけれども、私自身はそういうつもりはちっともなかった。いまもありません、ということのようですね。

森田　ギリシア語を勉強なさったのは稲富先生とご一緒にですか。ギリシア語は稲富先生から学ぶというかたちだったのでしょうか。

村井　学んだのです。ギリシア語の影響を一番受けたのは、稲富先生ですね。

森田　あと先ほどの教員の表で言いますと、高田三郎という方がおられますが。

村井　高田三郎さんには個人的に直接習ったわけではないのです。『ニコマコス倫理学』の翻訳がありますね。でも、個人的に教えていただいたわけではありません。

森田　では、ほとんど独学でギリシア語をマスターされた。

村井　そうですね。だから、教えていただいた人と言えば、稲富先生にていねいに教えていただいたというくらいで。高田さんには学生として習ったわけではありませんね。しかし、親しくはしていただきました。あのソクラテスのエロスに対する興味なんていうのは、高田さんの影響がかなりありそうな気がしますね。

森田　先に長田先生の話をうかがったとき、先生が長田先生の影響はあまりないとおっしゃられたんですが、いまごろになって長田先生の戦前に書かれた『教育哲学の根本問題』とか、『現代の教育哲学』という著作を読みますと、非常に緊張感があると言うのでしょうか、たいへん理論水準の高いもので、当時の欧米の思想状況を俯瞰しながら、そのなかでご自分の位置を定められながら、新しい教育哲学の目標に向かうような感じが伝わってきますが。

村井　長田先生のですね。そうですね。その頃の長田先生は非常に若々しいですね。私が大学でお会いしたときの長田先生はもう偉くなられてて、なんか昔のことを繰り返していらっしゃるような感じしか僕は持ちませんでしたので、それほどの感激はありませんでした。ただ、若い頃お書きになったものは力強いですよね。あれはまだこの成城にいらした頃の長田さん。あの澤柳（政太郎）さんの秘書をしてた頃の長田さんがやっぱり情熱がおありになったという感じですね。ペスタロッチー運動を始めた頃の。

森田　とくに教育学の全体を見てみると、昭和のはじめというのですか、あの頃は教育学に優秀な人材が集まった時代だったというふうに言えませんか。どうもその流れが戦後になって断ち切られてしまったような印象を持つのですが。

村井　戦後、ペスタロッチーは言わなくなりましたね。これもアメリカの影響でしょうけれど。だから長田先生が中心になって、ペスタロッチーをしきりにおっしゃっていた。それはしかし、澤柳先生から受け継がれたものだと思いますね。だって、日本に最初にペスタロッチーのことを紹介されたのは澤柳先生でしょう。で、長田先生は澤柳さんの個人秘書でしたから、ずっとそれ以来ペスタロッチーに夢中になって、それでほんとうに打ち込んでおやりになったんだと思います。

それで長田先生は、澤柳先生といよいよ成城をつくろう、学校をつくらなければいけないというときに、広島高等師範学校に行かないかということで長田先生はいらした。それで澤柳先生のそばで仕事をする者がいなくなるからというので、広島の付属にいた小原國芳さんを代わりに連れてきて、成城の主事にしたんですね。そして、成城小学校というのが、いわゆる八大教育主張とかというような、ああいう華々しい活動を始めることになったんですね。だから、あの歴史的ないきさつというのは細かなことはわかりませんけど、たいへん面白いと思います。ただ、澤柳さんはたいへん偉かったんだけど、文部省のお役人だったわけですからお役人気質があって、権力に任せてかなり勝手なことをいくらでもできるってことが、いわゆる京都大学の澤柳事件なんかになってしまったんですね。

森田　ペスタロッチー研究では、広島文理科大学に福島政雄先生がいらっしゃいましたが。

村井　ああ、福島さん。いらっしゃいましたね。

森田　長田先生との関係とか、ペスタロッチー研究の違いとかというのは。

村井　福島さんも真面目な学者だったんですが、真面目すぎたのかなぁ。私が学生の頃に広島文理科大学を辞めて、満州の建国大学にいらしたんですよね。建国大学が駄目になって、それで帰っていらしたんですが、それ以来福島さんはもう学会の表面に出られることはなかったですね。ときどきお会いしましたけど、なんかお気の毒なような感じでしたね。だけど、私が高等師範の学生の頃は、福島さんはまだ広島文理科大学で活躍していらした頃で、大変真面目な、ペスタロッチーにほんとうに打ち込んだ先生でしたね。

■ 戦後まもない頃の学会事情

森田　稲富先生のことに戻りますが、稲富先生の思い出で、教育哲学会のこととも関わって、いかがでしょうか。

村井　教育哲学会についてはどうもあの頃、やれ教育社会学会だとか、教育心理学会だとかいうのがやたらにできる時代で、そこにまた教育哲学会もつくりたいということはどうも賛成できないという建前で私はいたわけです。ちょうどそこへアメリカへ行かないかというロックフェラー財団からの声がかかりましてね。それで私はそのまま行っちゃったものですから。だから、教育哲学会はあの留守中にできたわけですね。ですから、ほんとうにできたときのいきさつは知らないんです。むしろ小笠原（道雄）君が上智大学の助手としてそばにいたわけですから、そのいきさつを知ってるんじゃないかと思います。私より細かな具体的なことはですね。で、私は基本的には賛成できないという意見でした。教育学会があるんだから、何も教育哲学会というのも、ほかの教育心理学会や教育社会学会ができるからといってつくることはないじゃないかという建前であったものですからね。それが結局、どうも我慢できなくて、私の留守の間につくっちゃった。

生田　じゃぁ、先生がいらっしゃったなら、もしかするといまの教育哲学会はなかったのかもしれないですよね（笑）。

村井　そうかもしれませんね、ひょっとしてね。稲富先生がそれほど僕を重んじてらしたかどうかは別だけれど。あの当時は稲富さんの周囲に小笠原君もいたけれども。なんていう方だったかな、僕の二年先輩で、そうだ岩田（朝一）先生。共立女子大学にいらした。たいへん真面目で正直な方がいらして、その人はもう亡くなられましたけれども、細かないきさつをご存知だったと思います。まぁ、我慢できなくておつくりになったのだと思います。だけど、僕はだいたい戦争に負けて、みんながアメリカのことばかり言い出すのが癪にさわってる時代だったものだから、どうもそういう尻馬に乗って教育哲学会も、いろんな学会ができるから新しくつくる、新制大学ができるからつくらなければいけないというのはどうも嫌だったんですね。

森田　先生は『教育学研究』に「教育愛について」という論文を書かれていますね。

村井　あぁ、あれはいつですかね。

生田　昭和二十四年です。

森田　教育学会にはかなり積極的にコミットされたのですか。

村井　そうですね。私がはじめて学会に出たのはよく覚えています。これは非常に印象的でした。京都大学であったんですね。あの当時は一人が三十分発表するという、だから一日に何人かしか発表がないんですね。で、私のそのときの論題が「教育愛について」だったかなぁ。それとも、「ソクラテスの愛」についてだったか、とにかくソクラテスのことでした。学会の偉い人は全部集まって聞いてくださるわけですね。そうするとね、一番前の列にとにかくざぁっと偉そうな血気盛んな学者たちが並んでるんですよ。見ると、あとでわかったんですが、森（昭）君とね、その仲間の京都大学の若手の研究者たちがずらっと最前列に陣取っているわけです。そして、発表のたびにね、とにかくいたたまれないくらいに質問攻めにして、批判していじめちゃうんです。それがものすごかったんですけどね。それで僕も発表したら、それをやるだろうと思って心構えをしてましたらね、僕が発表終わりましたら、その森君が立ち上がってしゃべり出したんです。で、「さあ来た」と思ってましたら、そしたらすごい賛成演説を始めちゃったんです。「そうでなくちゃならない」って。それで賛成演説がまた三十分、僕が三十分しゃべったのに、彼の賛成演説が三十分もかかっちゃってね（笑）。あとで長田先生に聞いたのですが、隣に石山脩平さんがおられて、「あの、いま発表した人はどなたですか」って。そしたら、「あれは村井と言ってね、僕の娘の婿なんです」と言ったら、石山さんがびっくりしてた（笑）。これはもうほんとうに忘れられない、私もほんとうにちゃんちゃかにたたかれるかと思っていたからね。森君が全然賛成演説でね。あのときはいまでも覚えていますけれど、「メタクシュ」という、つまり「中間」に着眼したのが非常に重要だったという、ようなことを、人間というものの生き方が「中間」なのだ、「メタクシュ」なのだと、そして、ソクラテスが大事に思っていたのはそれだとかね。とにかくはじめから最後まで賛成演説でね。それが僕の発表の時間くらいかかっちゃってね。ほんとうに面白い。僕も森さんに出会ったのははじめてだったんですが、面白い人だなぁと思いました。そのあと、『教育学全集』（小学館）のときにまた一緒になりましたけど。

しかし、あの頃の学会の発表というのはたいへんなものでしたね。恐ろしいと言えば恐ろしいし、それだけの心構えがないといい加減に発表できませんし。だから、アメリカでは学会の発表は点数稼ぎだとか、就職のための学会発表だとかと聞きましたけど、その当時の日本の教育学会の発表というのは、ほんとうに何か真剣勝負みたいな（笑）。

森田　部会制度というか、分科会には分かれていなかったんですか。

村井　分かれていないんです。

森田　何人くらい出席しているのでしょうか。

村井　まぁ集まった人が全部いたのですが、そうですねぇ、百人前後いたのでしょうか。

生田　それは教育学会ですよね。

村井　教育学会、うん。

森田　教育学会もずいぶん様変わりしましたね。

村井　そうね、うん。

森田　長田先生が学会の会長をなさってらっしゃった頃ですね。

村井　そうですね。

森田　昭和十六年六月に日本教育学会が設立されて、それが戦後に引き継がれて、機関誌の『教育学研究』という名前も戦前からの引継ぎでありますが。

村井　そうですね、長田先生に伺ったんですが、当時の社会や教育情勢も怪しくなってきたので、慶應の小林（澄兄）さんだとか、いまの東京教育大学の石山さんだとか、海後（宗臣＝東大）さんの名前もあったかなぁ。とにかくそういう小林さんや石山さんたちと相談して、「教育学会」がひとつほしいじゃないかということになったんだというふうに、僕は聞いてましたけどね。

森田　それまでは各大学ごとに学会、研究会みたいのがあって、各大学ごとにやっていますね、研究仲間としては。

村井　それは多分主任教授を囲んで、そういった集まりはずっとあったんでしょうが、これから大学が全部集まってやろうという話になったんだということでしたね。

森田　学会というのは思っているより、新しい制度なんですね。

村井　そうですね。学会自体がそうなのですね。そこへたまたま戦争に負けたら、新制大学ができて、いま言ったように、あらゆる学会があれもあれもとできてきてる状態でしたね。だけど、ほんとうにね、とてもそんな段階ではないと僕は思っていたんですね。

こんなこと言ってはおかしいんだけど、僕はアメリカへ行ってたし、そしたら一年ほど遅れて稲富さんがアメリカへ来られたんですね。で、その学会をつくったとおっしゃられるのです。ああ、そうですかって。いろいろ僕は世話をしなければいけないから、宿屋を世話したり、ご飯を出したり、いろんな案内をしたり。「アメリカは、あれ、六三制じゃないんだね」って。「六三制じゃありませんよ、いろんなのがありますよ」って。「男女共学じゃないんだね」って。稲富さん正直な方だから、真面目にびっくりして、そんな話をされるのですね。そんなことも日本ではわからない時代なんですね。そこでアメリカの占領軍が来て、ああしろこうしろというのでやってるわけですね。堀内君との対談のなかでは名前を伏せて話しているけど、チョコレートをもらって、あれが辻幸三郎さんだった。そのとき広島師範の校長をしていた。

森田　五十五点の先生ですね（笑）。

村井　一生懸命カタコトの英語を操ってしゃべっておられる、あれが辻さん。僕に五十五点をくれた。ああいう時代だったからね。日本人でほんとうに英語がしゃべれる人もいない。そこへ向こうのアメリカの幼稚園の先生だったようなおばあちゃんがやってきて、講習会を開いて、Row, row, your boat だとか、under the spreading chestnut tree だとか歌わせる。手を叩いて（笑）。まったくねぇ、ほんとうに変な世の中だったです。そういうなかで、あのカリキュラム。カリキュラムなんていう言葉も聞いたこともないのに、コア・カリキュラムがどうとか、グループ・ダイナミクスがどうだとか、昨日までほんとうにこの国体がどうだとかって言っていた連中が、よくもまあそんなことがぬけぬけと言えるなぁというほど、ほんとうに得意になって言うようになるのですね。人間というのは変ですね。だけど、あの頃の時代というのはほんとうに不思議です。世の中どうにでも変わるものですね（笑）。

森田　そろそろ時間ですが、先生お疲れでないかと思うのですが、もう一つ、戦後の日本教育学会というのは、先生がいまお話くださった感じとは違って、非常に左翼的になってくるという動きもありますよね。

村井　それは、またちょっとあとのことでしょう。左か右かという、日本中が全部、何か左でなければ学問的でないみたいに考え出した時代がくるのは。

教育基本法ができた頃とほとんど同時に、日教組の「教師の倫理綱領」ができたと思いますけれど、その頃でしょうかね。あの頃教育学をやっている以上は進歩的か保守的か、あるいは右か左か、とにかくはっきりさせなければ、何か鵺《ぬえ》みたいなやつだというふうに思うような気風がありました。あれも不思議なことですね。そういう世の中になってしまうと、何かほんとうにそういう気風になってしまうのでしょうか。だから、そういう記憶がありますし、事件もありますね。これは、しかし、例の小学館の『教育学全集』ができたころでしょう。

生田　『教育学全集』ができたのは、もっとあとではありませんか。

村井　そうね、『教育学全集』が何年に出てる？

生田　ちょうど先生があの『教育学全集』に、「教育とは何か」、「教育学とは何か」というところを書きはじめられる直前くらいに私は学部の三年生でした。そのときはまだ草稿の段階だったんですね。ちょうど昭和四十二、三年くらいですよね。

村井　四十二年に『教育学全集』ができた。ああそうですか、その直前くらいでしょうかね。

森田　時間的には少しへだたりがありますね。昭和二十八、九年くらいから、左右の対立が激しくなってくるような気がするのですね。

村井　ああ、だからそのだいぶ前ね。僕が忘れられないのはね、『教育の時代』（東洋館出版社）という雑誌を、僕と清水義弘さんと、あの東京教育大学の。

森田　馬場四郎さんですか。

村井　あぁ、馬場さんと三人で、『教育の時代』を出したことがありますね。その下相談なんかもあって、何度か飲み歩いたことがあるんですよ。たまたま赤坂見附の「磯村」という飲み屋で飲んでいたら、偶然なんですが、宮原誠一さんと吉田昇さんがたまたま飲んでるところに出会ったんですね。そうしたら吉田昇さんにつかまって。もちろん彼を知ってはいたけれど、まだ仕事を一緒にしてない。のちに『教育学全集』で一緒に仕事することになりましたけれど、吉田さんとは個人的にはそれほど親しくなかった頃です。ところが、吉田さんはその日は飲んで酔っていたものだから僕に絡んできてしまって、僕の隣に座って、覚えているのは『村井、右か左かはっきりしろよ』ってね（笑）。僕は「そんなこと言ったって、右も左もないじゃないか、そんなこと、はっきりなんかできないよ」というようなことを適当に言ってたんだと思うんだけど、そのうちにいなくなっちゃうのよね。椅子から落っこっちゃうんですよね。ちょっと高い椅子だったんだけど。そうするとまたごそごそ起き上がってきてね、そしてまた「村井、右か左かはっきりしろよ」と言うのね。宮原さんは隣にいるんですよ。で、宮原さんはそのとき何も言わなかったと思うんだけど。だから、あのときの印象は非常に強かった。吉田さんほどの人でもそんなに右か左かはっきりさせなければならないと思うのかなと、その日思ったのですけどね。ただその後一緒に仕事をしてみて、吉田さんの人柄、なかなか立派な人ですよね、よくわかったんだけど。そのときには、何でこんなこと気にするのだろうと不思議でしょうがなかったですけどね。

だけど、やっぱりそういうのが世の中の、あの当時のひとつの風潮だったのではないでしょうか。清水幾太郎がどうだこうだ、右だとか左だとかって。そういうことばっかりが世の中の話になるような、そういう時代があった気がしますね。

森田　この企画を準備しながら思ったことなのですが、戦後の教育をとらえる場合に、「文部省対日教組」とか、「右か左か」で戦後の教育を描いていくことはたしかにそうだったかと思うのですが、そういうことだけで描いていくと、右だった人たちと左だった人たちしか歴史のなかに残っていかなくなってしまうのではないか（笑）。教育哲学会のことを調べていて思ったのですけど、やっぱりその中間で苦労された方たちがおられて、そのことをこうやって歴史に書き残していくという仕事がとても大事だと思ったのですね。先生からの聞き取りの仕事の意味のひとつですが、最後のところで「右か左か」という話になったものですから。

村井　ああ、そうですか。ほんとうに不思議ですよね。ああいうときに、どうして「右か左か」という考え方になるのか。まあジャーナリズムが言うのはわかりますけどね。学者がね、ことに吉田さんのような学者がね、どうしてああいうようなことを言うようになったのかなと思って。

その後一緒に仕事をしてみて、吉田さんというのはほんとうに物のわかった人ですね。当時は集団なんとかというのがすごくはやっていたものですが、「集団と教育」という巻があの全集のなかに多分一巻あると思います（『教育学全集』第十二巻、原俊之他編「集団と教育」、一九六八）。僕はだいたい集団というのが嫌いなものだから、その編集会議を箱根でやるというので箱根に行ったときに、編集会議をこれから始めますというときに、編集長が吉田さんだったけど、「僕はその話は嫌だから寝るよ」って言って寝ちゃったんですよね。そして、適当に一眠りして、「集団の教育は終わった?」って言って、ごそごそ起きてみたら、吉田さんが笑いながら、「村井さんほんとうに嫌いなんだなあ」（笑）と言ったのを覚えていますよ。まあそれだけ心の、度量の広い人だったのでしょうけどね。

どうして、そういうふうに集団ということが、集団でないと教育の問題が考えられないみたいな風潮まで一緒に強く出てきたんでしょうねぇ。だから、『教育学全集』でもそういう巻を一冊設けたんだと思いますけれども。

森田　「右か左か」というのはジャーナリズムが名づけるだけでなくて、その当事者もそういうふうに自覚して考えていた。

村井　そうですね。そうだと思いますね。

森田　私も東大で勉強してきて、やっぱりそう考える癖は染み込んでいますね。ですから、「それは左か右のどっちか」というのを無意識のうちに判断して、それからものごとにとりかかるという癖が身についてしまっている。それを克服するのはとてもたいへんです。

生田　私は村井教育学というか、慶應で教育学を学んだ人間なので、いわゆる右か左とか、そういう発想、メンタリティがないんですね（笑）。だから、あなたはどっちと言われても、「さあ」とかいうような。

森田先生は私よりもちょっと、一つか二つ年上なんですけど、同じ世代ですよね。でも、東大のメンタリティと慶應のメンタリティというのが違うんだなぁというのを、今回のプロジェクトで打ち合わせしていても、その違いみたいなものをすごく感じます。それで今日の先生のお話でより鮮明にそこら辺の謎が明らかにされたという感じがしましたね（笑）。

村井　そうね。東大もちょっとね。僕は東大に頼まれて講義に行ったときに、最初に研究室へ寄ったら、助手がシカというような字があったような気が…。

森田　志摩（陽伍）さんですか。

村井　志摩さんと言うのですか、その人が助手だったのかな。助手が机にこう座っていましてね。それから学生が二人ほどべつの机にいたんです。とにかく僕が最初の講義に行ったときにそこへ、そして、その志摩さんですか、講義に来ましたと挨拶をしたら、東大の教育では西洋のことなんかはやらないものですからと言ったんですよ。何かそれが得意そうに聞えたのかな。そういう挨拶をしたんですね。どういうつもりかはわからないのですけど。そうしたら、そこにいた学生のなかで一人がね、「そんなことありませんよ、駒場ではやってましたよ」と、大きな声で言ったんですね。それが堀内君だったのです（笑）。それで堀内君は面白い子だな、東大の雰囲気というのがなるほどそんなふうなのかなと。日本のこすから、どうぞ。
森田　ありがとうございます。

私で役に立つんだったらもちろんこれはうれしいことでただ、もし大事なことだと思われることがありましたら、い。私の方が不正確にしか覚えていないものですから。
村井　いえいえ、こちらこそ。聞いていただくと、有難
森田　ああ、よかった（笑）。
村井　どうぞお願いします。はい。
森田　では一ヶ月後にまた。
村井　どうぞ。
た。また続けてもよろしいでしょうか。
森田　いろいろなことがわかって、ありがたい機会でし
話がまとまらなくって申し訳ない。
村井　いやいや、それはちっともかまわないんだけど、
ん。
生田　時間がずいぶん延びてしまって、申し訳ありませ
日はここら辺でよろしいでしょうか。
森田　予定した時間もだいぶ過ぎてしまいましたが、今
れどね。
なぁという雰囲気が、そのとき非常に感じられましたけ
ですね。だから、それに反発する学生もまたいたんだ
そういう堅い雰囲気がどこかあったんだなぁという感じ
とばかりで、西洋のことはやらないんだというような、

第二回

二〇〇八年五月十七日
（成城・村井先生宅にて）

◇インタビュアー
森田尚人
生田久美子
松浦良充

■ 繰り上げ卒業、そして入隊

森田 これが今日のプランです。事前にお渡しできればよかったんですが、申し訳ありません。

村井 私もこのあいだぼやっとしてお目にかかってね。これはまずいと思って、こっちも少し準備しとかなきゃいけないかと思って考えてみたんですが、やっぱりそうはできないですよね。

そちらで話してほしいというものをお考えになってるわけだから、森田先生のご計画に従って、私はレスポンドすればいいわけであって、私の方であんまり準備したりすると、かえってお邪魔になったりしますしね。そういうことに気がつきましてね。だから、どうぞご遠慮なく、何でもお好きなようにお聞きになってください。

森田 先生のお話を伺いたいというのが一番の目的です。ご自由にお話くださることが、私どもの方もたいへんありがたいので、どうぞよろしくお願いいたします。

村井 はい。そうさせていただきます。そういうことがやっとわかりました。

森田 今日は広島文理科大学を卒業してから、慶應大学に就職された経緯、そして、慶應大学時代のことをお聞きできれば。とくに、長束修道院のこともお聞きできればと思っています。

村井 はい。

森田 まず、前回の続きですが、こういうものを見つけたものですから。昭和十四年の文理科大学と高等師範学校のカタログです(『広島文理科大学・広島高等師範学校一覧 昭和十四年』、広島文理科大学、一九三九)。先生の名前も出ていますので。コピーがあります。先生が一年生のときです。

村井 昭和十四年と言えば、私が高等師範に入学した年でしょう。

森田 はい。

村井 そんなものがあるんですか。そこに名前が出ているんですか。

森田 はい。先生のお名前が。

生田 それは学生として。

森田 村井実…。第一学年、文科第二部の村井先生。

村井 はあ、これは驚いた。ほんとうに。

森田 制服の絵も出ているものですから。

生田 ああ、ほんとうに佐賀と書いてある。

村井 そうですか(笑)。昨日もクラス会のこと話していたんですが、家中の者がみんな毎日クラス会、クラス会と言って騒いでるもんだから。僕のクラス会は、小学校もなくなったし、中学校も、高等師範も、大学もなくなったし、だから、クラス会というものがひとつもないんだよという話を夕べしていたんですけどね。

小学校なんかほんとうに狐狸の住処になっちゃったでしょうしね。炭鉱のボタ山だけが残って、ボタ山だって何十年もたっていますから、また山に戻っているかもしれませんしね。

こんな書類があったんですかね。いまは入学した学生の名前が出るなんていうことは考えられないじゃない。受験雑誌なら載っただろうけどね（笑）。そうですか。中央大学図書館の蔵書。

森田　はい。

村井　ははぁ、そりゃ大変なもんですね。恐れ入りました（笑）。

生田　中央大学の図書館にあったのですか。写真を撮らせていただけますか。

森田　ええ、図書館にあったんです。

松浦　もともと持ってたんでしょうかね。それとも古書店か何かで。

森田　もともとあったんだと思うんですけど。

村井　戦前の高等師範学校というのはちょっと特殊な学校でしたからね。東と西、愛知県を境にして日本を二つに分けて、こっちは広島高等師範、あっちは東京高等師範というふうに、そういう一種の文部省の行政的な方針がはっきりしていたわけですね。戦争でそれが全部崩れちゃったわけですが。だから、きっとこういう書類ができてたんでしょうね、あの当時はね。驚いた（笑）。

森田　先生は大学卒業と同時に、長崎の青年師範学校に就職されましたね。

村井　ええ、結局半年繰り上げて卒業ということになったわけですね。十月に卒業になって、すぐ軍隊に行くわけですが、その前にかわいそうだからというのか、あるいは将来のことがあるからということかわかりませんけど、全部配給されたわけですね、就職を。それも最初から助教授ということなんですよ。だから、長崎青年師範学校助教授。その二、三年前に青年学校が青年師範学校という専門学校になったわけですね。その新設の青年師範学校の助教授という資格で兵隊に行ったわけです。非常にあわただしい変化の時代でしたね。

森田　そうすると最初着任されたときは、授業をほとんどなさらないまま士官学校に。

村井　ええ、一度も着任しないで、籍だけです。お前の就職口は長崎の青年師範学校の助教授だぞという。だから、そういう資格でもって軍隊へ行った。みなさんそうだったんだと思いますけどね。

森田　陸軍予備士官学校時代のお話をしていただけますか。

村井　結局戦地に行くのを待たずに終戦になりましたのでね。終戦になったらすぐに長崎に帰らなきゃならなかったわけです。それでのこのこ帰ってみたらさっそく担任を受け持たされて、その担任のクラスというのが長崎にちょうど勤労動員に行っていた、被爆したその生き残りのクラスだったんです。面白いね。あの頃はああそうだったのかということだけで、別に原爆の話なんかね、みんな何も話しませんでした。そこのクラス会は最近までやってました。歳とっちゃったものですからね、みんな歳から言っても私と同じくらいの歳でしたから、もうやらなくなりましたけど、たいへん仲のいいクラスでした。だって、原爆の生き残りですからね。

森田　長崎も、広島も原爆ですね。

村井　そうでしたね。沼田の私の部隊の中隊長がたまたま東京外国語学校の英文科出身だったんですね。だからだと思うんですけどね、中隊長室に呼ばれて行くと*Reader's Digest*が机上に積んであって、何で*Reader's Digest*がこんなところにあるんだろうと不思議だったんですけどね。沼田の部隊は東部四六部隊と言ったんですが、一緒に行った見習い士官が十人ほどいましたけど、部隊が次つぎと南方へ出て行くのについて行くんですね。多分東京湾を出たらすぐに撃沈されて、いなくなったんだと思います。どういうわけか、私には部隊について行けという命令がこないんですよ。それで結局、私は最後まで残ったんですね。そしたら終戦の詔勅があった。次の日に中隊長に呼ばれましてね、「どうもお前と一緒に行こうと思って、最後に九十九里浜に出かけなきゃならないとき、アメリカ軍が上陸したときに備えて。だけど、こんなことになったから、お前はもう帰っていいよ」と言うんです。だから、終戦後十日くらいたったら除隊になって、それで帰りに広島へ行きましてね。その焼け野原で、川の端でみんなが死体を焼いているところへ帰って行きましてね。軍隊から解放されて、そうして先生方を探し回ったわけです。長田（新）さんや、皇（至道）さんや、稲富（栄次郎）さん。稲富さんは東京に来てましたけど。そうして、やっと先生方をそれぞれ探し当て、それで戦後の生活が始まったわけですね。

森田 いったんは広島から長崎へ、青年師範学校では半年教えられたんでしょうか。

村井 終戦になってからね、そこに籍があるもんですから。広島には帰りに軍服のままで寄りました。それからうちへ帰って、すぐに長崎の赴任地へ行ったわけです。そこではじめて、「ああ長崎青年師範学校というのはここか」って。諫早という町にありましてね。

森田 先生は軍隊時代のことで、終戦の夜の体験を書かれておられますね（『人間と教育の根源を問う』小学館、二〇一一頁）。そのことについてお話いただけると。

村井 はい、そうですね。

とにかく軍隊というところには、もちろんどんなところか知らないで行ったわけでしょう。とにかく嫌なところだと思って行ったのですが、たしかに嫌なところは嫌なところなのですけど、ただ非常に面白いなと思ったことは、こんなにヒューマニスティックなところがあるのかという印象でしたね。

ですから、戦後すぐに野間宏が軍隊について『真空地帯』という本を書いて、非常に有名になって騒がれたことがありましたね。そのとき私はもう慶應に来ていましたけど、私の同僚、哲学の澤田君なんかと、澤田君も軍隊から帰ったばっかりだったから、野間宏はあんなこと言ってるけど、軍隊というところは真空どころじゃないよね、とね。人間というのがはじめて赤裸々に出会えて、そして知り合える。嫌なやつはほんとうに嫌なやつ。それから立派なやつは徹底していて、どんなに腹が減ったって、とにかく人のものに手をつけるなんて絶対にない、そんなやつもいましたしね。何でもないような男で、そういうやつがいるんですね。かと思うと、立派な学校出の学歴があっても、実に卑しいやつもいる。何のために大学行ったんだと思うような変なのもいっぱいいましてね。つまり、学歴や何かに関係なしに、いままでの教育歴というものと関係なしに、もう一つ人間というものを考えなきゃならないということを、これほど痛感させられたことはありませんでしたね。これが軍隊では一番強烈な印象でした。

軍隊へ行ってほんとうによかったと思ってます。そのままでいたら、結局そういう機会がないままに学校を出て、助手になって、それから大学の教師になったというだけのキャリアになりましょう。軍隊というものがあったことによってね、はじめて人間というものが赤裸々にどうつき合えるものかということがわかったという気がしますね。

それまでも学生時代を通じて、中学の頃から、まあ物心ついてから、要するに自分の生き方はどういうものなのかということを、時期が時期ですからね、人間が生きることにどういう意味があるのかというようなことだけ、ほんとうにそのことだけであれこれ考えてきたようなものですね。そのためにいろんな本を読んだり、さまざまなことを勉強したり、みんなそこを中心にしてきてたようなものだったんですが、しかし、それに対する答えのひとつが、そんなものは本を読んで考えるようなものでなくて、自分で生きながら考えていって答えを出さなきゃならないものだということがほんとうにわかった気がしましたね。

森田　同時にこの本では、先生は教育学を専攻することに対して迷いがなくなったということも、体験として書かれていますが。

村井　そうですね。その意味でね、自分が選択したのは、ほんとうは哲学をやりたかったんですが、どの哲学も自分だけがいい気持ちになっていればそれでもすみそうな学問だっていう。それで世の中に通用しそうな学問、それじゃあ困るんでね。やはり相手から反応があって、おまえがやってる、考えていることはおかしいとか何とかすぐきちっと反応が返ってくることじゃないと、自分がいくら考えたってだめですから。そうすると教育学の方が反応が得られるという意味で、教育学にしようと思って。ほんとうに哲学が好きで、哲学ばかりやっていたものですから、哲学のつもりでいたんですが、いざ決めるとなったらね、教育学に決めた。

単純な理由ですけど、それだけのこと。つまり手ごたえがあるだろうからね。哲学の場合は自分だけの悟りですませそうだから。それで、教育学にしようと決めたんでしたね。

森田　豊橋、それから沼田ですが、先生が東に行かれたのは、それがはじめてですか。

村井　最初行かされたのは久留米の十二師団の司令部でしたからね、久留米の。そこから豊橋の予備士官学校へ入れられて、その士官学校の一年の予定がまた半年で追い出されましてね。そのときに見習士官としてみんな出て行くわけですが、そのとき配給されたのが沼田でした。箱根の山を越えたのは、修学旅行について二回目で（笑）。

■ 助手として被爆後の広島に戻る

森田　今度は広島文理科大学に、二十一年の四月に助手として赴任されます。広島文理科大学教育学科教育学専攻助手。そのときのお話をお聞きしたいんですが。

村井　そうね、この辺もちょっとお話申し上げましたね。高等師範に入ってから、教育学という講座がありました。あそこは教育をやるところですから。教育学の講義は、一年のときに西洋教育史、二年に日本教育史、三年は教育学概論というふうに、教育学は重要な科目としてあるんです。一年のときに平塚益徳さんに教えられました。平塚益徳さんという人はファッショだと言われてました、国民精神文化研究所から来られたので。現在の国立教育（政策）研究所でしょうけど、その研究所はファッショの巣だったわけですね。紀平正美だとかね、当時の有名なファッショがたむろしてる。それが文部省の研究機関としてあるんですが、そういうところの出身で広島へ来られたんです。ファッショだと思っていましたら、別にファッショということはなくてね、要するに西洋教育史を習ったわけです。非常に面白かったんですが、試験があって九十六点とか点数がたいへんよかったとかかと（笑）、えらい褒められましてね。みんなの前に呼び出されて表彰された、平塚さんにね。それが一年のとき。二年になったら日本教育史で、これは後に文部省に行った、吉田松陰の研究をしていた、何て言ったっけ。

生田　玖村（敏雄）先生。

村井　玖村さんの授業だったと思うんですけどね、八十五点だったんですよ（笑）。それでちょっと下がったけど、まあまあ八十五点だったからよかったんでしょう。それで三年で辻幸三郎さんと言って、コメニウスの、まぁ大家だったんですね。その辻さんの教育学概論を受けたら何のことだかさっぱりわからなくてね（笑）。で、答案は一所懸命書いたつもりでしたが、五十五点か何かになってね、それで何だと思って聞きに行って、どうしてこんなに悪いんですかと言ったら、君ここの問題だよって、頭をつついてみせられてね。なんて失礼だと思ったんですが、できていないんだからしょうがない。

そして、高等師範は四年制ですが、一応成績をとっていれば三年で推薦で大学に行かしてくれるもんですから。四年になると教生と言って実習をやるわけですね、一年間。その実習をやるつもりは全然ありませんでしたから大学に行こうと思って、そこで哲学か、英文学か、教育かにしようと考えたんです。面接があったんですけどね、あの当時の面接は学長をはじめ各学科の主任教授がすべて揃ったなかへ、一人ひとり面接を受けるというやり方だったもんですからね、のどかな時代ですね。そしたら学長が、「教育の成績がだんだん悪くなって、一番最後には一番できていないけれどもどうしたのか」と聞いたんですね。それで、「英文科の英文学の成績はいいようだからこっちへ行ったらどうかね」と言われて困りましてね。黙っていましたら、長田（新）さんが「そうか、教育学ができないからやろうと言うんだな。よかろう」と一言言ってくれたので非常に助かりました。それで入れてもらうことができたんだと思いますが。入ったことについてはそういう印象があります。

ですから選んだ動機は先ほどのようなことで、それから入ったときのエピソードはそのような印象的な記憶がありました（笑）。

森田　助手になられてからは、先生方の様子はいかがでしたか。戦後のまったく混乱時代の助手生活についてですが。軍隊から戻られて、長崎青年師範学校は半年で。

村井　半年いて、稲富先生が主任教授だったものですから、稲富さんからお手紙が来ましてね、広島に来ないかという話でした。それで半年しかたっていなかったんですが、次の四月にはもう広島に行ったんですからね。だから、九月頃長崎に行ったのですから半年しかいませんでした。

稲富先生がそのとき主任教授でしたが、行ってみましたらね、稲富先生がパージになっていたんですね、その間に。

森田　その間ですか。

村井　その間だと思います。多分そうですね、パージになったいきさつを知りませんでしたから。

森田　その当時のことを、時間の順序で調べたものがあるんですが。

村井　いきさつは先生の方が詳しい、多分ね。僕が行ったときにはパージになっていらしたんだと思う。

森田　二十一年五月に教員欠格審査委員会がつくられて、そして、十二月中旬に三名不適格っていう判断があったようです。

村井　そうすると、私が行ったのは二十一年四月ですから。

森田　翌月に審査委員会ができて。

村井　じゃあしばらくはいらしたわけですね。あ、そうですか。その委員会がどういうふうに進行しているかというのは、私は助手として知らなかったことになりますね。いま知った。そうですか。ありがとうございます（笑）。

ただ、もっぱら助手としてやることは、行っても何もないわけです、焼け跡ですから。ちょうど三階建てのビルディングだったものですから、コンクリートやレンガの建物の殻が残っているだけで。全部焼け落ちて、全部原爆の汚染灰ですから。仕方ないから長靴履きましてね、それで毎日出勤して、灰のなかをずぶずぶ昔の研究室の跡を、とにかく大工を頼んで床を張ってもらって、本棚を作ってもらったり、テーブルを入れたりして、それでも毎日毎日灰が天井から落ちてくるんですね。天井はきれいに掃除できていませんから。先生方は毎日来られますから、毎日毎日テーブルの拭き掃除をしたりしながら、研究室にテーブルを入れたり、椅子を入れたりして、そういう仕事ばっかりやってましたものでね（笑）。そういう仕事だけでやっていましたから、いまの稲富先生がパージになられたことは知りませんでした。

いきさつは全然知りませんでしたけど、パージになられたということで、委員会の委員をしている先生方のところへ卒業生の誰かが短刀をもって殴りこみに行くとかって、それでそういうことが起こらないように警戒してくれと稲富さんに言われましてね（笑）。先生方の家の近くを夜回って、おまわりみたいに警戒してみたりしたりというようなことをしていましたね。そういうことを思い出しますね。御前講義なんかした漢文学者の加藤常賢さんの家なんかね、いつ襲われるかわからないと言うんで、夜、番に行ったことがありましたね。

森田　長田先生は当時学長をなさっておられた。

村井　ええ、学長になられたのはその年ですか。

森田　ええと、十二月です。

村井　まだ休んでいらした。

森田　敗戦時の学長は近藤寿治、「日本教育学」で有名な人ですが、その方が十九年六月ころに文部省から学長に送られてきて、そして二十年十二月五日に辞任されたというふうに記録には残っています。長田先生が学長に就任されたのは、そのあとですね。

村井　行ったときはもう学長になってらっしゃいましたか。

森田　二十年十二月二十六日に長田先生が学長になられたとあります。先生が大学に来られたときには。

村井　もういらっしゃらなかったですね、研究室には。だから、研究室ではお目にかかりませんでした。ただ、長崎にいるときにお手紙をいただきましてね。広島へ出て来てがんばってくれというようなお手紙でしたけど。

森田　加藤（盛一）という方が教授ですか。それから皇さんが助教授で。

村井　皇さんは教育学の助教授ですね。稲富さんが主任教授ですね。

森田　荘司雅子先生が助手でおられたのですか。

村井　私が助手で呼ばれたわけですから、私が行くまでは松田（義哲）さんという方がいらっしゃいましたね。私と入れ替わりになったわけでしょうからね。

生田　荘司雅子先生とは一緒に助手をなさっておられたのですか。

村井　荘司さんはもう講師になっておられたから、荘司さんのテーブルを僕は一所懸命（笑）。

生田　ああ、そうなんですか。

村井　フレーベルの「母の歌と子どもの歌」か何かの翻訳をしていてね。荘司さんの日本語はよくおかしくなるんだよね（笑）。ちゃんと日本語に直してあげて（笑）、というようなことはやっていましたね。荘司さんは専任講師として立派な部屋を持っていらして。

森田　教育学研究室の図書を長束にある修道院に預けていたということですが。

村井　そうですね。図書を全部、西洋関係は長束の修道院に、イエズス会の修道院ですね、そこにお預かり願っていて、それから日本関係は日本教育史の加藤盛一先生という、中江藤樹全集を岩波から出していますね、その先生の故郷が中国山脈の山中にありましてね、そこに預けてあった。どちらも私がトラックで何度か行って全部運んで持って参りました。そのときに修道院長のアルペ（Pedro Arrupe）さんという、のちに陰の法王なんて言われた方ですが、アルペさんにお会いしました。（補注一）

森田　広島はイエズス会の、一つの拠点になっているんですか。

村井　ええ、よく知りませんでしたけど、有名な人はほとんど広島の長束の修道院にいらしたみたいですね。いまのルーメル（Klaus Luhmer）さんもそうでしょう。アルペさんはもちろんそうですね。やっぱりイエズス会の本拠みたいなものだったんでしょうね、きっとね。イエズス会というのは、要するに昔のキリシタンですよね。

それで私はそのとき興味を持ったんです。キリシタンの勉強は一通りやりました、面白かったですね。どうして日本人が全然関係もないのに、ザビエルが来たばかりにあんなことになったのか、不思議で不思議で仕方がなくて、ずいぶん調べましたけど。ヴントの *Völkerpsychologie* という本がありましてね。ひとつの民族が、そんなふうに傾倒することはどういうわけなのかとか。*Völkerpsychologie* なんてよくわからなくて、答えは出ませんでしたけど。そんなものまで買いこんで読んだりしました。

森田　先生のカトリックとの出会いはこのときですか。

村井　そうですね。イエズス会ですけど、アルペさんにお目にかかったのが最初です。カトリックになりましたのはずっとあとで、下北沢の教会で。

森田　先生のお仕事の背景には信仰があるという感じがとてもするんですが。

村井　いやぁ、あんまりないんですよ、お恥ずかしい。カトリックになっちゃったのが変なことで、ついなっちゃったという感じです。下北沢に佐久間（彪）神父さんという、たいへん面白い神父さんがいましてね。法王が来られたときに、球場で集まりがあったでしょう。ご存じないですか。巨人のグラウンドの後楽園で。あのときに佐久間神父さんが司会をされたんですね。ちょっと雨が降り出したのですね、そうしたら、「皆さんいま献金の紙袋を回しますけれど、雨が降り出したようですから、なるだけ紙のお金を入れてください」と（笑）。面白い神父さんでしょう。別にそれが原因だったわけじゃないんですが、好意を持っちゃって親しくなりましてね。お願いして、していただいたんですが。

生田　それは先生、何年頃ですか。

村井　何年頃だろう。

生田　法王が来日された頃。

村井　その前後ですね、はい。

森田　ちょっとあとで調べてみます（補注　一九八一年二月にローマ法王が来日）。

村井　あとですよね。最近です。

森田　稲富先生が上智大学に行かれたのは、その修道院との関係はないんですか。

村井　いえ、あります。稲富先生はそういった関係もあって、ずいぶん熱心にカトリックのことを勉強していらしたと思います。書物を預かっていただいたという時期もあって、イエズス会の神父様たちとたいへん親しくなられましてね。だから、稲富さんが亡くなったときは、ルーメルさんがお葬式の司式をしてくださった。
カトリックのアルペさんは私にお説教の手伝いをしてほしいとおっしゃいましてね。こちらは仕事で書物を預かっていただいているので、何度もうかがって返していただいたんですが、私は一所懸命お説教の下書きを書きましてね。それに手を入れられたと思いますが、アルペさんがお読みになるんですね。私はその頃カントをしきりにやっていましてね。それでカントの言っていることを、うまいぐあいに適当に書いてアルペさんに感心されましてね。こんなにキリスト教のことをわかってらっしゃるのに、どうしてキリスト教徒におなりにならないの、信徒にならないのですかと言われたことがありました。その頃は全然興味がありませんでしたのでね。ただ、それがきっかけでイエズス会、ジェズイットというのがどうして日本にあんなキリシタンという名前で入ってきたのか知りたくなって、助手をしている間に一通りの勉強はしましたけどね。

森田　原爆の落ちた後の状況についてですが、広島大学の再建のときに、何か原爆のことで印象に残っておられることは。

村井　私は原爆の状況をよく知りませんのですよ。長田先生がやられてね、仁保町という県師範学校のあるあたりの教え子の虎竹さんという方のお宅で療養されておられたのを覚えていますね。それから近所の部屋を借りてお住まいになって、多分学長になられたのはその頃かな。仁保町で間借りをしていらした頃でしょうね。私自身が毎日あの灰のなかで仕事をしたのです。いま考えますとね、恐ろしいようなことをしたんですね。核の影響など考えもしませんでしたから。

生田　でも、大学の建物は残っていたんですか。

村井　建物だけ。なかはもう全部焼け落ちてしまっていたわけね。

生田　箱といいますか。外側だけ。

村井　焼けているものですから、天井からいくらでも灰が落ちてくるのね。教育学教室というのは一番てっぺんの三階にあったものですから、天井を張り替えるまで毎日灰がどんどんといくらでも無限に落ちてくるんですね。床には変な金（かね）がたくさん出ていまして、灰で埋もれていて長靴で入ってそろりそろりと歩かないと入れない、そんな状態でした。

森田　先生は二十三年に結婚なさっていますね。もしお差し支えなければ。

■ 結婚前後

村井　そういう父親の看病のために彼女が帰ってきていたんですね。津田塾にいたと思うんですけど、帰ってきて看病していたんですね。そのうちに落ち着いてきますと時間の余裕ができて、大学の英文科の聴講に来てました。私が助手をしている頃に来てました。ときどき顔と姿を見かけたことは何度かありましたけれども、それだけのことでした。そしたら、皇先生が結婚したらどうかという話をされたらしいですね。長田先生が心配しておられたんじゃないでしょうかね。それで結婚したらどうかということになりましてね。長田先生がその気になられたのかな、とにかく結婚しようということになって（笑）、そういうことになりまして、ただそれだけでした。長田先生の先輩で、天野貞祐さんという方が京都大学にいらっしゃいましたでしょ。

森田　文部大臣をなさった。

村井　文部大臣になられたのかなぁ、ちょうどその頃だったと思いますが。天野さんの仲人ということで結婚式ということになったんですが、天野さんはどうしてもその日に来られることができなくて。間際に、いろいろお互いに人格を尊重しろというようなことを言われて（笑）、言葉だけ送ってくださいましてね。それはそれっきり皇先生のところに置かれているんでしょうかね。結局皇先生が読まれただけで、私の手には渡りませんでした。結婚のいきさつはそういうことで、あまりロマンスはないんです（笑）。

森田　長田先生のお子様は何人おられたんですか。

村井　太郎と三郎。二郎というのがいましたが小さくて亡くなりまして。私の二つほど上に三郎というのがいましてね。

森田　詩人、反戦詩人と言われる。

村井　ああ、そうかもしれませんね。一高へ行って、一高で飲んだくれで有名で、飲みまくって一高をいつまでも卒業しないで、最後に早稲田の露文へ行きましてね。それでもまともにロシア文学はやらなかったって。最後に亡くなる前に詩を書いたりなんかしてね、それで詩人ということになったんでしょうか。

森田　碓井正久先生から、とても尊敬されているという話を聞いたことがありますし、何かの想い出を書かれたのを見た記憶があります。

村井　詩集をね、碓井さんは一高の友人ですが、文才があって、熱心なファンの方もいらしたようですね。それは晩年でしたね。それから五郎という、隣にいまも住んでいるんですが、一橋を出た五郎君というのがいまして。男の子は一人亡くなって三人。長男ももう亡くなりまして、三郎も亡くなりました。五郎君だけ元気でいます。

森田　五郎先生がいま長田先生のことをずっと連載で書いておられますね。

村井　何かに書いているんですか。

森田　明星大学で出している『戦後教育史研究』という雑誌です。

村井　明星大学に勤めていましたのでね。

森田　いまでも連載が続いているようですが。奥様は何番目になられのですか。

村井　長女です。

森田　長女で、兄弟のなかでは何番目にあたるんですか。

村井　三郎の次ですね。五郎の姉です。

森田　それで四郎が抜けたんですか。

村井　四郎はないですね。ああ、そうですね。範子と言うんですがね、非常に嫌がるんです。模範の「範」という（笑）。これは例の学長、何代目の学長だったのかな、吉田、何という人だったっけ。

森田　賢いという字が入りませんか。

村井　あ、そう、賢龍さん。吉田賢龍さんは漱石の、いや鏡花の小説にしばしば出てくる人ですね。『眉かくしの霊』だとか、いろんなところに何度も。『湯島詣』だとかに出てくる、吉田賢龍さんです。賢龍さんが名付け親になってくれて、範子って。規範の範、ちょうどカントの誕生日と同じ四月二十二日に生まれたというんで、それで範子という嫌な名前をつけられて、小学校の頃から名前を書くたび、習字のたびにどうしても大きくなるので、「困った、困った」と言ってました。下に妹が一人います。

森田　こんなことを聞いて失礼ですけど、慶應大学に行かれたあとに、先生には広島に戻って来いというような話はなかったんですか。

村井　そうですね。そうした話は、私に直接にはありませんでした。相談は受けましたが、誘いはありませんでした。多分私は帰ってきやしないと思っていらしたんじゃないかと思いますけど。直接そういうお話を伺ったことはありませんでした。教育学科の主任はずっと皇さんだったし、それから学長になったりされましたね。皇さんはそこら辺の事情をよくご存知だったと思いますが、多分どうせ言うことを聞きやしないと思っていらしたんだと思いますけど。

森田 そうすると慶應大学に出たあとは、集中講義以外ではほとんど広島大学とは切れるというかたちなんでしょうか。

村井 はい、何の関係もございませんでしたね。いまの誰でしたっけ、こないだまで主任をしていた。

森田 小笠原（道雄）さん。

村井 小笠原君ね。小笠原君が上智の助手をしていたときに、広島から来ないかという話が起こって、小笠原君がご相談に来られたことがありましたけどね。そのときは私はお勧めして行ってらっしゃいと。行けばいずれいろいろごたごたが起こるでしょうけど。あの当時広島では教育学科に適当な方がいらっしゃらなくて、それで、そういうことにあんまり巻き込まれたくなかったんだと思いますけど。でも、私はなるだけお勧めして、ぜひいらっしゃいということで。だって、黙っておとなしくしていれば、いずれは責任持ってやらなきゃならなくなるんだから、それでいいよと言ったのを覚えていますけど。まあその通りになったような気がしますね。だんだん落ち着いていったんじゃないでしょうか。

森田 先生が文理科大学を去られて慶應大学に行かれた頃と、文理科大学が広島大学になるということと、ほとんど時間的に重なっているような、あるいは先生が出られたあとに広島大学になったのでしょうか。

村井 ええ、私がいます頃はまだ旧制だったわけですね。新制になるような噂やなんかがいろいろあった時代じゃないかと思いますけど。

森田 その頃は、かなり学内的にいろいろ動きがあって。

村井 はい、いろいろあったようですね。でも、広島の様子は、広島を去って以来はあんまり存じませんでした。ただ、とにかく適当な方がなかなかいらっしゃらなくてね、いろんな方がどうだこうだという話はいろいろあって、やかましかったようですね。

森田 いよいよ慶應大学に行かれますが、先生がご結婚なさるのと、慶應大学に赴任されるのはほぼ同じ時期ですね。

村井 そうです。ちょうど重なりましてね。慶應大学の方がゆっくりでいいよというお話だったものですから、ゆっくりでいいんだと思って、結婚式と新婚旅行を済ませて、五月に入って行ったんですね。慶應の大ボスだった橋本孝という倫理学の先生のところでしたけど、その方が常任理事で、いろいろ世話をしてくださったんだと思います。ご挨拶に行きましたらね、「君遅かったね」と言われちゃって（笑）。ああそういうことかと思ってね。ほんとうに何も知らない田舎者だったものですから。

■ 卒業論文と就職論文

森田　先生の著作集の年譜に、就職論文を書かれたというのがあったんですが。そのことと、卒論のことをお聞きするのを忘れていたものですから、卒論と重ねてお話いただけると。

村井　卒論の表題が書かれていましたね。

森田　はい、「教育学的思惟の性格」ですか。

村井　そうですね。すっかり忘れていました。私は「当在と生成」という表題で書いたんだと思っていましたけど。そう思っていたのは、そのなかの最初の論文が「当在と生成」という表題だったんですね。「当在」というのは、当に在るべしという、当に為すべしじゃなくて。当為というのはSollenで、それがどうも気に入りませんでね（笑）。それに対してSolleinというか、Seinsollenというう「当在」というのを勝手につくりましてね（笑）。自分では、「当在と生成」という表題で卒業論文を出したんだと思ってましたけれど。そう言えば表題としては、勝手な名前をつけるのはちょっと変だなという気がしていたなと思い出しました。ほんとうに久しぶりで。

私は中学を出て、高等師範に入りましてからずっとそうですが、基本的には誰だってそうでしょうけどね。自分の生き方と言いますかね、時代も時代でしたけど、いつ死ぬかわからない自分というものが何で生きているのか、どういう意味を持つのか、死ぬときには多分弾にあたって死ぬんだろうけど、死ぬ瞬間には「そうか」ということがわかって死にたいものだというふうに思っていましたので、「当在」というのはずっと三年間を貫いてやっぱり問題だったんでしょうね。その間もっぱら哲学の本をいろいろ読みましたけど、西田哲学の全盛時代で、なんとなくよくわからないところもあったんです。カントをいろいろ読んでいましてね、感性と理性がどうも二元的にいろいろ説明をされているわけですが、どうして二元的なのかという問題でした。私の体験から言いますと、そんなに私たちは二元的にできているわけじゃない、もっとくっついている。そういう問題を感じて、カントはどういうふうに考えているんだろうと思いましてね。そんなことが気になっていましたので、どういうふうに考えるんだろうかと思いながら、その後ニーチェやキルケゴールだとか、実存主義、ハイデガーなんていうのも流行っていましたね、そんなものを一所懸命読み漁ったりして考えてたわけですね。

そういうところへ卒業ということが起こってきたものですから、そうした問題意識が全部一緒くたに卒業論文のなかに入っていると思います。それは卒業論文として書けということではなくて、突然半年切り上げて卒業ということになっちゃったものですから、それまでに書いたり、研究発表したものなんかを集めたのでいいから、卒業論文として出しなさいという、そういう一般的なお触れが出たんですね。それならというんで、そのなかにいまの「当在と生成」というのや、キルケゴールについての論文だったか、ニーチェとキルケゴールを一緒くたにしたようなものを他に三つ四つあわせて、この表題のような卒論を出したんだと思います。

森田　それは残っていないんでしょうか。

村井　いや、多分ね、僕の書斎を探せば（笑）。この次までには探しておきたいと思いますよ。たしかあるはずです。だけど、自分ではあまり見る気もしないものだから、箱に入れたっきりどこか部屋の隅にでも置いてあるんだと思います。「当在」というのを、誰かにその話をしたら面白いと言うんですね。当為というのはSollenで、当時非常に流行った言葉でしたけれども、当為というのがどうもなんとなくね、ただ何を為すべきかというようなことは非常に倫理的だとは思いますし、リゴリズムを感じさせますけど、どうも自分が生きているということと関係があってほしいという気持ちがあったものですから、「当在」という、当に在るべしというSeinsollenという言葉を自分で考え出したつもりでした。だから、カントの二元論というのもやっぱりそういったSinnlichkeitだとか、Anschauungという直観、sinnlichな直観というものと、それからvernünftigな、理性的なもう一つの働きとが、カントの場合どういうふうにして二つに分けてそれっきりという、だから批判と言えば批判なんだけれども、それで批判ができるわけだけれども、人間というのを考えるときには一緒に考えるという問題が起こるんじゃないだろうかということがどうも頭から離れませんでね。それで、カントがそれをどうしたんだろうと思って、そういう気持ちで読んでいきますと、カントの中にもintuitiver Vernunftという言葉がときどき出てくるんですかね。直覚的理性と言うんですかね。それからシェリング、まあカントの跡継ぎになりますよね。シェリングなんかにもintellektuelle Anschauungと言って、これも同じような意味あい。やっぱり誰だってそれが気になるんですよね。カントは二元論、二元論と言いますけど、カント自身だってそれを気にしていたんだろうという気がしましてね。それでカントの直観論というのを書きました。皇先生に、慶應にとにかく話があるから論文を送りなさいと言われましてね、それでその「カントの直観について」という論文を送ったんだと思います。それも多分、どこか箱のなかに入っていると思いますけど。

森田　慶應に送ったカントの直観については、公刊されなかったものですか。

村井　ええ、公刊していません、それだけのことで。いまだったら就職論文というふうになりますよね。

森田　先生のお話を伺っていて、先生の教育学の原点としての意味がおありではないかと。

村井　そうですね、やっぱりそういったことがずうっといまだに最後までついてきますね。どこまでもついてきますね。そういうことがないとね、雑なことになって、他にいろんな政治的な問題がどんどん日本でも、ことに戦後起きてくるんですよ。全然興味がないんですね(笑)。それで、これはもう最後まで問題に、結局カントがこういう二元論をどういうふうに克服するかという問題ですね。物々しく言えばそういうことなんだと思いますが、私としては哲学の問題もね、人間が生きているということともっと直接的に関係しなきゃと。しかし、考えるためにはやっぱり分けて考えなきゃならないという問題がありますので、いずれそれが分析哲学に結びついていくんですけれど。この前もお話ししましたけれど、中学の三年のときに『ソクラテスの弁明』を読んで非常に印象的で、それ以来ソクラテスからカントですね。そうしてニーチェやキルケゴール、それでエクジステンシャリズムというようなものと関係して、そういうなかで生涯そこら辺のことを離れられないで教育を考えるんですけれども、やっぱりそれからは離れられないんですね。だから、例えばカリキュラム論だとかというふうにはなかなかいきませんですね、教育をやっていてもね。

森田　この聞取りを公刊するときに、先生のその二つの論文をつけるというのはいかがでしょうか。

村井 (笑)。

生田 卒論と就職論文と、いいですねぇ。

森田 それは先生の業績全体を見るときの基本的な枠組の一つになるのではないかと思うので、お願いしたいです。

村井 見つかったら、とにかくいっぺん自分でも見なきゃ。どういうこと書いているんだかさっぱり自信がありませんので、とんでもないことを書いているのかもしれませんよ。自分の問題としてはそういうことですよね。

ソクラテスを読んだ頃から哲学というものに関心をだんだん持ってきて、それがカントというものにぶつかって、カントを読んでいるうちにそれを二元論的にとらえるということだけでは満足できなくなった。それで実存主義というのがたまたま出てきて、キルケゴールやニーチェが私の関心のなかに入ってきた。そういったなかで、結局われわれはいったいほんとうは何だろうということ、それから現実は戦争ですからね、そのなかでわれわれは存在しなきゃならない。それをはっきりさせていくために言葉の問題、言葉といったものに対する独特な考え方をニーチェも持っていますし、自分でもどんどん言葉をつくりますしね、キルケゴールにも似たところがあったんじゃないかと思いますけど。それで多分、アメリカの分析哲学というのは、ソクラテス以来の伝統的な教育の考え方がそういったかたちで復活してきているのかなという印象を最初持ったんですね。これは *Harvard Educational Review* というのを読んでいまして、そのなかに、先ほどの生田さんのおっしゃっていたシェフラー(Israel Scheffler)の"Toward Analytic Philosophy of Education"という論文が載っていましてね。それが一九四六、七年ですかね。それでちょうどアメリカへ行く話が出たもんですから、じゃあそこへ行ってみたいと考えたわけです。シェフラーに会ってみたいと考えたわけですね。

森田 「当在」は先生の独自の言葉ですが、他方の「生成」という言葉は、当時教育学界ではかなり使われていた言葉だったのでしょうか。

村井 私の長男が「成」という、werden の「成」という名前なんですよね。そのころ夢中になっていたから、そういう名前を最初の子どもにつけたんでしょうけど。ううん、なんで werden という言葉が出てきたんでしょうかね。自分自身の意識のなかでは、カントのように二元的にとらえると言ってもね、人間がやっぱり人間として werden、つまり生成していく上で、いったいどういうふうにそれをとらえたらいいかという問題です。それが sinnlich であることはわかりますしね。他方で、カント自身の言葉で言えば Vernunft と結びついた、そういった直観的な理性、intuitiver Vernunft といったようなもの。カント自身はそれを公に認めるというような立場はとらないわけでしょうけどね、やっぱり考えてはいたわけですから。そして、シェリングなんかでは嫌でもintellektuelle Anschaung ということで根本的な命題になっていくんですから。そこのことをもっとアナリティックにはっきりさせないわけにはいかないということなんじゃないでしょうかね。生田さんの「わざ（技）」なんていうのもそうだよね。

森田　ヘーゲルには向わないわけですね。

村井　ええ、ヘーゲルはどういうわけか、私はどうも読んでみる気はしませんでした。*Phänomenologie* などは一応見ましたけど、そんなに興味がわきませんでしたね。ヘーゲルはほら西田哲学の人たちはよくやっている。

森田　いま同時に上田（薫）先生の聞き取りも進行しているんですが、上田先生は卒論なしで卒業されたんですね。もし卒論を書いたとなさったら、どういうテーマですかと伺ったんですが、そしたらヘーゲルだと言っておられました（笑）。非常に対照的で、上田先生と村井先生の教育学の議論の違いがそういうところからも（笑）。

村井　長田先生という方はやっぱりいい先生だったと思うんですね。広島は田舎でしょう。修学旅行を毎年やるんです。それで東京へ来るわけですね。広島の学生はみな田舎っぺばかりでしょう（笑）。東京文理科大というのは都会にあったからいいけど、広島には立派な先生方がいたかもしれないけど、学生はたいてい田舎っぺで、西日本が中心。必ずしもそうでもないかな、北海道あたりからもずいぶん来ましたけど、要するに田舎の学生ですよね。たまたまできのいい人が来るんでしょう、志のある人が来るんでしょう。それを全部引き連れて毎年東京へ。で、どこへ行くかと言いますとね、東宝撮影所に行って映画のつくり方を見せるとかね（笑）。それから岩波書店へ連れて行ってね、岩波の親父さん、岩波茂雄氏はたいへんご馳走してくれましたよ。私もたまたま行ってきただけですけど、非常に印象的でした。あの頃は岩波書店と言えばたいへんな本屋でしたからね。岩波茂雄という人も偉い人だったんでしょう。そういうところから自由ヶ丘の石井漠の舞踊研究所へ行きました。日本の舞踊みたいにへらへらしているんじゃなくて、体中全体で元気を出して、そして動きを展開していくような。そこに和井内恭子っていましたね。例の十和田湖の『われ幻の魚を見たり』という和井内（貞行）のお嬢さんですね。当時は石井みどりだとか、そういう踊り手たちがいっぱいいまして、全盛時代だったんでしょうね。その石井漠の舞踊研究所なんかは、とにかく田舎っぺにとってはね（笑）。テレビも何もない時代でしょう。とにかくそういうところへ連れて行って、何て言うんでしょうね、勉強させるんでしょうね、そういうことをしてくださったんですね。だから、岩波書店の岩波茂雄なんかにもそういうふうにして出会って、たいへん印象的でしたけれどもね。だけど、僕は何でいまそんな話をしだしたんですかね、先生のご質問に答えるつもりでそんな話をしていたんですが（笑）。

生田　へーゲルの話ですよね。上田先生とご関心の違うところで。

森田　京都学派の話かなと。

村井　あ、そうだ。それで西田幾多郎さんにもお目にかかれるように、学生全部を連れて西田幾多郎さんの訪問もするわけです。西田幾多郎さんは鎌倉の姥ヶ谷というところに住んでらっしゃいまして、そこへ連れて行ってもらって、西田先生のお話を伺うわけですね。ほんとうにお元気でね、まもなく亡くなられるんですけれど。とにかく話しながら、頭をごつんごつんと後ろの壁にぶつけられるほどたいへんお元気で、熱心に話をしてくださったのを覚えています。

それで上田さんというのは西田さんのお孫さんか何かだそうですね。僕はそういう話を聞いてから、上田さんというのは何だ哲学かと。哲学というのは僕は最初から好きですけど、自分で悟ってりゃいいんだと、それが新制大学の改革で教育学に流れ込んできたのかという偏見を持っていたんです、ずうっと（笑）。だから、上田さんとはつき合ったことが実際ありませんでね、仕事をしたこともね。小学館の『教育学全集』ではあると思いますけどね。でね、この間どういうわけか、上田さんからはじめて本が送られてきて読んでみましたら、上田さん自身も哲学が必ずしも好きでなくて、それで教育学をやったんだと書いてありましたね。なんだ、じゃあもっと早く出会って話すんだったよという手紙をね、上田さんに出しました（笑）。

そうそう、その話でしたね。長田先生に西田幾多郎さんのところに連れていっていただいたのはよく覚えていますよ、印象的でしたね。長田先生の家にずいぶん西田さんの書かれたもの、字だとか、歌だとか、いろんなものがありましたね。どうしたのかな。たいへん尊敬していらしたようですね、長田先生は。

■ 慶應義塾大学に赴任する

森田 慶應大学へ行かれたとき、小林澄兄先生はどういう方でしたか。

村井 小林澄兄先生が慶應大学の教育学を一人でやってらしたようなものでした。慶應大学というのは所帯の小さいところですから、いまでもそうだと思いますけどね。だから、教育学も哲学科のなかの一部門ということでした。それを小林先生がほとんど一人でやってらしたんじゃないでしょうか。ところが、小林先生が例の進駐軍のパージの問題で委員長だったんだけど、委員たちから委員長をパージにしろという話になっちゃったらしいですね。それでパージになられて困っているところへ、たまたま長田先生と慶應大学の実力者だった橋本孝という倫理学の先生とが出会われたときに、誰かいないだろうかという話で、それでちょうどいいよというんで、私の話が出たらしいんですね。それじゃあ論文を出してくれという話になったらしいですね。

森田 『慶應義塾百年史』（慶応義塾、一九五八）を見ていましたら、小林先生は文学部長をずいぶん長くなさっておられたようですね。

村井 そうでしょうね。ずっと慶應育ちの方でしょう。だから、慶應ではたいへんな方だったんでしょうけど、それが委員長でありながらパージになったと。それをパージにしたのが、哲学の松本正夫さんだとかね、だったらしいですよ。松本さんも若かったもんだからね。戦争中でしょ、だから小泉信三さんなんかもそうですよね。あんなファッショ連中は追い出してしまえという雰囲気があったんでしょうね。間接的に察しますところでは、松本さんなんかから見ると、小泉信三さんなんかにも戦争中は問題があったらしいですね。ましてや小林さんも実力者ですからね、どうしても若い人たちから見ればファッショだという印象があったんでしょうね。それで小林さん自身がパージされたというわけで、大学が自主的に自分たちでやるんですからね。それで困っていたところに、たまたま私が声をかけられたということだと思います。

ただね、行ってみて驚きましたことは、文学部で私の歓迎会というのをやってくれたんですね。二十五歳になったばっかりの若造が来たので歓迎会が、文学部でやってくれて。その歓迎会のパーティーで最初に僕のところへ来たのがね、西脇順三郎さんなんですよ。

森田　英文学の。

村井　お酒をコップに入れてやってきてね。これからお世話になりますと言って来られたんですよね。西脇順三郎ですって。名前は知っていましたから。「僕はね、慶應からシンシュウ教育学を追い出そうと思ったらね、やっと追い出したと思ったら、また君はシンシュウだね」と言われました（笑）。

森田　シンシュウってどういう字を。

生田　あの、長野の。

森田　長野の。先生、信州と関係があるんですか。

村井　いえいえ、ないです。長田先生が信州で、その娘の相手ということでしょう。小林先生は伊那ですからね。西脇さんは新潟です。小林先生をパージにするのに、西脇さんも関係してらしたんでしょうね。やっと信州教育学を追い出したと思ったらね、また信州と関係があるんだねというのが、私の歓迎の挨拶ですよ。で次つぎと、ドイツ語の金田（廉）先生だとかは、ニコニコしながらビールを注ぎにきて、「人間が人間を教育するって、どういうことですかね？」などと仰る。こうして次つぎと、国文の久松（潜一）、折口信夫先生、中文の奥野信太郎先生など、名前だけしか知らなかったいろんな方がそれぞれの仕方で僕の歓迎の挨拶に来られたのにはびっくりしました。

と言うのはね、慶應というところは、広島で知っていた先生方の雰囲気と全然違うということですね。こんなところがあるんだろうかと思いましたね。広島ではね、同じ教員室にいても先生と先生とは屏風を隔てて敵同士みたいなものが多いんだという話を聞いたりしたこともありましたけどね。広島の歴史学の先生方の話でしたけども。とにかく、大学の先生方の間の一種の冷たい関係というのが全然ないんですね。びっくりしました。それと私立の大学というのには、それまでちょっと馬鹿にするというか、一般的な風潮としてそういうところがあったでしょうけど、とにかく全然国立の大学と違うんだなぁということをね、ほんとうにしみじみと感じましたね。

そういう雰囲気や人と人との関わりの話なんかはすぐ稲富さん、皇さんなんかにしたからでしょうね。もう、村井は来ないよって（笑）。広島がいろいろもめたときに、ずいぶん誰にしたらいいだろうという相談に、広島からいろんな先生方が、是常（正美）さんだとかね、杉谷（雅文）さんだとか来られたんですけどね。しかし、私自身が行くということは全然考えませんでしたよ。他の人もあまり考えなかったみたいですね。でも、国立の学校と私立の学校というのはまるで違うんじゃないでしょうか、これはいまでもそうだと思いますよ。これから先だって。

生田　私は逆のパターンで、ひしひしと感じます。慶應が大学の本来の姿だというふうに思っていましたが、そうではありませんでした。ほんとうに（笑）。

村井　そうそう、僕がやったのと逆だよ。やっぱり国立はいかんですね（笑）。これはまた話が別になりますが、教育にみられる「政教混一」なんていう、福澤諭吉が言うように政治と教育が一体になっている、これは日本の根本的な問題になりますけど、これはあとの話でしょうね。いまお尋ねの話について言えばそういうことです。

森田さんのメモに加藤常賢さんの名前が出ていますね。加藤常賢さんじゃないですよ、これは。加藤盛一さんです。中江藤樹の全集なんかを編集された、加藤盛一。常賢さんは漢文学の方で。常賢さんには『説文』を習いましたけどね。盛一さんには日本教育史を習いました。

森田　年譜には、先生が長田先生に言われて、小林澄兄先生の本をだいぶ読まされたと書いてありましたけど。

村井　それは、私が広島の助手のときです。小林先生がパージになったわけでしょう。長田先生は小林先生やなんかと相談して日本教育学会というのをつくったというお話でしたね。ですから親しかったんでしょうね。小林君がパージになったけど、とてもパージになるような人じゃないから、小林さんの本を全部読んで、パージなんかにならない普通のリベラルな人だということを書き出してくれと言うんですね。その嘆願書を出すという。それで私、一応ひとさらい読まされて。これは助手のときで、まだ自分が慶應に行くことになるなんて考えてもいないときの話ですけどね。それで書き出しました。たしかにそうですよね、小林先生って基本的にはリベラルな人ですよね。ただ、戦争中にはどうせ何を言ってもナショナリスティックにとられるということがありましたでしょうね。

森田　私もこの間小林先生の著書を、『教育革新への途』、『国民教育と労作教育』、『国民教育学』の三冊をぱらぱら見てみただけなんですが。

村井　小林先生のですね。どうですか。

森田　戦前に書かれたものをどう評価するかというのはすごく難しいと思っているんですが、もし先生のお考えをお聞かせいただけると。

村井　それはそのとき、そのときの置かれた状況のなかで、学生に講演したときだとか、講義したなかで、ちらりちらりとナショナリスティックなところがかなり出ているという感じは私もしましたね。でも、小林先生は基本的にはリベラリストだということはわかりましたね。だから、片言隻語をとらえていけばファッショにかぶれているんじゃないかというのはその通りだということになりますけど、基本的にはそうでないということを長田先生にご報告しました。そして、長田先生が嘆願書はお書きになったわけですから、そういうことにさせていただいたと思います。

森田　私も先生のいまのおっしゃられた考え方、戦前の小林先生に対する見方にまったく共感するんですが、戦後は戦前のものに対してそういう見方がなされなくて、戦後教育学は戦前、とくに戦時中に書かれたものに対して、みんなファッショだということにしてしまっているのではないでしょうか。

村井　そうじゃないでしょうか。これはもうほんとうに戦後はひどいですよね、戦後の大学の先生方のだらしなさというのが。軍隊に行きましてね、大学出なんていうのはけしからんと思ったのはそれと同じですね。高等教育を受けたというようなことは全然いい加減なものだということですね。その人間が、人間としての何か大事なものを持ってるか持っていないか、それは百姓の子どもでもね、それが根本的に問題ですよね。

同じように陸軍予備士官学校なんかに入れば、全部予備士官ですから、要するに大学、高等学校、あるいは専門学校を出た連中ばっかりですよね。そういうなかでもいろんな人間がいますけれど、未だに忘れられない、どうしたかなぁと思うような、生きてれば会いたいと思うような人が何人かいました。みんなが変なことばっかりごまかしてるのをみてね、「しょうがねえなぁ」なんて言いながらね、それで自分は絶対にそういうことはしない、そういうのが何人かいましたね。だけど、たいていはほんとうにごまかしてね、人前を繕っても陰で何をするかね。例えば腹が減るでしょ、炊事当番に当たると盛りつけた人の飯やなんか二、三粒ずつかっぱらって、自分のポケットに入れてというようなのが、みんなそれぞれちゃんとした高等学校なり、専門学校なり、大学なりを出た連中で、そういうのがざらにいるんですからね。一方、そんなことを見ていてわかっていても、「しょうがねえ野郎だなぁ」なんて言って、それだけですましているような変わり者もいるんですよ。こういうの普通の兵隊でしょ。軍隊で、私は沼田へ行って普通の兵隊に出会うでしょ。ほんとうに兵隊たちは何も知らないですけれど、立派な兵隊というのはいましてね。もちろん何も知らない点からはだめだけど、一般的に言って人間がそんなにスポイルされていないという感じはしますよね。こんなのは戦争に行けば強いんだろうけど、いまの士官学校出た予備士官なんていうのは、戦争に出たら負けるのは決まってるというような印象を非常に持ちました。他方、高等学校を出て、ドイツ・リートなんか得意な、もうそれだけで悠々として変なことはしないのもいましたから、一概には言えないですが。しかし、数は少ないですよ、そういうのはね。だから、どこの高等学校でドイツ語やったからじゃあないでしょう。どこか人間というのはもうひとつなんか大事な問題があるなということを、軍隊でほんとうに考えさせられましたね。

森田　先生のいまのお話、戦後の教育学者が戦前の仕事を見るときに対して、あまりに一面的に過ぎたということとつなげてよろしいでしょうか。

村井　ええ。戦後の方は戦前のことを知らないわけですよね。ただ戦前に偉そうな顔をしていて、戦争が負けてからがらりと変わる。英語なんかわかりもしないのに、大あわてで英語を使う。中央から進駐軍の担当者がたえず大学に来るわけですよ、昔のアメリカの幼稚園の先生だったんじゃないかと思うようなおばあちゃんやなんかがね。そして、大学の先生方を集めて、幼稚園の歌みたいなことを、Row, row, row your boat なんていうのを歌わせて、それで輪をつくって手を叩かせたりして、そういうのをワークショップとか何とかと言って、それが民主主義の勉強だみたいな。それに大学の先生はみんな参加するわけですね。そういうときのもう情けないことね。僕は助手だからそういうのに参加する必要もないし、ただ世話係の方に回されるわけですが。本当に情けなかったですね。さっきの僕に落第点つけて、頭が問題だよと言った先生がそのなかでも一番だらしがなくて、この前もチョコレートか何かをあげた話かなんかしたけど、そんなの見てるともうどうしようもない。

森田　先生は昭和二十五年に、通信教育のテキスト『教育学』を書かれておられますね。それをちょっと探したんですけれど、慶應に行かないとないかなと。

村井　慶應に来ましたらね、小林先生がやってらした教育学概論をいきなり持たされちゃったわけですね。そして、概論をやっていたちょうどこの時に、通信教育が始まったんです。通信教育というのも、ほんとうにあの当時のことを思い出すと胸が痛むことも多いんです。みんな田舎から、汽車もまだろくろく通らないような頃に、宿屋もない頃にやってきて、そして、米と毛布を担いでやってきて、誰かの家に泊って、その米を炊いてもらってというような学生の人たちが、とにかく通信教育が始まると集まったわけですね。そこでいっぱいに集まる人たちを相手にして講義をしなきゃいけないわけですが、そのときさっきの僕を呼んでくださった橋本孝さんという倫理学の先生に呼ばれて、とにかくその講義をしろということと、そのテキストを書けって。「君少し早いけどね、書きたまえ」と。二十七歳だからね。それで書いたのが『教育学』という、いまもありますよね。そして、私の慶應の同僚がよく言うんですが、「村井さん、いまあんなの書けないよね」って。あの頃だから書けたんで、あんなものはいま書けないねというようなことをよく冗談で言うんですが、私も書けない。だけど、ずいぶん元気がいいですよね、あれ読んでみると（笑）。それがこの『教育学』にあたります。橋本さんが、カポネという あだ名だったんですが、いかにもアル・カポネみたいな偉そうな顔をしているもんだから、でも、なかなかいい人だったらしくて、「ちょっと早いが書きたまえ」と言うんで、書かされちゃったんです。

森田　通信教育はとにかくテキストがなければ成り立ちませんよね。

村井　そうですね。結局早急にテキストが必要だったんじゃないでしょうかね。まず、講義が始まったんですけどね、どうしてもテキストがいるということだったんだと思います。

森田　教職課程のテキストなんですか。それとも教育学の。

村井　教職課程ではないですね。まだ旧制じゃなかったのかなぁ、あの頃は。制度が新制にはなっていなかったんじゃないかな。

■ 教育学研究室の再出発

松浦　二十五年ですからもう新制ですね。先ほど慶應の教員についての、先生の赴任されたときの印象を伺ったんですけれども、学生の様子はどうでしたか。

村井　あの頃の学生は復員して帰る人が多かったですから、最初の学生の半数は私より歳が上でした（笑）。実際、その年下で最初の学生が沼野（一男）君という、のちの玉川にいました人ね、ときどき玉川の沼野君のところに集まる人たちがまだいまもいるらしいですが。その沼野君なんか悔しがって、先生と同い年なのに、一方は先生で、他方は学生というのは癪に障りますねなんて言うから、そんなら一年長生きすればいいじゃないかって。そしたら、「あ、そう言えばそうですね」なんて。冗談で、そんな話をあの頃していました。

生田　杉野女子大学の田村（皖司）先生も同じような。

村井　田村君は英文科にいたんですけどね。

生田　大学院で教育学に入られたんですね。

村井　途中で英文科をやめて、教育学に変わったんじゃないですか。

生田　沼野先生よりもちょっと下くらいですか。

村井　二、三年下ですね。沼野君の下が西村（皓）君だとか、それから安川（国雄）君。

森田　大学院はすぐに、新制発足とほとんど同時にできたんですか。

村井　大学院は前からあったんです、旧制の時も。ですから、私が行きましたときに、大学院の学生というのが一人だけいまして、それが小原國芳の息子の（笑）、小原なんて言いましたっけ。いまの小原学長じゃなくて、その親父です。いまはもう引退していますが、元気でいますけど。彼はばかばかしいってね、同じくらいのやつに大学院の学生として指導を受けるのは嫌だって言ってね、一度も出てこなかった（笑）。小原哲郎ね。ただ、家へ遊びには来ましたよ（笑）。他の連中、沼野君なんかと一緒にね、うまいものをつくって食べたりはしてましたけど、授業には一度も出てこなかった。もちろん自分が勉強嫌いだったから（笑）、いい口実にして出てこなかった。

松浦　教育学の授業をとる学生さんたちは、やはり教員志望が多かったのですか。

村井　いや、それは驚いたんですが、いままでの高等師範から文理科大学へ行ったのはみんな教員志望でしょう。

ところが、慶應では教員志望というのは一人もいないんですよ。たまたま沼野みたいなのは児童研究会かなんかのクラブ活動をやってたというんで、そういったようなことを卒業したらやりたいと、そういうのがたまにいましたけれど。一般的には、洋服屋になりたいとかね、どことかの会社に入りたいとか。僕はそれにはびっくりしました。慶應義塾に行けばいいんだと。教育学なんかやろうとは誰も考えてないわけだという。これはもう長いことそうでしたね。ほんとうにずいぶんあとの方、最近ですよ。この方々（生田さん）の頃になって教育学をやろうかというような人が出てきたんで、不思議な学校だなぁと思ってね。全然教育学をやろうなんていう気がないんですよ。

松浦　あくまで文学部の。

村井　慶應であればいいという。

松浦　慶應で学べればいいという。

村井　いまでも多分にそういう雰囲気はあるんだと思いますけどね。これには驚きました。文理科大学なんていうところと根本的に違ったことでしたからね。

松浦　かなりのカルチャー・ショックですね。教員の雰囲気も違えば、学生も。

村井　さっきの私の歓迎会のときから、学校の先生方の雰囲気からして、ほんとうにカルチャー・ショックでしたね。

森田　教育学科が独立するのはいつ頃なんですか。

村井　それは新制になってから。哲学科というのが長いことあったのがなくなって、文学部の社会学科だとか、哲学科だとかに分かれた。昔は社会学も何もかも哲学のなかに入っていたんですから。それが社会学科だとか、哲学科だとか、それから何学科ですか、分かれちゃったんですね。

生田　私のときには、「社会学・心理学・教育学」。だから「社・心・教」学科と呼んでいました。

村井　「社・心・教」と言ってたね。そうね。

生田　いまはまた違うんですよね。

松浦　いまは文学部全部で一学科になりまして、十七専攻あるんですが、ゆるやかにいわゆる社心教系は人間関係学系と。

生田　系になったんですね、筑波みたいな。

村井　ああそうですか。なんとか系だとかというのは筑波がやりだして、はやりだしましたね。

松浦　系列で何かあるかというと、とくに何があるというわけでもないのですが。

村井　私がいました頃は、哲学科があるだけで、哲学科のなかに、哲学専攻、倫理学専攻、社会学専攻、心理学専攻、教育学専攻というふうに、そのなかに小分けであっただけの話でしたから。

森田　教育学専攻の専任の先生は一人ということですか。

村井　私が行った時には、一人でやっていらした小林先生がいなくなったから、一応教育学科というのは解体したわけ、誰もやる人がいないから。それで社会学科の預かりになっていたんですね。社会学科の新館（正国）先生という主任教授が預かっていたけど、誰もいない時期が一年や二年あったんじゃないでしょうか。それで私が行ったから再開しようということで、私が教育学概論を。概論というのが一番大事な科目ですから。そして今度は、教育史をやる人を幼稚舎（を経て普通部）から呼んできて、中山（一義）先生という、慶應を出た人です。それから慶應の心理学科を出た人で、やはり普通部（を経て予科、文学部教養課程）の先生をしてた西谷（謙堂）先生という人がいました。それから塾長の秘書をして、進駐軍と始終交渉をしていたから、多分この人は詳しいだろうというんで、この人を教育社会学へ（笑）。山本さんていう方。

生田　そうだったんですか（笑）。

松浦　山本敏夫さん。

森田　かなり有名な方ですよね。

生田　そうですよね。

村井　とにかくあっちこっち走り回っていた人で、顔は広かったから。それで教育学科を編成して独立して置いたわけです。それがたちまちに大学院を置くかどうかというような話になってきて、だから、他の学科に大学院ができても、教育学科は最後まで大学院はなかったですね。だから、白根開善学校をやっている本吉（修二）君の頃は大学院がないもんですから、結局彼は大学院に行って勉強した方がいいと言って、あの頃の東大の何とか君と言ったな、頼んで引き受けてもらおうとしたんだけど、東大の方がちょっと具合が悪かったもんですから、東京教育大学の馬場四郎さんに頼んで引き受けてもらって、それで教育大学を出たんですね。だから、白根開善学校なんていうのは、子どもは善くなろう、善く生きようとしているというんでせっかくつくったんだけど、何と言っても一緒にやろうという人が教育大学の連中ばっかりだから、考え方が全然違うわけです。まるで育ちが違うわけですから。教育大学流の考え方しかしないですから。多分たいへん困ったんだと思いますが、結局一応まとまったかたちで白根開善学校がスタートはしたけれども、一つの理想に向かって一緒に進んで行くということができなかったんですね。それがそのままで今日に至って、学校は残っていますけれど、未だにそこら辺の中心になる考え方ができなくてね。

このあいだ手紙がきまして、ちょうどそのときから参加しためずらしい人だと思いますが、慶應の経済学部を出た人で、一人の少年がいたんです。当時は少年でしたけど、いまはもう中心人物らしいですね。その人から久しぶりに、何十年かぶりに手紙が来ましてね、とにかくいっぺんちょっと出てきて、話をしてくれという。六月のはじめに何十周年かになりますので、出かけることになっています。だから、今回の広島で話したように、学校が違うと考え方がまるで違うんですよ。一緒になるというのがなかなかできない。教育ということの考え方が、結局一つになれないものですからね。みんな教育のことを話しているつもりだけど、みんな別々のことを話して、別々のことを考えてます。教育はそれでも結構一応やっていけますからね。だから、それが問題じゃないかと指摘したのが、このあいだの教育哲学会のシンポジウム（教育哲学会第五十回大会、二〇〇七）のときの提案です。

森田　学会活動と言えば、関東教育学会と教育哲学会の創設に参加されてますが。

村井　関東教育学会というのが間もなくできましたよね。いまもありますか。

森田　あります、はい。

村井　そうですか。あのときもいろんな学会ができましたね。いわゆるアメリカの制度が入ってきて、新制度になってみんなばらばらになったものですから。昔の大きく言えば哲学科だって、それを小分けにしただけだったのが、そういうことが全部崩れちゃいましてね。みんなばらばらになってしまったのが、どこかが学会をつくると、俺もつくりたいと言ってみんなつくりたがるんですね。だから、教育哲学会もつくりたいと言ったから、これは稲富さんが言い出したんですけれども、どうも私は気乗りがしなくてね。それで、しぶって返事をしないあいだに、私はアメリカに行ったものですから、どうも留守中に稲富さんがつくっちゃったんですね。だから、聞かれても、できたいきさつはわからないんですね。小笠原君は稲富（栄次郎）さんのとこの助手でいたから知ってるでしょうけど、それ以上のことは僕自身は全然離れていたからわからない。

松浦　先生が、慶應通信から『教育学』をお出しになった昭和二十五年に、慶應で日本教育学会の大会が行われましたね。

村井　ああ、ありましたね。

松浦　それは先生が中心になって。

村井　いいえ。小林先生のパージが解けて戻ってこられて、それで私は、教育学概論だとかの講義も全部返してくれないかと言うんで、全部お返ししまして、小林先生にまた元通りにやっていただくことにしました。

生田　私が二年生のときに、教育学概論は小林先生だったんです。

村井　ああ、そうなの。

生田　もうかなり年をとってらしたんですけど。

松浦　でも名誉教授。

生田　名誉教授が教育学概論をなさっていたんですよ。その前には先生がなさっていて、そのあとも先生がなさったのですね。

村井　小林さんがパージが解けて戻ってこられて、それでとにかくやらせてくれと言うんで。

生田　最後あたりじゃなかったでしょうか。

村井　そうそう、そのときだったわけね。

松浦　そのあいだは先生は別の科目で。

村井　ええ、多分。教育史だとか、別の科目を。教育学概論というのは一番大事な科目ですから。とにかく概論を小林先生に返してくれと言うんでね。もちろん、もともとやっておいでになったわけだから、お願いしますということでやっていただいたんですね。

森田　小林先生が戻ってこられてから、退職されるまでは何年間くらいあったんですか。

村井　パージになられてから。

森田　パージが解けて、慶應大学に戻られてから。

村井　定年というのがあったんですかね（補注二）。あんまり考えたことがないからわかりません。そのうちに小林先生、いつの間にかお辞めになられていましたね。

生田　私の在学中の昭和四十二年。亡くなってお辞めになったんですか。

村井　いやいや。病気になって亡くなられたんだけれど、それまでずっとやってられたかしら。そうかもしれませんね。だから定年というのは確実にはなかったんじゃないかな。

森田　そういう時代なんですね。

村井　うん、考えたこともなかったです（笑）。

森田　小林先生は、そのパージの間はどうなさっていたんですか。

村井　さあ、どうなさっていたんでしょうねえ。そういうのは知りません。どこかで講師か何かのかたちでやってらしたんでしょうかね。存じませんでした。

松浦　国際基督教大学でも。

村井　教えてらした。

松浦　はい、短い期間だったと思いますが。

村井　ああ、そうですか。国際基督教大学はもうできていましたかね、あのとき。

松浦　そのちょっとあとですか、小林先生のご指導で修士論文を書かれた方がいらっしゃって。

村井　ああ、そうですか。長田先生が亡くなられた話はしたかなぁ。長田先生が亡くなられたときに、教育学会に『教育学研究』という機関誌がありますね、追悼号を出したんです。そのなかで小林さんが書いていたんだけど、長田先生はうなぎが好きだったって。岩波書店で岩波茂雄さんと長田先生が会うときにかばん持ちしてついていって、これは僕が慶應に来る前ですけれど、うなぎを神田かどこかで食わされたことがあったけど、長田先生はうなぎが大好きなんですね。それはたいへん有名だったらしくて、小林さんがその追悼号で、長田さんはうなぎが大好きだったけど、うなぎの味はわからなかったんじゃないかと書いているんですよ（笑）。で、その追悼の集まりが、諏訪の「布半」という代表的な旅館がありますね、その「布半」であったんですけどね。長田さんの墓を頼岳寺という立派なお寺、曹洞宗の代表的な修行寺があって、そこに墓をつくったもんだから、追悼式をやったときの夜、「布半」でいろいろ話が出たなかで、小林さんが長田さんの追悼号に書いていたことが話に出て、あそこで小林さんがうなぎの味がわからないって書いていたけど、追悼号なんかであんなこと書くもんじゃないというような話が出て、それでちょっと一座の雰囲気が険悪になって（笑）。

そうしたら、「布半」の親父がね、藤原さんというのがいてね、長田さんは茅野の鬼場というところ、上諏訪のひとつ手前に茅野という駅がありまして、その茅野のちょっと奥に鬼場っていう村があって、そこの出身なんですよね。鬼場の出身だから、長田さんが食べたのは諏訪湖のうなぎしかないんだろうって。ところがね、同じ諏訪湖のうなぎでも、ここから天竜川がはじまって、ずっと下っていって伊那まで下るとね、うなぎもだんだん老けてきてね（笑）、肉が硬くなって、脂っこくなって食えたもんじゃない。小林さんはそのうなぎしか食ったことがなかったんじゃないかって（笑）。藤原さんという「布半」の主人が言ったので、みんなが笑い出してね、その場の雰囲気がいっぺんにほぐれたことがありましたけどね。このあいだ藤原さんは亡くなって、奥さんは一昨年かなんかに亡くなったんです。奥さんが亡くなる前に、いつも亡くなったご主人を懐かしがっていたから、こんなことがありましたっていうのを僕が手紙で書いてね、慰めるつもりで書いてやったら、えらい喜ばれてたね。主人がそんな愉快なこと言いましたかって（笑）。

森田　小林先生と長田先生の関係が日本の教育学者が学会をつくっていくきっかけになった。それまで各大学ごとに研究活動をしていた教育学者が一つの学会に集まるという、その転機になった世代でしょうか。

村井　ええ。そういう学会というのは、それまではなかったんですね。それをつくろうという話になったのは、ファッショがね、昭和十四、十五年ころに学生の赤狩りというのがずいぶんはやっちゃって、赤で検挙されたとか、三木清だとかが捕まったとか、全部その頃ですね。そんな奇妙な時代があって、長田先生から聞いたんですが、あんまり世の中がそういうふうにファッショになるから、教育学ってもっと自由でなきゃならないし、そういう学会をつくろうじゃないかというので、それで小林さんや、誰だったかな、早稲田の原田（實）さんでしたかね、とにかくそういう人と語らって、学会をつくることにしたんだというふうに聞いたことがあります。だから、学会はそれまではなかったんですね、何も。日本教育学会ができるのは、昭和十六年でしょう。

森田　そうですね。『教育学研究』という名前は東京高等師範の機関誌の名前だったんだという話を聞いたことがあります。

村井　そうですか。東京高等師範の、そうですか。

森田　ですから、日本教育学会の成立は戦前なんですね。戦後でなくて、戦前にできている。

村井　戦前の話ですよね。昭和十六年ですから。

生田　先生、次回はアメリカ、ハーヴァード留学前後ということでお話しを伺いたいと思います。

村井　そうですか。ちょうどいいですね。

森田　そこで次回は、分析哲学と教育工学との出会いという話を。

村井　そうですか。はい。

森田　これまでのお話をバックグラウンドにして、分析哲学のことをうかがえれば。

村井　そうですか。どうもすみません。

森田　先生が自由に話していただくのが一番うれしいんですが。次回はぜひ、そういうふうにしていただけると。

村井　話があっち行ったりこっち行ったりで、どうもお聞き苦しいと思います。すみません。

森田　いろんなことがらの背後が見えてきまして、立体的に捉えられるようになりました。

生田　ほんとうに立体的に見えてきました。

（補注一）ザビエルによって日本に伝わったキリスト教は、江戸時代に禁止された。一九〇六年、教皇ピウス10世はイエズス会に日本での宣教再開を要請し、日本イエズス会は上智大学と広島での布教事業を担うことにした。

一九三八年、上智学院内にあった修練院が会員増加のため、旧広島県安佐郡長束村（現・広島市安佐南区長束）に移動した。修練とは、修道生活の土台作りが目的のイエズス会での初期養成のことである。長束修練院の主要施設は木造三階建ての和風建築である。東京にあったイエズス会の哲学部および神学部は太平洋戦争中、長束修練場に疎開していた。

スペイン・バスク出身のアルペ師は一九三八年に来日して布教活動をした後、一九四二年に長束修練院の院長と修練長になった。広島に原子爆弾が投下されると、かつて医学を学んだアルペ院長の陣頭指揮の下、修練院は救護所となった。その様子は井伏鱒二の小説『黒い雨』に描かれている。

その後アルペ神父は管区に昇格した日本管区の管区長になり、一九六五年にはイエズス会総長に選出されている。二〇〇三年、長束修練院庭内にペドロ・アルペイエズス会元総長の胸像が建てられた。修練院は二〇〇五年、長束から東京都練馬区に移動している。長束修練院は現在、イエズス会 聖ヨハネ修道院（長束黙想の家）西日本霊性センターとなっている。

（補注二）定年制は昭和三十五年に常任理事に就任した池田弥三郎氏が導入している。

第三回

二〇〇八年六月二十一日
（成城・村井先生宅にて）

◇インタビュアー
森田尚人
生田久美子
松浦良允

■ 慶応義塾大学の印象

森田 よろしくお願いします。

きょうは前回の続きになりますが、慶應大学のときのことはまだ十分にお話ししていただいていないこともあるかと思いますので、まずそれについて。

後半に、アメリカ留学のことについてお話いただければと思います。また、アメリカ留学のことはたくさんお話がおありと思うので、少し次回に延びてもと思っています。

慶應大学の教育学研究室は、先生がおつくりになってこられたと思いますが、そのことを中心にお話いただければ。

村井 私が慶應大学へ行くことになったのは、あの当時学術審議会とかいうのがありまして、そのメンバーに慶應から橋本孝さんという倫理学の主任教授が出ていたんです。橋本さんと長田（新）先生がたまたま隣に同席されたらしい。そのときに雑談で、小林先生がパージになって、それまでは教育学のことはほとんど小林澄兄さんが一人でやっていらしたわけだからちょっと困った、誰かいないだろうかという話があったらしい。それで長田さんはちょうどいい機会だというので、娘が結婚することになって（笑）、長田さんのことだからうまい具合に話して、いいのがいるよというような話でね。そのあと、とにかく論文でも出してもらったらどうだという話になったんでしょうね。

長田さん帰ってこられて、とにかく話しといたから論文を書けと言うんで、大急ぎで論文を書いて。僕の字は汚いから、大学院生の誰かに頼んできれいな字で清書をしてもらって、「カントの直観論」というのを送ったんですね。それで話が決まって行くことになったんですが、その間に私は結婚式をすませたりして、ゆっくりでいいよという話だったものだから、そのつもりで、多分五月の何日かに出かけていったんだと思いますが。学校は実際は四月から始まっているわけだからね。上京して橋本さんのところに挨拶に行ったらね、玄関に出てきて「君は遅かったね」って（笑）。そういうものかと思ったんだけど、こっちは田舎者で何にも考えてなかったということだけども。まあとにかくそれで始まった。

ただ、非常に印象的だったことがひとつだけありますね。大学教授たちの雰囲気のことですが、私はそれまで広島文理科大学しか知らないものだから。広島大学にはいまも千田町に、コの字型になったレンガの建物があるでしょう。こっちのウイングが教育学科で、向こうのウイングは何学科だったかわからないけど、途中に心理学専攻がありました。広島文理科大学の教育学科は心理学と教育学という二つの専攻から成り立っているわけですね。だけども、教育学と心理学というだけでなくて、要するに学科や専攻が違うと全然関係がないわけです。話に聞くところによりますと、歴史学の場合なんかは同じ部屋のなかにいてもね、わざわざ衝立を立ててお互いが背中を向け合っているというような噂もありました。とにかく大学というところは冷たいところですよ。そういう人と人とのつき合いというのはあんまりない。

それに、機構上奇妙なことがありますね。いまでもそうですけど、年度末になると金が余ったからどこか出張をしてくれませんかとかって、わざわざ金を使いに出張に出かけなきゃならないとかね。頼まれたことあるでしょう(笑)。そういう馬鹿なことを、いまでもそうでしょうけど、役所というのはそういうもんですね。それで僕は助手なのに出張頼まれて、どこかに出張しなきゃならない。金を使い切らないと次の年の予算が削られるというようなからくりがね、助手をしていますと、とにかく国立大学というのがだんだんわかってくるんですね。別に就職先に国立大学を考えていたわけじゃないけど、大学って変なとこだなあと思っていたんです。

ところが慶應へ行って、まず僕の歓迎会があったんですね。教授会で歓迎会をすると言うんでね、専任講師を一体どういう歓迎会をするんだろうと。講師が集まって飲むのかと思ったら全然違うんですね。歓迎会はすごく立派な大きな応接室で、教授連中がみんな集まってましてね。真っ先に僕のところへウイスキーのグラスを持って、「とにかく村井さんおめでとう」と来たのが西脇順三郎さんなのね。西脇順三郎さんは詩人としても聞えていましたけど、英文学者としてもオーソリティですからね。こんな人がまず真っ先に僕のところへ歓迎の挨拶を、しかも一専任講師ですよ、そのときは。一年たって助教授にしてもらいましたけど。僕はびっくり仰天しましたね。そして、西脇さんがニコニコしながら言うことはね、「僕は慶應から信州教育学というのを追い出そうと思っていたら、また君も信州と関係があるんだね」って。長田さんの娘の婿だというわけですね。知っていた、聞いていたんでしょう。「また信州と関係があるんだね」というのがね、これが歓迎の挨拶(笑)。これには僕も、ニコニコしながら返事しているんですからね、不愉快な気持ちはちっともしない。歓迎しているわけですよ。こんなに人間的な感じのする大学の雰囲気というのははじめてでした。

広島文理科大学はただもうしゃちほこばって堅苦しいだけで、教授は威張っているしね。しかも、その威張っていた教授がいかにだらしないか、前にもお話しましたね(笑)。それ以来いろんな機会があって、広島からも何度か戻ってこないかとかいう話がありましたけども、僕は全然そんな気はありませんでね。それと、一般的な国立大学というものと私立大学というものの意味を積極的に考えなきゃならないということを感ずるようになりましたね。

最初の印象はそういうことでした。それからあとは一年で助教授。これも普通はありえないことですよね。歳は二十六だし。そういう人を遇することの、よそから来てくれたからということでしょうね。そういった気持ちはね、僕は私学のほんとうにすぐれたところだと思いましたよ。たまたま慶應がそうだったということかもしれませんけど。多分そうでしょうけど、あまりにも違うのでとにかく驚きましたね。それで二年目が来たときに、さっきの橋本さんに呼ばれました。教育学科は、この前お話しましたかね、小林さんがいなくなって解体して、私はとりあえず専任講師で来て、授業では概論を持たせてもらったんだけども、まだ体をなしていないわけですね。それでいろんな人を慶應のなかから、普通部(を経て予科、文学部教養課程)にいた西谷(謙堂)さんという心理学の先生だとか、塾長秘書をしていて、渉外関係で絶えず走り回って進駐軍と接していた山本(敏夫)さんという人を助教授にして呼んできて、それから幼稚舎(を経て普通部)の先生をしていて、教育学の出身だった中山(一義)さんを呼んできて、それで頭数だけ揃ったわけですから、それでもって新しく教育学科はスタートしなきゃいけないというその準備をやったわけですね。整うまでに二、三年かかりましたですね。しかし、とにかくそれまでは社会学科の預かりということにして、教育学科を解体した格好だったんですね。で、一年たって私も助教授になりということで、だんだん整ってきたところでスタートしようということだったんでしょうね。そしたらちょうど通信教育というのが始まりましてね、そのテキストを書かなきゃいけない。誰が書くかということに。

■最初の著作　通信教育テキスト『教育学』

村井　ああ、これ（『教育学』慶應通信、一九五六）ありましたか。これもあったはずだと思ったら、出てこなくてね。これお読みになりました？　面白いでしょう。

森田　面白いです。

村井　慶應の同僚がね、「村井さん、ああいうのはもう書けないね、若くないと」と言うんです。そうですよね、若気の至りでなにか偉そうなことを書いていたという感じが自分でしていますけど。恥ずかしいですね、いまはもうほんとうに恥ずかしくて、汗が出るほどですが。とにかく橋本さんに呼ばれてね、「ちょっと早いけど君書かないか」と言われてね。「はい」と言って、仕方がないから書いたのがこれなんですよね。慶應にきて最初に本として執筆した、本として僕の出したものは、これがはじめてです。そのあといろいろ本が出ますけれども、その意味では非常に記念碑的なものができたわけです。

森田　最初に書かれたもののなかに、著者のエッセンスが詰まっているという言い方しますが、そういう感じがしました。内容だけでなく、方法論の面でも。

村井　ちょっと見せてくださいね、僕も久しぶりで。

武蔵野女子大学（の所蔵）ですか。「教育とは何か」、ほんとう若造がね、何もわからないくせに考えていたんでしょうね。それがそのままみんな入っちゃっているわけだね。

森田　何人くらいの学生を対象にして話されているのですか。これは講義のときの記録ですか、話し言葉になっていますが。

村井　最初に通信教育ができて、学生が出てくるでしょう、東京へ。

森田　スクーリングですね。

村井　米を袋に入れて担いで、それから寝巻きもなくて毛布やなんかを担いで焼野原の東京へ出てくるわけです。その人たちが集まっている。そこへ講義をするわけですね。その講義のノートがあったものですから、それをもとにして書いているわけですね。

松浦　これは先生の助教授一年目の夏季スクーリングのノートですか。一番最初の。

村井　最初のスクーリングですね。教育学概論というのがないわけですから（笑）。ニーチェの言葉から書いているんですね。広島にいたときに私が知っているのは、ニーチェの妹の編集したニーチェ全集ね、フェルステル・ニーチェという妹が、ほんとうに兄さんを敬愛していたものだから、兄さんの断簡零墨を全部集めて全集のなかに入れているんですよ。ツァラトストラというのがありますね。あれの最初のところにはニーチェのツァラトストラのメモが全部入っているんですよ。第一巻の最初は「ベートーヴェンの第五の出だしの調子でいく」とかって、ニーチェが書いているのね。運命が時を告げるとかってね。ニーチェが自分でそういうふうなメモをつくっている。そういうメモまで全部その全集には入っている。だからおもしろいんだね、ツァラトストラも。小型な本ですけど、それが全集で何巻ありましたかね、十数巻だと思いますけど。あなたは広島大学ですか。

松浦 いえ、違います。

村井 広島大学の研究室の図書室にはいまもその全集があると思いますけどね。誰も読んだ形跡はなかったけど。それを丹念に読んだ。そのツァラトストラのメモが面白くてね。まさにそうですね、ベートーヴェンの運命が扉を開く、「タタタター」という調子で書かれていますよね。ツァラトストラが山から下りてくる、ほんとうにそうだなあってね。ひとつの本ができてくるときの裏話になりますよね。あれはほんとうに面白かった。とにかくそんなわけで、その頃の僕はまだニーチェの余韻が覚めやらなかったんでしょうね。それからニーチェ全集のなかに"Zukunft unserer Bildungsanstalten"という、つまり「われわれの教育施設の将来」という講演があるんですね。

森田 講演ですか。

村井 はい、僕は教育だからね、その講演が何を言っているんだろうと、それを一所懸命読んで、多分訳して長田さんに差し上げたと思います。夢のようなことが書いてあるんですね、なんとなくまとまりはないんだけど。自分がボンの学生でね、ピストルが好きで練習をしていたら変なおじいさんが出てきてね、知恵のあるおじいさんが出てきて何だか言うんですよ、というような夢のような話なんです。そのおじいさんというのが、ニーチェが尊敬していたショーペンハウエルらしいですね。それはいまでは翻訳出ていますよね。ニーチェのZukunftという、「我々の教育施設の将来」とでもいうそんな表題で翻訳があると思いますよ。でも、その頃は翻訳どころじゃないです。妹の全集はそんなのだけど、面白かったですね。ニーチェがボン大学かどこかでやった何回かの連続講演なんですよ。それに夢中になって訳したりしていたものだから、こう続いているわけですね。

生田　先生が二十八歳の時、昭和二十五年にこれが出たということですね。私が学部生に入ったときにも、まだ通信教育から出ていました。中山先生も、西谷先生もみんな通信教育の方から出していましたね。いま改めて見てみると、その後先生がお書きになった『教育学入門』とか、他の著作で書かれたもののベースになっていることがすでにここに書かれていますね。

村井　いやぁ、僕、恥ずかしくなってね。ほんとうに見ていないもんだから。

生田　how と what の話。言葉は違いますが、本質と方法との違いとして書かれていますね。教育学の問いの違いとは書かれていませんが。それから、教育的な視座の話。科学的な性格について。『教育学入門』の方は、整理されたかたちで書かれていますけど、こう見るともう二十八歳のときに、その後の先生の、「村井教育学」と私たちは言っていますが、そういったものすべてがここに詰まっているという感じがします。その萌芽がここにある。

村井　全然、恥ずかしくなってね。それ以来見たことないものだから。

生田　いや、先生これご覧になってみたら。

村井　いま見たら、そういうことあるかもしれませんね。

森田　先生と分析哲学の出会いというのは、分析哲学を知って自分の思想が変わったのではなくて、もともとこの本のなかに、そういうふうに概念をきちっと分析しながら、整理しながら展開していくやり方というのを感じました。

村井　もしね、いま森田さんがそうおっしゃるんだったら、そうかもしれないと僕も思います。僕が分析哲学、シェフラーの "Toward Analytic Philosophy of Education" というのを、*Harvard Educational Review* で読んだときの最初の印象がね、あ、これはソクラテスじゃないかというものでした。ソクラテスが言葉の問題を分析したわけでしょう。そうかソクラテスがこういうかたちで復活してくるのかというのが僕の第一印象だったものですから。だから、ハーヴァードへ行きたいと言ったわけですけどね。いまおっしゃるようなことがあったとすれば、そういうつながりが、いまの生田さんの話にも出ていたと言われると、そういうことだったかもしれませんね。とにかくあのときに、ソクラテスを前からずっと読んでいましたのでね、分析哲学という言葉に最初に出会ったとき、「何だ、これはソクラテスじゃないか」というのが僕の最初の印象でした。

森田　この本を書かれたときは、シェフラーの論文に出会われる前ですよね。

村井　そうですね。

森田　ですから、『教育学入門』の議論の立て方、展開の仕方と、この通信教育の教科書との間に飛躍がない、連続しているという印象があります。もうひとつは、学会はひとつであるべきだという先生の教育学論が、ここに書かれている教育学論から読みとれます。そのことをかなり意識しておられたのか、教育学会のあり方を考えてそう書かれたのかはわかりませんけれども、はっきり出ている気がしました。

村井　そういうことは進歩していないと言えば、最初からちっとも進歩していないんです。だけれども、最近になってときどき何だあれ前に言っていたじゃないかということに気づいて、それじゃあその頃からそんなこと考えていたのかと、こっちは新しいことを考えたつもりでいてもね。

いま進行中の本も『教育学事始』(『新・教育学「こと始め」』東洋館出版社、二〇〇八)という表題にしようと思っているんですが、新しいことを書いたつもりで「事始」と。ところが、それらしいことは全部が全部、前にどこかで出てくるんですよね。同じことをぐるぐる言っているわけじゃないかと思うんでね、ほんとうに恥ずかしいとも思うんですが。しかし、そういうものでしょうね。自分では別に前のを取り出したわけじゃ全然なくて、新しいつもりでいるわけね。

森田　読者としてはそういう積み重ねになっていることを知るのが、刺激的でチャレンジングなことになりますね。

村井　そうですね。そういうことがあるかもしれませんね。これは私も近頃つくづく感じるようになっています。そういうものかなあという気もしますよね。だから、それでいいのかなとも思いますし、恥ずかしいとも思います。

とにかく、慶應に行った当初の印象はそういうことでしたね。そして、いまの通信教育が始まり、先生方が揃ったので、いよいよ正式に社会学科を離れて、教育学科がもういっぺん復活をしたということですよね。

松浦　教職課程は、その頃どういう先生方がご担当だったんですか。

村井　教職課程というのは、そのあとにできたんじゃないでしょうか。教職課程をつくらなきゃならないというのは早く起こったんでしょうね。ですから、教職課程というのもみんなが兼ねてやり始めたわけですね。しかし、教職課程には、このあいだちょっと話が出たように、教育原理があったり、教育哲学があったり、みんなどうしていいかわからないという雰囲気がずっとあったんじゃないでしょうか。だけど、とにかくその辺をごまかして、教育学概論を教職課程の教育原理にあてるとかなんとかというようなことをしながら。だから、学生にとっては、教育学概論を取ったら教職課程も取ったことにするとかというような暫定的な処置もしたりしながら、教職課程もできていったんじゃないでしょうかね。

松浦　昭和三十年代の教育原理という科目は、山本敏夫先生がずっと担当されている。

村井　教職課程ですね。

松浦　先ほどの西谷先生、中山先生、山本先生という、そのときの教育学研究室は、教育哲学、日本教育史、教育心理学、それに教育行政という、あの四つの柱ですが。

村井　一応それで三本柱。西谷さんは三本柱なんて言っていましたけどね。心理学と、教育哲学と言っていたかな、それと教育行政、教育社会学と。教育行政と教育社会学を一緒くたに考えて、三本柱というのをしきりに言っていましたね。何で三本柱と言うのかなと思っていました。

松浦　それはとくに村井先生のお考えで、そういう領域、柱をたてられたということではなくて。

村井　主任教授というのは、西谷さんがずっとやっていらっしゃいましたからね。西谷さんはご年配だからずいぶん長かったでしたよね。

松浦　そうですね。かなり古くからいらっしゃって。

村井　だから、西谷さんが主任教授だったということだと思います。その西谷さんのところにかなり早い時期ですけど、斎藤（幸一郎）さんという心理学の方ですね。

松浦　幼稚舎（を経て大分大学）におられた。

村井　彼が助手できて、すぐに一人前に講義をするようになっていったと思います。

松浦　いまでも三本柱か、四本柱とかって、ほぼ同じような枠組みが研究室にも残っていますけど。

村井　そうですね。いま何本柱になっているかわかりませんが。

松浦　一応四本なんですが。

村井　四本でしょうかね。ですから、あんまり多くしてもしょうがないという気は私にもありましたしね。慶應は金があるというんじゃないから、その四つの領域にしたいとおっしゃるのなら、それを守っていったらいいじゃないかというふうに私も思っていましたのでね。これをやたらに広げるというふうには考えませんでしたね。

■　たたかう通信教育部長

松浦　通信教育は、のちほど先生が部長なさったり、非常に深くかかわられるんだと思いますが、最初の頃の慶應の通信教育にかかわるエピソードは何かありますでしょうか。

村井　そうですね、私はまだ頼まれて講義をするだけでしたからね。だから、通信教育について、たとえば行政的な意味での運用なんかがどういうふうになっているのかというのはよく知りませんでした。ただ頼まれて、やればいいというのでやっていましたね。

さっきの橋本さんという方がなかなか政治的な能力のある方で、通信教育を起こして整えて、そうして全体を統括して運用をしていらしたんじゃなかったんでしょうかね。私は言われたままに教育学概論の講義をしてました。通信教育は添削もしなきゃいけないんでかなり忙しいんです。かなりやりましたね。添削をやりますとね、添削料が一枚についていくらとなっているんですよね。ところがそれがね、月給の三倍か四倍になるんですよ（笑）。これには驚きましたね。慶應の月給というのは非常に安かったらしいですね。自分は安いとあんまり考えたことはなかったですが、年末になると餅代というのをくれましてね。餅代というのがいまで言えばボーナスでしょうね。月給もらいに行きますとね、会計課長が自分の脇に月給袋をぶわっと並べて置いていましてね、そこから選り出して取ってくるわけです。それを渡しながらね、「君はよくやっている」とか言って、「はい」と言ってもらって帰るんだけど（笑）。それが年末なら、がんばったからと言って餅代をくれるんですね。そんな時代でしたからね。

私は講義をするだけでしたが、よくこんな焼野原のなかにたくさんの人が熱心に来るもんだなあという驚きは何度も感じました。熱心なんですよね。学部の学生はみんないい加減なもので、教育学に来てても、教育をやる気はないんですけどね。じゃあ慶應学科にでもしたらどうかって（笑）。慶應を出れりゃあいいんだろうという、そんな感じでしたから。文理科大学で言いますと、教育学科というのはみんな教育やるつもりでいるでしょう。驚いたことにそんなのは一人もない。生田さんはたまたま女の人だったからか、同級生のことはご存知でしょうけど、教育やろうなんていう人はほとんどいないんですよ。そういう時代でしたからね。でも、通信教育の学生は熱心におやりになる。

そういうなかにほんとうに可哀相な、からだが不自由でいつも戸板に乗せられて担がれて、四階の大教室やなんかで講義がありますと担ぎ上げられて来ていたような人がいましたね。あとでわかったんでその当時は何も知らなかったんですが、いつもお母さんが付き添ってきて、授業中ずっと教室の外に立って待っていて、寒いときでも暑い時でも、ひとりで聞いていらした。担ぎ上げるのは四、五人の青年たちが来てその教室へ連れてきているんですけどね。お母さんが聞いていらした。僕も話をしてみればよかったんですけど、気の毒で声をかけられなかったんです。

あとでわかりましたのはね、私の家内の津田の同級生だった人の姉さんだったのかな、妹さんだったのかな。家内の同級生だった方は、旦那さんが東大の病院長になったりして偉いお医者さんだった。その妹さんの方はどこかの殿様と結婚して生まれた子どもが、その子だったらしいですね。だから、その妹さんはほんとうに苦労をなさったようですね。私が講義を終わって教室を出ますと、ちゃんと待っていらっしゃるんですよね、出てくるのを。声をかければよかったと思っていますが、その頃は何も知らなかった。通信教育というのはとにかくそういうものでした。みなの熱心さがね、それからご父兄、周囲の人も熱心だったということでしょう。だからそういう印象はありますね。

私はのちに通信教育部長になりましたけど、それはずっとあとのことですね。それは例の学生騒動があって、三田の山が学生に占領されてしまったときです。通信教育の学生も当然騒ぎ出して、たまたま部長をしていた人が学生に取り囲まれて殴られて入院したということがあって、それで急遽私がその後釜で、殴られること覚悟で（笑）。家内が毎朝下着から着替えないと行かせてくれないんですよ、危なくってね。いつやられるか知れないと思っているわけだから。決死の覚悟で出かけたのが僕の通信教育部長時代ですよ。会議なんかやっていますとね、学生たちがピッピッピッピと笛を吹きながら回ってくるんですよ。いつここへ飛び込んでくるか、捕まるかと思って。副部長なんかが、「部長、捕まりましょう」とか言って（笑）。悲壮な決意をしたことも何度もありますけど、結局そういうことは起こらずに何とかすみましたけどね。

それはそれでね、たいへん面白いことがその後起こるんです。というより、これは文部省との間で私がたいへんな戦いを始めて、これはまったく成功したと思っていますけど。その話はまだずいぶん先のことですが、いまお話をしてもいいですか。

森田 ぜひ。

村井 よければお話しますが。とにかくそんなかたちでやっていたんですが、ある日ひょっと新聞を見たら、「放送大学」というのがデカデカと出ているんですよ。放送大学の委員のメンバーの名前が全部出ていましてね。例えば、僕も知っているのでは波多野完治さんだとかね、とにかくお歴々の名前が全部出ていて、いよいよ放送大学が開校しますといったような新聞記事でしたね。僕はびっくりしましてね、しかも、通信教育部長である私も寝耳に水で一度も聞いたこともない。文部省ではそういうかたちで話が進んで、もはや波多野さんなんかは委員会なんかに入っている。新聞にこれだけデカデカといよいよ開校しますというふうに出たということは、前々からやっていたっていうことですし、私が知らなかったというのも変な話ですね。このメンバーのなかに通信教育関係の人はいるかというと、一人だけいたんですね。日本女子大学の僕の知らない人でしたが、事務局の人なんですね。通信教育の事務局長かなんかだったと思いますけど知らない人です。その人を入れているということは、通信教育にもちゃんと連絡はした上ですとでも、文部省が言いたいのかなというふうに勘ぐらざるをえないですね。そういうごまかしのために、そうなっているんだと思った。それで私はね、ほんとうに、ほんとうにあのときは怒りましてね。私だって苦労はしているわけでしょう。毎日毎日が必死の覚悟で学校へ出ているという状態ですからね。それで調べてみましたらね、通信教育というのは、東京に東京六大学と称する六つの大学があって、一番古いのが法政大学で、慶應、日本大学、それから玉川大学などがありましてね、東京六大学と称して通信教育協会というのをつくっていて、協会長は高橋誠一郎先生であると言うんですね。

森田 慶應関係ですね。

村井　そうですね。教育基本法制定のときの文部大臣。そういうのがあるのなら、どうしていままで何もしなかったんだろうと思って、そこへまず問題を持ち出して聞いてみたらいいと思って調べてみますと、これは全然有名無実のもので、年に一回だけ東京六大学と称する大学の事務長たちが集まって、元文部大臣の高橋先生のお話を承るだけの会であって、別に何も通信教育のことをやっているわけではありませんと言うんです。それじゃあ通信教育に責任をもってやってる部門は日本中に全然ないわけですかと聞いたら、各大学が、法政大学や慶應大学がそれぞればらばらでやっているわけで、別に全体をどうしようということはないんですと言うんですね。それじゃあ文部省に独走されても仕方がないわけだから、文部省に文句をつける前に、まず全体の連合体をつくらなきゃいけないと思いましてね。どうしたらいいかと思ったら、いま言ったように、高橋誠一郎さんは神棚に祭られて、一年にいっぺんだけはお正月にみなが集まって高橋誠一郎さんのお話を聞くのと、お歳暮はお届けしてますという具合でしたからね。形式的な集まりなんだけども、まずその高橋誠一郎さんにご相談しなければいけないということで、高橋さんは銀座にある慶應の交詢社に事務所をお持ちになっていて、毎日そこに出ていらしゃるということがわかって、高橋誠一郎さんに会いに行って了解を求めなきゃいけない。それで、高橋誠一郎さんに会いに行きましてね、こんな次第で通信教育協会の会長でいらっしゃるそうですけども、これは実質的には形式的なものだと伺いました。だけど、今回はこういうふうに文部省が放送大学というものを公表しましたので、これははなはだけしからんことであって、通信教育ができてからね、これだけ学生は熱心なのに、苦労してもお金が足りないので学生たちに満足なことはさせてない。それで学生たちも荒れに荒れて、私たちも命けでやらなきゃいけなくなっていますと。だから、これはひとつ文部省にどうしても文句をつけなければならないから、通信教育をやっている大学はみな集まって、ひとつになって文部省へ文句をつけに行こうと思いますが、よろしいでしょうかと言ったら、高橋誠一郎さんはよろしいとおっしゃったんですね。結構ですと。どうぞお好きなようにやってくださいということでした。

それで高橋さんのお許しを得たわけだから、私は安心して、まず一番の古株は法政大学でしたからね、法政大学の通信教育部長、それからいわゆる六大学と称するもの通信教育部長のそれぞれにご連絡を取りましてね、何月何日に文部省へ行きますから一緒にいらしてくださいと。それで文部省へみなさん揃って出かけたんですよ。

その時調べてみてわかりましたけれども、放送大学というものはもともとはイギリスで言い出したのですね。ウィルソン内閣の時代に、その労働党の党首でしたウィルソンという人がUniversity of the Airという電波による大学というのを構想したんですね。イギリスではじめてそういう構想が生まれて、そのUniversity of the Airというのをいち早く聞きつけた日本人の代議士がいて、その代議士が日本の電波の利権を全部持っていた。何て言ったっけな、有名な代議士でしたよ。それがどうも文部省とくっついて放送大学を考えているらしいということがわかってきたんですね。ところが、ちょうど進行中にその代議士が亡くなりましてね。電波の利権は全部持っていたんで言い出したんだけど、文部省はそのままその話を公表しちゃったわけですね。

責任者は誰だって言ったら、文部省の担当は社会教育課長だと言うのです。それで社会教育課長に会いましてね、先ほどからのことを、とにかく通信教育は昭和二十何年でしたかね、二十四、五年でしたかね、できたばっかりからどんなに苦労したかはご存知ですかと。そして現在では大学に出るのも命がけというようなつもりで私たちはいます。しかも、日本中の大学がいわば大学紛争で荒れに荒れているという状態ですけども、そこで「放送大学」をご発表になったというのはどういうわけですか。町の噂によるとね、これは学生に大学を占領されないから通信教育がいいだろう、放送大学がいいだろうということでお始めになったというふうに聞いていますと。実際そうだったんでしょうね、あのときは。とにかく日本中の大学が占領されていたわけですから。だから放送大学なら占領されないですむというので、代議士連中は非常に乗り気だという話です。文部省もそうお考えになって、代議士と組んでおやりになっているのかもしれないけれども、実際そうだと僕は思いましたけどね、文部省がそんなことでいいんですかと、徹底的に言いました。しかもね、ご発表になったメンバーを見ますとお歴々が全部並んでいますけど、これはほんとうに恥ずかしいことで根本的におやめになった方がいいと思いますと。そして、昭和二十四年以来、大学の民主化ということで長年育ててきた通信教育をそういうふうに邪魔者扱いにしてね、あるいは古臭いみたいな扱いにして、「放送大学」を構想するのではなくて、せっかく戦後生まれた通信教育があるんだから、それをほんとうに育ててやろうという方策を講じてくださらなければいけないと思いますと、かなり高飛車にお説教したんですよ。

そうしたらね、社会教育課長、そのとき何という人だったのか、偉いですね、真面目によく聞いていましてね、ひと月ほど経ちましたら、前に発表された放送大学構想は全部ご破算にして、社会教育課の担当であったものが、今度は大学学術局の担当ということに移って、新しく大学学術局で構想を練り直しますということが発表になったんです。これはたいしたもんですね。あの社会教育課長というのはよくわかっている、ほんとうにそうでした。私の話を聞いていても真面目に聞いてくれましたので、驚きましたけどね。

とにかくそれで新聞に発表された放送大学構想はうち消えまして、新しく大学学術局で担当して、「放送大学(仮称)設置準備委員会」という新しい構想で出直したんですよね。そして、出直した新しい構想のメンバーはまた全然新しい、広島大学でほら、なんとかソウイチさんというのが学長を。

森田　飯島宗一先生ですか。

村井　飯島さんね。広島大学では飯島さんね。その他、お茶の水女子大学だとか、東京大学だとか、みなそれぞれ私がよく知っている立派な先生方が、外語大学は小川(芳男)学長でしたね。そういう世間的にも、文部省でもやっぱり重きを置きそうな各学長連中が全部、飯島さんも文部省にはずいぶん勢力があった方らしいですね。そういう学長連中が全部新しく放送大学のメンバーで、構想を全部練り直すと。若手の連中では、やっぱり私が知っていましたいろんな連中が、のちに中曽根さんの臨教審のメンバーになった連中ですね。公文(俊平)君だとかね、僕はちょっと親しかったから知っているんだけど、とにかくいろんな立派な人たちが新しいメンバーで発表されたんですよ。

発表されたなかにね、村井実というのが入っているんですよ(笑)。僕を最初から取り込んでおいて、文句を言わせないという作戦なのかということが、読めましたけれども、事実そうでしょうね。とにかく通信教育の代表は一応それで入ったことになるわけですね。だから、今度は文句のつけようがないわけです。

そして、私はいまや放送大学の代表メンバーとして、他の人たちとやり合っていろんな構想を練ることになりました。だから、それには私は参与しました。現在放送大学がありますよね、それはそうしたいきさつでつくられた構想でできているわけです。その主要な点は、要するに最初につくった通信を核にした通信教育とは決して競合しないようにすると。いまでも放送大学は教養課程しかないわけでしょう。通信教育は専門課程をやるわけですが、それをやらないということがひとつ。そもそも根本の問題はそれでしょうね。通信教育とはぶつからないかたちでやりますということが根本方針で、そして、カリキュラムの研究や何かを、公文君だとか、あの当時の若手の国立大学の優秀な連中が全部計画を立ててくれました。そして、放送大学というものが現在のかたちで実現したんですけど、私のした仕事というのは根本的に最初の案を叩き壊して新しく出直して、過去につくった通信教育とは競合しない体制を整えていきますというふうにとにかくもっていったということで、どうしてそんなうまいことができたのかわかりませんけど、これは自分の功績だったと思っていますね。

通信教育の東京でない他大学の部長連中も本気で奔走してくれましてね。途中では、通信教育をやっている大学の卒業生の代議士連中も動かさなきゃならないというんで、当時は議員会館に私学の通信教育に関係のありそうな私学出の代議士にずいぶん会いに行きましたよ。まかり間違って一度たいへんな大喧嘩になりましてね。かつて文部大臣をやったことがある代議士がいましてね、誰だったか、名前忘れちゃいましたけど。いろんな人に会いましたが、たまたまその人に会って、「放送大学というああいう馬鹿な構想を持ち出したというのはいけません」と言ったんですよ。どの代議士にもそう言ったんですけどね。「だから、今度新しく協力してください」と言ったんですが、そのひとりで、かつて文部大臣だったことのある人にやっぱりそう言ったらね、そいつがね「馬鹿とはなんだ」と怒鳴ったんですよ（笑）。それで僕も、「馬鹿げているのは馬鹿げている」と言って、「他に言いようがあるのですか」と、僕も立ち上がったんです、向こうが立ち上がったから。

生田　先生、おいくつくらいのときですか、それは。

松浦　たぶん四十六、七。

村井　もうそれくらいになっていたかな。

松浦　多分、年譜によると、そういう時期で。

村井　それくらいかな。放送大学の時代からはだいぶ時間経っていますからね。「馬鹿とはなんだ」と言うから、

「これは馬鹿げている」と言う。だって二十数年前に文部省が自分でつくった通信教育をそのまま私学任せで、私生児のようにほったらかしにしておいて、お金も何も出さないで、いま頃になってイギリスで放送大学が始まるからというのでね、俺のところも電波の利権を持った代議士がいるからそれでやろうという、そういう下劣な根性で始めるのはおかしいと僕は思い込んでいましたからね。そんな馬鹿げた考え方をするのは恥ずかしいことじゃないかと思っていたから、「馬鹿げているのを馬鹿げていると言っていけないんですか」と立ち上がったんです。

そしたら事務長さんがそばについてきていましてね。慶應大学の通信教育の事務にはいろんな偉い人がいたんですよ。最初の創設当時に慶應の通信教育部の事務長をしていたのは加藤さんという人で、息子さんがフルートを吹いてて、奥さんも有名なフルート吹きで、それで奥さんとモンブランに登って二人とも行方不明になって、それっきり亡くなった。そういう加藤さんというドイツ語のもともと有名な先生だったんですが、定年退職して通信教育部の事務長をしていらしたんですね。とにかくいろんな人が通信教育部の事務長をしていらしたんですけど、僕が通信教育部長になったときにちょうど事務長をしていたのは高木さんと言って、皇后陛下の妹かなにかの奥さんが、高木子爵と言って弘前かどこかの殿様出のお嫁さんがいたじゃない。

生田 あの、華子さん。

村井 華子さんと言ったっけ。その人の伯父さんにあたる人で、高木子爵という。

生田 津軽華子さんというのが、その方ですね。

村井 天皇の弟の奥さんか何かだよね。その伯父さんなんだよ、高木さんというのはね。おとなしい真面目な人だけど、この方がちょうど事務長でいつも僕について歩いていたわけだね。それがおとなしい人だから、心配しておろおろと立ったり座ったり。僕と相手は立ってね、「馬鹿とはなんだ」、「馬鹿じゃなくてなんだ」とやっているもんだから。高木さんがおろおろしていたのは未だに印象的だけど、もう高木さんも亡くなって、そういうようなことがありましたけど。きれいに私のせいで文部省の構想をぶち壊したというのは怪我の功名でしょう。たまたま文部省の社会教育課にいい人がいて、たまたま手がけたということで。だから、放送大学は文部省のイニシアティブだったんじゃなくてね、その死んだ何とかいう代議士、何とかトミサブロウ。

森田　橋本登美三郎ですか。

村井　そう、橋本登美三郎、あれが電波の利権を全部持っていて。橋本さんは茨城かどっかから出てきた代議士でしたね。

森田　田中角栄の側近ですね。

村井　ああその頃ですね。橋本登美三郎が利権を全部持っていて、宇宙衛星でやるもんですからね、それで始まったんだそうですよ、日本では。開始直前に橋本登美三郎は亡くなりましてね。それで、いろんな偶然のことがあってうまくいったんでしょうけど。とにかく結果的にうまくいって、いまの放送大学というかたちで収まっているといういきさつがあります。それが僕の手柄話ですね、偶然ですけど（笑）。

森田　多分木田宏氏のオーラルヒストリーだったと思うんですが、文部省サイドからかなり詳しい話をされたのがあります。今度コピーをお持ちしますが、ちょうどいまの話を文部省サイドの話とつき合わせると、ほんとうの事情を明らかにする上で非常に貴重なものになると思います。

村井　文部省サイドの話は、いまの大学学術局に移ってからが主になっているのではないかと思いますね。

森田　ただ最初に挫折したことが強く述べられていましたから、いまの話と符合して面白かったです。

村井　それはおもしろい（笑）。ちょっと脇道です。まだ先のことですから（笑）。

森田　慶應大学が通信教育部をあえてつくったというのは、何か理由があったんですか。

村井　海のとも山のともつかないわけですけども、民主主義ということでとにかく勉強の機会を広げなければならない。多分一番金がかからなくて、勉強の機会が広げられるのは通信教育ということだったのではないでしょうか。占領下ということですから、どうしてもやれという駐留軍の指令でしょうから。

その指令を受けて、国立大学じゃとてもそんな物騒なことはやれない。一番金がかからないでやるのは、私学がひょっとして金儲けになるかもしれないからやったらどうかということだったんじゃないでしょうか、と僕は思っていますけどね。だけど、ほんとうに学生がみな熱心でね、しかし、いまでもそうですけど、慶應でも通信教育を出た人は愛校心が最高に強いですよ、慶應出でなきゃ世の中に出られない。どこの大学もきっとそうだと思いますけどね。

森田　中央大学でも前任者の先生方から、戦後まもなくの頃の通信教育の学生のことをいろいろ聞きましたが、同じような状況だったらしいですね。

村井　ほんとうに苦労だったと思いますよね。自分の会社を休んでくるわけでしょう。会社で休みをもらうのだってたいへんですよね。月給もらえて来れるのはよほどいい会社で、じゃあお前行ってもいい。だが、暇はやるけれども、そのあいだは、金はやらないぞとかね。とにかく親類中から米や旅費をかき集めて、それで大学へ行けるんだというんで、焼野原の東京へ友人を頼りに出てくるわけでしょう。知人の家にもぐりこんで、スクーリングというものに出てくるわけですよね。でも、そういう様子はほんとうに目に見えて、涙が出るほど、涙ぐましいものでしたよ、あの当時ね。私がそういう人を相手にこんな偉そうなことを言っているんだからどうしようもないんだけども。恥ずかしい。しかし、そういうことでした。通信教育のことはどうぞもとにもどしてください、いずれまた。

■ソクラテス研究

松浦　先生のソクラテスへのご関心というのは、もちろん中学の頃から読まれてということなんですが、ご研究として本格的にというのはやはり慶應に行かれてからということになりますでしょうか。

村井　そうですね、慶應に行きましてから、やはりソクラテスがなかなか忘れられない。中学時代が『弁明』から始まって忘れられない人だけれども、何を勉強していましても、たとえば哲学の本を読みますと、当時は西田哲学がまあ主流ですが、どうしてもソクラテスは一番のオリジネイター、哲学のオリジネイターとしてどうしても出てきますよね。

ですから、ソクラテスに対する関心がずっと離れなかったのですが、それがいま言ったように、いろいろ読んでいる間にソクラテスのイロニーというのはいったい何だろうというようなことを、ニーチェなんかも考えますよね。それからニーチェからキルケゴールに関心を持ちまして、そのキルケゴールもやっぱりソクラテスの言うイロニーというものを論文でちゃんと書いていますしね。イロニーだとか、教育でいえば産婆術だとかというのが問題ですからね。だから、産婆術というようなソクラテスの考え方がよく言われますけれど、教育ではとくにイロニーとはいったいどういうことなのかというような関心です。ソクラテスに対する関心は、西洋の哲学の一番のはじめだということもありますし、教育から言えば、産婆術だとか、産婆術のなかでイロニーというものの持つ意味とかと、そうしたいろんな関係から言って、ソクラテスというところへ関心が集中していくんですね。私は『ソクラテスの弁明』でソクラテスの生涯というものに対して感銘を受けていましたから、それでソクラテスを離れることができなかったんじゃないかと思います。

誰を読んでも、それぞれの都合ですけど、ソクラテスが出てくるんですね。当時よけいに知りたくなるのが、ソクラテスっていったい何だろうということですね。しかも、ソクラテス自身は何も書いたものはない。プラトンだとか、あるいはクセノポンだとか他の人たちが書いている。そして、書かれていることがまた全部違う。ほんとうに不思議な人だというので、何とかそれを知りたい。ニーチェはどう見てたか、それじゃあキルケゴールはどう見てたか、それじゃあハイデッガーはどうか。ハイデッガーは「洞窟の比喩」についていろいろ論じたりしていますよね。プラトンと、ハイデッガーのプラトンの受け止め方のなかで、それらとソクラテスという人との関係はいったいどうかということが問題になりますけどね。実際はまるで違ったものだと思いますけど。プラトンの受け止め方とソクラテスという人との間にはずれがある。そういうことがだんだん気になってきましてね。

それで私がそれをずっと調べていく間に、ギリシアの歴史を調べなきゃならない。これはたしか広島大学の『教育科学』(「プラトンにおける教育学的思索の発展(上)」広島大学教育学研究室、一九五四年四月)という論文集に書いたことがありますよね。そういうのからソクラテスがギリシアの歴史のなかでどういう意味を持ったか、さらに思想的にどういう意味を持ったかとだんだん続いて、ソクラテスが問題にするアナムネーシス(想起)と言われるようなものは何なのか、どうしても問題にせざるを得ないというふうになっていったんじゃないでしょうか。

たまたま私が広島へ助手として呼ばれたときの主任教授が稲富さんでしたからね。稲富さんはソクラテスについてお書きになった本がいくつかありますでしょ。とくに想起術とか、あるいはソクラテスの徳についての考えだとかいろいろありましたしね。だから、ソクラテスを離れる理由がないものだったから、ずっとソクラテスは続いていたと思います。結局、最初に本格的に書いたのはそれまで書いたことをまとめて、『ソクラテス』（『ソクラテス：西洋教育史Ⅰ』牧書店、一九五六）という本にしましたね。

森田　牧書店。

村井　牧書店でね。出たのが何年ですかね。かなり早いんじゃないかな。

松浦　昭和三十一年。

村井　三十一年ですか。私が博士論文を書いたのはずっとあとですよね。

松浦　それ（『教師ソクラテスの研究』牧書店、一九六六）が出版されるのが、昭和四十一年。

村井　「教師としてのソクラテス」ということで博士論文を書かせてもらったんです。その下地に全部なってくるわけですね。そういったソクラテスを書いたから、これでやっと博士論文にしようという気になった。アメリカに行くことになったときだと思いますね。論文を出しておいて、行こうというふうに考えたんでしょうね。

松浦　学位は昭和三十六年にお取りになって。

村井　帰ってきてからですね。

松浦　三十六年に、そうですね。お戻りになってからということで、五年後に出版された。教育学概論の他に、先生は慶應では教育学演習も持たれたんだと思うんですが、演習でもやはり。

村井　ええ。演習こそほんとうに面白い。僕昨日、ちょっとみなさんとお会いするので考えていた。『メノン』をね、これをこのまま演習でやったらどうなるだろうと思ってやってみたことがあるんですよ。沼野（一男）君という学生がいましてね、ソクラテスをやってもらって、それでメノンに誰かになってもらって、そのメノンとソクラテスとで両方がテキスト『メノン』を持っていて、あそこに書かれている通りに教壇の上でやらせるんですよ。あの通りうまくいくんです。「ほらみたかい」とね、「ちょうど線分が倍になるだろう」とかね、書いてある通りに両方で問答してずっとやっていきますとね、あの通りになる。いわばピタゴラスの定理の証明ですよね。あれをやらされた沼野君なんかいまでも覚えていてね、「あれはびっくりしました。でもおもしろかった」とね。「書いてあることがほんとうにそうなんですね」ということで、『メノン』に書いてある通りに、いわゆるアナムネーシスというものの実演ができる。どうしてそういうこと思いついたのかわからないですけど、面白かったですね。

松浦　それは沼野先生以降も、もっとあとも先生は続けられたんですか。

生田　私はそういう経験はないから、きっとその前まで続いていたのですね。

村井　やってみたかどうかは覚えていないけど、とにかく最初にやったのはうまく行ったという印象は非常に強烈に残っていますね。しかし、演習でもずいぶんソクラテスを読ませていた、いったいアナムネーシスだとか、想起だとか、どういうことだろうとか、そういうことは議論していたということですね。沼野君は理屈っぽい人だから、「思い出すったって、思い出すものがなくちゃいけないけど、それがはじめからどうしてあるんだ」とね、いろいろ文句ばっかり言ってましたけど。

森田　ソクラテスに関して、私も学部のときに先生の授業を受けたことがありまして、それでソクラテスについてはずっと関心を持っていたんですが。当時は『プラトン全集』が角川書店から出ていて、女房の友人が角川書店にいたものですから三割引で買ってもらって。しかし、どうも無味乾燥な気がして面白くないんですね。ところが、大学院の終わり頃だったかと思うんですが、岩波書店から『プラトン全集』が出まして、それでまったく違うソクラテスの、プラトンのイメージが持てるようになりましたが。

村井　ああ、そうですか。角川というのは誰がやってる。

森田　山本光雄とかの東大系の学者が訳したものでした。

村井　山本光雄さんという方がいらっしゃいましたね。

森田　何かこう直訳的、形式的というか、ただ理屈だけで訳されているようで。

村井　私も、山本光雄さんという方が書かれたものは、ちょっと心もとないという感じがしますね。

森田　岩波版が出てから読んでみると、非常にドラマチックで面白いと思いました。

村井　丹念にその通りにやっていますからね。訳がその通りにしているところはありますけどね。でも、忠実にやっているからね。山本さんは、そうですね、ちょっと簡単なのかもしれませんね。どうも、気が抜けたような感じはしますね。

生田　岩波は田中美知太郎さんですね。

森田　そうですね、田中美知太郎さんと藤沢令夫さんですか。

生田　角川はそのあとじゃないですか。

森田　だいぶ前に、角川から十巻本くらいで。

村井　関西弁で訳したのもありましたね。プラトンが関西弁を使うんだよ。あれはなんとかという人、一人で訳している。いますぐ出してくるけど、あれは面白い本だよ。いんちきじゃあない。

岡田（正三）さん。これはいんちきでもなんでもないんですけど、例の山本光雄さんとは違って真面目にやっているんですが、関西弁なんですよね。メノンやソクラテスが関西弁でしゃべるんですよ。

森田　私が教えていただいた頃は、どうも日本語訳が硬くて、プラトンの面白さというのがなかなか伝わらなかったんじゃないか。そのことと、先生がはじめから英文で読まれたということが、プラトンの面白さに近づくひとつの道だったんじゃないかと思うのですが。

林達夫の対話（林達夫・久野収『思想のドラマトゥルギー』平凡社、一九七四）を読んだときに、林達夫の中学時代の友人で、全然勉強しないで絵ばっかり描いているという男が、英語でプラトンを面白がって読んでいたという話が出てきたもんですから。もともと戯曲のようなものですものね。

村井　ほんとうに英語の方がずっとわかりやすい。いまでも日本語で、岩波で出た田中美知太郎さんとかのを読んでもよくわからないことが多い。あれはロエブ、The Loeb Classical Library というのあるでしょう、ロエブを見ればわけないんですよね。簡単によくわかる。

森田　最初のアプローチの違いが、ずいぶん大きな違いを生み出すと思ったものですから。

村井　いや、それはほんとうにおっしゃる通りです。

■ 分析哲学とハーヴァード留学

森田　では引き続いて、アメリカ留学のことを。先生は先ほど慶應大学にこられて私立大学の意味を考えるようになられたとおっしゃられましたが、アメリカに留学されるときのテーマのひとつは私立大学のことにあったのですね。年譜に、私立大学の研究でアメリカに行かれるとありますけど。

村井　そうかもしれませんね。分析哲学というのは始まったばかりで、〝Toward Analytic Philosophy of Education〟という論文をシェフラーが書いていたのでハーヴァードへ行ったんで、建前としてはアメリカの教育の研究でしょうかね。そういう建前にしたんだと思いますよ。すっかり忘れていた。

生田　"Toward Analytic Philosophy of Education" という この論文が、先生の分析哲学に接触する最初の機会だったわけですね。

村井　だいいち、analytic philosophy と聞いたのも、そういう言葉を聞いたのもはじめてですし、アメリカの哲学に興味を持ったのも、例えばそれまでデューイの翻訳やなんかは、東大の。

森田　宮原誠一さん。

村井　宮原さんの *School and Education* なんかと、*Democracy and Education* の訳も出ていましたから、それはわかっていたんですが、積極的に興味は全然持たなかったものですからね。

はじめて *Harvard Educational Review* という雑誌で analytic philosophy of education という言葉も知り、シェフラーの論文も読んで、それが非常に印象に残っていたんですね。あぁそうか、これはソクラテスと同じだな。ソクラテスが善さという言葉を取り上げて、いったい善さとはなんだ、言葉をとにかく厳密にしなきゃならない。それは分析的に考えたということでしょうから、デューイの理解などを含めて、それがアメリカでいま復活しつつあるのかなというふうに僕は思ったんですね。実際には全然そんなことなかったんですけどね。でも、私はそう思ったんです。そこへロックフェラーからの話が起こって、それなら行けばシェフラーに会ってみたいということだったんですね。

生田　アメリカでも教育の分野に分析哲学の方法論を持ち込んだのはシェフラーが最初だったんですよね。

村井　他には多分いないと思います。それをなぜ analytic でなくちゃいけないかということを理論的に裏づけるには、結局オーストリアのウィーン学派なんかの数理哲学だとか、分析的な哲学の扱い方というので跡づけなければならなかったわけでしょうね。実際その影響はハーヴァードでは強かったですね、すごかったですよ。哲学やってるよりも数学やってるんじゃないかと思うような感じですね。ウィーン学派の影響だと思いますけど、数理哲学ばかりやっている。

生田　今回アメリカに行って、シェフラー先生と会ったり、昔の論文を調べたりして、どうしてシェフラー先生がこの論文を書くことになったのかその経緯があらためてわかった気がします。

村井　聞いたの。

生田　シェフラー先生の最新の本（Leonald J. Wacksed ed., *Leaders in Philosophy of Education*, 2008）の前文にそのことが端的に書かれていました。そのなかで教育というのは非常にプラクティカルなものであって、教師になるための教師教育はたしかにあるけれども、それはcollegeだとかuniversityでなされるアカデミックなものではないというとらえ方が一般的にはされていた。アメリカでは従来normal schoolというところで教師教育はなされていたのが、それがcollegeになり、universityになりという歴史的な流れのなかで、teachingということを、あるいは学校の教師school teacherというものをもう少しアカデミックな存在としてとらえようという動きがあった。そうした状況のなかで、分析哲学の方法論が歓迎されることになった。シェフラー先生はこのように書かれています。

村井　きっとそうでしょうね。

生田　それは教えるという概念、学ぶという概念、あるいはeducationという概念を明らかにすることによって、教育問題を整理しようというアプローチですね。いままでは日々の実践に追われるなかで、school teacherが何かを子どもたちに教えていればよい、それでことがすんでいたのに対して、教育はそういう日々の実践、ルーチンに終始すればよいというものではない。そうした動きが徐々に生まれてきているなかで、分析哲学の方法論が有効に働いたということです。

村井　そうだったんだろうね。たぶんそうだと思うね。

生田　今回教育哲学のなかでのシェフラー先生の貢献というものが、たんに分析哲学の方法論を教育のなかに持ち込んだというアカデミックな貢献であることを超えて、それにはもっと大きな実践的な理由があったことがわかりました。教えるという学校の教師たちが行っていることをもっとクリアーにする必要がある、理論的に論じる必要があるという動向のなかで、教育哲学の分野に分析哲学が迎えられたということですね

村井　なるほどね。よくわかるけど、ほんとうにそうだね。それは、しかし、僕の関心とまったく同じだったんだね。いま思うんだけど、あれはだいたいシェフラーの処女作みたいなものだよね。他にも書いていたんだろうけど、それを書いたことで決定的になったんだよね。

生田　そうですよね。アメリカの教育哲学が変わっていく決定的な論文ですよね。だから先生が、そうした決定

的な論文をお読みになってアメリカにいらしたということが、まさにドラマティックなできごとだったんだなと改めて感じるんですね。

村井 そのときはわからなかった。だけど、あとになって考えるとそうだね。シェフラーもペンシルバニア大学からハーヴァードに来たばかりでしょう。シェフラーもいわば青雲の志に燃えていたし、たまたま最初の論文が、最初だったかは知らないけど、これから分析哲学だというところへ、僕はこれは大事なことだと思ったから行ったわけだからね。僕の受け止め方は、「何だこれはソクラテスの復活じゃないか」と。だけど行ってみれば復活どころか、ソクラテスには全然関係ない。みなもう数理哲学ばっかり、計算ばっかりしてるという感じね。それはほんとうに面白いね。考えてみればシェフラーも若かったわけだよね。僕も若かったわけだね。これから教育もはっきりさせなきゃならないという。アメリカはそうでしょうね、教育は実際的な事柄でしかなかったんでしょうね。

生田 そこで先生はジェイン・ローランド・マーティン (Jane Roland Martin) と、クラスメイトとしてお知り合いになられたんですね。

村井 行ったとき、シェフラーはいなかったんだよ。僕の方も突然行ったでしょう。そしたらシェフラーはイギリスに行っていた。シェフラーに手紙は前に出していたから、ジェーンに村井というのが来るから、とにかく世話をしてくれって頼んでいたんじゃないですか。だから僕のハーヴァード大学での講義やなんかを、いろんな人に出会って研究をするために必要な紹介だとかいうような仕事は全部頼んでいましたからね。あの教育史をやっていた何とかさん。ドイツから来た。どうしても名前が思い出されない。

生田 ジェーンじゃなくて。

村井 いやいや、偉い教授ですよ。西洋教育史の本をいろいろ出しているでしょう。ドイツから来たということも人はあまり知らないわけですよね。日本でも学会なんかで、その人の研究を発表している人がずいぶんいたよ。何でもない名前なんだけどね、ちょっとど忘れしちゃった。

松浦 ウーリッヒ (Robert Ulich)。

村井 ウーリックだ。ウーリックがドイツから来たわけですよね。それで西洋教育史をやっていた。だけどウーリックはほんとうに退屈で授業は全然面白くなかったですね。ただ、ウーリックさんが全部世話をしてくれて。あの頃ハーヴァードには偉い人がいたでしょう。例の大先生。あの誰、ギリシアの。誰だ、ヤスパースじゃない。

松浦　イェーガー（Werner Wilhelm Jaeger）。

村井　イェーガーか。

松浦　『パイデイア』のイェーガー。

村井　うんうん。とにかくすごかったよね。心理学はオールポート（Gordon W. Allport）でしょう。

生田　スキナー（B. F. Skinner）も。

村井　スキナーは、若造だよね。彼もよそからまだ来たばっかり。ティーチング・マシーンを手作りでつくっていたころでしょう。それは流行のことだけど。イェーガーもまだ講義をときどきしていたしね。オールポートもときどき。みな定年退職しているんだけど講義をしている。偉いのがすごくいるわけ。僕はそれはもう熱心に出たんだけど、それもウーリックがぜひ出なさいってね。いま聴いておかないとチャンスがなくなるって。で、イェーガーを聴き、オールポートを聴き、オールポートも面白かった。心理学でもこんなに面白い。僕は心理学というのは面白くないと思ってた。面白いと思ったのはオールポートの心理学だけだね。そのうちにパーソンズ（Talcott Parsons）だとかが社会学に来るでしょう。たいへんな人気だった。しかし、ケネディが大統領になって、全部ごっそりあの面白い人たちが引っ張られていってね。教育学部長のフランシス・ケッペル（Francis Keppel）、文学部長のマクジョージ・バンディ（MoGeorge Bundy）なんていうのもケネディに引っ張られて。いまでもケネディ時代のアメリカの歴史にはバンディなんかもいろんな機会に名前が出てくるんですけどね。みんなその頃はハーヴァードの看板教授だったわけね。

面白いばかりで、これも話が飛んで申し訳ないんだけど。キューバのカストロがまだアメリカに亡命してて、キューバを独立させたいと言って。ハーヴァードの学生たちはこぞってその独立を助けるわけ。全部秘密でなくちゃいけないわけでしょう。武器やなんかも車でフロリダの方へ運んでね。それでカストロを応援する。それからハーヴァードへカストロを呼んできて講演をさせる。僕はその講演を聴きに行ったことありますよ。もう入りきらないから、学生が芝生の方に全部座って。そして、マクジョージ・バンディがね、文学部長だから、カストロと肩を組んでやってきてね、二人で台の上に肩を組んで上がってね。それでカストロが講演を始めるんですよね。まだカストロも若かった。いまからキューバをつくるって言うんだからね。かつての革命の闘士ですからね。だから、学生にものすごい人気でね、あれがそのうちに、ケネディが大統領になったら一触即発の危機になるとは思いもよらなかった。そういう時代でしたね。しかし、あれは非常に印象的でした。カストロなんかが来て、熱気がありましたね。ハーヴァード全体にもね。

生田　先生は二年いらっしゃったんですか。

村井　二年。一年の予定で行ったんだけど、延ばしてもらって二年に。

生田　そのハーヴァードで、教育哲学クラブですか、Philosophy of Education Club というのを村井先生がおつくりになったということを聞いていますが。

村井　それはシェフラーが言うんだよ。

生田　ええ。

村井　シェフラーがそこの大将となったわけでしょう。

生田　そう。でも、つくったのは先生だということですよ。

村井　ジェーンと研究会をやろうというので、研究会を始めたんだよ。それを Philosophical Club と呼ぶようになったんじゃないの。最初ジェーンとね、何か少し勉強しようよと言うんで。*Harvard Educational Review* というのは大学院の学生がつくっているんだからね。ジェーンも編集委員だった。

生田　その当時ですか。

村井　そう。それでとにかく研究会を教育学でやろうというんで、第一回目の発表は、僕がしたんだ。

生田　じゃあやっぱり創立者なんですね。

村井　だから、シェフラーは会うと、founder だ、founder だって（笑）。

生田　そうですよね。私にもそうおっしゃるので、そのいきさつを一度伺ってみたかったのです。その活動は結構長い間つづいていたようですね。いまもあるのかわかりませんけど。

村井　なくなった。数年前になくなった。

生田　先生、教育哲学クラブですよ。

村井　シェフラーが辞めるときに、辞めてからなくなった。

生田　辞めてからですか。私が何年か前にハーヴァードに行ったときに、luncheon meeting で話をしてくださいと言われたことがあるんですね。それが教育哲学クラブだったんです。シェフラー先生は、これは村井実がつくったものだと説明されていました。

村井　そのときはクラブだけど、シェフラーはセンターにして、そこの所長になったわけだ。

生田　それとは別に、大学院の学生が主体的に語り合う、あるいは発表し合うというかたちでそのクラブは残っていたんですね。

村井　そうね。

生田　センターの前身であったのですか。

村井　まだそのときはセンターはできていなかったでしょ。そうだよ、できていないよ。あれはずっとあとだよ、正式にセンターになったのは。

生田　正式にできたのは、ええ、そうですね。そのときにシェフラー先生は、センター長として vice-president のヴァーノン・ハワード（Vernon Howard）と一緒に、ブランダイス大学に移られるまで勤められてたということですね。最初は非常にインフォーマルなかたちでつくられたものが、その後センターとして続いた。

村井　それが続いた。だから、センターはそれをもとにしてつくったんだよ。それがなくなったというのはね、シェフラーが定年退職したから。長い間シェフラーも特別待遇を受けていたけど、それもそろそろ期限だというのでなくなったんでしょう。

生田　そうですね。センター自体もシェフラー先生の退職とともになくなった。

村井　シェフラーは力を落としたんだろうと思うね。つまり、ハーヴァード大学の教育研究センターというのが、かなり長い間、二十年くらいあったんじゃないでしょうか。もっとあったかな、それが正式になくなった。

生田　今回ジェーン・マーティン先生と会って、いろいろな昔話を伺いました。彼女は分析哲学研究から始まって、ある時期からジェンダーとかフェミニズム研究に関心を向けていったのですが、そのときシェフラー先生はあまり気にいらなかったようです。それでもマーティン先生の業績に敬意を払っていらっしゃる。これ（Leonard Waks ed., *Leaders in Philosophy of Education*, 2008）の目次をみると、その中にマーティン先生をちゃんと入れているんですね。ちなみにノディングス（Nel Noddings）も入れていますね。

村井　それはフェミニズムをやる人の悪い癖で、人に喰いつくところがあるでしょう（笑）。シェフラー先生にね、「あなたなんか講義のときだって、man, man と言って、womanとは言わなかったじゃないか」とかね、ジェーンが言ったらしいね。シェフラーは、だってそんなこと言われたってね、答えようがないよってね。manという言葉を使うのは当たり前なんだから。

生田　ジェーンが言っていたのはそういう話ではなくて、自分の大学院時代、先生のいらした時代も含めてですが、学生たちは一人ひとり別個の研究をしていてお互い話し合うという機会がほとんどなかったと言うんですね。要するに学生同士の密な研究的な交流というものが、とくにシェフラー先生のもとで勉強していた学生同士の間ではなかった。それが村井先生がハーヴァードにいらっしゃって、教育哲学クラブPhilosophy of Education Clubができたときに、はじめてこんな面白いことをあの人はやっていることがわかった。そこではじめて学生間の交流ができたということを今回聞きました。

村井　シェフラーの、いや、ジェーンの印象が。

生田　そうです。

村井　ああ、すごい。

生田　先ほど、先生が広島文理科大学と慶應大学の雰囲気が違うということを肌で感じたっておっしゃってましたね。私はハーヴァードの当時の様子と文理科大の歴史学教室のなかで衝立を立てるような雰囲気とを重ね合わせて、先ほどのお話を伺っていました。それがそのクラブができたあとに、はじめて人との交流というものを感じたとマーティン先生はおっしゃっていました。だから、教育哲学クラブを先生がつくられたということ、先生がfounderであったということは、少なからずあの当時のハーヴァードの大学院生たちにとって大きな出来事だったのです。

村井　それはたいへんなことだね。

生田　私はシェフラー先生と最初にお目にかかったときには、学生たちとの交流を率先してやっているような印象を受けたんですが……。マーティン先生はそのクラブができてから、インターラクティブなことがすごく重要だというように自分は思うようになったとおっしゃっていました。そのことがジェンダーの方に彼女がシフトしていくきっかけになったかどうかはわからないですが、ジェーンなりのアカデミックなシフトがいろんな状況のなかで生じたことを今回うかがって、それもまた先生がハーヴァードにいらして一石を投じたことのひとつの結果なのかなと思いました。

村井　面白いことだね。

シェフラーの側の話しか聞いていないけど。ジェーンが突然何か妙なことを言い出してね。「お前ら男のことばっかりしか講義しなかったじゃないか」なんて言う。そんなこと言われたって困るよって。英語では man と言うんだからって（笑）。

生田　だから、そういうのを今回の話と重ねるとね、何かしこりとしてあったのかもしれませんけど。

村井　ああいうことに夢中になると、なぜ言わなかったのか、man と woman と言わなかったのかということになると、また感情的になるからね（笑）。ジェーンなんていうのは男みたいだけど、それでも感情的になるから。

生田　シェフラー先生が一番気にしたのはケアという言葉です。「ケア」は、キャロル・ギリガン（Carol Gilligan）が「正義の倫理」（ethics of justice）に対して、「ケアの倫理」（ethics of care）という議論をして以来注目されるようになったのですが、シェフラー先生は、ケアはそんな本質主義的なものではなくて、あれは構成されるものであり、だから「ケアの倫理」なんていうものをあえて言うべきではないと言うんです。それも一理あると思いますが……。

村井　いや、僕なんかもちょっとそういう感じがするもんで（笑）。

生田　だから man だとか woman だとかという問題は些細なことであって、問題はシェフラーとマーティン、それからキャロル・ギリガン、ネル・ノディングスの間の、ケアに対するとらえ方の決定的な違いがあるということなのですね。でも、シェフラー先生は他の論文のなかではしっかりとケア、あるいはフェミニズムの要点について書いているんですね。特に最近の論文のなかではそれをきちんととらえて書いていますので、やっぱり無視できないということだと思うんです。

村井　大事な問題ではあるんだからね。ただあの頃はいまの、もとはラドクリフ大学の一部分だったんだけど、いまのあの新しい建物ね、現在の教育学部の。あの前の建物を覚えてる。

生田　はい。

村井　いまの立派な建物の前の大学院、そう、ローレンス・ホール。

生田　ローレンス。ロングフェローじゃない、ローレンス。

村井　ローレンス・ホール。ロングフェローというのは、ラドクリフの方にある。あのローレンス・ホールの跡がいまの建物になっているんじゃないだろうか。

生田 いえ、ラーセン・ホールは隣ですね。

村井 そうじゃなくて、ローレンス・ホールというのがあったけどね、三階建ての、木造の。

生田 ラーセン・ホールじゃなくて。

村井 そういうふうなホールのひとつだけれども、ローレンス・ホールというのが。やっぱりローレンスという人が昔住んでいたんでしょうね。ハーヴァードというのはそういう家の集まりだったからね。そのローレンス・ホールにいわば大学院のすべて、いろんな設備だとか研究施設だとか先生方とか全部いたんだから。大学院というのはひとつの個人の住宅みたいなもんだね。その頃の気持ちというのはまた違うよね、ああいうビルディングになっちゃってからは。

生田 そうですか、先生がいらしたときにはあのビルディングはなかったんですね。

村井 全然ないわけだから。ローレンス・ホールという古めかしい、昔の開拓時代の大きな屋敷という感じだったからね。そこにみんなそれぞれが住んでいたからね。そこに心理学の連中なんかも住んでいたんだよ。

生田 一緒だったんですか。

村井 スキナーなんかも、心理学と教育学の連中はみんなそこに住んでいたんだよ。最初のいまのPhilosophy Clubをつくろうとジェーンと話し合って、最初の日が二月だったと思うんだけど、僕が最初に話をするということまでは決まっていた。そしたら二月一日だったか、何日だったか忘れたけど、ものすごい吹雪なんだよね。あの辺のマサチューセッツ州の吹雪ったらすごいよね。とにかくね、足はここら辺まで埋まるしね（笑）。その吹雪のなかをね、ブリザードと言うんですかね、まさにブリザードという感じのなかをね、もう次から次へと雪だるまのようになりながら研究会に集まってきたのは覚えているよ。集まってきたというのは、扉から転げてなかに入るんだよ（笑）。それで結構人数は揃って、それから始まったという、あのときの印象は非常に強いけどね。

生田 最初の会で、先生は何をお話になったんですか。

村井 忘れた（笑）。

松浦 それは残念。

森田 最近ちょっと見かけたのでは、日本の教育哲学についで話されたというのがありましたが。

村井 日本のことは話したよね。日本の教育哲学についてね、悪口言ったんだと思いますよ（笑）。

松浦　先生はハーヴァードのSchool of Education、教育大学院に最初から。

村井　School of Educationというのが、そのローレンス・ホールという三階建ての木造の、植民地時代にできたんじゃないだろうかというような、誰かが家ごと寄付したんじゃないかという、そういう建物でした。

松浦　そこに教育大学院は、全部。

村井　そこにみな入っていたわけです。

松浦　『著作集』の年譜では哲学科に行かれたというふうになっているんですけれども。

村井　哲学科ですか。

松浦　はい、これはじゃあ違いますね。

村井　哲学科ではないですね。

松浦　そうですね。教育大学院の。

村井　シェフラーのところへ行きたいということでしたから、所属はわかりません。こっちは客分ですから。

松浦　はい。

村井　哲学科というのは、エマーソン・ホールというのがありましたね。そこに哲学科の本拠はありました。

松浦　そうですね。これは文理、Arts and Sciencesの方ですね。多分違いますね。

生田　だから、シェフラー先生は両方に、Arts and SciencesとEducationと両方にかかわってらした。

村井　哲学の講義もしていたからね。

生田　そうですね。エマーソン・ホールというのはハーバード・ヤードの方にあって。私の行ったときにも両方にオフィスがあって、哲学科の方の授業があるときはエマーソン・ホールで、教育の方はこちらでというふうでした。

村井　ローレンス・ホールで。

生田　だから、哲学科というのも必ずしも間違いではない。

松浦　じゃjoint up appointmentだったんですね。

村井　ただ、いまのウーリックもこっちのローレンス・ホールにオフィスを持っていた。

生田　広中平祐さんともご一緒だったのですね。

村井　広中さんは大学院の学生であって、それから大学院の仲間の連中を教えていたね。何か賞はもらっていたのでしょう。学生にもらったという腕が全部隠れるような袖の長い服を着て、それを捲り上げて黒板に書いているのを僕は教室で見たよ。

生田　先生よりお若いわけですよね。
村井　僕より若い。
生田　そうですよね。当時日本から留学をする方たちというのは、お金がない時代でしたからなかなかたいへんだったでしょうね。
村井　広中さんは何で行ったんだろうな。
生田　先生はロックフェラー。
村井　僕はロックフェラー。広中さんは何で行ったんだろう。日本人は行けないはずだけれどね。特別なルートができているのかな。日本でいい業績を上げていって、何か特別にハーヴァードへ呼ばれたんじゃないかな。何か賞をもらってるんだから、あいつは偉いんだよというような話を聞いたような気がする。
生田　その当時すでにそういう評判だったのですね。たしか『文藝春秋』（昭和五十年十一月号）かな、学生時代に一緒に学んだ者が、いまはそれぞれの世界で活躍しているということを記したコラムがありましたね。
森田　「同級生交歓」ですかね。
生田　そう、同級生交歓と言うんでしたっけ。その写真に村井先生と広中さんが写っていましたね。何人かと。
村井　このあいだ日銀の総裁候補にも上っていた中原（伸之）ね。中原さんがあいだに立って。
生田　そういう方たちが、そのときにハーヴァードで一緒でいらしたわけですね。
村井　中原さんは若造のくせに威張っていてね、なんか俺が大将だというような顔をしていたから、留学生のなかで。そうね、そういうことあったね。「同級生交歓」という写真が出たりしてた。それに僕もよく知らないカナダの大学の何とかという人がいた。それと中原と僕と東大の原（実）さんと五人で、懐かしい話だけど、ちょっと脇道行っちゃったかな。
森田　先生が留学された頃は、ちょうどアメリカ社会の大きな転換期にあたっていますね。
村井　いまの生田さんの話を聞くと、教育学に関して転換期でしたね。

■ アメリカ教育の伝統と革新

森田　その当時、先生は『りすの本』（牧書店、一九六一）を書かれておられますね。
村井　あれが、そのあとでしたか。
森田　ちょうど先生が六〇年代に入る直前のアメリカの状況をリアルタイムに描かれて。

村井　アメリカから手紙を出したりしたのを集めて。

森田　最近読みましたが、時代の証言としてとても貴重なものだと思いました。いままでお話を伺ってきて、先生の基本的なスタンスが反米でもない、しかし、アメリカを模倣しようとするのでもない。その中間にあって、ちょっと距離を取ってアメリカを見ているというスタンスが感じられたんですね。

村井　自分じゃ何にも意識しないんだけれども、結果的にそうなったということですよね。多分自分でも結果的にそうだった、よくぞそういうことを気にしないでおれたもんだと。ずうずうしい野郎だという気が自分でしますしね（笑）。

これはお話ししましたね、戦後になって、実にみっともないギブ・ミー・チョコレートみたいな教授がうじゃうじゃ出てきちゃって、あっという間にね。

こんな話をしていいかわからないけど、具体的に話した方がいいんでしょうからだけど、軍隊で僕の中隊に下士官がいるんです、東京の著名な大学を出た。これは悪い人でね（笑）。僕の仲間の見習士官を夜な夜な誘い出しちゃあ、営庭を抜け出して女郎買いに行くような男でしたけれどね。戦争がすんである日ひょっと新聞をみていましたらね、カウンセリングの大家としてその名前が出ていて、おかしいな、聞いたような名前だなと。どうも名前が同名異人ということもあるけれど、ちょっと想像できないから調べてみましたら、まさにその男なんですね。名前も忘れちゃったけれど。「カウンセリング」というのをいち早く日本に入れて、カウンセリングの重要さを謳った。立派な大学出て下士官だったのも何か事情があったのでしょうが。こんなに悪い人間を学校や大学はつくっているのかと思っていた。それが結局、日本の「カウンセリング」はここから始まったんでしょうかね。相談心理学というのでしょうか。まあおかしな時代だったとほんとうに思いますけどね。しかし、何でそんな話出たのかな。

森田　アメリカべったりになるか、反米になるか。

村井　だから、べったりになるかわからないけど、そういうような尻尾を振る連中がいっぱい出てきた時代でしょ。しかし、そういった状態を見ていますのでね、やれコア・カリキュラムだとか、グループ・ダイナミクスだとか、わあわあ戦後にみんな言い出しましたけれど、そういうことには全然興味が持てないんですよね（笑）。ただ「また言ってるなぁ」という感じがするんですね。

それだから文部省も馬鹿にしていますし、そういったことを問題にする連中も馬鹿にしている。

馬鹿にしようという気もないんだけど、いまから思うと馬鹿にすることになるわけですね。教育学に関してもカリキュラムとか、やれコア・カリキュラムだとか言ってみたりというのはバカバカしくて、本気で考える気になれなかった。それを積極的に憎むとか軽蔑することは通り越して、呆れているだけだったんです。

そのうちに世の中がマルクシズムの影響なんか受けるようになって、それに関心を持つ教育学者たちも出てきたわけですね。さっきの宮原（誠一）さんやなんかああいう方はみなそうでしょうね。真面目にそういうことに関心を持たれたんでしょうが、僕はそれに関心を持つのはわかりますけど、僕も関心を持たないとは言えないんだけど。僕の周囲で言えば、長田さんやなんかもそうです。だけど、それにも僕は、「長田さん、政治的なことにあまり関わらなきゃいいのに」とひそかに心配しているくらいの気持ちでしたね。どうしてなんでしょうね。研究の場合は、そうしたなかで、これは長田さんに言われもしたんでしょうけど、たとえば、シャルロッテ・ビューラー（Charlotte Bühler）に *Seelenleben des Jugendlichen* という青年心理学の本がありますね。青年の手紙を集めて、青年の心理というものを分析したシャルロッテ・ビューラー。旦那もカール・ビューラー（Karl Bühler）という心理学者でしたけど、シャルロッテ・ビューラーの *Seelenleben des Jugendlichen* というのを全部訳したことがありますよ。そして、長田さんのところへ持っていって、「これ読んでください」と見てもらったことがある。長田さんに言われたのは、*Jugendpsychology* というシュプランガー（Eduard Spranger）の本、それからスタンレー・ホール（G. Stanley Hall）の *Adolescence* を読めと言われて読んでいたんですよ。学生時代はもっぱらそういったことに興味があったり、多少先生のお手伝いもしながらいましたから、政治の方はあんまり。長田さんには社会党の代議士になったらどうかという話もずいぶん周囲で起こっていましたからね。そんな馬鹿なことよしたらいいと、僕は思っていたんですね。ですから、どっちにも何にも無理なことせずに、自然にそういう生き方をしていたんですね。あとで考えると、どうしてそれができたんだろうということの方が不思議なんですけどね。多少鈍いのか、田舎者だったのか、ずうずうしいのかわからない。

森田　ですからアメリカに行かれても、歴史とか伝統とかを見てこられる。

村井　ボストンに行ったでしょ。ですから、どうしても考えさせられちゃったわけですね。ハーヴァードを見てもそうですし。いままで頭のなかで考えて、何となくイメージに浮かんでたのとまるで違うということなんですね。ことに、あのときまではアメリカはほんとうによかったんですよね。

森田　そういう時代ですよね。

村井　ことに明治維新当初からね、日本人の世話を、新島襄にしても、あるいは誰にしても、とにかくほんとうにいやになるほど親切で真面目で、そういうアメリカ人というのはいまはいるかいないか知りませんけど、伝統のなかにはずっと生きているんですね。だから、僕が下宿した、家内が先に帰りましたのでその後下宿したんですが、おかみさんの老人夫婦なんかも言っていましたよ。近頃ハーヴァードの学生が女の子と手をつないで歩いているなんて言って嘆いているんですね。まだアメリカもそういう時代だったんですね。

だから、なんとも自然にそうなっちゃったんですよ。あとで考えると、ほんとうにおっしゃるように不思議ですよね。どうしてそんなことができたんだと言われるんなら、しょうがないよ、そうなっちゃったんだからと言う以外にないですよね。

森田　とても印象的だったのは、先生がプレップ・スクールをとくに強調されておられることでした。

村井　そうですね。プレップ・スクールというのがあることにはじめて気がつきまして、暇があればグロートンだとかね、あのルーズベルトが行ったところですね、それからチョートというのがコネチカットにある、これは例のケネディが行ったところですね。新島が行ったフィリップス・アカデミーという北の方の、そういうプレップ・スクールがアメリカにあるって知らなかったんですから。ええ、こんなのがあるのかって。日本の旧制高等学校ともまるっきり違いましょう。ボーディング・スクール（寄宿学校）ですからね。一つひとつの学校のキャラクターが違うんですね。それぞれが自分の特色を持って、自分のプリンシプルを持って教育をしている。そこへ自然にまた若い連中が集まって、そこで鍛えられて一流の人物になっていくらしいですね。それで非常に印象づけられましたね。

森田　視点はずいぶん違っていますが、私もちょうど文化的再生産論が流行った八十年代に、プレップ・スクールについて調べたことがあるんです。先生も、アメリカと言うと公立学校中心で、平等な教育というイメージがもたれていたときに、むしろそういうプレップ・スクールというエリート教育に着目されて、内側から報告されておられる。アメリカと言うと新しい物好きの国と言われていたときに、歴史を強調される。そういうずっとこう一貫した視点がおありだったんじゃないかなと。もうひとつは、当時日本では道徳教育をめぐって批判的に議論されていたときに、アメリカの教育をみて、道徳教育の重要さを強調されたように思うんですが、そこのあたりは。

村井　だから、どうしてできるんだろうと考えますよね。それでただ教えるという問題じゃないんじゃないかって、『道徳は教えられるか』（国土社、一九六七）という本を書きましたけど。

あぁそうだ、もうひとつ僕がやったと思えるのは、大学教授の留学制度ってあるでしょう。これは順番で教授が行くんです。ところが、見ていましたらね、誰々教授がたしか留学したはずなのにどうも渋谷で出会ったよとかね、銀座で飲んでたよとかという話が出てくるんですよ。どうもおかしいと思ったら、ほんとうにそうなんですね。要するに金をもらって行くんですけど、たいていいい加減にして帰ってくるんですよ。そういうのがどうも頻々と起こるんですね。

そういう状態で、どうも留学制度というのは変なものだなって思っていたところで、いまおっしゃったような経験をしていたものですから。慶應には幼稚舎というのがありましてね、小学校ですけど。幼稚舎とか中学校とか、そういうところにはもちろん留学の制度はないわけですよ。それでね、幼稚舎や中学校の先生に留学させなきゃいけないんじゃないかと思ってね。だから、帰ってきたらすぐに話をしましてね、僕も若いもんだからついでしゃばって言うんですが、塾長に説いたんですよ。そしたら塾長が、「君、金がないんだよ」と言うんですよ。それじゃあ、僕の教えた学生のなかで一番金持ちに安川（國雄）という安川電機の社長の末っ子がいて、金がたっぷりあるから、そんなこと何の心配もないからね、そいつを第一号で行かせてくれと言ってね。で、安川君（普通部の教諭）を留学第一号として、慶應義塾に金の心配も迷惑もかけないということで行かせたんですよ。

安川君は帰国して、『すばらしい学校』（牧書店、一九六八）という、プレップ・スクール訪問記録を中心にした、すばらしい本を出版しました。その後、今度は幼稚舎だとか、他の付属学校から留学に、いまでもたぶん続いていると思いますけどね、その習慣ができちゃいましてね。だから、たとえば幼稚舎の何とか君ね、ええと誰だ、岩波から文庫で童話集なんかを編集している、桑原（三郎）君だ。桑原君が第二号なんだ。とにかく小学校や中学校などの留学制度というのは、僕が塾長に直接談判してやらせたんです。もちろん金はその後慶応義塾で出すようになりましたけどね。いろんなことを思い出すもんだから、話の腰を折って申し訳ありません。

森田　そういう話をお伺いしたいんです。

生田　いま先生がプレップ・スクールへのご関心を持たれたっておっしゃいましたが、先生は慶應女子高の校長をなさいましたよね。

村井　それはもっとあと。

生田　そこで大改革をなさいましたよね。試験監督を廃止するというような。そのときに、プレップ・スクールの構想とか思想を持ち込まれたというふうに考えていいんですか。

村井　そうね、と言うよりも、校長になったときに、それまでの女子高というのはできてから十何年かたっていましたからね。歴史的には「気品の源泉」という福澤の言葉がありますね、気品の源泉となる女性を育てるという学校のモットーをつくって、ずっと受け継がれてきていたわけですね。それが、僕が校長になれと言われて、まず真っ先に学校のモットーを変えて、「自由・開発・創造」、つまり、とにかく自由にならなきゃいけない、それから女性が自分の持っているものを開発しなきゃいけない、そして自分の世界を創造しなきゃいけないというので、「自由・開発・創造」という三つの言葉に置き換えるということにした。これはいまでも女子高のモットーになっている。ただ、白井浩司君が僕のあとで校長になってね。どうも開発というのは気に入らないと言って。開発と言うと鉱山の開発みたいでね。それはその通りなんだけども、何か変えるとか言っていたんだけど、その後どうしたか知らない。僕自身も開発というのがいい言葉だと思っていなかったもんだから、もっともだなぁって聞いていたんだけど。基本的にはずっとそれが続いていると思いますよ。ただ、すっかり変わって。

そうだ、それから試験監督をしないことにしたんです。試験はするけど、監督はしない。それはだいぶ長く続いたね、十五年近く続いたんじゃないでしょうか。フランス文学の若林（真）君というのが校長のときに、十五年経ってからちょっと相談したいと言ってきて、どうもカンニングが多くていろいろ周囲で騒がしいものですから、先生から始まって十何年も続いたというので誇りに思っているんですが、監督をやらせてもらえないでしょうかと。俺は校長を辞めて何十年になるんだからね、いいも悪いも、それは君が決めることだから自由にやってくださいよと若林君に言ったんだけど。それ以来やめたらしいですね。しかし、十五年も続いたというのは不思議なくらい珍しいことですね。よく続いたと思いますね。だけど、ほんとうにぴったりとやめちゃった。

しかし、それで少なくとも僕のいた間は、かねて先生に繰り返し繰り返し、「試験というのは自分の力を試すものであって、春から夏にかけてどれだけ進歩したかということをやって、秋に試験をする。そういうことなんで、それ以上の意味を絶対持たないんだから、人にランクづけする意味を持たないということを、子どもたちにかねてからよくわからせておいてくれよ」とね。それでないと、先生は二言目には「これ試験に出すぞ」ってね、子どもを脅かすからね（笑）。だからほんとうに僕は口をすっぱくしてね、校長の間中、先生方に注意していただいていたんだけど、やっぱり十何年たつとそういう伝統はなくなるんだなあと、自分でひそかに思いましたね。

森田　時間もたいへんオーバーしてしまって申し訳ありません。ちょっと戻りますが、先生の『りすの本』についてですが、リトルロック事件（補注）以後の黒人と白人のセグリゲーションを廃止する動きについて、先生は議会の公聴会のことを書いておられますが。

村井　書いていますね。

森田　はい。読みながら、先ほど先生がおっしゃったように、ちょうどアメリカのよかった時代が終わって、さまざまな問題が表面に出てくる時代、ケネディが当選するという転換の直前に先生がおられたということで、その証言として、つまり内側からアメリカをとらえた本としてたいへん興味深く思ったのですが。当時先生のご本に対する反応というのはどうだったんでしょうか。

村井　あれはね、さっきちょっとお話をしましたが、ケネディが大統領になったときに引っ張られてブレーンになっていったフランシス・ケッペルという教育学部長がいたんですが、その授業のなかでその問題を取り上げましてね。それを材料にしてあれは書いたんです。彼がそのときに材料に持ち込んだ資料やなんかを全部使って書いたものです。

それで僕も授業に出ていたわけですが、授業中に印象に残っているのは、女の子が泣き出したりなんかしましてね。南部から来た女の子らしいですね。おじいちゃんおばあちゃんはそんな人間じゃなかったと言って泣くんですよ。それはね、おじいちゃんおばあちゃんがそうだったということを言っているわけじゃないんだからと、いまのフランシス・ケッペルというのがもちろん弁明をしますがね。その女の子が泣き出して止まらなかったことを覚えていますよ。使っている黒人を可愛がっていたと言うんですね。

だけど実際には、あの当時ワシントンから南へ行きますと、とにかくほんとうに世の中の色が変わったのかと思うほど黒人ばっかりになりますね。リッチモンドだとか何とかという街を通るとね、セグリゲーション、便所はカラードとホワイトに分けてありますし、車に乗ってもたいてい運転手は黒人ですから、私の入る食堂には絶対入ろうとしない。食堂には別に黒人の入り口が裏の方にあるらしいんですね。そっちの方へ行く。そういうセグリゲーションのひどい時代でした。それを無理やりにケネディがディセグリゲーションというのを始めちゃったわけですね。そういう時代でしたね。そう言えばそうだ。『りすの本』、ああいう本を書いて誰が読んでくれるのかと思ったけど、森田先生が読んで下さっていたというのが（笑）、感激で、いま頃になってね。

森田　私たちの世代は、当時の世代もそうだったと思うんですが、でき上がった結論を外側から持ってきて、いいとか悪いとかっていうラベルを貼って議論が進んできたと思うんですね。しかし、先生の書かれたものは、只中にいて内側から描いていて、困難な問題のもつ苦渋を、苦渋として描き出しているというところに、時代を超えて意味があるんだと思いました。

村井　真っ只中に私だけが飛び込んだということですよね。そうですね。

森田　外側から結論を出しあうというのだったら、時代が変わればまた変わって来てしまいますけど、内側から描いた事実そのものは、問題の複雑さを伝えているんだと感じました。

村井　いまはそう思います。大事なときに話を書いたもんだと思いますよね。偶然なんですけど。

森田　日本人でもまだほとんど行けない時代ですよね。

村井　もちろん、夢にも考えられない。闇ドルでも買うような、そういうのをかき集める財的能力のある人の子弟しかね、さっきの中原やなんかはそうだったんだけど。親父が東亜燃料の社長をしていてね、そのために彼は私費留学できたわけでしょうけど。闇ドルで留学するわけですよね。

生田　ドルを持ち出せなかったんでしたっけ。

村井　ドルは持ち出せるけど、ドルを闇市で買わなきゃダメだよね。

生田　銀行で換えてくださいという、そういった時代じゃない。

村井　『何でも見てやろう』という本を書いた人がいたでしょう。この前亡くなった。

森田　小田実ですね。

村井　このあいだ聞いたんだけど、彼はハーヴァードにそのときいたと言うんだけど、僕は一度も会ったことはないんですよね。

生田　放浪していたんですよね。

村井　そうだろうね。

森田　ハーヴァードに留学して、帰りがけにいろいろ回ったりした。

村井　あとで一緒にいたことがわかったんですが、一度も会ったことありません。彼は何で行ったの。

森田　フルブライトじゃないですか。

村井　フルブライトですか。とにかく自分の金ではいけない時代ですからね。

森田　時間をだいぶオーバーしてしまって申し訳ありません。

村井　ほんとうにすみません。脱線ばっかりしてしまって。もしね、雰囲気をひょっとしてお伝えできればね、これから何かおまとめになるときにお役に立てばいいわけですから。

森田　何人かに読んでもらったんですが、やはりディーテイルがみんなたいへん興味深いって。

村井　ディーテイルがね（笑）。本筋は外れちゃってるから。

森田　いやいや、本筋は近代日本青年の精神形成史としてあって。

村井　そうですね。そのうちに森田さんの腕でまとめていただく以外にないんだけど。

森田　私としては、できるだけこのままのかたちで刊行できればと思います。

どうもありがとうございました。

（補注）リトルロック事件とは、一九五七年にアメリカ合衆国アーカンソー州リトルロックで起こった人種差別騒動。アメリカ公民権運動における重大事件のひとつである。一九五四年の最高裁ブラウン判決によって、それまで行なわれていた公立学校における白人と黒人の分離教育が違憲となり、各地で白人と黒人が同じ学校に通う融合教育化が進められるようになった。

一九五七年に白人校であるリトルロック・セントラル高校の融合教育化が決定すると、当時の州知事は州兵を学校に送って転校しようとした九人の黒人生徒（Little Rock Nine と呼ばれた）の登校を阻止した。リトルロックの市長が知事に法律順守を進言したが拒否されたため、市長はアイゼンハワー大統領に軍の派遣を要請した。大統領は当初無視を決め込んだが、登校してきた九人の黒人生徒とその保護者が、白人群衆に袋だたきにされて大統領は「非常事態宣言」を発表した。騒動がテレビで全米だけでなく全世界に大々的に報じられるに至り、大統領は市長の要請に応じ連邦軍をリトルロックへ送り込み、黒人生徒は軍の護衛付きで登校した。

その後も黒人生徒に軍の警護がついたが、校内では白人生徒による黒人生徒への激しいいじめや暴力的な嫌がらせが続き、耐えかねて一人が中退し、一人が無事卒業した。知事は騒動後も融合教育に反対し続け、融合を命じられた高校三校を突然閉校するに及んだ。知事は地元民の支持を受け、その後十二年間も知事職を務めた。リトルロックのすべての高校で融合教育が実施されたのは一九七二年である。

第四回

二〇〇八年七月二十三日
（成城・村井先生宅にて）

◇インタビュアー
森田尚人
生田久美子
松浦良允

■　戦時下の「修学旅行」

村井　それでは、始めますか。

前回、学生のときにどの先生にお世話になりましたかと聞かれましたね。あのとき特別なこととしては思い出さなかったものだからお話ししなかったんですが、行事として面白いこと、いや、いま考えればたいへんなことであったことに気がつきましてね。

修学旅行があったんですよ。卒業する前に、つまり、卒業というのは半年切り上げてとにかく軍隊に行かなきゃいけなかった。とりあえず途中の経過発表でも何でもいいからまとめて卒業論文として出せということになって、それを出したときでしょうかね。

長田（新）先生が引き連れて、長田先生が主任教授だったんでしょうかね、要するに修学旅行をしたんです。大学の修学旅行というのはあまり聞いたことないでしょう。広島は田舎で、学生は田舎者だから、やっぱり都会の文化に触れさせてやろうという気持ちが長田さんにあったんでしょうね。それで長田さんが大将で引き連れて、修学旅行を。当時広島師範の先生していた卒業生も何人か、のちに広島大学教授になった是常（正美）さんだとかがついてきてね。十五、六名が長田先生に連れられて東京に来ました。

東京では、要するに長田先生の個人的な関係の深い偉い方々でしょうね。だから、いまから思えば、事前の打ち合わせだけでもたいへんだったでしょう。すごいことですね。

まず、小西重直先生ね。京都大学の滝川事件のときの總長で、あのときにお辞めになったのかな。それで成城の学園長をしていらしたんですね。その小西先生のお宅を訪問するとかね。そのお宅、あなたがたがいらした途中にあったんです、すぐそこに。いまは三軒くらいに分割されていますけど、広いお宅でした。そこに行ってみたら、座敷にいろんな書画をね、お宝を並べてかけていてくださって、それを全部教えてくださってね。展覧会のように用意をして迎えてくださったんですよ。勝海舟の書だとか、（大久保）利通の書だとかね。明治維新に関係するいろんな人たちの書画が座敷にいっぱいかけてあって、そこへ通されていろいろ見せていただいたり、ご馳走になったり。小西先生は長田先生の京都大学での先生で、会津の方だったわけです。澤柳先生はもう亡くなっておられましたからね。小西先生だけは残っておられたんで、とにかくそういう人に会わせてやろうということですよね。日本を代表する学者でもありますからね。
それから岩波書店の岩波茂雄を訪問しましてね。これもまたりっぱな社長室で、あの時代にえらいご馳走になってね。田舎者の学生が十五、六人、たいへんなご馳走になりました。岩波茂雄がいろいろ自分の若いころからの苦労話だとか、若いころの経験を話してくれましてね。これも非常に印象に残りました。当時は西田さんの書物が何か出るというふうになると前の晩から行列ができているようなもので、岩波書店の全盛時代でしたね。とにかく岩波茂雄ってこういう人かと、なかなか頭の大きい人で、非常に印象的でしたが。あれも長田さんの個人的なつき合いがあったんでしょうね。信州・諏訪の出身ですからね。
それから自由ヶ丘へ行って、石井漠の舞踊研究所というのがありましてね。そこで石井漠がまた西洋の舞踊は体をこう動かしてるが、日本のはこうへなへなって、要するに日本の舞踊は駄目だというような話をいろいろやってくれましてね。そして、石井みどりさんだとか、和井内恭子という当時一番の踊り手がいましたね。和井内さん、十和田湖の幻の魚を見たという話のある、その和井内（貞行）のお嬢さんですね。とにかくそこで踊って見せてくれてね、それも非常に印象的でしたね、田舎の学生にとってはね（笑）。とにかく東京というところはこういうところかということもありましたけれども、トップの人たちをいろいろ紹介してもらったわけです。
それから、どういうわけか東宝撮影所に連れて行かれたな。そこでは原節子とか高峰秀子だとかね（笑）、いろんな人に出会ってね、とにかく田舎から出てきた学生にとっては夢のような修学旅行でしたね。

生田　それは昭和何年くらいになりますか。

村井　十八年です。十九年になっているかな。

生田　昭和十九年とすると戦時中ですか。

村井　そうだよ。

生田　戦時中に修学旅行ですか。

村井　戦時中も何も、とにかく大学を二年半で追い出されるんだからね。

生田　先生が軍隊に入られる前ですね。

村井　そうそう。

森田　十九年。

村井　そうだ、十九年だ。十九年十月に卒業になったわけですからね。だから、十九年の春だよ。夏だったかな

（笑）。

生田　そうすると、もう戦争真っ只中のときに、悠長にという感じがするんですけど。そういうことが可能だったわけだったのですか。

村井　可能って、岩波書店でご馳走になったものなんてたいへんなものだったよね。こんなにご馳走があるのかと。支那料理だったと思う。とにかくそんな戦争のことなんてあまり考えていなかった。要するに出会った人もむしろ自由主義的な立場の人たちでしょう。だから、戦争は終わりに近づいていたわけだけど、戦争のことは考えなかったね（笑）。とにかく、とても東京がめずらしかったことで、まだ空襲は受けていないからね。そういうご馳走と偉い人と。

それから長田さんに連れられて、鎌倉の西田幾多郎さんにお会いしてね。これはご馳走にはならなかったけど駅まで送ってもらったよ、最後に電車の駅まで。鎌倉の姥が谷というところに住んでいらしてね。だから、大学の先生が学生を偉い人のところに連れていかれて、ああいう修学旅行をやるというのはあまり例がなかったでしょう。おっしゃるとおり時期も、戦争のいよいよ末期でどうしようもなくなって食べるものもないという時期だったけども、汽車は動いていたわけだからね。でも、そんなことは全然頭になくて、とにかく偉い人に会ったり、めずらしいものを見たり食べたりということで、非常に印象深い修学旅行でしたね。しかし、いまでも修学旅行をやる大学の先生がいるのか知らないけど、考えてみると、昔の先生というのは、個人的な問題もあるでしょうけど、そういうことを真剣に考えて大学の教育をしていたわけですよね。そのことをこの前話すのを忘れたものだから、これは話すべきだろうと思いましてね。

■『小学校社会科学習指導細案』

森田　今日は先生のご研究の核心にかかわるといいますか、一番たいせつなところかと思いますが、先生のソクラテス研究と道徳教育研究について、先生のご理論の背景を交えて、先生がどういうふうに考えられたかという道筋を教えていただければと思ったんです。ひとつは、先生の内的な考え方の発展というお話を、もうひとつは当時の、とくに道徳教育の場合ですと、当時の社会的な動きがあったかと思うんですが。その前に、実はこの前お送りいただいた「村井実先生還暦記念　略歴・業績目録」（一九八二年三月二六日）を見ていて、先生が社会科の指導案を編集なさっておられるのを知って。

村井　ああ、『小学校社会科学習指導細案』（牧書店、一九五五―五八年）ですね。

森田　三冊（『一、二学年用』、『三、四学年用』、『五、六学年用』）ですね。

村井　はい。あれはずいぶん手間かけたんですよね。

森田　膨大なものですね（笑）。コピーをとったのは最初の部分だけなんですが。

村井　ああ、ほんとう。

森田　なかを見てみますと、たいへんな作業だと思いました。

村井　そうですね。あれはたいへんな作業でしたね。

森田　どうしてそういうことが可能だったのかと。つまり、行政側がそういうのを組織するとか、あるいは民間教育運動のような人たちがやるというのならわかる気がするんですけど、先生が個人的になさった。しかも、相当多くの方が協力してくださって。

村井　そうですね。私と稲垣（友美）さんという、成蹊の先生をしていらした、その方が現場のことに詳しい方でしたから、そのふたりでだいたいやったようなもので、別にその他にも。もちろん先生方は指導案を提供してくださった。

森田　あ、多くの方というのは指導案を書いてくださった先生たちのことですが。

村井　社会科の授業のやり方をいろいろ考えると、アメリカからの影響が非常にありましてね。それに対抗して、日本の授業というのはどうしてやるかということを、常日頃先生方が熱情、情熱を持ってやっていらした。それで斎藤喜博だとかがあのなかの授業案には出てくると思いますが。斎藤喜博の、島校というんですか。

森田　島小学校。

村井　島小学校だったね。ああいうのがあちこち全国にありまして、そこでどういう授業をやっているか。そして、それが模範的にいい授業だというのなら、そういったものの指導案を先生方にいろいろ見てもらったらいいんじゃないか、調べたらいいんじゃないかと、そういう情報を先生方に送るという意味でやったんですね。さっきの稲垣さんが現場に詳しい人でしたから、稲垣さんがそういうことをぜひやりたいという熱心な意見がありましてね、それで私もそれはいいからやりましょうというので始めたんでしたね。ほんとうにあれを見てくださったんですか（笑）。

森田　先生がはしがきのところで、いま一対の対立があってと、つまり「児童中心主義と教師中心主義、活動中心主義と教科書中心主義、徳育偏重と知育偏重、放任主義と訓練主義、問題解決と必要知識の最小限という対立」にふれられていますが。

村井　ああ、序文か何かでそういうこと書いているわけですね。

森田　そういう対立する枠組があるが、どっちかに寄り過ぎるなということですね。

村井　そうですね。

森田　先生がいつもそういう対立する二項の中間で考えられておられるという視点が最初にはっきりあって、たいへん興味深く拝見しました。

村井　そうですね（笑）。

森田　先生の一貫されている視点かと思いました。

村井　そうでしたね。

森田　それから、いまの時代から見ると、この授業案の一つひとつが、あの時代にいろんな町だとか都市だとかに生きた人たちが、自分たちの社会をどう見ていたかという社会史の資料になるような感じもしました。

村井　そうですね。あのアメリカから出た社会科というのが入ってきたわけですからね。それまでは社会科という科目はなかったわけでしょう。で、とにかくそういうのが入ってきて、それでその社会科というのがじゃあ何をするのかというようなことが中心の問題でした。そういうのが刺激となって、授業全体をどういうふうに、社会科中心にどう組み立てていくかというわけですからね。そういう全体的な動きがたいへん熱心に全国的に起こった、そういう時期だったんだと思いますけどね。

森田　その時代の動きを当時の人たちがどう見ていたかというのが。

村井　わかりますよね。それぞれのね。

ああいう本もまた出るということ自体に意味があった。どの程度売れたか知りませんけど、とにかくやっぱりそういうことが。そう、その前にほら、これは私は関係しないんですけれども、その本屋さんで出した学校図書館文庫というのがありましてね。その学校図書館文庫でその本屋さんはお金がすごく儲かっていたわけですね。学校図書館文庫というのは、それまで日本には学校図書館というのがなかったわけですから。それがアメリカに占領されてから、学校に図書館をというのができて、それから司書教諭というのを置かなきゃならないというような指令がアメリカの側からあって、それで慌てて司書教論というものを養成するとかね、そういう勢いも、機運も盛り上がっていた時期ですからね。

それでその図書館と社会科を中心にして、授業をどういうふうに組み立てるかということもあわせて問題になったわけですね。それは、その時期ですね。(笑)。

森田　のちに道徳教育のところでは、先生は「社会科教育を通して道徳教育を」という理論を批判なさっていますね。

村井　ああ、そうですね。多分ね。

森田　それと、先生ご自身が社会科の資料をつくっておられたということが非常に興味深く感じるんですが。

村井　いやあ、どうも森田さんから言えばそうですか。森田さんのお話で思い出すことばかりありまして。すっかりもう自分では忘れてしまっていることが多いですね。おかげさまで、いい機会を与えていただいて。

森田　私は大阪教育大学にあるのを借り出したんですが、三刷位でしたか、増刷されたんですね。

村井　ああ、そうですか。そんなでしたかね。

■ ソクラテスとプラトン

森田　それではソクラテスのお話から。

村井　ソクラテスはね、学生時代からずっと関心の中心にありましてね、いろいろと読んでいたんです。それだから授業で稲富先生にギリシア語を教わったり、高田三郎さんにもいろいろギリシアのことを伺ったりしながら勉強していたものですから、ソクラテスはずっと中心にあったんですね。やっていくうちに、どうもソクラテスについては書かれたものはいろいろあったんです。いやしくもソクラテスですから、たいていの人がソクラテスについて何かを言うわけですけれども、どれも断片的で、ちっともまとまっていないような気がしました。学会の研究発表でもソクラテスについてやったのは、たいてい「ソクラテスの徳について」だとか、「ソクラテスの愛について」とか、そんなことが多かったような気がしますね。ソクラテスという人の全体像というようなものを、とくに教育という観点から見ましたときに、産婆術だとか想起だとか言われていましたので非常に教育に関係があると私は思ったんです。ですから、ソクラテスについての関心はずっと中心にあったわけです。それがだんだんソクラテスの全体像を自分でつくり上げたいという関心が中心になっていったわけですね。そのために、いろんな人たちの書いたもの、イギリス人のグロート(George Grote)だとか、ドイツのヴィンデルバンド(Wilhelm Windelband)をはじめとして、『ソクラテス』という本を読みました。ヴィンデルバンドは『プラトン』だね。「ソクラテス」というエッセイも短いものですがありますね。例えばそういうものもいろいろ読んでみたりして、自分のソクラテス像というのをとにかくつくり上げようと思っていたわけです。そして、それを一応のかたちで書いたのが『ソクラテス』という書物になったわけですね。これは何年でしたかしらね。

生田　昭和三十一年ですね。

村井　牧書店ですね、最初が。

森田　一番最初のが牧書店から、『西洋教育史I』として。それで、昭和三十八年に『歴史を創った教師』というシリーズの一巻として出ています。私が学生時代に読んだのはこちらですね。

村井　だから、これは手を入れたんだと思いますね。その最初の『ソクラテス』というのを書いたときに、京都大学にギリシア哲学の大家がいらっしゃいましたね。

森田　田中美知太郎ですか。

村井　田中美知太郎さんにお送りしましたからね。そうしたら、ちょうど田中美知太郎さんが岩波新書の『ソクラテス』という本を、どっちが先だったかあとだったかわかりませんけど、ほとんど同時に。あれはまともにソクラテスを取り上げて書いたものです。たまたま私もそれで書きたいと思って書いたんでしたが、それとちょうど同時でしたね。あんな田中さんのような偉い人の本とたまたま一緒になって困ったなと思ったんだけど。読んでみますと、田中さんのはあの人らしく、文献的な考証がほとんど全部ですね。私は教師としてのソクラテスの全体像を描き出したいというので書いたので、読んでみると中身はぜんぜん違います。田中さんのは非常に考証が多いんです。プラトンがこう言っているけれども、それはどこら辺までがほんとうにソクラテスだろうかといった考証の方が多いんです。私の場合も、それもしないわけにはいかなかったんですが、それよりも自分なりにソクラテス像を、とにかくプラトンから切り離してつくり上げたいという気持ちの方が強かったので、内容も自然にまったく違ったものになっていますけれどもね。でも、あのときたまたまほとんど一緒に出ちゃったのでね、やはり日本の学会にもソクラテスをまとめて描き出さなきゃいけない時期が来ていたということだろうと思いますね。

私の場合は、ソクラテスとプラトンというのが、どうもいままで言われている場合とだいぶ違って、とにかく区別されなければならないという感じをもっていました。プラトンだけについて見ている限りではなかなか区別ができないんですが、とにかく私の場合のように、教育という観点から見ますと、何か切り離せそうな気がしましてね。しかし、そこらへんをどういうふうに切り離していったらほんとうにいいのか、自分なりにはなんとなくイメージは描けるんですが、それを理論的に学問的な考証の上で、こういうふうにしなきゃいけないと言えるだけの自信が持てませんでね（笑）。そこのところはしばらく曖昧なままにしていたと思います。

結局、それがだんだんはっきりしてきたのは、やっぱりアメリカへ行って分析哲学をやり、それと一緒にアメリカ・イギリス流の考え方というのが、それまでソクラテスについてアメリカ・イギリスの考え方というのはちょっと考えられなかったものですからね。それこそさっきのヴィンデルバンドだとか、ソクラテスを考えるのでしたらドイツのマイエル（Eduard Meyer）だとかね。ですから、アメリカへ行って、イギリス・アメリカ流のものの見方に接したわけです。イギリスということで言えば、やはりオックスフォードを中心にしたプラトン学者というので、どうしてもプラトンが中心になるんですけれども、そういう人たちの見方というのはドイツの見方と比べますと、かなり、何と言いますかね、経験主義的な姿勢が強いですね。ですからそういう意味で、プラトンにしてもソクラテスにしても、多少批判的に見ているところもあるような気がしましてね。そこら辺のことにかなり気がつくようになってきたというのかな、思い切って批判もできるんだということですね。

だから、いままでドイツ一辺倒で見ていたソクラテス、プラトンというものに対して、広くいえばイギリス・アメリカふうの見方、経験主義的な見方があるということがわかってきました。そして、いままではそんなことは考えられなかったんですが、安心して経験主義的な立場から見るということもしていいんだというような、それだけ見方が広がった、気持ちが楽になったということがありますね。そういう違いが生まれてきたように思います。

ですから、これはアメリカに行く前に、前にも話したかどうか、ちょうどシェフラーの“Toward the Analytic Philosophy of Education”を読んで、生田さんが訳してくださったんですが、あ、それを訳したんじゃなくて、生田さんが訳したのは、*Language of Education* だね。教育に使う「言葉」というものをシェフラーが分析的に扱っている書物ですけれども、そういう「言葉」というものの使い方が、プラトンとソクラテスの場合とで、どうもだいぶ違うんじゃないだろうかというふうに考えはじめたんですね。その analytic philosophy、分析的な哲学というのはそれまでは聞いたこともなかった言葉でしたけども、アメリカに行く前に *Harvard Educational Review* に載った、シェフラーの“Toward the Analytic Philosophy of Education”という論文を読んで興味を持ったということがありますけども、私の感じではじめて読んだときの最初の印象が、「あ、これはソクラテスだよ」と。つまり、Socratic revival だなとね。ソクラテスの復興がアメリカで起こっているんだろうかという関心でしたね。それまでほとんどアメリカの教育学には興味を持たなかったんですが、*Harvard Educational Review* だけは研究室で取っていたもんですから、たまたまそれを読んだということだったんですが。それで、「あぁそうか、これはソクラテスのリバイバルがアメリカで起こっているということかな」という印象でした。そこへたまたまロックフェラーの電話がかかってきたんですね。最初何のことかわかりませんでしたけど。ですから、つながりということから言いますと、自分でもよくわかりませんが、どうもそういうようなつながりがだんだんできていったような気がいたします。

先ほどの道徳教育ということにもかかわりがあるんですが、そういった言葉と教育とのかかわりと、それから道徳教育で使われる言葉というのがたいてい analytic ではないわけですからね。そういったことが非常に神経質に感じられるようになって、私の見方が批判的になりましてね。そういうことも一緒になって道徳教育についても、従来の道徳教育とはもう少し別のかたちで道徳教育を考えなきゃならないんじゃないかという気持ちが起こってきたんじゃないかと思います。

だから、日本に帰ってきて間もなくしてだったかと思いますが、『道徳は教えられるか』（国土社、一九六七）という本を書きました。何かに書きましたけれど、そのときにすでにそういった気持ちがあって、よほど言葉の分析をしっかりしないと道徳教育というのは危なっかしくてとてもできないんじゃないだろうかという気持ちが非常に強くなったということですね。

森田 先生は『ソクラテス』で、ソクラテスとプラトンを対比させて、ソクラテスが開かれた問いを出していたのに対して、プラトンの国家主義的な視点が教育を狭めていくという論点を提示されていますが。それは、先生が哲学をやめて、教育学を選んだことと関係あるように見えるのですが。

村井 それは根本的な動機がそうでしたからね。そして、その哲学の方で一番私の念頭にあったのはさっきの西田さん。鎌倉に連れて行かれて西田さんと直接お会いして、とにかくたいへんに偉い先生だということはわかっていますけれど、しかし、直接お会いしたなかで思ったことは、この西田哲学というのは日本の代表的な哲学なわけですけどね、何か自分で考えて、無念無想で考えてこうだということにたどり着けば、座禅のなかでたどり着くのかどうか知らないけど、結局それには反論のしようもない。そうですか、あなたはそう思ってらっしゃいますかと言ったらもうおしまい。どうも西田哲学というのはそういうところがありそうな気がしましてね。だから、やっぱりそれでは満足できない。

その西田哲学の考え方というのは、もうひとつ、ギリシアでソクラテスに関わって言えば、プラトンの考え方とかなり共通点があって、それとソクラテスとはずれているんじゃないだろうかということです。ソクラテスの方がプラトンの先生ですけれど、どうもプラトンがその西田哲学にも共通するような、イデア論というようなところへどうしてもソクラテスを持っていこうとしますね。だけど、それがどうもずれているんじゃないだろうかと。

教育というのはもっと日常的なこと、当たり前のことで、相手が納得してくれること、納得づくで進んでいかなきゃならない仕事ですけれど、ソクラテスというのはどうもそういったことをもっぱら日常的に問うていたのではないだろうかと。だから、みんなが善いということを、子どもを善くするとか、何が善いとか何が悪いとか言っているけど、それが何だということを日常的に問う。それを中心にしていろいろと議論を展開して、それを体系的に説明はしなかったけれども、しかし、論を展開していく背後には、つまりソクラテス自身の奥の奥にはかなりなものがあったんじゃないだろうか、ソクラテスなりのものがですね。プラトンが『国家篇』や『法律篇』

で、大々的に展開している一種のイデア論を中心とした理想国の考え方というもの、あれは『法律篇』では理想は無理としても、次善の国というふうなところへもっていく教育の考え方になるんだけども、そういうのはもともとのソクラテスの場合とは違うんじゃないかということですね。そういうことをだんだん考えるようになっていったんだと思います。

それを追い詰めていけば単純なことですよね。つまり、誰だって善くしたいと思っている。善くなろうと思っている。誰だってこれが善いということを考えないではいない。これが善いかなと反省しないではいない。そういうかたちで人間は生きているけれども、それはどういうことだろうと、ソクラテスという人はそういう一番の根本的なところを問うていたんじゃないだろうかという気持ちが私にはだんだんと強くなってくるんですね。いまではいよいよ、ほんとうにそういうふうになってしまったと言ってもいいんじゃないかと思うんですけれども、そういう筋道がその頃から始まっていたような気がいたします。自分でもおかしいんですが、その後も、例えばその本も二十年も前に書いたものですが、例えばそういうのを見ていてもね、ずっと同じことばっかり言っているんだなぁと（笑）。善さということはそこに出ていて、それをめぐってまだいまほどははっきりしていませんけれども、やっぱり考えようとはしているんですね。で、善さというのは問題だぞということがありますので、そういうことがだんだんはっきりしていく筋道ですから、逆に言えばちっとも進歩してないじゃないかと思う。

二十年前の本もいま言っていることと同じだったら、進歩がないじゃないかということにもなりますね。しかし、それなりにひとつテーマをいろいろな角度でああ言い、こう言いしていじっている何十年かの間にだんだんはっきり、自分で勝手にはっきりと思うのかしれませんが、自分なりには落ち着いてきているという感じはいたしますね。

森田　また道徳の問題に飛びますが、先生が「期待される人間像」を論じられたときに、目的的な人間像と過程的な人間像とを区別しなければいけないと言われてます。それも、期待される人間像をつくった方たちは哲学者たちで、かくあるべしという目的だけを論じており、先生はその過程が抜けていると議論なさっていますね。

村井　過程論ということで、すっきり言いますけど。

森田　それをプラトンとソクラテスの違いとアナロジカ

ルに見てもよろしいんでしょうか。

村井　そうですね、そうだと思います。いまの過程像と目的像という対比から言いますと、ソクラテスという人は、そう言ったわけじゃないけれども、どこまでも過程像を問題にする。つまり、どういうわけか知りませんが、そういう人ですね。あのキャラクターがそうさせたのかもしれませんけど。プラトンはどうしても目的像というのにとらわれる考え方で、このプラトンの考え方がキリスト教に伝わって、西洋人はいまでもそうだと思いますけれども、現代でもどうしても目的的なものの考え方というのが非常に強いですね。逆に、例えば進化論なんかの場合は目的的なことは考えないというふうに逆にいきますけど、それもね、今度はそのために反動でちょっとおかしくなって来るというような気がいたしますね。だから、いわゆる目的論的な思考法は西洋にとっては非常に問題なんだと思います。

それから目的論的にものを考えますと、これはまた実在論的な思考法というものに、つまり神というものがあるとかね、何か絶対的なものがあるとかそういうふうな考え方になる。それが形而上学であっても、経験できる物質的な条件であっても、精神的なものであってもとにかく何でもね、だから物体的な実体であれ、形而上学的な実体であれ、あるいは感覚的にとらえられるような実体であれ、あるいは精神的にとらえられるような実体であれ、どっちにしても、何かの実体を考えるというような癖がヨーロッパには非常に強いんじゃないだろうか。いろんなことに眼に見えないようなかたちで、ことごとに現れてきますね。それが、西洋人自身が自分でも気がつかないところで非常にそれにとらわれているというようなことがあるような気がします。そういった点では、私たちは非西洋人として、そんなにこだわることはないだろうと思うんだけれども、意外とこだわるんですね。近頃はそういった問題をとくに感じますけど、どうもその始まりがプラトンとソクラテスとの対比の問題にまで遡れるような気がしますね。だから、ホワイトヘッドが西洋の哲学思想はプラトンの注釈にすぎないと言ったといいますが、もしほんとうにそうだとしますとね、プラトンの前にソクラテスがいるわけですから、そのプラトン以前と以後というのは区別して考えた方がいいんじゃないかということですね。

一般に西洋哲学史だとか思想史だとか、私たちが西洋流に考えますときにもこれを区別しないで考えると、何か大事なことを私たちも西洋人も見落としている、そういうような問題があるんじゃないかという気が最近はしますね。たしかに、これはなかなか微妙な問題ですから、いずれ一緒に聞いていていただければ、また何か考えが出るかもしれませんが、しかし、それは先のことですね。

いまはまず道徳というようなことも、そういうものが何かあるというようなことよりも、結局人間の「言葉」の上で人間が善い、善くないというようなことを考え始める時期、子どもだってそういうことを考え始めるわけですが、そもそも人間が全体としてそういったことを考え始める時期というものが問題になる。ソクラテスというのはそういったことを考え始める時期にいた。だいたい紀元前五世紀に西洋・東洋を問わずですね。東洋では孔子・孟子の時期ですし、仏教で言えば釈迦の時期ですね。善し悪しということを真正面から問題にする時期です。釈迦というのは独特の仕方で善し悪しの問題をつかみます。孔子や孟子の場合は、これは明らかに倫理的な善悪という、道徳というかたちで問題にします。しかも、孔子の場合は、一つのでき上がった魯という国のなかでの道徳というかたちですね。でも、ほんとうに問題になるのは、でき上がった国のなかでの善悪の問題のもう一つ前に、人間の善いということを問題にするんですから、そこら辺のことがほんとうは非常に大事な問題になりそうに思うんです。東洋ではその文献があまりないですね。『詩経』あたりになりますと、孔子なんかより古いわけですけれども、そこには善悪というような言葉は出てこないですよね。むしろ、「善かな」というような言葉は、だいたい「美」という言葉で出てきます。だから、そこら辺が、紀元前五・六世紀の頃が、善悪を問題にするかしないかの境目のような気がします。

■ソクラテス観の革新と「善さ」の概念

森田　また話がちょっとずれてしまうんですが、先生の書かれたもののなかには東洋の古典の知識がたくさん出てきますが、先生はそういうかたちの教養をどういう体験から得られたのですか。先生が読まれた時期はいつ頃ですか。

村井　ううん、われわれの頃は中学でまだ漢文というのがあったんですね。それで、漢文の先生がよく「村井の漢文は百三十点だよ」って（笑）、冗談で言われていたのだと思いますけどね。どういうわけか漢文は非常に好きで、先生が冗談でもそういうことをおっしゃるほど漢文というのは得意だったらしいんですね（笑）。だから、いろんなものはたいていよく覚えていますしね、頭に残っていますのでね。ですが、戦後間もなく漢文はなくなりましたよね。だけど、その頃の習慣があって、いまでも割合漢文のものは読みます。とくに、この善悪の問題が気になりましてからは、どうしても朱子と陽明とに、これらは徳川時代に入ったときに日本にも根本的な影響を与えるんですけれども、その朱子と陽明の善悪の考え方というようなのが、もっと古い「美」とか「気」とかの関連でどうなんだろうということが非常に気になりますので、これはいまでも繰り返し繰り返し朱子はどういうふうに考えたかな、陽明はどういうふうに考えたかなということは気になりますね。

森田　先生の「善さ」について、小泉（仰・慶應義塾大学教授）先生が『著作集』に解説を書かれていて、私どもがさらっと読むと、「善さ」というのを一つの形而上学的な原理として出発している、すべての出発点という意味での原理的な位置にあるものと理解されていて、小泉先生はそういう問題のたて方をなさると、次つぎにより根源に遡らなきゃならないという批判をなさっておられます。なんとなく私はその批判に惹かれる気がするんですけど、先生の場合にその「善さ」はプラトンのイデア論との違いでいうとどういうことになるでしょうか。

村井　そうですね。ですから、性善説で言う善悪とも、またもうひとつ遡らないと落ち着かないわけですね。それは何だったんだろうというと、結局いまの『詩経』なんかでは「美しい」という言葉しか出てこないんで、善悪というのは多分出てこないと思うんです。探してみてもね、私はどうも気がつきませんでした。これもしかし、ほんとうはもっと徹底して調べないとはっきりしたことは言えないんですが。善悪と言いそうなところでただ美しいとかね、あるいは好ましいとかね、『詩経』ではそういうふうなことをいうような気がしますね。だから、そういうようなところまで遡らないと、私の場合はどうも落ち着かない。単純に善悪から始まるわけにはいかないという感じですね。そうしますとね、これはいま書いている書物でも書いたんですが、キリスト教の聖書なんかでアダムとイヴが善悪の知恵の実を食べてどうこうというところから人間の歴史が始まると言う。しかし、何で善悪の知恵の実かと言うと、それを食べると神様と同じになるからというんですけれど、しかし、その前に知恵の実がなければ人間の生き方というのはなかったとなるとね、ちょっとそんなはずはないだろうって。いまのソクラテスやなんかはね、キリスト教はソクラテスよりずっとあとですからね。だから、ソクラテスが問おうとしたことは、そこの善悪ということよりもうひとつ根源的に、人間というのは何を考えているんだろうということではないかと、私としてはそういうことを考えないわけにはいかないですね。

そうすると東洋では孔子・孟子以前に、いま言った『詩経』あたりで何を考えたのか考えないわけにいかない。だけど、東洋の場合にはあまり文献がないんですよね。ギリシアでももちろんあるわけじゃないんで、ソクラテス以前にまとまったものはほとんどないわけです。しかし、ソクラテスの言行を見ていると、やっぱりいろんなことを考えていたんじゃないかと思わせるものがありますね。

それで、ちょっと先の話になって恐縮なんですけれども、イギリスのオックスフォードの人たちがプラトン学というものを中心に十八世紀から十九世紀にかけてセンターになるんですけどね。ただ、イギリス人の考え方のなかにやっぱりプラトン中心主義みたいなもの、それとキリスト教中心主義みたいなものがありましてね、これが一緒になってしまう。たとえば、『パイドン』という書物がありますね、プラトンの。これはソクラテスの死に際の話なのですけれども、イギリスでは『パイドン』にImmortality of the Soulという副題をつけて出したりしているんです。だけど、はたして『パイドン』のテーマはsoulのimmortalityだろうかという疑問が起こりますよね。キリスト教的に言えば、プラトンにとってソクラテスの死に際に、死んだあと魂がどうなるかということが問題になっていますから、だから、それを問題にしたということになる。魂は生きてほんとうに永久に残るだろうか、残らないだろうか。死んだら消えてしまうんじゃないだろうかとかね。それから、年をとれば古びていって駄目になるんじゃないかとかいろんな議論がありますけど。たしかにそうなんですけど、しかし、immortality of the soulと言っても、soulということがすでに非常にキリスト教的なんですよね。ソクラテスが問題にしていたプシケーというのはソウルとはちょっと違うんじゃないかという気もしますんで。どちらかと言うと日本人の魂だとか、心だとかということに近いような気がします。それをソウルとやっちゃいますと、非常にキリスト教的な考えに、そして、それが永遠だろうか、何だろうかということになる。イギリス人の頭のなかにもそれがそういうかたちで残ってるんじゃないかと思いますね。

だけど、どうもソクラテス自身はもうひとつ違っているんじゃないかと思うのは、これは今度私が出します書物にも出てきますけど、ソクラテスは最後に告白をするなかで、自分の若い頃から宇宙の根本的な生滅の原因をどう考えたかということを議論する。でも、これはあんまり『パイドン』のなかで重要視されてきていないような気がするんですけれども。そこのところにとくに注目をしてみますとね、私にとって非常に興味がありますことは、どうもソクラテスというのはプラトンの場合とまるっきり違った「善さ」の考え方があって、「善さ」というものを宇宙の根本原理と言いますかね、私は「理法」というふうに置き換えて言っていますけど、宇宙が根本的に「善さ」という理法によって動かされている。人間もその宇宙のなかのひとつの生物として、やっぱり同じようにその理法で他のものと同様に動かされているということに当然ならなければならないわけですね。ですから、人間が生きるにも死ぬにも、結局その「善さ」という理法に従って生きる、死ぬ。自分で決める場合にも、自分でこれで善いと思えばそれで決まるというようなことを、ソクラテスは結局そういうようなことを言うんですね。牢屋から逃げろ逃げろと友人たちが言うんだけれど、自分は逃げなかった。なぜかと言えば、それが「善い」と思ったから逃げなかったんだ。それでなかったら、俺の脚や手はとうの昔に遠くの国に飛んでいってしまっていただろうというような冗談を言うんですけれど。結局そういう意味でのこの根本的な原理、これは人間の根本的な原理でもありますし、宇宙の根本的な原理でもある。ということは、植物も動物もすべて同じ根本的な原理で動いているに決まっているわけですから、どうもそういうふうなところで、ソクラテスは「善さ」というようなことを考えていた。

そうするとプラトンの善のイデアというのは、これはまったくいわゆる観念的なもので、理想的な「善」というものがあって、それによって宇宙がつくられているといったようなものです。ソクラテスの考え方とどこが違うかというと、いわゆる天上の神様というようなところまで、キリスト教の神様・創造主というところへ行ってしまうような、そういうような「善さ」の理解の仕方ですね。ソクラテスの言うような、すべてのものに言わば染み透っている、あるいはすべてのものに染み込んでいる「善さ」というのとは、そういう根本的な違いが実はあるんじゃないだろうかということですよね。そこら辺をプラトンはどうしてもそう考えたくなかったらしいんですけれど、そちらの方の影響――プラトン的なもの――がだいたいキリスト教に流れ込んでいく。これが西洋の思想にずっとつながっていくわけですね。

だから、近代の哲学史になってくると、いわゆる経験論と観念論の違いとか、あるいはロマン主義と実用主義との違いとかいう問題が起こってきますけれども、どちらかと言うと経験論的な実用主義的な感じ、そういったものが近代のアメリカ・イギリスの方には流れていると言えましょうし、そういったふうな系統に、いまのソクラテスの考え方というのはどちらかというと結びつくことができるでしょうね。人間の日常的な生活にも結びつきます。プラトンの考え方はどうしても観念論的な、ロマンティックな考え方の方に、そして、政治的に言えば独裁主義だとか専制主義とかそういった方に結びつくし、もう一方の方は、いわゆる民主主義と言いますか、個々の人間の一人ひとりがただ宇宙のなかでの自分として生きていくだけのことですから、そういう方に結びついていくでしょう。

生田　先生の「善さ」の問題は、ソクラテスやその同時代の東洋における思想のなかに、人間が善悪を問題にして生きている、生きざるをえなかったという事実が基盤になっていると思いますが、私たちは、例えば『「善さ」の構造』という本を読むときに、それを読むと道徳教育の何らかの教えをそこからいただけるんじゃないかと短絡的に解釈する向きもあると思います。ところがいまの先生のお話だと、それはまさにプラトン的な、イデア的な善さを想定しているわけで、「何か」という問いに対して何か答えを得られるんじゃないか期待しているわけですね。それに対して、先生の議論では、人間が善悪を問題にせざるをえなかった、そしてそれをどんなふうに問題にしていったのかというところを明らかにすることが目指されていて、『「善さ」の構造』であり、『道徳は教えられるか』という本はそうした視点で書かれているように思います。今日のお話はとても面白く伺ったのですが、そうした姿勢がアメリカに行ってさらに後押しをされたと言いますか、アメリカで分析哲学と出会うことによって、漠然とソクラテスに対する思いが、また先生の「善さ」の理論が、すごく明確なかたちになったように思うんですね。

村井 気が楽になって、言ってもいいんだという、「善さ」というものをそんなにコチコチで考えなくてもいいんだっていうことね。

最近だけどね、「善さ」というものの「倫理主義的偏向」と僕は言うんだけど、孔子・孟子にしても一種の倫理主義的偏向というものが起こったんじゃないかって。もっと楽に考えればいいのにコチコチになってね、五倫五常とかいうものを守らなきゃいけないみたいな考え方がそこから出てくるんだよね。それをまた朱子が受け継ぐとかね、そういったような問題があるから。

だけど、ソクラテスの場合は、それ自体が宇宙の理法なんで、どうせわれわれは宇宙のなかに包まれているんだから、それでいいじゃないかという、かえって気持ちが楽になるようなところがあるんじゃないか。しかし、プラトンのような考え方をしていくと、どうしてもこれはコチコチになってね。そして、いまのキリスト教とつながって、やっぱり東洋と同じような一種の倫理主義的偏向、あるいは宗教主義的偏向と言ってもいいけど、そういうものがどうしても避けられなくなってくる。ヨーロッパにくるとどんな相当な哲学者でもね、カント・ヘーゲルにいたっても、やっぱりそれはあるよ。一種の倫理主義的偏向とか、宗教主義的偏向というのはわれわれよりは強いよ。カントだって、しかし、それはカント自身も自分では問題にできないことだよね。だけど、やっぱりちょっとおかしいんじゃないかという感じはするね。カントにしても、ヘーゲルにしてもね。

だけど、われわれはカントやヘーゲルは絶対みたいに思っていたから、それで結局 analytic philosophy というものにぶつかって、そういったものからある意味気が楽になったというような、必ずしもそれにとらわれなくていいんだというふうに考えたことでね。それは経験論ということでもあるし、あるいは実証主義の伝統ということでもあるし、そっちの方と妙なかたちで結びつくし、これは面白い関係だということに気がついたんだよね、アメリカに行ったことによってね。僕はだいたい稲富先生からギリシアのこと、ソクラテスの解釈というのをいろいろ教えていただいたんだけれど、稲富さんもそうだけどもね、東北大学に何とか先生というのがいたでしょう。学校現場で授業をして。

松浦 林竹二。

村井 林竹二、うん。あの人なんかもそうだけどね、多分稲富さんと一緒の頃に、プラトンについて同じような勉強をしたんじゃないかと思うんだけど。ソクラテスの解釈がまったく同じだね。その解釈というのがドイツのマイエルという人の、これはドイツでは一番古典的なソクラテス研究の本だけど、そのまんまだよね、ふたりとも。稲富さんもそうだし、それからいまの林竹二さんも、ほんとうにおかしいくらいそのままだからね。マイエルの議論・解釈を口移しに言っているけど。しかし、それはソクラテスを非常に徳論的に、つまりソクラテスは道徳を問題にしたけれども、プラトンはもっと形而上学的に考えたというような、だから「善さ」ということをソクラテスは道徳的に考えたけれども、プラトンは形而上学的に考え、最高の真理というふうに考えたという基本的にはそういう考え方ですね。マイエルという人の考え方がほんとうにそうだったと思いますけど、それを口移しのようにふたりとも、稲富さんも林さんも忠実に一生涯繰り返していたような気がするね。林さんが書いた『ソクラテス』という本があるけれど、内容はおかしくなるくらいマイエル一辺倒だね。稲富さんもそうだったよ。

だけど、僕には全然違うという感じがするんですね。つまり、ソクラテスというのはものすごく、何というのか、言語主義的というのか、ロゴスと言うんだけれども、要するに人間の言葉、その言葉のなかに人間の本質が現われるというような考え方ですね、その意味で analytic な。だから、何がほんとうの宇宙の原因だろうというようなものを探し回る。ソクラテスに言わせれば、普通の自然学者というのは、要するに補助原因を言っているにすぎない。火だとか水だとか、熱だとか風だとか、寒いとか暑いとか、あるいはアトムだとかいうことを考える自然学者というのは、みな補助原因に気をとられている。補助原因はその通りなんだろうけれども、自分はほんとうの原因が知りたいのだという。で、そのほんとうの原因というのは、俺がこれで「善い」と思ったということなのだという。それがほんとうの原因なんだけれども、自然学者たちはみなその原因が、補助原因があってはじめてほんとうの原因がありうるような、その補助原因にみな関心があるようだって。からかって言うのか、本気で言うのかわからないけれど。しかし、ソクラテスはそう言うんだね。ほんとうにその通りだと思うんだけどね。われわれはどうしても補助原因に気をとられてしまうんだけれど、どうもほんとうの原因は「善さ」だと、「宇宙の理法」なのだという、そういうソクラテスの考え方というのは僕は非常に面白いと言うかな、なるほど言われてみればそれしかない。

『パイドン』のあそこのところを、僕は今度の本でも取りあげています。今度の本というのが、このあいだの広島の学会で僕なりに問題を提起したわけだから、それについて答えを書かなきゃいけないと思って、答えのつもりで本を書いた。だから、『新・教育学「こと始め」』（東洋館出版社、二〇〇八）というものすごく大げさな題で書いた。ほんとうは身近なことで出直さなきゃ駄目だという意味で書いたんですけど。だから、自分であそこで問題を提起して、提起しただけじゃ不正直だから、自分なりの答えを出そう思って書いたのが今度の本なんですね。そのなかで、ソクラテスのいまの『パイドン』の、自分はどうして牢屋から逃げないでそこで死んでいくのかということとの説明を、その部分をかなり細かに取り上げていますけれども、どうもいままで『パイドン』を問題にする人は、そこのところは immortality of the soul という、魂は消えるのか消えないのかというような議論の方を取り上げてきて、ほんとうの原因と補助原因との区別の問題というのは割合これまでは問題にされたことはないような気がするんですね。だけども、私はどうしてもそこで言うような「ほんとうの原因」というようなことが大事だと思った。僕も最初に読んだときには、これはえらい唯心論だなあと思ったような気がするんですけどね。しかし、唯心論も唯物論も、そういうことで分けることもできないという、とにかくえらいことをソクラテスはあの時点で言っていたんじゃないかという感じがしますね。

いや、ハーヴァードのことですが、ロックフェラー（財団）が何で僕にアメリカに行く気がないかと言ってきたのかよくわからないんですけどね。どうも僕が一番考えられることは、その前にこの『ソクラテス』という本が出ていたわけです。そして、その本が慶應義塾賞というのをもらいましたしね。つまり、その年に慶應関係者のあいだで出版したなかで代表的な本ということで、慶應義塾賞というのがあります。慶應義塾賞と並んでもうひとつ福澤賞というのがありまして、その福澤賞というのが慶應義塾賞よりいい賞らしいんですけど、僕は慶應義塾というところと全然関係ない人間が慶應義塾賞というのをもらったというのが非常に印象的だったんですが。とにかくその本が出ていまして、そのせいで学術会議で、その年に日本で出版された代表的な書物を人文科学と自然科学と、それから医学とかね、学術会議の部門別の代表的な書物を紹介するからそのレジュメを出せと言ってきたわけです。それで学術会議に出したんですね。そのレジュメが英文で出版されたんだと思います。で、ロックフェラーはたえずスカウトをしているらしいですね。中国が共産主義化したから、中国ではなくて日本がいわばアメリカからスカウトするときの最前線になったわけですね。そのスカウトにたまたまそれが引っかかったんじゃないかと思うんです。

とにかく朝早く寝てるところに電話がかかってきて、僕は眠いもんだから、いまからのこのこ起き出していくのが億劫だったから「今日は用事があって都合が悪いのです」と断ったら、家内がとにかく何か大事なことかもしれないからもういっぺん電話かけて会ったらどうと言うから、それでもういっぺん電話かけました。それでアメリカ大使館に電話かけましたら、とにかく何時何分にどこどこで会いましょうというので、ロックフェラーのディレクターの人とかなり長く話をしたんですね。家内もついてきたんですけど、漢文と同じで、英文を頭のなかで作文して、それでしゃべるわけでしょう。えらい時間がかかって（笑）。間違ってはいないと思うけど、とにかくしゃべったことないもんだから、頭のなかで作文をしながらしゃべるもんだから。それを二時間、あるいはもっとかもしれませんが、相手がほんとうに我慢して聞いていてくれたって家内が言うんですけどね。それで何を言ったかというと、日本のまともな学者はイギリス・アメリカには興味を持たないって（笑）。自分も興味を持っていない。ただ analytic philosophy ということがあれば、それはソクラテスのリバイバルだと思うので、どういうことを考えているのかハーヴァード大学へ行ってみようという気はありますというような話をしたんですね。全然悪口言ったから、家内があんなひどい悪口言ってどうしたのってはらはらしていたわよと言うから、もう駄目だと思っていたらね、いつ出発するかと電話がかかってきたんです、改めて。

ただね、あとでわかりましたのが、そのディレクターというのがファーズさんと言うんですが、ライシャワーさんが大使になって来たでしょう。そのときに文化公使というので、そのファーズさんが来たんですよ。キャリアを見たら、京都大学政治学科を出ている（笑）。日本語なんて全然わかるくせにね（笑）、知らん顔して僕の下手な英語をしゃべらせていたんだということがわかりましたけどね（笑）。

とにかくそういうことでアメリカへ行きましてからもね、Socratic revival だと思ったんだけど、必ずしもそういうことではなかったんだけど、analytic philosophy というひとつの動きがね、そういう強い関心が一般的にシェフラーのその論文をきっかけにして始まったんだと思います。そして、僕はシェフラーの授業に出たんですが、授業でしゃべっていたのが、あなた（生田）が訳してくれた *The Language of Education*（1960）という本になって。このあいだ学会でお話しました定義論というのがね、“On Definition”という節がありますが、講義で彼が言っていたことですね。ただ、私の解釈にはシェフラーはただ definition の種類を分類しただけだったように思いますけど、非常に印象が深かったのは、そうか、われわれがいままで一所懸命「教育とは」ということをやっていたのはまさに programmatic に当たるわけなんで、そうでない definition というのが当然なきゃいけないわけだ。つまり、幾何学の平行線の公理のような、そういったものにあたるのが教育という言葉にはまったくないということになる。そういったことを、私としては考えないわけにはいかなかったということですね。

■「善さ」の概念と道徳教育の乖離

森田　私の印象ですが、先生の道徳教育の理論についてのお考えと、ソクラテスの研究とはちょっとトーンが違って感じられました。先生のソクラテスの研究は emotive と言ったら変ですけど、先生の若いときの人生を賭けるような表現の仕方があったり、ソクラテスこそ歴史のなかでとらえなければならないという思想史的な視点が前面にでているように感じました。しかし、道徳教育についてはかなり analytical な考え方をなさっていますよね。私からすると、ソクラテス研究の方がとても理解しやすいんですけれども、先生がのちに道徳教育についていろいろご発言なさったときには、当時の日本の教育学者の道徳教育の受け止め方との間にかなりの落差があったのではないでしょうか。いまになって、私は先生の分析についてすごくなるほどと思うんですけれども。

村井　そうなんですかね。今度の本にもそのことを書いているんですが、小学館の『教育学全集』というのがありましたよね。あれは何年になりますかね、いまの年譜を。

森田　一九六七年です。

村井　ああ、そうですか。全部で十五巻なんですが、その第一巻が「教育の理論」で、序章で「教育とは何か」というのを書けと言われたんですよ。そこで書こうとしてほんとうに困ったんですね。教育とは何かということを書かなければならないということは、要するに「教育とは何か」を定義しなければならない。これまではまったく定義がないじゃないかということで、そこではじめて本気で思いたったわけです。それで苦しまぎれに書いたのが、「教育とは何か」という第一巻の私の部分なんですけどね。

そのときに、「子どもを善くしようと思わない親はいない」という、採集民族だったのが農耕民族になって、だんだんと文明は発達していくけれども、最初の頃から親は子どもが生まれれば子どもを善くしたいとね。そうすると、その善いということはどういうことなのかということを問題にしないわけにはいかない、ということから書き出したんですね。だけど、そのときにほんとうに孤立無援といいますか、だいたい教育を定義するのに「善い」なんていう言葉が出てくることがね、普通には受け入れられないだろうということを自分でも思いまして、困ったなあと。ほんとうに孤立無援という孤独な気持ちでそこのところを書いた覚えがあります。だから、ほんとうにどなたもそれをまともに読んでくれなかったんじゃないかと思いますね。ただ、じゃあ教育をどうしろというのかと言ったら、やっぱりその「善い」という言葉が出てこないわけにはいかないだろうという気がするんですね。

それからでしょうね、だんだん文部省が『学習指導要領』のなかで、直接『学習指導要領』でなくてその解説書がありますよね、先生方のための手引書が。そのなかで「善さ」という言葉を使い出したんですよね。「子どもには善さがある」と。で、その「善さ」を大事にしなきゃ、認めなきゃならないとかいうようなことをはじめて書いたんですよね。ですから、「善さ」という言葉は文部省が使ったわけですけれども、どっちにしたって公に陽の目を見たのは、それがはじめてなんじゃないかという気がしますね。それで文部省の役人に、あの頃河野さんという教育大学にいた人がいましたね。文部省の代弁者みたいな。

森田　河野重男さんですか、お茶大の。

村井　河野重男さんに会いましたら、「村井さん、『善さ』というのをいただきましたよ」って（笑）。だから、僕は「人さらいにあったようなもんですよ」って（笑）。「全然意味が違うじゃないですか」ってね。だけど、「善さということばを文部省で使ってくださるのはありがたいと思いますよ」というご挨拶をしたんですけれどもね。だから、文部省が『学習指導要領』解説書に「善さ」ということばを使ったのは、あれを書いてから十年以上も経っているんだと思いますね。だから、それまでは誰も相手にしてくれなかったんじゃないでしょうか。

森田　河野先生だったら、「自己教育力」とか言い出した八十年代くらいですかね。文部省の方では、「善さ」が個々人の問題になっちゃっているわけですよね。

村井　「善さ」というひとつの実体があって、それが例えば忠君になったり、愛国になったり、いろいろ出てくるんですが、そのもとになる実体を「善さ」というかたちで受けとめるわけですね。これは普通の人でもそうだと思いますよ。文部省がまあそれを代表して受けとめたということでしょうか。どの子にも「善さ」があるということ、だけど私が「善く」と言う意味は、その子に「善さ」があるというわけじゃあない。善く生きようとしているけれども、その「善さ」は傍から見て見当たらないかもしれない、あるかもしれない。だけど、とにかく善く生きようとはしているんだという意味で、僕は「善く」と言うんですね。それはソクラテス的に言って宇宙の理法とすれば、善く生きようとする働きとして、人間のなかにも宇宙万物と一緒にその理法が働いているというだけのことなんで、「善さ」というもの（実体）があるとは考えていないわけですね。ところが、文部省としては「善さ」というものがないと落ち着かない感じ（笑）。「善さ」はこれである、あれであるということを教えなければ、文部省としては気がすまないんでしょうね。だから、いまでも文部省はしきりに、僕に断ってあるから大丈夫だと思って、「善さ」、「善さ」という言葉を使いますけどね。僕から言えば人さらいみたいなもので、もう全然、いまだにそうですね。だけど、「善さ」ということをこれからほんとうに考えていくために、今度の学会でお話したことをきっかけにして学会でも本気でみなさんが考えてくださるといいと思いますけどね、僕は。

生田　私の学生時代に、先生が「善さ」を問題にされる場合にすごく魅力的だったのは、「善さ」を形而上学的な問題として扱うのではなくて、「善さ」goodnessという言葉に注目して分析をされていたことです。私たち人間は、善い悪いという言葉を使いながら生きているじゃないか、そういう言葉を使わないで生きないわけにはいかないじゃないか、ということから始められる「善さ」の議論に、ぐいぐい惹きつけられていきました。「善さ」とは、はるか雲の上のプラトン的な善さの話ではなくて、「判断の記号である」と書かれましたよね。『教育の再興』（講談社、一九七五）だったか、『「善さ」の構造』（講談社、一九七八）だったかちょっと覚えていないんですけど。「判断の記号である」ということは、アメリカのスティーブンソンの議論と非常に近いと思うんですけど、先生はそれをさらに一歩進められたと思うんです。私にとって判断の記号であるという先生のお話は、人間のいわゆる実生活から遠く離れたところに善さというものがあって、それに向かっていかなくてはいけないというように人間の生き方が指示されるんだという考えに対して、新鮮な響きを持っていました。「善さというのは記号なんだよ、判断の記号なんだよ」。判断の記号であるとするならば、その人間の判断というのはいったい何なんだろうという展開でしたが、それがanalyticalと言えば、analyticalなんですけど、それに非常に魅力を感じました。私だけではなくて、あの当時慶應の学生たちは、みなそこに魅力を感じていました。

村井　生田さんくらいじゃないの（笑）。

生田　そんなことないですよ（笑）。

村井　他の人間はちんぷんかんぷんで、何言っているんだと思っていたんじゃないの（笑）。

生田　そんなことはないと思います。いわゆる道徳の問題、あるいは善さの問題をそういうかたちで言語の問題として捉えていく。人間は善く生きようとしていると言ったときに一見性善説的な議論としてとらえてしまう人もいますが、決してそうじゃなくて、人間は根源的に善さを問題にしないではいない。人間は善いという言葉を使って生きている、そういう判断をして生きている。そういう「善さ」は判断の記号であるという議論には強烈なインパクトがありました。先ほど落差があるとおっしゃいましたけど、そういう点が落差のひとつになっているのではないかと思います。善さを判断する言語に注目なさったところが、先ほどの話に戻りますが、アメリカに行って気が楽になって、ソクラテスに対するぼんやりとした解釈がより明確になって、ソクラテスの教育的な意味というものをもう一度とらえなおすことができたということにつながるんだと思うんですね。

森田　そういう面で見ると、道徳教育について、先生のご発言の真意がはっきりしてきますね。文部省の道徳教育は「善さ」を実体化して、徳目的にしていく面と、それから情操と言いますか、心情の問題、いまで言う「心の教育」にしていく面とがあって。

村井　心情の問題ね。

森田　先生のそういう「善さ」についての議論、道徳についての議論では理性的判断を非常に強調されているように思えます。知性とか理性を。

村井　理性。

森田　先生が道徳教育で理性を重視されますが、それは文部省流の道徳教育と非常に大きな違いがあるように思うんですが。そのあたりについて、先生ご自身はどういうふうに考えておられるのかなと。

村井　『道徳は教えられるか』（国土社、一九六七）という本を書きましたときには、ちょうど「善さ」ということを、いま生田さんが説明したようなところまで言う勇気が、多分僕に本に書く勇気がなかったんじゃないか。それで実践的三段論法だとかいった、イギリス経験論でロックなんかが言っていたようなことを借りてきて、できるだけ説明しようとしたんだと思います。そこで「善さ」という言葉は、だから、あまり使っていないんじゃないかと思います。そのときに、しかし、私のなかにはそれがすでにできていたわけですけど、まだそれを公に言ってみる勇気がなくてね。それで、小学館の『全集』の問題にいよいよ真正面からぶつかるときに、もうこれは避けるわけにはいかないと思って、「子どもを善くしたいと思わない親はいない」と言っちゃったわけですよね。それを言うのになんでそんなにhesitateしたんだろうと思うんだけど。それまで「善さ」という言葉自体が言われたことがなかったわけですから。それが学問的な言葉として出てくる以前のことですから、やっぱり勇気がなかったんでしょうね（笑）。だから、『道徳は教えられるか』で「善さ」を出してくればもっと話はわかりやすかったわけですけれども、自分でもなんとなくそこのところが滓のように残ったままね、そして、ただ実践的三段論法というのでもって理論的に分析するわけですね。だけどね、「善さ」ということを出してきてやればよかったんだなと、あとで思いましたね。かえって、そのために読む方には迷わせて悪いことをしたんじゃないかと思っていますよ（笑）。だけども、あれはいまでもかなり読まれるんですよね。だから、困るんです（笑）。

森田　私が学んだのは東大でしたので、道徳教育の問題というのはもうてんから考えない、道徳は社会科学で解決してしまうというものでした。ですから、道徳についてて考えない、と言うより、どう考えたらよいのか知らないまま育ってきている。東大の教育学の政治的な動きに抵抗してきたつもりでも、実は学問的にはその大きな流れのなかに巻き込まれていたわけですね。ですから、先生が書かれていることを読んで、つまり、道徳と理性をつなげて考えておられることに対して、非常に新鮮なインパクトを受けたんです。先生にとっては当たり前のことだったのかもしれないんですけれども。ですから、「善さ」の問題の以前のところで、まず日本の道徳教育では理性が中心に置かれなきゃいけないんだということ自体にです。

村井　そういうことでみなさん興味をもってくれるわけね。いきさつを考えてくると、いろんなことがありますね。

生田　いま森田先生が言われたように、『道徳は教えられるか』のなかでの三段論法を利用した道徳問題の解決法など、道徳教育への考え方が具体的に示されているというところに非常に新鮮なものがあったということですね。

森田　教育学をやりながら、道徳の問題をどう考えていいかわからないままに、道徳教育の問題を避けてきたわけですね。だから、あそこで村井先生がはっきりと道徳教育はこう考えたらいいというのを、実践的三段論法というかたちで提示されておられる。つまり、たしかな手がかりのひとつがそこにあるという意味です。そうすると、例えば上田先生の社会科のなかで道徳教育を考えるという議論に村井先生は批判的ですけど、しかし、上田先生も村井先生もともに道徳を知識とか理性とかいうものとつなげて考えようとするひとつの流れがあったんじゃないかということです。文部省の心情主義的でもない、教科研の科学主義的でもない道徳教育の考え方というのが。

村井　そうですね。とにかく道徳を道徳教育として、教育の問題として考えていこうとする、その姿勢ははっきりしているわけですね。

だけど、『教育からの見直し』（東洋館出版社、一九九二）という本で書きましたように、少なくとも教育を経済から見たり、政治から見たり、法律から見たりして、道徳や教育にいろいろ注文をつけるということは普通行われますけれども、教育から見るということは普通しないですよね。しかし、教育を教育として見ることもしない。教育は教育のことを、教育の視点から見なきゃしょうがないじゃないかという気持ちが私にはありまして、だからいま森田さんのおっしゃることがまさにそうだと思いますね。きっと、教育から何か見ようとしているというふうな姿勢が言わばみなさんの興味を惹いたのだと言われれば、ああそうだったのかとね。僕はここで言う「善さ」の問題を持ち出す勇気がなくて申し訳ないことをしたと、まだ読まれるのか、困ったなぁと（笑）。面白いね、そうかもしれませんね。

生田　『教育の再興』や『「善さ」の構造』のなかではもうはっきりと前面に、「善さ」という言葉を使われて、「善さ」の問題を取り上げるようになられたわけですよね。さらに分析を重ねていくなかで、『道徳は教えられるか』の三段論法的にきわめてロジカルに道徳の問題を考えていくところから、もっと複雑になっていきますね。無矛盾性という言葉を先生は使われるわけですが。

村井　あの三角錐をね、あれを出してくる元気はなかったですね、あの頃は。

生田　最初は、無矛盾性への注目だったんですね。

村井　実践的三段論法まではね、ロックが言ってるんだからまあいいやと。自分で考えたことをね、三角錐の構造まで出してくる元気はなかったですね。

生田　その後相互性が問題にされるようになって、私は現代的なケアリングの話にものすごく近いものを感じています。先生の本をいま読んでみると、まさにケアリングということが問題にされる以前から、「善さ」のことを考えるときにたんにロジックだけではなくて、私にとって善いこととあなたにとっての善いことという、そういう相互的な善さということが徳を考えていく上での重要なのポイントであるということが言われていて、そこに現代的な議論に共通するものを見るのです。そこにさらに功利主義が当然入ってくる。だから三段論法的なところから、「善さ」という言葉の分析がまたさらに進んでいって、たんにロジックだけじゃないというところの強調が非常に現代的な意味あいを持っているということを、最近非常に強く思うんですね。とくに、相互性を「善さ」の分析のなかで重要なファクターとしてあげられたということが、すごく現代的な意味を持っているなと思っています。いかがでしょうか（笑）。私の思い込みでしょうか。

森田　「教育における『善さ』の構造」の論文は、最初『教育哲学研究』に連載されましたね（補注　第三二―三四号［一九七五―七六］の三回に分けて掲載された）。

村井　ああ、しましたね。

森田　そのいきさつはどうだったのでしょうか。

村井　あれのいきさつというのは、いまの三角錐の構造なんて奇妙なことを言い出したわけでしょう。気が咎めましてね（笑）。できればみなさんからご意見を聞いてみたいという気持ちがあって出したんですが、何の音沙汰もありませんでしたね。それにだいたい『教育哲学研究』には二回以上載せちゃいけないんだって、編集長をしていた大浦（猛）さんという方がいらっしゃいましてね。だから、これは三回だと入りきれないから困るって、二回にしてくれとやかましいこと言ってきて（笑）。だけど、私としてはどうしても聞いてもらいたいという気持ちがあったんですね。

ただ、「善い」ということは、さっき生田さんがおっしゃってたけど、相互性ということがなければ、「好き」でちっとも構わないですね。「好き」か、「好きです」と言えばいいんでね。それですむことを、人間が「善い」とわざわざ言わなきゃならないということはどういうことかということ、これは今度の私の本のなかでも言っていますけどね。「好き」ですむことを、人間はやっぱり「善い」か「善くない」かということを考える。これは結局相互的なんだから、どうしても相互的なんでしょうね。人のことを考えないわけにはいかないから、「好き」じゃすまない。

生田　今日は道徳の話になっているので、さらに先生に伺いたいのは、最初、『教育の再興』のときには三角錐ではなくて、三角形という平面的なところで分析が終わっていたような気がするんですね。

村井　うん。そうそう。

生田　『「善さ」の構造』になったときに、今度は三角錐が想定されて、上から釣る美が加わって三角錐になった。私たちの仲間たちの理解では、三角形のところまでは非常によくわかった。ところが、三角錐になったときに、美という点が加味されてわかりずらくなった。

村井　何で出すんだって、うるさいこと言ってたね（笑）。

生田　そこが、私たちの理解が足りないといいますか、非常に難しいところなので。なぜ、美というものを加味せざるをえなかったのでしょうか。

村井　何で「美」なんて変なものが入ってくるんだと、みんな思ったみたいだね。僕もわからないんだけど。しかし、それがないとまとまらないいじゃないかということがあったんです。けど、何か非常に異質なものが入ってきたという感じでしょうかね。

森田　でも、今日のお話でそのヒントが。古代中国の、「善」の前に「美」しかなかったというのと、何か関係が……。

松浦　そうですね。

村井　そうです。それで気になりまして、『詩経』をまず調べてみたんです。善悪の前に、人間はどういう言葉で使っていたんだろうかと。『詩経』には佳人なんて、「佳」という字。それから「美」という字が出てくる。それで人を褒め称えるときに、いまならみんな「あの人は善い人だ」と言うところを、「美なるかな」とか、「佳なるかな」とかいうふうに出てくるんですよ。それで、ちょっと安心したんですけどね。中国でも『詩経』がいつ頃のものかわかりませんけれども、とにかく孔子・孟子の時代よりはずっと古い。やっぱりその頃にはね、未分化と言いますかね、だから、私がのちに倫理的偏向ということを考え出すんですけれども、偏向が起こる前のもう少し未分化の状態ですね。日本語の場合は「よい」ということばがあって非常にいいんですが、中国語の場合は「善」という言葉が出てくる。けれども、善というのは実在的にとられますでしょ。どうしても何か具体的に善なる行為だとかね、仁義忠孝みたいに出てこないとおさまらないところがありますね。

松浦　ギリシア語であてると、先生のおっしゃるその「善さ」というのに何かぴったりくる感じでは。

村井　うん、「アガトン」という言葉が「善さ」ということばですけれども、ギリシア語では、「善美」と言えば「カロカガトス」、それが他の言葉に、「善い行い」とか何とか、他の言葉にくっつくときには「ユー」という、ユーロジー、ユートピアなどということになりますね。言葉や場所の美しさという「ユー」という言葉が。だから、言葉がないというのは、中国語の場合は漢字で善という言葉しかないと、非常に不便ですね。非常に実在的にとらえられて、そういう先入観が強く出てくるんですね、言葉がないために。ギリシア語の場合はいま言ったように割合使い方が楽ですから、「ユー」と言い直せばいい。そうすると「善さ」というものが出てくる。日本語はかなで「よさ」と言えばいいんですけどね。しかし、西田さんのように「善」と言えば、まったくたいへんなことになっちゃうね。

松浦 先生の実感としては、かなの「よさ」というのが最も適切と。

村井 ええ。いまはそうしたいと思っています。本吉（修二）君の開善学校。本吉君というのが白根の山の中に学校をつくったんですね。今年で三十年になりましてね。で、先々週かな、三十年記念の講演をしてくれというので行ったんですよ。学校をつくったときに看板をかけるから、そこに字を書いてくれ、「子どもたちはみな善くなろうとしている」と書いてくれと言われましてね、まずいなと思ったんですが。「よく生きようとしている」ならいいんだけど、「よくなろう」と、しかも、「よく」は善で、「善くなろうとしている」と。しかし、本吉君はそう思い込んでいるわけだから、そこを僕がぶち壊すのもなんだか気がひけてね（笑）。それで、書いてくれと言うから、書いてあげたんですよ。それがいまも学校の入り口にこうでかでかと、僕の下手な字で書いてあるんですよ。「子どもたちはみな善くなろうとしている」って。そして、三十年を迎えてね、あれはちょっと書き方が間違っていたってね。あれは、ほんとうは「よく生きようとしている」ということだと。父兄もたくさんいますからね、お子さん方は「よく生きようとしている」、だから、別に「よさ」は決まっていて、それになろうとしているわけじゃないんですという話をこのあいだした。

生田 ちょっとしたその表現の違い。同じだろうというふうに思う人もいるかもわからないけれども、「善くなろう」とするのと「よく生きよう」とするのとでは、さっき言ったように、人間が善いか悪いか判断をしながら生きているという点で、やっぱり絶対違いますよね。

村井 違うよね（笑）。

生田 善くなろうというのは、何か一般的にね、その子どもが悪いことをしたときに、「いや、みんな子どもはみんな善くなろうとしているんだよ」なんていうところですませる。そうじゃなくて、先生がおっしゃる、よく生きようとしているということの要点は、人間が善し悪しを問題にしながら生きている、それが人間の根源であるというところにあるわけですよね。

村井 本吉はのんきだからね（笑）。のんきに三十年やってきたんだよね。

生田　「善くなろうとしている」。この話になると、私尽きなくなるので、どうぞ（笑）。

■「放送大学」補遺

村井　この前森田さんが送ってくださった木田宏さんの『オーラルヒストリー』に関連してですが、放送大学と言うでしょう。その名称は、アナウンサーの養成所でもあるまいということで、設立準備委員会では承認していないんですよ、未だに。覚えていらっしゃる、放送大学というのは新聞では必ず長い間「仮称」というのがついていたはずですよ。そこで最終段階に入って、僕はこれを「開放大学」という名称にしろと委員会で最後まで反対したんです。イギリスではOpen Universityと言う。ドイツ語ではFernstudienと言いますね。これはまた違った言葉で、遠隔教育大学ですかね。とにかくOpenなUniversityなんだから、「開放大学」がいいんじゃないかと。だけど、委員のなかで、「開放」というと解き放つという「解放」の方をイメージして、学生運動がさかんなときだったから、ちょっと物騒だなという意見もあって、結局なかなか決まらない。何かいい考えを次までに考えておいてくださいよということで、僕はもう絶対に「開放大学」でがんばってきますでしょ（笑）。だから、木田さんは僕の顔を見るのもいやなわけです。文部省の廊下でばったり出会ったことがあっても、向こうはどこかへ消えちゃう。隣の部屋のなかへ消えちゃう。それくらい嫌い、僕の顔を見るのもいやだったらしいですね。それで放送大学という名称は最後まで決まらないのですが、文部省は委員会の招集を途中で打ち切ったんですよ。すると、それっきりになるでしょう。そして、いよいよ「放送大学」がスタートしますというときには、「仮称」が抜けてしまっているわけですね。だから、僕は未だにね、「放送大学」の何か宣伝がありますと、看板を見ると腹が立つ。何で「仮称」を入れないんだと。だって、あれは決まってないんですね。とにかく木田氏が勝手に委員会を招集しなくなっただけの話ですよ。それで「放送大学」ということにしてしまっているということでしょう。だから、いつか放送大学の講義で来ましたって、京都大学の学部長をしていた。

森田　和田（修二）先生ですか。

村井　和田さんが放送大学の講義に東京へ来ましたと言うから、いや、かつてのそういったいきさつ、いざこざは、もう和田さんもご存知のことじゃないんだなぁと

（笑）。いや、木田君やってるなぁと。そして、こうした立派な先生をのせているなぁと思ってね（笑）。

生田　放送大学って、英語ではどう表現しますか。Broadcast……？

松浦　いや、University of the Air。

村井　最初University of the Airと言ったんだよね。だから、空中楼閣じゃないかって（笑）、悪口を言うやつもいたんだけどね。

生田　Open Universityとはさすがに。

松浦　いや、つけなかったですね。

村井　ウィルソンという労働党の首相がいて、そのときにあの話が始まってね。ウィルソンが非常に得意だったわけです。その後、空中楼閣と悪口言う人もいたから、Open Universityという名前に変えてね。

生田　ほんとう、空中楼閣という響きがありますね。

森田　あのとき先生たち通信教育の大学側が反対して、いったん頓挫したというお話を前回伺ったんですが。

村井　そうですね。

森田　木田さんの『オーラルヒストリー』には出てきませんね。

村井　あのなかには、それは載っていませんか。

森田　まったく載っていませんね。ああいうかたちで歴史というのはつくられていくのかと（笑）。

村井　載っていないわけね。

生田　じゃあ、これは載せましょう。

森田　ですから、どこから資料を持ってくるかで歴史のイメージがずいぶん違ってきますよね。

松浦　うん、違う。

村井　あの時の社会教育課の担当の方は誰だったんでしょうね。木田さんじゃなかったですよね。

森田　木田さんが社会教育局長だったみたいですね。

村井　だからその下の人だったんですね。たぶんね、うん（笑）。いや、あれはありがとうございました。やってるなあと思ったから。僕たちのこと何も言っていないから（笑）。木田さんというのはほんとうにずるい人だなあ。だけど、役人はあれでないと勤まらないでしょうね。

森田　でも、『オーラルヒストリー』を見ると、お役所仕事の全体について語っていて、ものすごく長いんですが、理路整然としていますよね。戦後の文部行政についで。

松浦　うん。

森田　どうもありがとうございました。
村井　どうもどうも、ほんとうに。

第五回

二〇〇八年九月二十七日
（成城・村井先生宅にて）

◇インタビュアー
森田尚人
生田久美子
松浦良允

■ 雑誌『教育の時代』の発刊にかかわる

森田 今日が最後の五回目ということになります。

村井 はい、五回目ですね。あそこに本があるので、ちょっと取ってくれる。できたての本が置いてあるんですよ。みなさんに。

松浦 ありがとうございます。

生田 『新・教育学「こと始め」』（東洋館出版社、二〇〇八）。ええ、真っ白な装丁ですね。

村井 いやね。

生田 インパクトありますね。ある意味で。

松浦 質感もすごく。

生田 ほんとうに教育学事始という感じですね、この本。

松浦 真っ白な。

生田 真っ白な。ここから始まるというような。

村井 どうもそういうつもりらしいですよ。デザインは。

生田 そうですか。なるほど。

村井 紙が変わっているでしょう。

生田 和紙ですか。

村井 表紙もそうだけど、中の紙も。

松浦 ええ。

村井 ちょっと和紙のような感じで。いいよね、なかなか。

森田 最後の章が進化論なんですね。

村井 そう。

森田 それでは、始めさせていただいてよろしいでしょうか。

村井 どうぞ。

森田 先生のご研究の前半期を五回にわたって伺ってきましたが、興味深いお話が多くて、今後の教育学研究にとってたいへん意味があるかと思います。

今日は先生の一九六〇年代のお仕事で、とくに大学外に向けてといいますか、教育界あるいは教育学の世界に対して、先生がどういうふうに働きかけられたかということを中心にお聞きしたいと思います。六〇年代の前半は、『教育の時代』（東洋館出版社）という雑誌を中心に。

村井 ああ、『教育の時代』という雑誌がありましたね。

森田 そして後半は小学館の『教育学全集』ですね。

村井 どっちが先だった。

森田 『全集』は一九六八年です。

村井 『全集』の方が後ですか。

森田　雑誌が一九六三年からです。
村井　ああ、そんなに早かったですかね。
森田　はい。それで雑誌の方は慶應大学の図書館に全部揃っているかと思ったんですが、欠号が多くてすべてに眼を通せませんでした。
村井　慶應大学でですか。慶應で、ねえ。
森田　ちょっとびっくりしました。誤算でした。
村井　そうね。あれは廃刊になってから残っているのを全部、あの頃手伝ってくれてた本吉（修二）君が白根開善学校に持って行ったから、あそこにはあるんでしょうけどね。慶應の図書館にあるのかどうか。そうですか、それはどうも。
森田　一九六三年という時代は、安保闘争のあとで高度成長が始まって間もない時期ですが。
村井　そうですね。
森田　先生が清水義弘、馬場四郎先生とともに、三人の編集委員で始められますが、その辺のいきさつからお話いただけたらと思います。
村井　そうですね。あれは、安保闘争というものが終わっていたんですか。
森田　はい、六〇年に終わって。
村井　終わっていたわけですね。
　アメリカから帰ってきたら僕も驚いたんだけれど、同僚では歴史学の神山四郎さんとそれから哲学の沢田允茂という二人が一番親しかったんですが、僕がアメリカから帰ってきたものだからね、全然その間の事情を知らないでしょう。その留守中に慶應大学で組合ができたりなんかしててね、初代の委員長がその沢田君。その間にいろいろな闘争があったらしくて、あの安保闘争なんかですね。それで僕はのんきに帰ってきたら、すっかり様子が変わっているわけですね。びっくりしました。
　何でびっくりしたかって、これはあんまり直接たいした問題じゃないんだけど、帰りに少しあちこちヨーロッパを回って帰ろうと思ってイギリスに寄りました。ロックフェラーが半年くらいぶらぶらできる切符をくれたもんだからね。それでヨーロッパのいろいろ行きたいところへ行って帰ってきた。もう二度と来れるとも思っていなかったしね、あの頃は。そして、イギリスへ行ったとき、オックスフォード大学へ行ってね。オックスフォード大学にモードリン・カレッジというのがあって、そこの庭でベンチにひと休みしましたら、ちょっと気がついたらベンチの背中に、“In Memory”、記念のために、“In

Memory of Our Dear School Servant" って。これに学校の、スクール・サーバントの誰某と書いてある。つまり、学校の小使いさんですね、普通の学校で言えば。で、その記念のためにというんで、誰か卒業生が卒業するときにそのベンチを庭に置いたんでしょうね。それが書いてあったんでね、ああそうか、慶應には「塾僕」というのがいるけど、オックスフォードでも塾僕 school servant と言うんだなと。慶應ではそれを塾僕と訳して言っていたのかななどと。

塾僕長なんていうのもいましてね、なかなかのジェントルマンでね。ときどきキャンパスを歩いているんだけど、偉い人だろうと僕は思っていました（笑）。実際品格がある。昔の貴族のなれの果てみたいな人が多かったんですけどね。とにかく僕が帰ってその話をしたら、その沢田君がもう塾僕なんていないよと言う、慶應には（笑）。何でどうしたんだって聞いたら、「用務員」と言うんだよって（笑）。僕のいない間に組合ができて、とにかく慶應には伝統的な塾僕という言い方がなくなったわけね。僕はもうがっかりしましたけどね。せっかくああいう伝統的に親しみもあったし、それに塾僕さんというのは品格のある人だと僕も思い、他の教師も思っていたんだけど。学生がどう思っていたか知らないけど。それを用務員というのでは味も素っ気もないじゃない。しかし、とにかくそれほど僕の方は浦島太郎みたいなかたちで帰ってきたでしょう。

だから、その間の安保闘争だとか、そういうものがどういうものだったのか全然知りませんでした。その雰囲気もよくわからなくてね。

そしたら、歴史学の神山四郎君にデモがあるから行こうって誘われたから、僕は全然様子がわからないから、とにかく「行かないよ」と言った。そうしたら、神山君というのは非常にまじめでおとなしいんだけどね、それじゃ「君、絶交だよ」って（笑）。それで、ほんとうに絶交したつもりになったらしいね。僕の方はよくわからないんだけど。そうしたら沢田君が心配して間に立って、「仲直りしろよ」と言って仲直りさせにやってきてね。もしかしたら、それだけまじめなおとなしい人のほうが余計に夢中になっていたんじゃないでしょうかね。あのときの印象はそういうことですよ。

それからもうひとつ、いまのこととの関連ですけれども、『教育の時代』を編集するのに、ときどき馬場さんと清水さんと、それから東洋館の社長さんと集まって相談したんだけど、そのあとで赤坂見附の「磯村」というところへ飲みに行ったんですよ。たまたまある日私たちが行ったときに、あそこはバーとレストランと両方あるんですが、バーで飲んでいたのが宮原誠一さんと吉田昇さんだったんですね。そこへわれわれが相談の流れで飲みに寄ったんで、たまたま合流しちゃったかたちになってね。そのときも非常に印象的だったのは、吉田昇さんが僕に言ったことですね。それまでほとんど会ったこともないし、そこではじめて会ったようなものですよ。宮原さんもそうでしたね。小学館の全集の前ですけど、僕をよく知っていたらしくて。小学館の全集は吉田さんが編集長みたいなことをして実質的に仕事をしましたから、それで首尾よくいったんですが、そのときは初対面ですよ。名前はもちろん知っていましたけど、出会ったのははじめてで、しかも飲み屋で会ったんです。

吉田君は相当酔っ払っていたとみえて、僕にからんでくるんですよ。「村井、右か左かはっきりしろよ」と言うんですね。何を言っているんだろうと思った。そんなことを言ったって、「右も左もないじゃないか」と、僕の考え方から言えば、そんなことは考えたくないもんだから。で、何でそんなことを言うんだろうと思っていると、そのうち彼がいつの間にかいなくなっちゃって、どうしたんだろうと思ったら、ごそごそとまた起きてきて(笑)。バーだから、高くて丸い変な椅子で。椅子が高いもんですからね。それで、また起き上がってきて同じことを言うのね。いつまでもいつまでもしつこく、「村井、右か左かはっきりしろよ」と言うんです。吉田君というのはそういう人だったのかなぁと。そのときまでは、書いたものを読んだ限りでは、そういう人だと思わなかったからね。だけど、その吉田君なんかもそうなのかなと。そのときに宮原さんだったらどっちにしても左の方という定評があったからいいんだけど。とにかく僕の印象に残っているのはそういうことですね。

僕自身はどっちにも関心がなかったし、事実関わりもなかった。そういうふうに、だから勝手に絶交されたりからまれたりはしたけれど、自分自身は全然わけがわからない(笑)。結局自分の問題だという感じが全然しなかったという印象を持っています。その頃だって僕はいろいろなことを書いているはずですよね。だから、吉田さんにつかまったのでしょう。だけど、どうしたのか、そんなことはあまり気になったことがないですね。

森田　『教育の時代』のバックナンバーを見ていますと、

ちょうど最近議論されるようになってきた問題が、たとえば格差の問題とか、企業内教育の問題ですとか、それから福祉国家の問題だとかが取り上げられています。学歴の問題とか、政治の問題とかはもちろんですが。

村井　あのとき一番印象的なのは文部省で出した。

森田　人づくり政策ですか。

村井　何とかっていうパンフレット。

森田　日本の成長と教育と。

村井　『日本の成長と教育』（文部省調査局『日本の成長と教育：教育の展望と経済の発達』帝国地方行政会、一九六二）。天野さんがやったんですよね、あれ。

森田　天野というのは天野郁夫さんですか。

村井　いえいえ、まだ天野郁夫君なんか若かったでしょう。文部省の。

松浦　天城勲。

村井　ああ、天城勲さん。すべてを結局経済の問題に、例えば大学卒では一生涯の間にどれだけ月給を稼ぐとかね、それまでに投資した金はどれだけかかったかとか、教育投資論ですよね。で、日本の教育は差し引きしてどれだけ経済成長と関係しているかという形で、要するに、一般論として言えば、教育ということは投資としては優良な投資であるということを言うわけですね。あれは天城さんがとにかく得意だったわけですね。彼がね、その頃あの白書が出てちょっと得意だったし、それから清水君もまた多少そういった方向の考え方ですから、それで天城さんとは対談なんかもやったかな。何かそんな感じがありますね。

森田　この『教育の時代』そのものの論調は、そういう文部省の動きとは一線を画していますよね。

村井　そうですね、もちろん一線を画しているわけですけれどもね。しかし、僕自身は、清水義弘さんが教育社会学者として文部省とどの程度の接触があったのか、それから馬場さんがどういう接触があったかということはよく知りませんね。ただ、戦後の馬場さんは文部省に一時いて。

森田　社会科で。

村井　ずいぶん活躍されたらしいですから、関係は非常にあったわけですね。だけど、そのときは直接の関係はありませんね。ただ私たち三人でいろいろ相談をしてやるということでした。清水義弘さんが一番年配でしたし、中心になって編集の案なんか立てられたと思いますけれども。

森田　先生はずいぶんいろいろなテーマで発言なさっていますね。この雑誌の特徴のひとつは、編集部がとても活躍してるという印象ですが。共同討議というのをやって、それを編集部が文章にまとめているようですが。東洋館自体が熱心だったんですか。

村井　ええ、錦織（登美夫）さんも若かったですからね。会社を始めてからそれほど時間がたっていなかったんでしょうね。何かしたいという気持ちがあったわけね。しかも、これからは教育社会学の時代だと彼は思ったわけですよ。だから、清水義弘さんを呼んできて相談したんでしょうね。それで教育の本を出そうということに。『教育の時代』という表題はわれわれ三人で決めたんですけどね。だから最初は清水義弘さんと東洋館の錦織さんとのあいだで話が成立して、それから馬場さんと私とを呼んで、その三人でやったらどうだろうという話になったんじゃないでしょうかね。

僕自身は、教育のことはやるのは大事だからいいですというくらいのことで、どういう方向にもっていくかということは、右か左かなんてあんまり考えないわけですから。だから、教育の問題を広く議論したいという気持ちでやったわけですね。しかし、その当時、教育出版という会社で社会科の教科書の編集をしていましてね、編集委員に古谷綱武さんという方がいて、この方によく言われましたよ。「一体誰に読ませるつもりなんだ」（笑）。「誰に読ませるつもりかちっともはっきりしないですね。こういうのははっきりさせなきゃね、本は売れやしないよ」と言われてね。僕にはその意味がよくわからなかったですね。誰に読ませるつもりなのかと言われればその通りだけど、広くみんなに関心を持ってもらいたいと思っているんだから。ねらいがはっきりしないという意味でしょうね、読者層のね。それでもこっちには教員を中心として、教員にもそういう広い視野を持ってもらいたいという言い分がありましたけど。どうも古谷さんのような編集のプロに近い、そういうジャーナリストに近い人から言えば、やっぱりそういう弱点があるというふうに見られたようですね。

森田　三年で終わりますけど、最後の「編集後記」に、教師が本を読まないという嘆きみたいなのが書いてありますが、きっと教師を対象に、教師が買ってくれるのではないかって思ってつくったのではないかという気がしたんですけど。

村井　ああ、そうですか。

森田　ただ、あの時代はひとつの変わり目で、それまで教育について語る人というのは主として教師だったと思うんですね。教師の代表が実践記録とかいうかたちで書いていた。ですから、教師のあり方を批判するような、あるいは、教育それ自体を突き放して見るような議論というのは教育学の世界であまりなかったのではないか。それが、朝日新聞が「いま学校で」というシリーズの連載を始めて、ジャーナリストが一歩離れたところから教育を見るようになって、教師の側にも問題があるんだという形で学校という世界の特異性を、教師に対して非常にシンパシーを感じながらも、外側から論じるような時代が始まりますね。そして、そのあとになってジャーナリズムが教師バッシングに突き進むようになってしまうわけですけれども。僕はこの雑誌を読んでみて、ちょうどその転換点にあるような感じがしました。

村井　そうかもしれませんね。

だから、いま言った古谷さんが批判していたのも、それを言っていたのかもしれないと思いますね。会うたびにそう言って怒られたんだけど、意味がわからなかったんですが、そうかもしれませんね。

森田　ジャーナリズムとしてはアカデミックすぎるし、アカデミズムとしてはきわめて生々しい。とくに日教組の問題なんかも取りあげていますし。

村井　ああ、きっとそうだったんでしょうね。

ことに日教組の全盛時代でしょう。これは清水さんもそうだと思うし、馬場さんもそうだけど、多分日教組のことにそんなに熱心ではなかったですね。それと比べれば、むしろさっきの吉田さんなんかの方が熱心でしたね。だから、右か左かはっきりしないと教育界では受け入れられないということが多分あったのかもしれませんね（笑）。

森田　私が東大で学んでいたときの教育学の世界は、いま思うと塀のなかで、ほんとうに日教組サイドに立った教育学だったから、日教組の内部にどういう問題があるかなんていうことは、それを指摘すること自体がもう反動みたいに見られるような時代でした。ですから、戦後教育学というのは、運動の主体についてはブラックボックスのまま放置しておいて、教育が悪くなったのは文部省なり、外部社会が悪いんだという形の議論ばかりであったときに、『教育の時代』は運動の主体、つまり日教組運動の内部の問題をたびたび取り上げて書いていますね。

ですから、いまになってみて、歴史研究の資料としては非常に面白いですけれども、そういうことが非常に受け入れられにくい時代ではなかったか、ちょっと早かったのかという気がしました。

村井　そうでしょうね。

森田　それに付け加えると、同じ日教組特集のなかに日教組サイドの人たちの座談会もちゃんとあって、日教組教宣部長と、朝日新聞の伊藤昇氏、それに日教組講師団の先生との座談会もあってバランスは取ってありますね。そういう点ではジャーナリスティックかなと思ったり。

村井　そういうことがありましたね。すっかり『教育の時代』の頃の騒ぎは忘れていました。

たしかに、『教育の時代』というものの性格はそうだったんでしょう。だから、錦織さん、つまり本屋さんから言えば、これからは教育社会学の時代だということは、何か教育が全体として社会的な視野からいろいろ取り上げられる、そういう時代が来るというふうに先読みをしたわけね。ところがちっともそうはならない。

森田　でも、当たりましたよね。八〇年代以降はまさに教育社会学の時代がきて、ちょっと早すぎたのかなって。ただ、この雑誌を見て、先生が教育学はひとつでいいんだっておっしゃっていた意味が改めて納得させられました（笑）。

村井　ほんとうに私にはそういう気持ちがありましてね、それは今度のこの本にも、たしか学会でお話したときにも、ひとつでというよりも、結局ひとつの中心があって、そこからいろんなことに広がるのはわかる。それは当然だけどね、その中心のひとつのところがどうもはっきりしないままでね。

だから、教育社会学にしても、ただ社会学がはやるから教育社会学をやるんだとか、戦後の教育心理学というのも心理学がはやるからだいじだとか、という考え方というのは、僕にはどうしても受け入れられないですね。でも、世の中がそう動いていきますから、こっちも仕方なく受け入れますけど、自分の気持ちとしてはそんなやたらに新しいものをつくってもだめじゃないかと。だから、教育哲学会をつくろうというときに、教育社会学会もできたとか、教育心理学会もできたから、教育哲学会もつくろうなんていう気持ちに私はなれなかった。このことは、前にも申しましたね。

森田　先生はいろんなことに発言されていますね。この雑誌のなかでも、道徳の問題から福祉国家の問題まで、さまざまな問題について発言されていますね。

村井　そうですね。とにかくいろんなことについて発言する機会は周囲から求められるものですからね。

ただ、いまの私自身の立場というのは、この本では、自分でなんとなくまだはっきりとは言えない。そのはっきりとは言えない教育というものの、一種の原点的なものが自分のイメージのなかにいつもあって、そこのところから発言しようと思えばいろんな問題でもそれなりに発言できますので、そういった意味での発言をしていたのではないかと思いますね。それが最後的に、例えば、NHKの教育テレビで、教育原理というのをやってくれと頼まれて何年かやりましたかね。その教育原理というのはNHKから『現代日本の教育』（日本放送出版協会、一九六九）というタイトルで出版されたんですけど、ご存知ありませんか。

松浦　昭和四十三年に、NHKブックスで。

森田　『著作集』には入っていないわけですよね。

松浦　『著作集』には入ってないのかもしれない。

村井　それ差し上げます。教育テレビで一通りしゃべったものを、そのまま本にしたようなものです。

生田　先生、これは『著作集』には入っていないんですか。

村井　入っていないね。その当時の問題を一応僕の立場で取り上げたわけですね。

面白いことに、どこの大学の先生だったかな、地方の大学の先生からの手紙で、あの教育原理という放送を聞いているのは大学の教育原理の先生が一番多いのではないですかって（笑）。大学の教育原理で何を話していいか困っていたところに、先生がNHKでやってくださっているからと。そうかそういうことを言えばいいのか、右でもなくて左でもなくてということでしょうね、多分。

僕はそういうことを感じなかったから、右でもなくて左でもなくても、とにかく教育の問題ということで、当時のホットなトピックは全部取りあげないといけないものだったわけですから、一応取りあげて説明したんですね。そうしたら、一番熱心に聴いているのは教育原理の先生方ですよって聞いたことがありました（笑）。

森田　この目次を、ちょっと見ただけですが、『教育の時代』と重なる部分がずいぶんありますね。

村井　そうですね。

生田　これは何年。

松浦　この年譜（「村井実先生還暦記念：略歴・業績目

録」一九八二）では、一九六九年が『現代日本の教育』、昭和四十四年ですね。

村井　その年譜は日独教育研究協会でつくったんですね、還暦記念のときに。

森田　清水先生とはそのときが最初にお会いになったのですか。

村井　清水さんと出会ったのは、そのときが最初でした。

森田　清水先生が先生に声をかけられたというのはどういう経緯ですか、何か。

村井　さっきの吉田さんの場合もそうですが、こっちも吉田さんの書いたものはかねて注意して読んでいましたし、吉田さんも読んでいたからからんできたんでしょうけど、初対面でね。清水さんの場合もそういった事情だったんでしょうね。そのときにはじめてお会いして、それで一緒に編集することになったんですが。

森田　本題とはずれることなんですが、東大の嘉治元郎先生と先生とは。

村井　その方は存じ上げません。

森田　先生は福祉国家のところで共同討議をなさっておられますが。

村井　ああ。そういうことありましたか。

森田　個人的にご存知なのかと思って。

村井　それは多分清水さんが声をかけて来てもらったんでしょうね。

森田　先生はほかには少しジャーナリスティックといいますか、そういうお仕事はこれ以外には。

村井　そうですね。ほとんどいまのNHKからそういったことを頼まれてこんな本を出したというようなことです。放送を頼まれたということ。それから、放送したのを出版したということですね。また、小学館や講談社からはいろんな原稿を頼まれましたのでね。先生向けの学年雑誌があったでしょ。それから『総合教育技術』というのにはいまでもそうですけれどもね、何かと言えば頼まれるというかたちでしたから、向こうで必要だと思ったトピックについて、一言言わなきゃならないというようなことはずいぶんありましたからね。

森田　宮原さんと清水さんがそのバーで会ったときにはどんな感じだったんですか。その頃の関係はかなり悪かったのではないですか。

村井　宮原さんは何も言わなかったですね。黙っていましたね。

森田　清水さんは東大におられたときのこと、左派との対立についてかなり書いておられますね（清水義弘『なにわざを。われはしつつか。——教育社会学と私』東信堂、一九八七）。

村井　ああ、そうですね。吉田さんがからんできたときには、僕も飲んでいたから全然困らなかったけれど、清水さんと馬場さんの印象は全然ないですね。一緒だったはずなんだけど（笑）。

■ 小学館『教育学全集』について

森田　一九六〇年代後半に、先生はその吉田先生と一緒に小学館の『教育学全集』を編集なさいますが。

村井　小学館では、正式にね。それは多分、吉田さんが誰を編集委員にしたらいいだろうかというときに、編集委員としていろんな人を集めたんです。

第一巻が教育の理論で、その序章が「教育とは何か」ということを書かなきゃならない。それで僕に書いてくれと言ったのは、吉田さんでしょうね。そういう意味で、お互いに書いたものを通じて知り合っていたということですね。個人的にはつき合いは全くありませんでしたね。

森田　この小学館の『教育学全集』についてのお話をいろいろ伺えれば。

村井　全集についてですか。

とにかく小学館としては創立五十周年記念ということで、大々的に企画を立てたんですね。表紙の皮をインドから、わざわざ特別な皮を取り寄せるとかなんとか、いろんなことにずいぶん力を入れたらしいですね。

そして、監修者には日本の一番代表的な人ということで大河内一男さんと、教育関係者では波多野（完治）さん、それから東大の海後（宗臣）さんね。この三人の方を監修者として、とにかく当時としては最高レベルのものをつくりたいということだったんでしょうね。

どういうわけか、僕は大河内一男さんとえらい仲良くなっちゃって、ずいぶん飲み歩きました。

森田　監修者は名前だけじゃなくて、会議には常に出てこられていたということですか。

村井　いや、ほとんど関係はなかったんですけどね。しかし、たまたまそこで知り合ったら（笑）、そのあとに大河内さんに頼まれて、経済の、経済能率研究所かな、そこの教育関係の委員をやらされちゃってね。渋谷の宮益坂の上に背の高い大きなビルディングがあるでしょう。経済の何とかっていう研究所です。能率協会とか何とか。

森田　日本能率協会ですか。

村井　何かそんなものです。そこで始終会議があって、定期的に新聞記者会見なんかやって、経済の観点からこれからどうしなきゃならないというようなことを発表したりなんかする。で、それの教育関係の委員長になりました。全体の委員長が大河内さんで、教育関係を引き受けてくれというんでやらされちゃって、何度かそういった新聞記者会見なんかしました。

そのころはちょうど例の中曽根氏の臨教審が進行している最中でして、だからそれに対抗してね。

臨教審ははじめから教育関係者はなかへ絶対に入れないという建前で、たぶん非能率だからということでしょうね。ずいぶんばかげているということで、それをかなり批判するような立場で僕は記者会見にいつも臨んでいましたけどね。ただ、新聞記者の方が教育に全然関心を持たないんです。経済での会見だったら集まるんですけど、教育での会見ということには記者がうまく集まらない、はじめから。

だから、あの『全集』自体についての思い出というのは、あまり具体的な中身に関する考え方についてはなくて、たぶん吉田さんが一所懸命考えていらしたんだと思いますけどね。

形式的に編集会議があって、そうしたことに僕はもちろん参加していましたけど、積極的にどうこうという発言でそんなに役に立ったという気はしませんね。一番面白い思い出は、「集団と教育」という巻があるんですね、その編集会議を箱根でやったんです。泊りがけでやったんですが、行ったとたん編集会議が始まるときに僕は寝ちまって（笑）。それで目が覚めて、どうですかって聞いたら、会議が終わりましたって。そしたら、吉田さんが「よく寝てましたね」と笑っていたのを覚えていますよ（笑）。そのときは、吉田さんは僕に「右か左かはっきりしろ」なんてことは言わない（笑）。

森田　前にその話を伺ったときに、吉田先生が村井先生に「よほど集団が嫌いなんだな」とおっしゃったと。

村井　そんなこと言っていましたね。彼は、それはもうわかっていたんでしょう。

森田　そういう意味で小学館の『全集』は、岩波講座の『現代教育学』（全十八巻、一九六〇―六二）に対抗するような感じがありましたが。

村井　そうですか。どっちが先ですか。

森田　岩波の方が数年先だったと思うんですが。いま思うとほんのわずかな差ですが、私の意識のなかではずいぶん離れていたような気がするんですが。ほんの数年くらいの差ですね。

村井　ああ、そうですか。近かったですね。

森田　岩波講座の執筆者の何人かは小学館版にも入っていますけど、ただ全体から見ると、岩波講座の主力メンバーはほとんど入っていないので、対抗関係がかなり意識されていたのかなと思っていましたが。

村井　そうですか。僕自身は全然気がつきませんでした。だから、気にもなりませんでしたけどね。

岩波はあの当時日教組関係とかなり密接だったんでしょうね。そんな感じは受けていましたけど、僕は全然気になりませんでした。どっちが先だったかもよく覚えていません。そうですか、岩波の方がちょっと早かったですか。

森田　ただ、目次を見てみると幅広く、非常にていねいに構成されていると思うんですけど、執筆者がモザイク状といいますか、いろんな人が入っていて性格があまりはっきりしないという感じがひとつしました。

村井　そうですね。そうでしょうね。

森田　執筆者を決めていくやり方が、学問のあり方、学問の水準から選んだ人と、編集者の人間関係で選んだ人とがまざっているという感じもしたんですが。

村井　多分、そうでしょうね。だから、僕に言わせれば、日本の現実の状況からしますとそれもやむをえないところがある。ここで言っていますように（「『教育』とその『定義』」、前掲『新・教育学「こと始め」』所収）、要するに教育についてのプログラム的なディフィニションしか実際には世の中にないわけですからね。

例えば広島大学だったら文化教育学的なディフィニションをするし、東京大学だったら、宮原さんあたりを中心としながら、ほかの方々もだいたいそうかと思いますけども、やや左的なプログラムをもって教育に発言をするというような姿勢が共通してあったでしょうね。そして、それが岩波と結びついていたということもあるでしょう。そのほか、東京教育大学はどうかと言うと、多少文部省に近くて、一種の技術主義的なプログラムがあって、それでもって教育を考えるという、そういう教育理解があったんでしょうね。大学ごとにそういった理解が違うわけですね。だから、『教育学全集』の場合も、いまの右か左かのどっちかに決めたのでなければ、結果的には一種のばらばらな寄せ集め、しかも、ただ人間関係で集めるというようなかたちにしかなれないわけです。

つまり、僕の言う共通の土俵というのが、あるいはみんなの魂がそれに合わせて一緒にコーラスが歌えるような音叉はないわけですから。だから、それがあのときの現実で、その意味では小学館の全集というのはその現実を正直に表わしていたんです。

それはしかし、明治以来同じ状態で、未だに日本の教育学は来ていると言っていいんじゃないかと僕は思います。だから、こういうことだったんだって（笑）、六十年たって苦笑しないわけにはいかないようなね、そういった状態をいま反省してみればそういうことになるんだということですね。

生田　普通こういう全集が出るときは、第一巻の序章に「教育とは何か」というテーマがたてられますね。そこで先生が基調論文を担当されたわけですね。

村井　ただ、一番最初の論文は誰にとっても共通であるべきものだから、当時は見当がつきにくい面倒な問題だったので、そうした厄介な問題は村井にやらせておこうというのが（笑）、吉田さんの作戦だったんじゃないですか。

生田　著作集の「年譜・著作目録」のなかに、「この全集第一巻の序章「教育とは何か」の冒頭で、『わが子を善くしようと思わない親はいない。…この意欲に支えられたもろもろの活動を教育とよぶ』とはじめて主張する」というように書かれていますが、そう理解してよろしいですか。私たちはみな村井先生の教育の定義はそういうものだと思っているんですけども、この『教育学全集』ではじめて主張されたのですね。

村井　そうです。結局ここだと思います。

僕はそのことを、慶應の卒業生たちと出した『アガトロギア研究』に書いたものを今度の本（『新・教育学「こと始め」』）に載せているんだけど、そこでその巻のことを説明しています。いま生田さんが言った通り、そのときほんとうに僕は非常に孤独な感じに襲われちゃってね。

いきなり第一巻の序章で、「教育とは何か」ということを書けと言われてね。はてどうやってと、いろいろ考えてみたけど、どこにも「教育とは何か」に答えるものはないわけね。どこにもないということに改めて本気で気がついたということね。もちろんそれまで漠然とそういうことを考えていたから、だから、漠然と考えた立場でいままでずっと教育について、それなりに発言してきていたんでしょうけど。それをただ漠然と感じているだけじゃなくて、はっきり言わなければ、つかまなければならなくなった。その漠然性をはっきりさせなければならなくなったわけね。それがいまの書き出しのああいう文章になっているわけですね。そして、結局「善さ」ということを中心に置かないわけにはいかないということがはっきりしてくるんですけどね。だけど、まだあの段階ではどうもそこらへんが漠然と僕の胸のなかにあっただけのことで、それまではそれだけのことで来ていたんでしょうね、多分ね。

生田　そして、『教育の再興』(講談社、一九七五、『著作集』第二巻、一九八七)や、最終的には『「善さ」の構造』(講談社、一九七八、『著作集』第三巻、一九八八)で、「善さ」の問題を真正面から分析することになったということですね。

村井　そうですね。そうしないわけにはいかないというふうに、自分でも思ったんでしょう。しかし、そう言ってみても通じないからね(笑)。

森田　小学館の全集では、要所、要所を村井先生が書かれているので、編集でも中心になって、主導的な役割をなさったのかと思っていたんですけども。

村井　やっぱり吉田さん、どうもそういうところでは僕に頼むというような作戦を立てられたみたいな感じですね。

森田　祭り上げられちゃったような感じですかね。

村井　いや、面倒なところはあいつにしかしようがないということでしょう。実際に、吉田さんが中心になってほとんどすべての全体的な構想を進めていかれたように思います。

■「教育」のプログラム的定義を超えて

森田　いまからみますと、先ほどの『教育の時代』との関連でいうと、この本が出たあと、それから十年くらいで日本の教育学が一変して、教育社会学が力を持ってくるような気がするんですね。

村井　ああ、そうですか。

森田　そういう意味で『教育の時代』の方がその後の教育学の動向を先取りしていて、小学館の方はひとつの時代の終わりというような感じが。吉田先生の構想はちょっと古かったのではないかというような気がするんですが。

ちょっと言い過ぎかもしれませんが、どうなんでしょうか。先生が定義された問題が、その後しかるべきかたちで組織的に継承されなかった。その代わりに、空白になったところに教育社会学が入り込んでいって、イニシアチブを取っていったという感じがするんですが。

村井 教育社会学がその後華々しく出てきたかというと、そんな感じはしないですね。

例えば、初期教育社会学と言えば代表的な方は、僕の頭に浮かぶのは、いまの清水さんはとにかく、馬場さんも教育社会学というふうに一応言っていましたよね。それから、もうちょっと若い人で、麻生（誠）さんという方がいましたね。教育社会学を名乗っている方としてはね。そのほかにどういう方がいらしたんですか。僕あんまり知らない。

森田 それより少し若い世代でいうと、天野郁夫さん。

村井 天野さんはずっとあとですよ、若いですよね。

森田 ただ、その後外国研究をやる者にとっては、社会学的な研究がほとんど圧倒的な影響をもって来る。歴史研究でも社会史的な視点とか、社会学的な視点とか取り入れられ、教育哲学でも社会学的な分析の仕方がアメリカ経由で入ってくるというのが私の印象なんですが。あるべき教育のすがた、つまりゾルレンとして教育を考えるような学問のあり方を何とかして打ち壊したいというのが、七十、八十年代以降にひとつの流れとしてあって、そのとき教育社会学が有力な潮流になってきた。

村井 そうですか。社会学というよりも社会科学関係の方から教育の方へ発言する、私はそういう発言の傾向が東大の場合はとくに強かったような気がします。

法学部の出身だとか、その人のキャリアから言えば社会科学の学部出身の方ね。そういった方面の方が発言される傾向が非常に強かったような気が、傍から見ていますとしています。しかし、それはいわゆる教育社会学というのとはちょっと違うような気がしますね。

森田 そうですね。

村井 だから、ほかの社会科学の方から入ってくる。これは法律学の方からでも、経済学の方からでも、もちろん教育について発言できるわけですから。だから、いろんな発言がたぶん東京大学あたりではさかんにあったような気がしますけどね。

だけどそれも、先ほど言ったプログラム的な、その方から言えば、こんな問題をなぜ教育は扱わないのだという気持ちがあって、そういう立場から教育にアプローチしてこられるわけですね。

教育にはいろんな角度からアプローチできるんだけれ

ども、どうも教育全体としてはただそういったものが寄せ集まってそれで動いていっていいのかなというのが、私の感覚ではいつも中心にあるわけですね。そういった形でずっと受けとめてきたような気がします。だから、最初のご質問に返ると、『教育学全集』の立場は、まさに森田さんのいまおっしゃったような、多少人間関係のつながりでできあがってしまったみたいなところがあって、何かはっきりしないところがそのまま出てきているということですね。そうした間に、いま教育社会学がさかんになったみたいにお話が出ましたが、必ずしもそういうのではなく、それよりも社会科学的な発言が勢いを持つようになってきたという、そういう流れですね。これはよくわかりますね。

森田　私はまさにその社会科学が有力だった時期に教育学を学び始めたものですから、教育学と言っても、つねに外の道具を使いながら教育を見ていくというかたちでやってきました。ですから、先生がなさってきた仕事が視野に入ってこなくて、教育学それ自体は何だろうという問題を括弧に入れたまま、ずっと過ごしてきたという感じなんですね。

村井　そうなんですね。私の立場から言うとそうですね。私が小学館のあれを書いてからずいぶん時間がかかるんですけど、文部省は「よさ」ということを『学習指導要領』に出してくるようになったでしょう。『指導要領』の本体には出てきませんけど、「よさ」というのが『指導要領』の解説書に載ります。先生方が実際に使う解説書ね。あれには子どもの「よさ」を大事にしろとか、どの子にも「よさ」があるとかという言葉がね。

生田　解説書には、「善さ」という言葉、文字が使われていますか。

村井　仮名で言っていることが多いでしょう。とにかく、「よさ」というような言葉はね、教育で使われたことがないのに、あれ以来使われるようになったのがね。河野さんっていう文部省の代弁者みたいな人が。

森田　河野重男さん。

村井　河野さんに会ったら、河野さんが「村井先生いただきましたよ」って。

生田　ああ、そうですか。

村井　「よさをいただきました。どうもありがとう」って。「いただいちゃったって、人さらいじゃないですか」って（笑）。文部省が勝手にね、子どもには「よさ」があるとか、「よさ」を大事にするとか、先生方がみんなそう言い出すようになった。だから、「よさ」というのがせっかくいろんなところで公式に使われるようになったんだけど、僕の本来考えていた意味とは全然違った意味で使われるようになってしまったんですね。だから、私が言っていたような意味の「よさ」というのは、未だにどなたにもわかっていただいていないと。だから、ぜひわかっていただきたいという意味で、「こと始め」なんて言っているんですけどね。

だから、あの当時の私の立場というのは、たぶんこのＮＨＫの『現代日本の教育』をご覧いただけばお分かりいただけるかと思います。そして、現在それを振り返ってどう思っているかということは、こっちの方の本（『教育学「こと始め」』）に出てくるということになるんでしょうかね。

生田　先生、これはもともとはＮＨＫの「教育原理」の授業でつかわれたものですか。

村井　そうそう。だから、ＮＨＫの方ではあのテキストブックがあったでしょう。あれもどこか見つからなくなっちゃった。

生田　『教育原理』（〈ＮＨＫ大学講座〉、日本放送出版協会、一九六九）ですか。

村井　表題が『教育原理』。要するに大学でやっている講義を、そのままＮＨＫ教育テレビでやるということだったんですからね。

松浦　そうすると最初の『教育原理』というのは、放送のときにテキストとして刊行されて、その後加筆されてこの『現代日本の教育』になったんですか。

村井　そうです。それに多少手を入れたかどうか、よく覚えていない。だいたいそのままのかたちで一冊の本にしたのがこれだということですね。

生田　その先生のＮＨＫでの授業を、多くの教育原理を担当している大学の先生が聴いていた。

村井　あれは面白かった。非常に熱心に聴いてる。

生田　大学の先生がお聴きになったというのはすごくわかるような気がするんですね。

私はいまは教育原理という授業を持っていませんが、以前は教育原理って何を教えるんだろうとよく考えました。テキストは山ほどあるんですが、どれも教える方も面白くないし、学生にとっても面白くない。慶應の通信のスクーリングで教育原理を受け持ったときに、この本をテキストとして使ったんですが、現代的な問題がトピックとしてあがっているので、それを順次原理的に解いていくという形で授業ができて、学生の方も興味を持ったようです。「教育とは何か」から始まるような教育原理テキストではなく、ほんとうの意味での「教育原理」のテキストだなといま改めて思いますね。

村井　その頃、そういった意味で便利だと思ってくれた先生方は全国にだいぶいらしたみたいね。どういう講義をしたらいいか、何かそういう自信がないままにとにかくやれと言われたからやらなきゃしょうがないという立場だったからね、先生方は。だから、何もＮＨＫでやったからそれでいいとは言えないんだけど、一般の感覚から言えば、ＮＨＫでやっているんだからそういうものだろうと安心できるところがあったんじゃないのかね。

生田　著作目録にちゃんとありました。著書の方に入っていました。

松浦　これを拝見していて、若干意外だなと思うのが、一番最初に教育の権利とか、いわゆる国民の教育権とかの問題から説き起こされているというのが、やはり当時の。

村井　あの当時のトピックが、やっぱりそういったことだったんでしょうね、多分ね。

生田　先生はそれから一九六四年、その三年前に『人間の権利』（講談社、一九六四、『著作集』第八巻、一九八八）を出版されているんですね。

村井　そうですね。

生田　やはりあの本もすごいインパクトのある本だったと思います。権利というのはあるのではない、訴えるのだということを先生がおっしゃって。ああ、権利というのはそういうふうにとらえるのかと思いました。『現代日本の教育』は年代的にはそのあとですよね。

松浦　そうです。これは一九六九年。

生田　そうですよね。『人間の権利』で先生が権利の問題についてかなり細かく、教育権の問題などを含めて論じていられるのは、時代を反映しているのと同時に、先生の当時の思想を直に反映しているように思います。

村井　『人間の権利』は、講談社現代新書の創刊の際、サンプルを示してくれという編集部の依頼で書いたのですが、そのとき東大（法）の碧海（純一）さんが「権利」の問題は解決済みなんですがね、と呟いたのが印象に残っています。「オヤ」と思いましたので。（補注　講談社現代新書創刊については、本書「付録」を参照）

森田　そうすると、堀尾（輝久）先生たちの権利論はずいぶん実体論的な自然法的な権利論ですから、かなり対立してくるわけですよね。ただ、外から見ていると、権利ということで一緒くたになっちゃって、理論的な違いが前面に出てきて議論されるということがないですね。

村井　ないですね。僕も堀尾さんと学術会議でちょうど一緒で、堀尾さんと僕ともう一人、教育大学関係の方との三人が同期の学術会議の会員でしたね。だけど、学術会議だからそんな議論は当然しなきゃいけないんだけど、学術会議というのはまた変なところでね、そうしたことを議論する機会というのは一度もないわけね。ただ、形式だけでね。いろんな学問のお偉方が集まっているというだけの話で。だから堀尾さんともとんと議論したことはありませんね。

森田　そのこととちょっと関係するんですが、先生が小学館の『全集』で、上田（薫）先生と一緒に編集委員をなさっていて、しかし、ほとんどお互いに話すことがなかったって伺って（笑）、やっぱりそれは。

村井　上田さんは名古屋にいらしたでしょう。だから、編集会議で出てこられてたまたま出会うことはあっても、個人的なつき合いは全然なかったですね。西田さんのお孫さんにあたるとかというようなことを聞いていた、それくらいのことで全然個人的な接触はなかったですね。

森田　でも、教育哲学会、あるいは教育学会にとっては重要なことなのに、もったいないことと言いますか。そういういろいろなことを、もっと理論の中身に立ち入って議論しあうような組織づくりが必要ではないでしょうか。

村井　そうですね。そうなんですね。ほんとうはそれをすべきだったと思います。

この間上田さんから本が送られてきてね。はじめてですけどね。彼とは広島（教育哲学会第五十回大会シンポジウム、二〇〇七年十月）で出会ったものだからでしょうね。僕は上田さんの本をほとんどはじめてまともに読んでね。ああそうか、上田さん、こんなことを考えていらしたんだなあと思って、手紙を書きましてね。それでまた上田さんから手紙が来てね。いろんな議論なんかほんとうによくできるだろうにという気持ちはもちましたけど。いま頃になって気づいてももう遅いよね、よぼよぼになって（笑）。

だから、それも結局のもとはと言えば、やはり私は、それぞれが「教育」についてあの「プログラム的理解」しかもっていない、みんな違ったプログラムで育ったということが根本的にまずかったんじゃないかと思いますよね。だから、親しく議論するまでになかなかいけないんですよね。ちょっと飲んだくらいじゃね。ぐでんぐでんに酔っ払うと、形式的に飲んだくらいじゃね。さっきの吉田さんみたいにはっきりしろくらいのことは言えるんだけど（笑）。

森田　それに五五年体制でしたから、プログラム的定義の背後にははっきりした政治的対立があって、それでみんな色分けしてすませて、細かい論理的な展開ということと抜きにしてお互いわかりあう同士で固まってしまうというのがありましたね。

村井　そうですね。だから、この本（『新・教育学「こと始め」』）では「政教混一」という、福澤先生の言葉を使って議論していますけど、結局あの時代には「政教混一」というのが一番ひどいことになっちゃっていた。

日教組を中心として学者たちは政治的に野党の側に立つ。そして、一部の学者たちは、こんどは清水幾太郎氏だとかを中心として与党の側に立つとかというような分け方がされる時代になったんですね。だから、私はあの時代は「政教混一」がとくに問題だったと思います。明治のはじめ以来ずっと「政教混一」の問題が続いてしまって、今日でも整理されていない。日本の教育はなぜよくならないかというテーマで書かされた論文もありますが、そんなこと言ったって「政教混一」のままでずっと明治からきているんだから、よくなりっこないじゃないかという答えを僕はそこでしているんですよね。

森田　道徳教育の問題でも、先生が道徳教育について書かれていることは、学校でどう哲学することを教えるという教育問題として、世界的な、たとえばフランスなんかとつながってくるような提言として、政治的対立を超えたものとしてみんなが受け継いでいけるんじゃないかと思うんですが。

村井　そうですね。そういうことの何かきっかけになればね、あるいはそういうルートをちらりとでも私が出すことができるというようなことがあればうれしいと思いますけどね。探っていたのはいつもそういうことではありますね。ずうっと探し続けてきた。しかし、いろんな遠慮があったり（笑）、いろんなことがあって。例えば、ちょっとでもプログラムをもっている人に対してこっちが言おうとすると、よほど時間をかけないとそこまで親しめませんしね、なかなかできないんですよね。みんなが違ったプログラムで育ってきていると。だから、ちょっと学会で出会ったくらいのことでは、そこへ立ち入っていくことはお互いできませんしね。

森田　ひとつのプログラムのなかで育ってくると、そのプログラムの外に立つということがなかなかできなくて、その内部で反逆しても、やっぱりそのプログラムにかえって深いところで拘束されていたり、あるいは外から別のプログラムを持ってきて反逆するということになって。

村井　そうですね。

森田　先生の話をずっと伺っていて、自分自身がそういうもののなかにいたということを、とても強く縛られているということを感じました。今後の教育学界に対する先生の希望、期待を。

村井　ほんとうにわからないですね。

昨日、ある本の巻頭言を書いてくれと言われて書いたんですけれど、どういうことを書いたらいいですかと聞いたら、大分の事件がありますから直接それを論じてもいいし、あるいはそれに関連してお考えになったことを書いていただいてもいいですと言われちゃったものですからね。それで、あんな不愉快な事件、直接に議論するのはいやだけど（笑）、それに関連して書きました。とにかく巻頭言を引き受けはしたものですから、その原稿を昨日書いて送ったんですよね。

大分の事件についての注文だったんですけれども、結局直接には扱わないで、教育というのは昔から誰も常識的には知っているわけだけれども、何も学校だけで行われるわけではないんで、家庭があって、社会があって、それで学校もある。いわば三本柱で動いているというのが本来なのだろうに、明治からこっち何か教育と言えば学校というふうに考えられて、それで制度的に学校というのが整ってしまうと、もうみんなその学校でできがよいか悪いかとか、点数がどうなったとかね、ストレートに上へ行けるかどうか、最後は東大法学部を出れるかどうかとか、結局学校というものをもっぱら中心に考えるようになってしまった。明治からこっち、例えばひどい歴史を学校で「撃ちてし止まん」的（補注　『古事記』にある神武天皇「東征」の歌の一節で、「敵を撃たないでおくものか」という意味。第二次大戦中の昭和十八年二月、陸軍省はこの言葉を書いた決戦標語ポスター五万枚を作成し、町内や職場に掲示した）に教えられて、教えられるままにして今日にまできてしまった。学校だけで教育を支えようとするのはもともと無理なのを、無理やりに学校だけで支えたというか、引きずり回すつもりでやってきたというか、これは国家の側の、政府の問題なんだけども、要するに政治的にそういうふうにやってきたものだから国民もそれに乗せられてきた。そのたった一本の柱がいまや腐ってきて、教育という重要な責任を支えきれなくなっている、国民の教育の全体を支えきれなくなってきたという、そういう警告が今度の大分の事件じゃないかと、そういう理由を書いたんです。だから、この機会にもういっぺん三本の柱をほんとうに本気になって考えて、明治のはじめから出直さなきゃならないんじゃないかと締め括りをしたんですけどね。

しかし、考えてみれば、これからに対してはそういう気持ちですね。家庭があって、社会があるんだったら、じゃあ学校はそれに対して何をするのかということを、先生方がよくわかるような教員教育も大事だしね。そういったことについての自分のやるべきこと、学校でやるべきことについて特殊な責任意識とは何かということについての教育、道徳教育みたいなものも大事でしょうしね。とにかく学校がなんとなく全部背負い込んでしまうふうに、社会もまた学校に全部押しつけてしまうようになっています。で結局、その一本の柱が腐りかかって、家がよろけて崩れかかっているんじゃないかという印象ですけどね。ほんとうに直接的に論ずるのはいやだね、あんなのは（笑）。

生田　先生は学校という柱が腐りかかっているとおっしゃったけれども、家庭とか地域だとか、そういったところの柱の方もやっぱり腐りかかっているという状況がありますよね。そういう状況のなかでは、学校よしっかりしてくれという思いが、つまり学校への期待がより大きくなっているのではないでしょうか。家庭は駄目になったけど、でも学校がまだあるじゃないかというようなな。だから、家庭や地域がしっかりしているわけでは全然なくて、まあ言ってみれば、三本の柱すべてがぐらついてきているということですよね。

村井　そうかもしれないね。

だけど、やっぱり家庭や社会の教育がなぜ駄目になったかと言えば、明治からこっち学校がでしゃばって、教育とはこれだというように引きずり回してきた。歴史的に言えば、教育勅語だとか、なんだかんだって出すぎてやってきて、国民を引っ張りまわしたりしたもんだから、その学校で育った父親や母親たちも学校の先生まがいになってしまって、家庭や社会の正当な機能・役割もおのずから失われることになって、それで何もかも駄目になってきたという、結果的にはね。

国家を近代化しなければいけないということで、言ってみれば学校という一本柱で突き進んだ。一本の柱だけでやろうとしてきたことが根本的にはおかしいんじゃないかと。大久保利通流に言えば、とにかく「無知蒙昧」の国民を（笑）どうして「教化」するかというのがわれわれの仕事だ、だから「学校の制」を設けるべしという、そういう姿勢できているからね、それを反省しようとは一度もしていないんだもんね。

福澤諭吉が「政教混一」は駄目だってあれだけ言っても、寄ってたかって反対する。明六雑誌の仲間たちなんかも、森有礼をはじめとして、それが何を言われているのかわからないんだよね。

生田　先生、その巻頭言という原稿はどこに書かれたのですか。

村井　僕の関わってる、「子どものいのちを守る会」というのがあるんです。それの『Dawn』という機関誌があって、その巻頭言です。

生田　ああ、そうですか。

村井　ああ、そうか。これは最初書いた原稿で、古いんだ。これがメールの原稿かな。

生田　同じじゃないですか。

松浦　同じです。

村井　はじめの方はね。はじめに引用した詩は同じだけど、それに理屈をつけるのはね（笑）。

生田　ああ、ほんとうだ、少し違う。

村井　編集部で長すぎるというからね（笑）。

松浦　これは先生の推敲の跡を示す貴重なものですね。なるほど、ここにこう手が入っている。

村井　その詩はそのままです。いい詩でしょう。コーンフォードという、ほらプラトン学者の娘さん。

森田　ああ、『ソクラテス以前以後』の。

村井　そうね。

生田　この詩の訳は先生ですか。

村井　そうだよ（笑）。

森田　M・M。

生田　ああ、ほんとうだ。

松浦　M・Mって先生のイニシャルですね、ああ。

森田　どれが最終稿ですか。速記を起こすときに、これを囲みに入れましょうか。（本書一八八―九頁に収録）

■ 教育哲学会とのかかわり

松浦　先生が教育哲学会の代表理事をお務めになったときに、何かとくに教育哲学会にこういう期待とか、あるいはこういうふうに変えていこうということがおありでしたら、ぜひお伺いしたい。

村井　ありませんでした。ありませんというよりも、考えていませんでした（笑）。前からのことですけれども、僕はもうこのことしか考えていないものだから、僕が代表理事になったからと言ったって、僕が号令かけてできるもんじゃないと思っていましたから。ただ、代表理事の間を大過なくできればいいと思っていましたので、別にそういう抱負はありませんでした。

松浦　代表理事になられる以前から理事を長らくおつとめだったとき、やはり教育哲学会のなかでいろいろ変化があったと思うんですけど、またこれは教育哲学会のプロジェクトでもありますので、今後の教育哲学会への先生の思い入れのようなことも含めて、何かふれていただければと思うんですが。

村井　そもそも教育哲学会というのができるときから、稲富さんがおつくりになったんだけど、それに僕は稲富さんの教え子ですから、まず真っ先にご相談を受けたのは僕だったわけですね。だけど、僕は前からお話していたように、教育心理学会ができた、教育社会学会ができた、だから教育哲学会もつくりたいというお話だったと思いますけど、そういう必要はないという考えでした。教育には教育学会というものがあって、事務局を東大に置いていました。だけど、そこで何をするかは別として、とにかくそういうものが機能していてあまり満足できるとは思えないにしても、その折りに、あちこちに学会ができるからと言って、教育哲学会もつくらなきゃいけないという理由がはっきりしない、私はそういう気持ちになれないというご返事をしたんです。とにかく、よく考えてくれと稲富さんに言われている間に、僕はアメリカへ行っちゃった（笑）。

アメリカに行きまして一年くらいたってから、稲富さんがお見えになったんです、アメリカへ。そのときに稲富さんが、「村井君、アメリカは六・三制じゃないんだね」と（笑）。それからもう一つ、「共学じゃないんだね」と、ボストンに来られたときに。ボストンには共学はほとんどない。むしろ、いい学校はみな別学ですから。この二つ、稲富さんでもわからないで、日本ではアメリカの教育を受け止めていたのかなぁということが非常に印象的でした。そういう状態ですから、どうも学会があちこちできるからつくるという気持ちには全然なれなかったですね。もう一つ理由があった。それで、その気持ちがずっとありましてね。

それから、僕はずいぶん本を書いて、その間一応学会には入っていたわけですし、それから編集委員だとかいろんなこともしていたわけですけど。その間に僕が書いた本もたくさんあるわけで、僕はいつも同じことを言っているつもりなのですが。若い頃、「教育における『善さ』の構造」という論文を『教育哲学研究』に載せてもらったことがあります。

松浦　はい。

村井　あのときに、とにかく扱いに困りましたという話を編集の方に聞いたことがある。論文でもないし、エッセイでもないし、非常に扱いにくくて編集委員会で困ったんですよという話なんですね。大浦（猛）さんという方が編集委員長でしてね。それから長すぎるという。だから、「取りあげるのはやめようかということだったけど、とにかく仕方がないということで論文として載せました」という話を平野（朝久）君というのが編集委員でいたんですけど、その人から聞きました。

じゃあどういうのを論文というのかと聞くとね、たとえばドイツの誰それの何々というようなことを書くと論文だけど、「『善さ』の構造」なんていったい何だろうという。ほんとうにそうだったんだと思いますよ。論文でもないし、かといってエッセイでもないし、どう取り扱っていいかわからなかったというわけですね。それから長さが。だけど、「結局載せることになりました」という話なんですね。

これが僕には非常に印象的でね。教育哲学会というのはどうしようもないと（笑）。まあ、私から言えばね。

そう思っていたんですが、いま言ったように、その後私自身が編集委員になったこともありますし、ずっと長い間幹事やなんかをやっていたわけですが、その間僕の本を書評に取り上げるとすればその機会はいくらでもあるわけですね。でも、もちろん僕の方からも書評に取り上げてほしいと言ったことはないんですけど、とにかく一度も書評に取りあげられたことはないんです。

生田　ああ、そうですか。

村井　『教育哲学研究』に毎号書評は載っていますよね、何冊か。

松浦　はい。

村井　だけど、僕の本は一度も書評に載ったことがないんですよ。

松浦　あぁ、そうですか。

村井　僕はもちろん自分の本を載せてくれとは一言も言いませんしね。なぜかわかりませんけど、僕から言えばね、そんなに僕の言うことには興味がないんだということならどうしようもないよという気持ちなんですね。だから、会長になってもね、歳の順で進めますかっていうだけのことであって、別にどうしなきゃならない、どうできるという気持ちもありませんでしたからね。

松浦　私はいま編集委員をやっているんですけれども。先生のご論稿は、結果的には二号にわたって掲載されましたね。

村井　三号じゃなくて、二号になりましたかね。三号になるからこれはだめだというんで、やめようかということだったって聞きましたけど。

松浦　たぶん分割されて掲載されて、それはいまだに伝説として語り継がれています（結局、『教育哲学研究』には三回に分けて掲載された。「教育における『善さ』の構造（一）：問題としての『善さ』」第三二号［一九七五］、「教育における『善さ』の構造（二）：構造としての善さ（上）」第三三号［一九七六］、「教育における『善さ』の構造（三）：構造としての善さ（下）」第三四号［一九七六］）。

村井　そういう例はないからこれは困ったということで、編集委員会でも問題になりましたというふうに聞きました。

松浦　ちょっと書評のことを。

村井　ただね、その「『善さ』の構造」についての驚きは、論文でもないし、エッセイでもないしというのは、僕にもよくわからなかったね。やっぱりボルノーの何とかとか、だれそれの何々についてとかいうような、全部そうでしたからね。

松浦　そうですね。

村井　そういうのでないと、論文とは認めないという感じでしたね、まじめにね。

松浦　そうですね。

村井　まじめに悪気も何もなくて、そう思い込んじゃっているみたいなところがありましたね。

生田　先生、過去形じゃないですよ。

村井　いまでも（笑）。

松浦　そうした傾向はまたちょっと。
　一時期先生の論文が掲載されて、七〇年代後半から九〇年代の頭くらいまでは、思想研究のみじゃないいろいろな傾向というものもだんだん増えてきたんですけど、また最近ちょっと思想研究が主となるような感じが多くなってきたかもしれませんね。それは非常に重要なメッセージをいただいたと思います。
生田　でも書評が一度もないというのはどうなんでしょうか。『「善さ」の構造』については、大きな反応があったと思うんです。
村井　ほんとうにみんな興味がないんでしょうね、多分。
生田　と言うか、先生も弟子もね、そういうことにあんまり関心ないんですよね。その当時は多分。他の大学だと、先生の本が書評されないのはおかしいと学生の方が騒ぐことがあるんでしょうが。
生田　私たちもそういうことに関心ないというか。
松浦　やっぱり慶應出身の編集委員が問題なのかな（笑）。
森田　哲学会の事務局長もずっと村井先生のお弟子さんがなさっていましたよね。
村井　それもずっとありますよね。だけど、誰も取り上げたことがないですよね。
生田　それが問題にならないという。
松浦　そうですよね。事務局は玉川大学で長い間やっていました。
村井　だって、いまの『教育哲学研究』でもね、アメリカの何とかの研究とか、ドイツの何とかの研究とかね、そういった性質の本がいつも書評に取りあげられるみたいですね。
森田　学位論文も載らなかったんですか、『教師ソクラテスの研究』。
村井　もちろん載りませんけどね。
生田　哲学会もそういうところだったんですね。
村井　学位論文を取り上げるというのも、あのときはそういう習慣がなかった気がしますね。関心がそこまで及んでいなかったんでしょうね。
松浦　そうですね。

大分県の学校事件に思う

認定NPO法人子どものいのちを守る会理事長　村井　実

親のつとめのすべて、に寄せることば（詩）

フランセス・コーンフォード（一八八六－一九六〇）

訳　M・M

子どもたちの心は別世界に遊ぶ、賢いもの、
海に泳ぐ魚や空を飛ぶムクドリたちのように
自由でなければならない。
あなたはただ、岸辺にとどまり、子どもたちがいつ戻るかを、
待てばよい。
ただ、何かの危険を察したら、とっさに子どもに寄り添わなければならない。
毅然として、緑に萌えて立つ巨木のように。
………
………
やがて夜ともなり、安らかに床についた子どもたちの聖く深い瞳が
あなたを仰いで見つめるとき、
そしてそのかげから、あなたがいつか話したあらゆることがら、
お天とう様や蛇や平行四辺形や蝿などのことについて、
「ほんとうはどうなの？」「ほんとうはどうなの？」と
問いがしつこく生まれ出るとき、
そのときあなたには、
子どもたちの憩いの岸辺や安らぎの蔭を広げる巨木の役割を
しばし離れるときがきている。
そう、あなたはいまや、おごそかに賢者のころもをまとわなければならない。
いや、ただニュートン先生がおいでになるかのように、そこに
座ってあげるのです。

子どもたちの教育は、学校だけで行われるものではありませんね。

上のイギリス詩人が歌うように、より以上に大切な家庭があり、親の重要な役割があります。また社会が果たす教育の役割も、限りなく大きいのです。学校の役割は、教育を支えるそのいわば三本柱のただの一本にすぎないのです。

ところが、この三本柱の大切さが、日本では明治のはじめ以来忘れられて、教育といえばまず学校と考えられ、国民は久しく、そのたった一本の柱でしかない学校で教えられるままに、度重なる戦争の悲痛な経験さえ甘んじて受け止める歴史をしのいで、今日に及んでいます。

いまは「民主教育」ということで、地域ごとに教育委員会が設けられたりしていますが、その折角の委員会や学校の先生方にも、家庭や社会と並ぶ学校教育の独自の役割と責任への自覚は、ほとんど生まれてはいないかに見えます。

今回の大分の事件は、私には、その教育の一本柱がついに支えに堪えきれず、惨めに崩れかかっているという、国民への端的な警告のように見えます。

この際私たちは、これをただ学校や先生方や一般教育委員会の事件と見るのではなく、家庭と社会と学校と、教育を支える三本柱の大切さに目覚めて、明治以来の日本「教育」の建て直しを考えなければならないのではないでしょうか。

（子どものいのちを守る会会報『Dawn』21号巻頭言、
二〇〇八年十月二十四日、より転載）

〈補注―大分県の学校事件について〉

二〇〇八年六月、大分県の教員採用試験をめぐり金品のやりとりや採用試験成績改ざんがあったとして、教育庁の幹部職員が逮捕された。自分の娘や息子の受験に便宜をはかってもらった贈賄側の容疑者が、小学校長、および県教育委員会参事と小学校教頭の夫婦であったこと、また、現職教員のあいだでも昇任試験での便宜の見返りに金品の授受があったとして贈収賄容疑の逮捕者を出したことは、教育界の閉鎖的な体質を問う事件として衝撃をもって受け止められた。事件はさらに広がりをみせ、教育委員会の少数の人事担当者に権限の集中する同県の教員採用試験では以前から点数の改ざんが行われていたことが判明した。その結果、二〇〇七年度採用試験における「不正採用教員」二十一名の採用が取り消され、さらなる論議を呼ぶことになった。

■ 正編　あとがき

本書は、教育哲学会創立五十周年を機に実施された二つの記念事業が交差するところで生まれた。ひとつは、広島大学で開催された第五十回大会シンポジウム「教育哲学研究を考える―回顧と展望」である。半世紀にわたる教育哲学研究を回顧して、今後われわれが踏まえるべき研究成果や伝統をつぎの世代に伝えていくために、学会のリーダーとして活躍してこられた三人の元代表理事（上田薫・村井実・和田修二先生）をお招きし提言していただくという企画であった。いまひとつは、特定課題研究助成のひとつとして採択された共同研究「戦後教育哲学の出発」である。小笠原道雄・田中毎実・矢野智司と筆者からなるこのプロジェクトは、同大会のラウンドテーブルに参加して、教育哲学会が五五年体制成立後に、戦後教育学に支配的な政治的・思想的動向に対抗するかたちで誕生したことの歴史的意味をあらためて問い直そうとした。

こうした課題研究の企画と研究補助事業は、六年間にわたって代表理事をつとめてきた小笠原さんの最後のしごととなった。教育哲学会の存在意義を問う作業には、その端緒から時代状況に関わりながら研究を進められてきた方々からの聞き取りは欠かせない。時間的な制約もあってシンポジウムの結果に不満が残ったことが、このプロジェクトに与えられた研究補助をもっと本格的な聞き取り作業に振り向けようという議論につながった。時期的にもこのチャンスを逸することはできないという思いもあった。だが、プロジェクトの他のメンバーは要職にあって多忙をきわめていたので、たまたま研究休暇で時間的余裕のあった筆者が、プロジェクトを代表してことにあたることになった。そのため、村井先生の直接のお弟子さんにあたる生田久美子（当時東北大学）さんに協力をお願いした。同席はかなわなかったものの、プロジェクト仲間の助言と励ましがなかったら、この計画は最後まで行き着かなかっただろう。

近時盛況をみせる「オーラル・ヒストリー」の諸成果を横目でにらみながら、構想を練った。生涯にわたる仕事の全容をうかがうには少なくとも十回の対話を重ねることが必要のように思われた。だが、上田・村井両先生へのインタビューを同時進行で進めるということに無謀な企てであり、しかも、事前の準備時間もまったく不足していたので、とりあえず五回ずつのインタビューをお願いすることにした。

聞き取り作業にはもうひとつの難題があった。テープ起こしである。オーラル・ヒストリーの成否のひとつが熟達した速記者の存在にかかっていること、また多額の費用を要するであろうことは、先行業績を読むなかで察せられた。困惑する事態に直面するたびに頼ってきた慶応義塾大学の松浦良充さんに、今回も相談することにした。同大学院生・間篠剛留君を紹介され。この問題は早々にクリアできた。間篠君の学問的に誠実で、献身的な働きにはただ感謝するしかない。この相談をきっかけに、二回目から松浦さんが同席してくれることになった。

日本教育史研究において、戦後教育の当事者からの聞き取りはほとんどなされずにきたように思う。最近になっていくつか試みられるようになったものの、政治史や労働運動史といった分野に比して、教育史研究は決定的に立ち遅れているといわなくてはならない。五五年体制の主要な政治的対立軸のひとつが教育をめぐるものであったように、戦後教育学は東西冷戦を背景にしたきびしい政治的現実のなかに巻き込まざるをえなかったのだから、教育学研究においてもオーラル・ヒストリーの試みはきわめて重要な課題であったはずである。こうした点についていえば、本書は、「文部省対日教組」という対立図式を通してのみ語られることの多い戦後教育史のイメージに対して、村井先生の学問的営為を両者の中間（メタクシュ）に位置づけることで、新たな教育史像構築への確かな手がかりを与えるものと確信している。

とはいえ本書の眼目は、研究者を対象としたオーラル・ヒストリーのひとつとして、先生自らによる村井教育学への手引きになっているところにある。読者は、ソクラテス研究から道徳教育論、そして「善さ」の理論におよぶ先生の多彩な理論的営為が、教育学の存立根拠の探求というひとつの筋に従って展開されたものであることを知ることになるだろう。事情に通じている人たちからみれば、「なんと非常識な」と思われる質問も多かったに違いない。だが、思いがけない話の展開から先生の豊かな人間味あふれる一面を浮き彫りにすることにつながる場合もあったということでお許しいただきたい。先生がつねに変わらず暖かく応対してくださったことに、あらためて感謝の気持ちを申し上げたい。もちろん読みやすくするために若干の字句の手直しをおこなったが、先生の語り口はできるだけそのまま伝えようとつとめた。しかも、先生はひとたび語られたことを後日削除されることは、ほとんどなかった。かなわぬこととはいえ、先生のおだやかな語りの音調が文字によっては再現できないことが心残りである。

村井先生との対話がはじまって以来の一年間を通して、筆者はこれまでの自分の学問的姿勢について、絶えず痛切な反省の念に駆られてきた。日本の近代教育学の歴史を、欧米の「教育思潮」をあたかも流行のように導入・紹介してきたプロセスとみなすのはごく一般的な見方であろう。だが、そうみえるのは実は、われわれが先人の学問的業績をきちんと学んでこなかったことの帰結ではないだろうか。とりわけ戦後は、教育をめぐる政治的対立によって学問的交流が阻まれることもあって、かえってこうした傾向が強まったように思われる。イデオロギー過剰な左派教育学の学問的態度への反撥から、既成の教育学のあり方への批判意識が先行して、教育学が学問として当然共有しなければならない基盤をつくりあげることへの努力をはなはだ欠いていた点に関して、筆者は忸怩たる思いを免れることはできない。村井先生が語られたライフ・ヒストリーは、そのユニークな個人的生そのものの回想を通して、これからの教育学研究の指針として普遍的な意義を有するものであるように思われる。草稿を読んだプロジェクト仲間の反応から推して、読者の感想はおそらく多様なものとなるに違いない。そのことがあらたな議論を喚起して、教育学研究の蓄積と継承という仕事が活気にあふれたものとなることを願っている。

二〇〇九年六月

森　田　尚　人

Ⅱ

続編

第一回

二〇一一年六月十八日（土）
（成城・村井先生宅にて）

◇インタビュアー
諏訪内敬司
倉橋桂子

（注：第一回目を三月中旬に予定していたが、十一日に大震災が起こったため延期した。そこで、原子力発電所の事故の話題からインタビューが始まった。）

■福島原発事故について

諏訪内　教育哲学会プロジェクト編集の『聞き書村井実回顧録』（平成二十一年、本書前半に再録）に対する第一回補充インタビューを三月十九日に計画していましたが、十一日に東日本大震災が起こって残念ながら延期となっていました。大変な地震と福島原発の爆発事故によって、日本社会が大混乱し、また不安に陥っています。村井先生は関東大震災を直接は経験していらっしゃいませんが、第二次世界大戦では入隊するとともに、原爆が落ちた直後に広島に戻られるというご経験がおありですので、今度の震災について我々とはまた違ったご感想をお持ちだと思いますが。

村井　地震もそうだけど、原発事故には考えさせられましたね。かつて一晩、だいぶ以前になりますが、原子力発電所では何をやるのか、向坊隆さん（元東大総長、原子力委員会委員長代理、日本原子力産業会議会長）と徹底的に話したことがありました。

「原発から核廃棄物が出るでしょう。どうしますか？」と聞くと、「それはフランスに持っていく」と言う。「フランスが困るでしょう」と言ったら、「何処かの島に持っていって埋める」と言う。「埋めたって消えるのではないでしょう。あるいは、海に捨てたって、いずれ海底から出てくる。どうしたって出てくる。どうしたらいいんですか」。「それなら宇宙のブラックホールにでも放り込む以外にないか」とか、話したことがありました。

倉橋　そんな呑気なことだったのですか。

村井　その当時はね。その時、原子力は今のところ私たち人間にはどうしようもないものだと思いましたね。

それが、いつの間にか五十四基も原子力発電所をつくっていた。反対する人もいたけど政治的だったし、推進する人も政治的で、僕は政治的なことは嫌いだから、それ以来原子力のことには無関心になっていました。そのころ以来、どうしようもないはずのものが始まっていたわけですね。今の人間の知恵では、原子力のことはよくわからないということがわかっていて、そして、今度のことでしょ。僕には本当に「来たっ！」という感じでしたね。知らなかったけど、いつの間にか日本中に出来ていたんですね。

そこへ、「NPO法人子どものいのちを守る会」副理事長の青木紀代美さんから、原発事故で「子どもたちが可哀相だから、機関紙（『Dawn―夜明け―』二十七号）に何か励ましの言葉を書いて欲しい」と言われました。だが、それどころではない。これは根本的に大人の責任問題です。子どもはただ犠牲になっているだけで、言葉のかけようもない。学者って一体何をやっているのか。自分も含めてただ西洋の本を読んで学生たちに説明して、論文を書いて、給料をもらって生活している、という立場の人たちのことをつくづく考えさせられました。「だから書けない」と断ったら、編集の人が強引に、「書けない」というその理由、つまり、僕の断り状を印刷していいですかと。締め切りはとっくに過ぎているので、前後の挨拶の部分を外して、要領よくまとめてくれました。

（本書二二五―六頁に再録）

倉橋　みなさんに配って読んでもらっています。先生ならではの内容で。

村井　誰も考えなかったのか、言わないことだね。考えないのが変だよね。

倉橋　福澤諭吉が学問の独立を言い、政治と教育を分離すべしと言い、村井先生が福澤を引き合いにされて政治と学問を切り離さなければとおっしゃっているのに、原子力関係の人は政治と学問がピッタリ重なっていて、それがこういう形で出て来て、今回のことでわかってくれるのかなと。

村井　ここまでひどくなっても、まだこたえていないみたいだね。本当は何もわからない。自分が学者としてどこまで知っているのか、その自覚がないんだろうね。

■　補充インタビューの意図

村井　大掴みとしてこのインタビューはどのような計画になっているのですか。教育哲学会が編集した『聞き書　村井実回顧録』は、アメリカ留学から帰ってきて、小学館の全集を通じて日本中の他大学の学者たちとの付き合いが広がったところで終わっているように思いますが。今回は特に、ヨーロッパのことを中心に……？

諏訪内　時代系列と項目に分けて、広島関係、慶應関係、学会のことなど、『回顧録』に出ていないことをお聞きしておきたいと思いました。特にヨーロッパのことを中心にとは考えていませんでしたが、確かに、ヨーロッパのことが抜けているようにも思います。全体として、二～三回かけて学会の『回顧録』を補充するようなものにしたいと考えています。

村井　聞きたいことを自由に聞いてくださって、僕が答えるという形でいいんですね。僕の記憶では、前回の『回顧録』では、アメリカ留学から帰ってから、小学館の教育学全集を中心に色々な他の大学の先生方と付き合いが始まった。そういうことを交えて当時の状況を話して一応は終わったという印象でしたね。だから、今回はその後のことを聞きたいのかと勝手に思っていました。

諏訪内　そうでもなくて、その間のことも交えて、まだ聞かれていないことや、前回漏れていたことを補うという意味で、補充をさせていただければと思っています。

村井　僕の方はノー・アイディアだから、何でも聞いてください。それにお答えすればいいと思うし、それしかできない。しかし、大掴みにプランを立てておいたほうがいいよね。大掴みにどういう風にやりますか。

諏訪内　今日は、少年時代、中学時代、広島時代、終戦時の混乱期、アメリカ留学、慶應の関係で『回顧録』に出てこなかったことや、NHKや放送大学での講義などを中心にお伺いしたいと思います。

村井　ヨーロッパには何度も行っているけど、『回顧録』には少しも出てこなかったね。僕の研究内容もヨーロッパの十八世紀のペスタロッチーあたりを中心とした思想の流れになっていると思うので、ヨーロッパの話やドイツとの交流のことも予想していたんだけど。

諏訪内　ヨーロッパのことを特に意識していたわけではないのですが、関連はあると思います。例えば、日独教育研究会、ボルノー先生との交流とかが出ていなかったので。『回顧録』には森田尚人先生が色々調べられて確認するような形で、学問的な話が多かったのですが、私の方はそこまで準備はしていないので、『回顧録』には出ていなかったことやエピソード的なものを中心にお聞きしたいと思います。全体として二、三回で終わると予想しています。

村井　『回顧録』の補遺のようなものですか。そういったことでしたら、とにかくやってみましょう。ご両人から聞いていただき、答えることにしましょう。調べていただかなければわからないことも出てくるでしょうけど。

■　少年時代の読書体験

諏訪内　それでは始めさせていただきます。時系列からまず少年時代のことを伺います。小学生の頃、お母様が定期購読していた婦人向けの雑誌を片っ端から読み漁ったという情報を、橋本（昌夫・東京教育専門学校）さんから聞いているのですが。

村井　昭和何年頃からだろうね。『主婦之友』という雑誌が家の縁側の本棚に並んでいたので片っ端から読み始めたのです。一つ読むと面白くて止められなくなって次々に読みました。小学校の二、三年頃だったたね。十年間分くらい一気に読みました。

今あなた方が通ってきた道の右側に土塀の名残があったでしょ。その土塀の家の娘さんが建築家の丹下健三の奥さんになったのですが、そのお父さん、小説家の加藤武夫という人がいましたね。その人のものなんか大好きで読んでいました。

倉橋　吉屋信子も読んでいらしたとか。

村井　早熟な知識がゴミみたいに頭の中に入っていきましたね。

倉橋　読めちゃったんですね、大人の漢字が。

村井　昭和四年、五年（小学校二、三年生）から読み始めました。何年分位あったのかな。でも、あの頃は漢字にルビがついていたので、難しい漢字も自然に読めたのです。濫読ですが、わからないものは適当にわからなかったけど。濫読はよくないと言うけど、いろんなものを食べて体が自然に成長していくように、知識とは妙なものですね。子どもとしては必要のないものでも、いつかは何かの役に立つと思う。

倉橋　子ども向けの児童書ではなく、いきなり大人向けの本から……随分早熟でいらしたというか、男女の恋愛の話を……。

村井　妙な時に電気が消えることになっていた。何故消えるのか、不思議でしょうがなかったですね。そういう場面が随分あったんだね。いきなり大人向けのものを読んで。

子供向けのものは小学校五年生くらいから、山中峯太郎の「敵中横断三百里」、「大東の鉄人」など『少年倶楽部』の小説、冒険小説を読み始めました。そういうものを読んでも、別に軍国少年になったわけでもない。とにかく、講談本や『キング』など、身近に手に入るものがそういうものばかりだから、手当たり次第です。わからないものはわからないで、子どもなりにわかる所だけわかって結構面白がって、濾過していくもんだね。講談社の『講談倶楽部』もあった。『キング』もあった。どちらも普通の大人たちが読んでいましたからね。どこの家にも転がっていましたからね。

■ 中学校の生物学の先生

諏訪内　次に、唐津中学の時の生物の先生の話がありましたが。

村井　生物学というものはほんとに面白くないものだと思っていたのです。授業では、やれ甲殻類の特徴はこうで、哺乳類の特徴はこうでとか、板書をノートに写させるだけで本当に面白くない。今はどうか知らないけど。ノートも生物用の特殊な形のものでした。左右見開きになっていて、左頁に四角の欄があって図や絵を書き込み、右頁に類や種の特徴を箇条書きに記入させていました。生物学というのはそういうものだと思っていたんです。ただ覚えさせられるので面白くない。

田舎の学校なものだから、変な話なんだけど、中学の二つ下の学年で事件が起きたんです。試験の答案がゴミ捨て場に捨てられてあるのを生徒が発見して拾った。それには点数がついていた。それを生徒が調べたら、答案の点数と成績表についている点と違っていると大騒ぎになる事件があったりしました。町の有力な家庭の子と普通の子どもでは全く違っているのです。そんなこともわかりました。

実験なんかよくやるでしょ。先生が大きなテーブルの上でやって見せる。生徒が回りに集められて、水素に酸素を混ぜるとどうなるか、などとやって見せるわけね。ところが、僕はそういう見せ物みたいなのがいやなのです。

それが、昭和十三年、中学五年になった時に、九州帝国大学医学部で事件が起こったんですね。産婦人科か何かの教室で手術中に他の先生方が殴り込んだという、妙な事件が起きました。それで教室が一時解散になったんだね。そこの助手や助教授が辞めて県内外の中学校に先生として移って来たという噂でした。その中の一人の先生が五年生の時に生物学の授業を受け持ったのです。その先生は大学から来たものだから、今までの先生とは違って、最初の時間に「生物のノートは使う必要がない。学問をするのだから大学ノートを使え、自分が説明することを各自思い思いに書き込んだらいい」と言うんでね。全体としてのテーマは「文化生物学史」ということだと言って、ギリシアのヒポクラテス、アリストテレスから始まり、先生が板書したことを書き取るという今までの先生のやり方ではなく、聞き取ったことを書き取るという授業のやり方でした。初めてだったので珍しく、面白かったですね。ことにアリストテレスは生物学者として実に面白い人だということがわかりました。例えば、イソギンチャクの内蔵を空けてみると、「アリストテレスの提灯」とかいう胃袋か何かがある。そういう話で、提灯という名前を誰がつけたんだとか（笑）。

とにかく話が面白い。古代ローマのプリニウスが、ヴェスビアス火山が噴火した時、もっとよく見ようとして爆発に巻き込まれて死んでしまった。そんな話、先生は自分の知っていることを面白いから話してくれる。こっちは、学校で習うことはつまらないことが多いのだけど、考えることは面白いことだと初めてわかりました。学問と遊びがこんがらがっている。こうして中学五年の頃、考えることの面白さ、学問というものがそれほど特別のものではない、思いつきでも、当たり前のことを整えていけば学問になるのだということを知りました。

話の中に、スパーム説というのがありました。精子だね。必ずしもアリストテレスの説ではなかったんだけどね。人間が物を食べると、それがお腹で煮られる。心臓がドキドキするのは、ゴトゴト煮えているからだ。肺はフーフー息を吐いて風を送っている。煮汁が液になって血に変わって体中を回り、人間の体を生かしていくけど、体中に回っていらなくなったら、男の場合は精子（スパーム）となって体外に出てくる。女の場合は月経となって出てくる。そこで、有名になって、生徒に「スパーム」というあだ名を付けられた。「スパームが来るぞ」とか言っていた（笑）。福岡で「アガトスの会」（続編第四回参照）があった時に、九州大学の井口潔さんにその話をしたら、彼とは学校は違うけど僕と同じ学年で、面白がって、その先生は生きているだろうかということになり、その先生のことを調べてくれた。その後、鹿児島大学の教授になっていらしたことがわかりました。

村井　英語もできるようになると、授業中に先生の説明中に九州弁で「それはおかしかです」と言ってしまい、「おかしかとはなんだ」と先生が教壇から降りてきて、英語の教科書でホッペタを殴られたことがありました。ついそういうことを言うようになってしまって。

諏訪内　中学の時に生物学に関心を持たれたことが、後に先生の進化論批判にもつながっているような気がしますが。

村井　振り返ってみると、あの頃が目覚めの時期で、勝手に考えてみるという、そういうクセが『進化論』を読んで蘇えって来るというのか、考える楽しさみたいなものが起こってきたんですね。生物学が学問として面白いことが初めてわかった目覚めの時期でしたね。

倉橋　文化生物学というのがあったんですか。

村井　そんなものないよ。先生が勝手な名を付けたわけだね。普通習っているのは、生物の分類だよね。自分で分類するのは面白いだろうが、分類されたものを覚えるなんて詰まらない。とにかくこうして、生物学は面白いというのがわかりました。「考える」ことへの一種の目覚めの時期だったんだね。

諏訪内　生物学が面白くなって、生物学の分野に進もうとはお考えにならなかったのですか。

村井　うーん、そういう気にはならなかったですね。まだ中学五年の時だから、もう受験でしょ。

諏訪内　同時並行的にその頃からソクラテスや文学や、英語の本も読まれていたので……。

村井　唐津には多分一軒だけ古本屋がありました。一年の間は汽車通学をしていたので、列車が来るまでの待ち時間に、その古本屋に立ち寄っていました。二年になったら炭鉱がつぶれて、学校もなくなって唐津の町に引っ越したので、立ち寄る機会が減ってしまったけれど、珍しい文集や英語の本などが色々あった。唐津にもインテリがいて処分したのか、文学全集などが並んでいましたね。珍しいものは片っ端から買って読みました。安いから。中三の終わり頃英語の本を読んでみたいと思い、*Two Civilizations* という本を買ってみました。西洋人と中国人の対話のような本でした。西洋人は、自分たちが中国を開き、文明開化させたと主張していた。それに対して中国人が反論していた。「汽車なんかつくったから、行かなくてもいい所まで行かなければならなくなった」―そういう反論、そういう「ものの見方」があることにびっくりしましたね。

倉橋　そういう論文に出会われたんですね。人間誰にも起こる知的目覚めがそのような形であったということでしょうか。でも、普通は、こういう目覚めのショックを大事にしないので、いつの間にか忘れてしまうのでしょうか。

村井　父親が下士官上がりで、配属将校の助手をしていた坂井隆徳という同級生が、二年の時に陸軍の幼年学校に入って父親が喜んでいましたが、僕が卒業する年に満州事変で「死んだ」という知らせが入りました。その時、「隆徳が　戦死を聞くや　青嵐」という句を作りました。初めて作った俳句です。日清戦争は遠い昔のことと思っていましたが、日露戦争、シベリヤ戦争、ニコライスクの戦い、満州事変、シナ事変と十年おきに戦争が続いていた。「母さん、母さん、なぜ泣くの、坊やお聞きよ、父さんは、去年の秋にシベリヤへおい出の後は、一度もお会い申さず、この度のニコライスクの戦いで、無念のご戦死なされしと、今もこれなる電報が……」。こういう手まり歌みたいなものを母親が口ずさんでいたのを覚えています。それでいて、教育的に面白いことに、軍国主義になったということはないですね。子どもは子どもとして自分なりに情報を消化しながら対処していたんでしょう。知的にも、良い情報、悪い情報と選んで与えられた方が迷惑しますね。政府からすれば手に負えないということでしょうが、子どもというものはこうして、ただそれぞれが自分で勝手に考えようとしているとすれば、これは、「人間がすべてよく生きようとしている」という人間観につながりますね。

■　医学との対話

村井　昨日、学術会議の委員をした時知り合った東北大学の松沢大樹という人から突然電話を受けました。「新宿のホテルに来ているので会いたい」と。人間科学研究所（仙台）のアドレスをもらいました。MRI（magnetic resonance imaging 核磁気共鳴画像法）と、同じくPET（positron emission tomography 陽電子放射断層撮影法）ということの開発に関わった放射線関係の人でね。今、放射能のことが問題になって、有名になっています。人間の捉え方、つまり、「よく生きようとしている」ということに関心を持っています。「人間はよく生きようとしている」ことを医学としてどう考えるか。自然科学、医学とどのように結びつくのか、関心を持ってくれている。慶應の医学部の土屋先生も関心を持ってくれていました。今回の原発事故にしても、地震も津波も、僕からすれば、全て人災と考えられました。我々学者は一体何をしていたのか。外国の本や論文を読んで伝えるだけで、自分でどこまで考えていたのか。医学も教育学も、それぞれに考えさせられますね。

倉橋　学術会議でご一緒だったんですか。

村井　そうね。人間を科学的に見るということで同じような関心を持っている。だけど、カルチャーの違い、医学と教育学の根本での食い違いがある、どこか違っていますね。

倉橋　「よさの構造」から見て頂いたらどうなんでしょ

う。

村井　よほど細かに話さないと、なかなか通じないと思うね。今の所、なんかありそうだと思うだけで、両方とも研究不足で、どう言っていいか、表現し切れていない。手探り状態です。病気には原因があるはずだが、今の医学では原因が大雑把にしか捉まえられていない。松沢さんの場合は、これが原因だと示して見せて、この原因が消えれば治ったと言えるのだというのだから、大変な進歩だと思います。

　医療費は国家にとっては年々増えるばかりで、医療というものの考え方は、人間は最後にはケアしてもらいながら死んでいくというのが常識になりつつあるでしょ。おかしな話ですね。医学は、人間として重要な問題を考えるべき時期に来ている。教育学も同じように考え直さなければならない。学校でこれだけのものを覚えなければならない、と文部（科学）省が学校教育を統轄しているだけでは解決できない。もう少し視野を広げてつき合わせてみないといけない。この問題は難問です。松沢氏と僕との間で起きつつあることです。

倉橋　よく生きる「よさ」を医学者も考えている……。

村井　「よさ」についてもいくらでもアプローチの仕方はあります。実験的にも、理論的にも、実際には、これからやらなければならないですね。

倉橋　単に長寿だけではなく。今、ただ長生きする為に飢餓状態にするということを実践している方がいて。そういうことが、「よく生きる」ということになるのかどうか。

村井　延命することがね。昔ならとっくに始末のついている人間が、今はたくさん生きていますね。始末がつかないというのは困る。考えなければならない大事な問題ですけど、横道に逸れてしまいました。この辺で止めておいたほうがいいね。

倉橋　アメリカでのご留学時代のことは、前半の『回顧録』にかなりわかり易くまとまっていますね。例えば、G・E・ムーアがプラトニストだとわかってもらえなかった。実在主義だとわかってもらえなかったということも、とても興味深かったです。

村井　G・E・ムーアが『倫理学原理』で「よさはよさだ」と言いながら、よさの意味がわからない。good は good だと言いながら、そのことの意味を考えようとするとどうにもならなくなるらしいね。ハイデガーが「実在」(Realität)を「実存」(Existenz)と言い換えてみたりしているが、言い換えてもわからない。こういうことを繰り返して来ているように思うね。実在主義的な考えは、僕は「よく生きる」というところまでいっぺん戻ってはどうかと思っています。

■ 広島時代には映画に熱中

諏訪内 広島高等師範学校時代のことに戻っても宜しいですか。岩波文庫本を読んだり、映画が好きで見て過したと伺ったことがありますが……。あの頃映画は流行っていたのですか。

村井 三流の映画館が三本立てで、当時はフランス映画、ドイツ映画の全盛時代で、料金がタダみたいに安く、かつての名画を夢中で見ていました。『外人部隊』『舞踊会の手帖』『格子なき牢獄』など大変な映画が続々と現れていた頃です。淀川長治氏もその頃育った人ですよ。淀川長治が若かったころだね。僕は淀川長治になりそこなったのかな。

ペスタロッチー旅行(続編第四回参照)に行った時も、コモ湖の湖畔の、古い別荘があって、スタンダールの『パルムの僧院』に出てくる別荘なんだけど、その別荘が映画『舞踏会の手帖』の終わりのシーンにも出てくる。主人公の未亡人クリスチーネが昔社交界にデビューした時にメモした舞踏会の手帖を見つけて、人生に一つの区切りをつけるために、昔踊った相手一人ひとりを訪ねて歩くという映画なんだね。その最後のシーンのことをペスタロッチー旅行の地図に書いたんです。あの頃夢中になって、このシーンはここで撮られたとかね、それほどあの頃は映画に夢中になっていた時代でした。あの年齢のことだから。

倉橋 よく覚えていらっしゃいますね。先生は、演劇は忘れないけど、映画は見た時は感激するけどすぐ忘れてしまう。演劇と映画とは違うとよくおっしゃっていらっしゃいましたが。

村井 映画と演劇はまるで違って、今でも映画は「見せられている」という気がしています。不思議な芸術だね。戦争直後に食べるものがないころに稲富先生の家でよくご馳走になったことがあります。長男が(広島)高等工業学校に行っててね。「心理学」の宿題で映画論を書いてこいと言われたというのです。いい友達だったものだから、頼まれて代わりに書いてやりました。演劇の舞台は自分の視点で見ることができるが、映画は監督やカメラの視線で一つのシーンを見させられると比較して書いたら、すごい成績をもらっちゃって驚きました（『対談・人間観と教育観』一三三〜一三六頁参照）。

倉橋　それ以降は、映画はご覧にならなくなったのですか。

村井　東京に来てからは、ほとんど見ていないですね。

■ モンゴル人留学生のこと

諏訪内　広島高師時代、平塚益徳先生の「西洋教育史」の試験で二人成績優秀ということで皆の前で村井先生と留学生が褒められたことがあるということですが（『回顧録』二二頁、本書二四頁参照）、その留学生は乗馬が得意で、戦後しばらくして来日して先生のお宅に宿泊された方ですか。

村井　そうね、バダルンガと言って、蒙古の王族の一人で、当時の国策として優秀な外国人を集めて日本に送り込んで教育をするという政策があったんではないの。平塚益徳という先生が国民精神文化研究所という所から来て、「西洋教育史」を教えた。初年度の終わりに、一年生で成績のよかったのがバダルンガと僕の二人だと言って褒められました。

蒙古人だから馬術が得意なわけで、僕も馬術部に所属していました。冬には湖などが凍るので、その上を馬が滑らないようにコントロールして操るといったことを聞いていました。草原を馬で駆けていくと、大きな谷があって、馬の上から見下ろすと、はるか下の方では鷲が悠々と舞っているという話を聞いて、ぜひ行ってみたいと思いました。自分の家には馬が十何頭いる。「一度蒙古に遊びに来ないか」と誘われたのです。だが、関釜連絡船が直前に沈められたので、結局行くのを止めてそれっきりになってしまいました。

それから何十年も経ったら、バダルンガが日本に来た。とうに死んだと思って残念に思っていたんだけど。戦後は最後に国立国会図書館の館長みたいなものをしたようですが、戦争中は随分ひどい目にあったようです。あまり細かい話は聞かなかったけど。日本に来たいと連絡があり、「村井の所に泊めてもらいたい」というので、あわてて二階を片付けた。どういう訳か、台湾に蒋介石の懐刀みたいなことをしていた彼の兄貴がいて、あの当時、その兄貴とも連絡が取りにくかったようだね。ひそかに東京のどこかで出会うとか言って、わが家を拠点にして会いに行ったりしていました。僕がアメリカにいた時も、台湾の留学生は立場が政治的にむずかしくて、手紙なんかも本の中に隠して送っているということでした。厳しい検閲をしていたからね。

諏訪内　台湾独立運動などがあったからですかね。

村井　バダルンガの他にも、原爆で生き残って、ボルネオの大統領になった者など、当時の留学生には色々いました。

■　広島文理科大学での様子

諏訪内　広島文理科大学での様子をお伺いしたいと思います。まず、高等師範学校時代に、英語以外の外国語は学ばれたのですか。

村井　そうですね、一年間ずつドイツ語、フランス語、中国語をそれぞれ学びました。

諏訪内　文理科大学ではいかがでしたか。

村井　大学では原書を読まされるから、勝手にやりましたね。ビューラーの『青年心理学』を訳せと長田先生に言われて、訳して渡しましたが、それっきりどうなったか知りません。青年の日記を使って研究したものです。あの頃は、いきなり原書を読むのが普通に行われていて、出来て当然という風でしたね。

倉橋　ナチスの全盛時代で、政治的状況からドイツ語を学ぶということもあったのですか。

村井　ドイツのものを学んでも、別にナチスとどうのこうのということはなかったですね。英語を読んでも、アメリカのことを考えたわけではありませんでした。時勢に敏感には反応しなかったですね。自由を制限されることは全くなかったです。国に振り回されることもなかった。軍事教練が中学から週に一回ありましたが、ルーティーンでやっていました。当然のこととして受け止めていました。

諏訪内　ここに『広島文理科大学創立五十年』という書物があります。その中で、庄司雅子先生が入学直後のオリエンテーションで長田新教授から「大学では英語ができるのはあたりまえのことで、ドイツ語ができなければ駄目だよ。いやしくも教育学を専攻するからにはドイツ語の原書が読めなくては」と言われて大変な教室に入ったと思ったと書かれています。秋には研究発表で原典を読んで発表をしなければならないので、夏休みに上京してドイツ語の講習会に通ったと書かれています。

村井　彼女（範子夫人）が女学校（広島県立第一高等女学校）一年生のときしか英語をやらず、二年になったら廃止されたというので、外国人の家庭教師について勉強し、東京に出て津田塾に進学したのですが、電車の中で英語の本を開いてはいけないと言われたと同窓会雑誌に書いています。津田では寮が軍隊に取られ、学校の教室は工場になったとか。飛行機のエンジンの一部を作る仕事をしていたらしい。出来損ないが出ると、「これは特攻隊行きだ」と言っていたとか。ひどいことを言うと思いましたが、そういう時代だったのだね。ただ、終戦直前には資材がなくなってつくれなくなって、自然に止めになった。

諏訪内　大学時代には勤労動員はありましたか。

村井　大学の後半に、日本製鋼所（広島工場）に行かされました。時々ですが。金属を剥がす仕事をしたように思います。工場の帰りに生ビールを飲ませてくれたり、お百姓さんがスイカやブドウをご馳走してくれたので、結構楽しくやっていました。「自分は学生だ、工員ではない」と言って学生帽をかぶって行く者がいました。僕は工員だと言って、自分から工員の帽子をかぶっていましたね。

文理科大学では二年生が卒業生を送る係になり、卒業記念品としてペスタロッチーの胸像を贈ることを毎年行っていました。卒業生はそれをもらって嬉しそうに全国に赴任していく慣例がありました。僕も二年のときに係になったのですが、金属を拠出して胸像を作れなくなりました。「今年から贈れない」「何とかならないか」「石膏なら出来るだろうから」というので、金属の替りに石膏像にしてみようということになりました。それにしても元が必要なのですが、有名な彫刻家が作った型がありました。その元の型が出来たときに非常に感激した工作の先生がいて、その型のコピーを作りたいと型の型を自分でつくったと聞いたので、型を取らせてもらおうとして、その先生の所に行きました。工作の先生の教員室に二人並んでいて、一人がその先生でした。訳を話して卒業生に贈るから石膏像をお借りしたいと言ったら、「君は教育学の学生だろう。長田さんの弟子だろう」。何を言うのかと思ったら、「帰ったら長田さんに言っておけ、あんなもの叩き壊してしまった。日本にいくらでも偉い人がいるのだから、外国人のことなど研究するなと言え」と言う。本当に殴りかかろうかと思ったのですが、もう一人先生がいたので我慢して、卒業するまでには一遍殴ってやろうと機会を狙っていたのです。

それには後日談があって、卒業して軍隊に行き、復員して広島に戻って助手になったあるとき、学長の長田さんの家に行っていたことがあります。誰かが台所にカボチャやニンジンを運び込んでいる気配がしたのです。「誰かが野菜を持ってきている」「何先生？」と聞いたところ、いつかの工作の先生だった。それで、「よし」と言って行こうとしたんだけど、そのときフッと考えたのは、学長の家に野菜を運んでくれる人にいまさら腹を立ててもしかたない、滑稽で恨むどころではなくなりました。気がぬけたんだね。こういう妙な経緯があったけど、世の中というのは本当に変だね。誰にも説明しないでそれっきりになりました。（『対談・人間観と教育観』二〜五頁参照）

諏訪内　文理科大学では、どのような授業があったのですか。

村井　授業にはあまり出なかったですね。

諏訪内　ご自分で本を読まれていたということですか。今で言う研究会・ゼミのようなものはありましたか。

村井　稲富先生の授業では、プラトンの『パイドン』を読んでいたのを覚えています。

　漢文は加藤常賢先生（広島文理科大学教授、後に東京大学教授、二松学舎大学教授）に可愛がられました。なんとなく読めたものだから、難しいところを読む時には必ず僕が当てられて読まされました。どういうわけか、白文を何となく勘で読めるんだよね。何をテキストにしていたか覚えていませんが、本文があり、小さい字で注釈が書かれていました。

倉橋　プラトンはギリシア語で読まれたのですか。

村井　プラトンは英語やドイツ語では読んでいたし、ギリシア語で読むものと思っては当時はいませんでした。語学で苦労することは考えなかったですね。

倉橋　語学にお強かったのですね。欧米言語を読める方はいらっしゃいますが、漢文も読めるという方は少なかったのでは。

村井　他の人よりはましだったかもしれない。原文で読むとなると、自分で考えないと読めないからね。そこには変な感じはなかったですね。その中に入り込んで考えていた。

倉橋　変な翻訳を読むと、この翻訳者は本当にわかっているのかなと思うことがありますね。日本人が学問をするには、外国語の力も必要かもしれませんが、それ以前に母国語で自分でよく考えるということが必要ですね。

村井　英語をあれだけやり、自分でも得意で、誰もできないこともできたのに、何と言うザマか。喋れない、使えない。ロックフェラー財団から留学の話があったとき、頭の中で英文を作って話すので時間がかかり、よく相手が我慢して聞いてくれたと思うのだけれども。二〜三時間かかったのではないかな。後でわかったのだけれど、財団の日本代表の人が京都大学の政治学を出ていて、こっちはちっとも知らないものだから、汗をかきかき、アメリカの学問の悪口を言って。面白い現象と思われたのかもしれないね。あの頃アメリカの悪口を言う人はいなかったから。これは面白い、と行かせてくれたのかもしれない。

諏訪内　研究発表はしていたのですか。

村井　発表したり書いたりしたものをまとめて、卒業論文として提出しました。

■長崎青年師範学校生徒との再会

諏訪内　昨年（平成二十二年）六月に、麗澤大学で日本道徳教育学会のシンポジウムに招かれた時に会われた、終戦の時の長崎青年師範学校の生徒・横山文枝さんとは、麗澤大学の岩佐（信道）さんの結婚式の時に初めて再会されたのですか。

村井　「あれ、何でこんな所にいるんだ」とよくわからなかったのです。あんな田舎（諫早）から出てきて、東京のあんな所で出会って、びっくりしましたね。

諏訪内　横山さんのご主人は岩佐さんと同じ職場にお勤めで、結婚披露宴に出席される予定の時に村井先生が宴に出席することを聞いて奥様に連絡したので、横山さんは村井先生に会いに来られたようです。横山さんのご主人は慶應大学文学部図書館学科を卒業されており、横山さんから村井先生のことを聞いていたのだと思います。

村井　そういうことだったの。

長崎青年師範学校に着任して、原爆の生き残りのクラスの担任をいきなりやらされたのです。軍隊では、終戦の二週間ほど後に、中隊長から「もうお前、いいから帰れ」と言われた。何でそんなことを言ったかというと、中隊長が東京外国語学校の英文科の卒業生で *Reader's Digest* を机の上にこんなに積んでいたんです。軍隊の中隊長が何でこんなものをと思っていた。こんな中隊長が、僕に好意を持ってくれていたのです。最後に九十九里あたりへ一緒に行こうと思っていたので君を留めていたが、こうなったら、自分は後始末をしなければならない。だが、お前は帰っていいと言う（『著作集』月報五・五頁、

『回顧録』四四頁、本書四五—六頁参照)。それで、途中下車して広島に寄ったら、すっかり焼け野原になっていました。まだ河原で遺体を焼いていた状態だった。先生方の消息を調べてから、佐賀に帰省しました。籍を長崎に置いてあったわけだから、長崎に行って翌年の春まで諫早で助教授をして、学徒動員先の長崎で遭遇した原爆で生き残った女子のクラス担任をしました。わずか半年足らずなのに、横山さんたちはよく覚えていてくれましたね、当時のことを。僕はすっかり忘れてしまって。

諏訪内　不思議ですね、そういう出会いがあるというのは。先生は女子学生に人気があったと言っていました。

村井　そうだろうね。若かったから。

倉橋　年齢も余り離れていなかったんですね。その後、その方から、当時の写真のコピーが送られてきていましたね。

諏訪内　青年師範学校の卒業式で、先生がシェイクスピア・マクベス役の台詞を諳《そら》んじたことが強く印象に残っていると横山さんから聞いています。(本書二〇頁参照)

■　ハーヴァード大学留学中のことなど

諏訪内　ハーヴァード大学に留学していた時のことに移りますが、ペスタロッチーの本を探そうと思ったら無いのに驚いたという話を私は学生時代に聞いた記憶があるのですが。

村井　アメリカというのは、本当に大変な国だと思ったね。大学院の図書室にペスタロッチーの本は一冊だけしかなかったんです。それも、『リーンハルトとゲルトルート』の英語の抄訳版のみで、ドイツ語の本は一つもなかった。ドイツ語の本なんかに関心がないんだね。シュプランガーの *Kultur und Erziehung* を読みたいと思ってもワイドナーという一番大きな図書館に頼んだら、時間がかかってやっと出してくれた。けれど、その後プリンストンの高等研究所へ行って、大学のゲスト・ライブラリー(東洋専門)で日本語の本を探したら、自分が書いた本が揃っていて驚きました。ドイツ語の本は探さなかったんだけど。日本語でも英語でもそうだけど、一つの本である問題を調べると関連した問題を考え、そのことを書いた本がないかと調べると必ず次々と見つかり、一日中図書館にいて飽きませんでした。一つの本を見ると次の本を見なければならなくなる。図書館というのは大変なものだね。日本では考えられないけど。

諏訪内　高嶺秀夫が師範学校に行ってペスタロッチーの

ことを学んで日本に紹介した訳なんですが、ペスタロッチーは師範学校でしか伝わっていないんですか。

村井　そうでしょうね。師範学校は特殊な学校で、日本はアメリカの教育制度に学んでスタートしたでしょ。アメリカの師範学校はホーレス・マンが始めたんだ。日本でも同じような師範学校をつくり、顧問もアメリカの師範学校から呼んだでしょ。その連中が皆アメリカの師範学校から来ていました。

明治時代、日本はアメリカに学んでスタートした。アメリカの教育制度、顧問もアメリカから招き、アメリカをモデルにして……。日本の近代教育史を考えると、師範学校が先行して国家の「近代化」が始まった訳です。各県に二つずつ（男子師範と女子師範）つくった。モダンな学校でした。だが、それが出来上がった頃には、更に新しいものとして県立中学校が出来始めるんだね。夕日と朝日みたいに、変わり目で、阪東妻三郎の「無法松の一生」などはその例だ。小倉の祭りなんて町を挙げての祭りというのは、沈みかかっている夕日の師範学校生と新しく上ってくる朝日の中学校生の喧嘩の場所でしたね。日露戦争後が変わり目だった。漱石の三四郎が熊本から東京に出てくる時に、日露戦争に勝った、万歳、万歳と大騒ぎしていると書いているけど。その時期に日本は師範学校全盛時代から、中学校全盛時代に変わるんだね。日本の教育史の大きな区切りだね。その後アメリカに追随する啓蒙時代があり、またそこから、多少ヨーロッパに目を向けようという自由主義的な時代に変わる。それが満州事変をはさんで軍国主義となる。日本の教育史は維新以来大きく三つに分けられますね。

諏訪内　アメリカ留学を終える時に、台湾からの留学生が巻紙に英語で礼状を書いて読み上げた、と伺ったことがありますが、……。

村井　それは後で聞いたので、僕がその場にいたわけではないのです。ハーヴァード大学にイエンチェン・インスティテュート（中国・東洋研究所）というのがあります。ハーヴァードが燕京大学と提携して毎年中国から留学生を呼んでいたのですが、中国が共産主義になったのでアメリカとの関係が断たれた。そこで戦後、その基金で留学生を日本、韓国、台湾の三カ国から招いたのです。日本の慶應からは沢田（允茂）君が選ばれて行った。イエンチェン・インスティテュートは東洋研究のセンターでしたね。一年間の留学生活の終わりに謝恩会を開いて謝辞を述べることになっていたのですが、日本、韓国、台湾と順番に挨拶することになっていて、丁度その年は台湾人の順番になった。ところが台湾の代表はアメリカ風のテーブルスピーチではなく、礼儀正しく巻紙に書いて読むことにしたいと主張した。そしたら、所長をしていたライシャワー（日本研究家、後の駐日大使）が非常に感激して、さすがに礼節の国の学生だと言って褒めたという話でした。沢田君から聞いた話です。

諏訪内　エマソンの碑文を一緒に見に行ったという留学生とは、岩佐さんと吉家（定夫）さんですか。お墓ではないですよね。

村井　そうだね。お墓とは全然別。エマソンが隠れ家として hut を建てた、と書いてありました。松林があって、岩があって、全体が公園として扱われている。岩にプレートがあったのが、十数年後に二回目に行った時にはプレートがなかった。三回目に行った時にはまたありました。フランクリン・パーク。

倉橋　先生が訳されたあのエマソンの詩、あれは素晴らしい訳ですね。（『もうひとつの教育』一六〇～二頁、『著作集　第七巻』二八八～九頁参照）

村井　あれは、その場で訳してみたのです。素晴らしい眺めで、フランクリン・パーク、ボストンの南にあるレッド・ソックスの球場の南を下ったところ。広い公園の一部。あのイメージ。岩があってプレートがはめ込まれていて、散歩のつもりで行って……。

倉橋　あの詩のイメージからすると、森の中に松があって、岩があって、そんなに開けた所なんですか。

村井　松林の中に、大きな岩があって、そこにプレートがはめ込まれていた。見下ろすと、草原が拡がっていい眺めでした。ボストンの町からふらっと散歩のつもりで行ったら、はめ込みに出会ったんだね。

諏訪内　エマソンのお墓はよく盗み取られるので、大きな岩にして持てないようにしているとか。

村井　大きな岩だよ。とても持てない大きさの。

倉橋　昔のはあんなに大きくはなかったんですね。今のは、まわりと不釣合いなほど大きい岩ですね。

諏訪内　別の話として、アメリカ留学後ヨーロッパに回った時、イタリアに行ったら色々なスパゲッティを食べたということを慶應女子高の安部先生から聞きましたが。

村井　イタリアに行ったらスパゲッティを食べてやろう

と思っていたのです。アメリカのスパゲッティはグチャグチャに煮るから食べる気がしなかったので、イタリアに行ったら本物を食べたいと思っていました。ローマに着いたらレストランに直行して、無中になって食べた。あるだけ注文した。気がついたら、見物客に周りを囲まれていました。一九六〇年だから、日本人が珍しかったんだろうね（笑）。ちょうどその時、イタリアでは、女の子が街中をオートバイで走っているのを見て、「あれっ、女の子がオートバイに乗っている」と舌を巻いて驚いたことを覚えていますね。日本では大和撫子だから考えられないことだ、と驚いたのです。今では当たり前になったけど、当時としてはね。

諏訪内　前回の読書会（人間主義学会解散後、一部の会員が先生との勉強会の継続を希望して実現した研究会）で、結婚の仲人をしてもらった天野貞祐さんの家に挨拶をしに行って、カントの「直観」には、Anshauung と Intuition の二つの表現がある理由を聞いたという話が出ましたが。

村井　聞いたら直ぐには答えられなくて、帰りがけに玄関から追っかけてきて、「自動車を automobile と motorcar と言うようなものではないのかな」と叫ばれたのを覚えている（笑）。でも、天野さんにお目にかかったのはそれが最後だったね。

東日本大震災、福島原発事故について思うこと

認定ＮＰＯ 法人子どものいのちを守る会理事長
村井　実

今回の東北・関東地域にわたる大災害発生以来、いま子どもたちが置かれているに違いない苦境をあれこれと胸に浮かべてはみましたものの、痛ましさの思いがつのるばかりで、いまもって何をどう言えばいいか、ことばのかけようが考えつきません。

じつは私のばあい、今回の災害にあたって、まず衝撃的に感じ取ったことは、子どもたちをはじめ数多くの人々のさまざまの苦難のことは当然ながら、それよりも以前に、まず、「しまった！」という、過去の自分自身の生き方、あるいは子どもたちに対しては大人としての私たち世代の、まさにあまりにも貧しかったとしか言えない知性の働きと人間性の自覚への、絶望的な後悔の痛みでした。その後悔が、今なお続いています。

今回の災害は、一般には地震と津波という二つの天災と、その天災に付帯して起こった福島原子炉の崩壊という、いわば一つの人災との、不運な三重の関わりによるものと見られているようです。しかし私には、この今回の災害がすべて、悔やんでも悔やみきれない、私たち大人たち世代による決定的な人災であったと感じられてならないのです。

つまり、子どもたちに対する私たち大人世代の、この事件に至るまでの生き方と知性との貧しさと粗末さ、あるいは、私たち大人世代に久しくあまりにも欠けてきた、生き方の自覚と知性の働きという二つの要件を原因として生まれた、その意味で歴史的な人災、あるいは、もっと率直に言えば、私たち大人たちの世代が、成熟した大人として当然払うべきであった政治上の配慮と、当然働かすべきであった科学上の知性の鋭さとに、これまであまりにも欠けていたという事実からの、これが必然の結果ではなかったか、その意味で、地震も津波も原子炉の崩壊も、ことごとく、まさに一連の人災そのものであったと見なければならないのではないか、と感じられているのです。

政治上の配慮については、地震であれ津波であれ原子炉であれ、まずこれまで政治家と称してきた人々が、もっぱら政争に明け暮れていただけで、国家の運命を左

右するこうした天災への備えなどにはまるで無見識、無防備のままに久しく過ごしてきたとしか見えないことを、決定的に責められなければなりますまい。

一方、科学上の知性については、私はもちろん、私自身も含んで社会に広く学者と呼ばれてきた人たち、なかでも自然科学者として、しかも地震や津波についてはその専門家であることをもって自ら任じ、社会でもその意味で高く尊敬されてきた人たち、そしてまた、とりわけ原子炉の崩壊については、自ら物理学者あるいは原子物理学関係の専門家をもって任じてきた人たちには、学者としての痛恨極まりない不甲斐なさの自覚が生まれているのではないかと思っているのです。

そもそも原子とか原子核とかが、どういう恐るべき威力のものなのか、最後的にどう対応しどう処理することが人間にできるのかは、まだ実は誰にも分からないものだとは、半世紀も前から広く知られてきているはずです。それにも拘わらず、ただ利用するだけは利用しようという一部の国民の欲望や行為を、その恐ろしさを一番よく知っているはずの専門家たちが、今日までどうして見過ごしたり放置したりすることができてきたのでしょうか？

地震や津波や核分裂の専門研究者たちにも、それぞれの立場でのさまざまの言い分があろうということは分かります。しかし、学者たち、あるいは専門家たち自身は、もちろん私も含めてのことですが、いまはただただ、自分たちの専門家としての研究や知識の貧困さと、国民としての社会的自覚の未熟さとを、身をもってかみ締めるほかはあるまいと思っているのです。

これが、現在の時点で私に言える唯一つのことのように感じています。

（子どものいのちを守る会会報『Dawn』27号、巻頭言、二〇一一年五月十二日発行、より転載）

第二回

二〇一一年七月三十日（土）
（成城・村井実宅にて）

◇インタビュアー
諏訪内敬司
渡邊　弘
倉橋桂子

■ 慶應での初期の頃

諏訪内　前回アメリカでの留学の話を伺ったのですが、今回は時系列的に慶應の話をまとめてお伺いしたいと思います。

『著作集』の月報に、村井先生の同級生だった滋賀大学学長の川崎先生が、村井君は学生の頃から慶應の学風が好きで三田文学の人のものをよく読んでいたので慶応に行ったのかな、というニュアンスで書かれていますが……。

村井　それは多少違います。たまたま慶應の出身者が主宰する『三田文学』に水上滝太郎の特集号が出たことがあります。僕は水上滝太郎の『貝殻追放』が大好きで、岩波書店の全集も持っていました。『三田文学』の特集号には色々な人が水上について書いていて、余りにも面白いのでいつも持ち歩いていたから、川崎さんはそのことを覚えていて書いたのではないだろうか。慶應に来たのはそれとは関係がないです。

諏訪内　やはり『著作集』の月報に、慶應に勤め始めたときに沢田先生と親しくなり、沢田先生の家によく泊まったと書かれていましたが。その頃は奥様と一緒に住まわれていたのではなかったのですか。

村井　彼女（範子夫人）と国分寺に住んでいました。結婚していたから単身ではないです。出産のために彼女が九州に帰っていた頃のことでしょう。

慶應大学へは、「ゆっくりでいい」という話だったから本気にしてゆっくりと来ました。五月になって、新婚旅行から帰って慶應に来ました。橋本さん（学務担当常任理事、倫理学教授）に挨拶に行ったら、「君、遅かったね」と言われました。田舎者だからよくわからなかったんですね。「あれ、話が違うじゃないか」と思ったけど、僕自身が常識外れだったんだね。

諏訪内　一カ月位はどなたかが授業の代講をされたのですか。

村井　いや、そんなことはしなかった。あの頃は休講しても、だれも構わなかった。僕は広島文理科大学の助手をしていたから、そういう事情はわかっていました。あの頃の大学はそんなものだった。

諏訪内　文理科大学助手の時代には授業は持たれていなかったのですか。

村井　持っていませんでした。

渡邊　その頃の慶應は随分のんびりしていて、確か、試験の当日に試験問題が出ていない先生を探し回ったという話を聞いたことがありましたが。

村井　中国文学の奥野信太郎さんだね。大学院の入学試験に問題を出していないことがわかり、当日の朝に気がついて、「これは大変だ」と探し回った（笑）。家にはいないし、奥野さんの行きそうなキャバレーや飲み屋に電話して、渋谷の道玄坂の横丁に入った所にある何とかいう店にいるのがようやくわかった。車で迎えに行って「先生、一緒に来てください」と大学まで連れて帰りました。研究室に戻ったら、「まぁ一杯」とウイスキーを勧められて、「今、問題を作るから」と本棚から『紅楼夢』を取り出し、その中の一節を写して、「これを日本語に訳せ」という問題を作ってくれました。あの時は慌てましたね。試験が午後からあるので。

渡邊　今では考えられませんね。そんなことをしたら処分されますよ。それ位のんびりしていたんですね（笑）。

倉橋　奥野先生はいい先生でしたね。慶應大学の入学試験の二次試験で面接があり、奥野先生が私の面接官でした。見覚えがあると思ったら、奥野先生でした。「君は小さいのに大学に来るの？　大丈夫？」と訊かれました。優しいおじい様、という印象で、ニコニコしていらして。

諏訪内　その頃は、文学部の入試に面接試験があったのですか。

村井　そうね。初めの頃は一人ずつやっていました。受験者がだんだん増えてきたのでさばけなくなってから、手分けしてやっているうちに、ついに面接は止めになりました。

諏訪内　先生は慶應大学の文学部教育学専攻所属になったわけですが、もれ承った話ですと、先生はドイツ語を教えていたのでは……。

村井　いや、ドイツ語は教えていません。

諏訪内　学生当時の三浦一男（元哲学科教授）さんにドイツ語を教えていて単位を落としたとか。

村井　あれはドイツ語ではなく、「原典講読」という演習でドイツ語を読んでいたんじゃなかったかな。

諏訪内　三浦さんは哲学科の学生でしたが、教育学の演習を取っていたのですか。

村井　哲学の連中も出ていたんじゃないかな。三浦は腕力が自慢で、「昨日浅草で喧嘩した」とか言って、試験に出てこなかったんだ、自分は大丈夫だと思ったんだね。

諏訪内　確か、重量挙げをやっていたと聞いたことがあります。

村井　ドイツ語はできたんだけど、僕が戒めのつもりで単位を出さなかったんだ。そしたら大騒ぎをしてね。哲学科の沢田君や主任の松本正夫さんまで僕に「何とかならないか」と言うんだよ。僕は余計に意地になって「だめだ」と言って、結局言うことをきかなかった。今のうちに懲らしめておかないと、本人の将来のためにならないと思ってね。でも、恨んでいたんじゃないかな。よく出来て競争していたのが、朝日新聞社に入った長谷川熙君だったね。

渡邊　先生は最初、何科目くらい教えていらっしゃったのですか。

村井　教育学概論が中心で、演習と、それに学説史か何か……三つか四つです。五つも六つも教えたりすると、「欲張った変な奴だ」と笑われる位だったね。

渡邊　その位でいいですね。恵まれていましたね。今では考えられないです。

諏訪内　多いと十科目位教えますからね。

村井　今の大学の話を聞くと、涙が出るほど大変なようだね。同情するよ。昔の大学の教師は恵まれていましたね。世の中がだんだん変わってきて、若い助教授連中も自分たちを教授会に出せとか言い出すようになった。どこでもかなり運動したんじゃないの。教授会に出ると偉くなったとでも思うのか。結局、助教授も教授会に出てみて、ばかなことをやっているとわかっても、後悔先に立たずでしたね。

渡邊　慶應に来た時に最初の年に沼野先生（後に玉川大学教授を経て神田外語大学教授）が初めての教え子でしたか。いつも一番弟子と言っていましたが。

村井　初めて教育学概論の講義を聞いた中に、三年生で入っていたんだね。一級下に安川（国男・後に慶應普通部を経て慶應女子高教論）君がいました。他に小原哲郎君（後に玉川学園二代理事長、学園長）なんかも。彼は籍は大学院にあったが、小林澄兄さんがパージになったので概論の講義を聞いていなかったからと言って。しかし、同じ年齢の者に教わるのはいやだといって授業には出てきませんでしたね。

渡邊　沼野先生の第一印象はどんな感じでしたか。

村井　何か教師を困らせたがるようなことばっかり言っていましたね（笑）。歳が一つ下ということが悔しいと言うから、「一年長生きをすればいいじゃないか」と言ってやったら「安心しました」と言ってたけど。

諏訪内　確か、戦争に行く前に教員をしたくて、教育委員会に片っ端から手紙を出して教員をやらせて欲しいとたのんで、何処かの学校で教えてから戦争に行ったとかいうことを、玉川大学に行った山口栄一（後・仙台白百合女子大学教授）さんから聞いたことがあります。

村井　クラブで「児童文化研究会」という集まりに入っていたから、よほど子どもには関心を持っていたんでしょうね。

渡邊　その頃、ゼミ生の人数はどれくらいでしたか。

村井　数人しかいなくて、沼野君が三年、安川君が二年、西村君（晧・後慶應義塾大学文学部教授、慶應女子高校長、常任理事）が一年だったかな。

渡邊　そんなに少なかったんですか。

村井　安川君は熱心で、沼野君の話では、授業終了後沼野君にもう一回講義の説明をしてほしいというから歩きながら説明したら、三田から品川まで行ってしまったことがあるということでした。安川君はわかりが遅いと言うか（笑）、沼野君は早すぎる方だからね。

渡邊　その頃、テキストは先生が書いたものを読んでいたのですか。それとも、原典を……。

村井　通信教育のテキストを使っていたのではないかな。

渡邊　あれはものすごく難しいですね。私、持っていますが。

村井　歴史学の神山（四郎）さんがよく言ってたけどね。「村井さん、あれは若かったから書けたんだよ。二度と書けないね。若々しくてはつらつとしていて面白い」って。

昭和二十五年に橋本理事に呼ばれて、「通信教育を始めるから、『教育学概論』を書きたまえ」と言われたのです。「まだ早いが」ってね。二十五、六歳の若造でしたから。

渡邊　通信教育では教科書を使って添削をするのですか。

村井　課題を出してレポートの添削をするのだけれど、その手当てが本務の月給よりもずっと多かった。慶應の月給は安かったからね。

渡邊　先生の教科書で学んだ人も多かったでしょうね。

村井　佐藤順一君（元聖徳大学教授）が通信教育出身だった。あのテキストは長く使っていた。僕が慶應を辞める頃改訂すると言っていたが、田中（克佳）君が新しく書いたはずだ。

諏訪内　『対談　人間観と教育観』（二一五頁）でI先生と国語教科書の暗唱合戦をしたというのは、国文学の池田弥三郎先生のことですか。

村井　そう。どこまで覚えているか、「ハナ　ハト　マメ　マス……」と、どこまで言えるか……。池田さんもよく覚えていてね。六年の時には「サイタ　サイタ　サクラ　ガ　サイタ……」で始まる教科書に変わったけど。

渡邊　第四期国定教科書の時代ですね。大正デモクラシーの影響がありました。「ハナ　ハト　マメ　マス」から「ススメ　ススメ　ヘイタイ　ススメ」へと極端に変わった時期ですね。確か池田先生は国定教科書があった方が、みんな一緒に勉強して同じことを言い合える、話し合えるからいいという考えだったということを村井先生からどこかで伺いました。

村井　あの頃は芦田恵之助の影響もあって、教科書をよく音読していましたね。読んで読んでまた読んで、という原理でよく読まされましたね。「大日本、大日本、国の御親の天皇陛下、我ら国民《くにたみ》八千万を、わが子の如く思し召される。大日本、大日本、我ら国民八千万は、天皇陛下を親とも慕い、神とも仰いでお仕え申す」。よくやったよね、ああいうことを（笑）。覚えたことは覚えたが、別にそういう考え方に影響されたことはちっともない。まともに聞いてた人はいないんじゃないかな。でも、よくやったね。あの頃は。

渡邊　今、それが復活しています。『論語』なんかを子どもたちに読ませています。先生が先に読み、次に子どもたちが全員で読む、という風にして。

諏訪内　子どもの時は意味がわからなくても、頭に入っていれば大きくなったらわかるようになるということですね。

村井　芦田のプリンシプルは、まず先生が読んで、次に生徒が全員で真似て読んで、さらにそれぞれが黙読してという風に、繰り返し繰り返し読ませていたね。

二、三日前に思い出したんだけど、四年生の時、与謝野鉄幹が廟行鎮《ビョウコウチン》の爆弾三勇士の歌を作ってね。「廟行鎮の敵の陣、我の友隊すでに攻む、折から凍る如月《きさらぎ》の、二十二日の午前五時、……」。そういう歌を詠んでいたが、なんとへたな歌だろうと思った。ちょっと後で、当時の代表的な詩人で、与謝野晶子の旦那さんとわかったけど、こんなつまらない歌を作って、と思ったことを覚えているよ。

学校の影響力って何だろうね。よくわからない。学校

でしょう。教わることをまともに聞いていた人はあまりいないで

渡邊　納豆売りの少年の話は感動するけど、自分の家は貧しくないのでどうしたらいいのか困った、という話も面白かったですね（笑）。

倉橋　親孝行の話ですね。

村井　先生が一生懸命教えても、子どもは何を考えるのかわからないね。

渡邊　捉え方が大人と違いますからね。

　先生は専任講師の時代がものすごく短かったですね。昭和二十四年に、二十六歳の時にすぐに助教授になられてますが、審査はなかったんですか。

村井　そんなものはなかったね。専任講師を一年間やって、すぐに助教授になりました。書類など提出した記憶もないですね。他所から来たのでお客さん待遇だよね。橋本カポネ、シカゴのギャングのアル・カポネに似ているというので、カポネというあだ名が付けられたのですが。その橋本さんが学務担当の常任理事で全て牛耳っていた。逃げられたら困ると思ったからじゃないの。行動的でなかなか立派な人だった。

諏訪内　当時、外部の大学から慶應に来た教員は少なかったのですか。

村井　そうね。三人くらいました。社会学の佐原（六郎）さんが京都大学から来て教授になったんだね。あと何人か、国文学の久松潜一さん、歌人でもあり民俗学者でもあった折口信夫さんなどくらいで、珍しかったんじゃないかな。

■家事や育児も担当

諏訪内　留学中は既にお子さんが二人いたと思うのですが、連れていかれたのですか。

村井　いや、子ども置いて行きました。「家内と一緒なら（留学に）行きます」と言ったら、「一緒でいいでしょう」と了解されたのです。日本人には珍しいとでも思ったのかな。妹に国元から来てもらって、子どもを預かってもらった。

諏訪内　先生は赤ちゃんのオムツも取り換えたという話を聞いているのですが。

村井　そんなことは当たり前だと思っていたけど（笑）。彼女（範子夫人）は大学に通っていたし。そういう事情だから、食事の準備をしたり。男はそういうことはしな

いものだということは何十年も経ってから、人の話を聞いて気づいたようなことでした。当たり前だと思っていたけど、異常だったらしいね。沢田（允茂）君もやっていたけどね。後になって、ちょいちょい聞くんだよ、「家の主人なんてとてもやりません」とかね。

諏訪内　九州男児なのでそういうことはしないと思っていたのですが。

倉橋　皆さんも育児にかかわりましたか。

渡邊　やりましたよ。共働きでしたし。子どもはかわいいものですね。

諏訪内　教育学を学んでいる身としては、やらざるを得ませんよ。

倉橋　福澤諭吉が新婚の頃、よく自分の子どもを負ぶって率先して家事をやっていたと桂川家の娘さんが証言していますね。福澤のやさしさは村井先生と重なります。子どもを大事にすることを幕末や明治に来日した欧米人が「こんなに子どもを大事にする国民はない。宝のように可愛がっている」と記録していますね。

■ 来る者は拒まず

諏訪内　佐伯胖先生（東京理科大助教授、東京大学教授・教育学部長、青山学院大学教授を経て、信濃教育会教育研究所長）はどういう経緯で先生の所に来られたのですか。

村井　工学部の学生でしたが、悩んで、色々な先生の所を訪ねていて、僕の所にも来たんです。大学院の僕の授業に出て来ていました（『著作集』「月報七」参照）。アメリカ留学の世話も僕がしました。常任理事をしていた気賀健三（経済学部教授）さんに推薦状を頼みに行きました。留学したら、アメリカで知り合った理科大の先生に引っぱられてしまって、そこの先生になった。教育学をやったらいいと言ったんだけど、その気にはなれずに、後で東大の心理学の東　洋さんに引き抜かれるんです。

渡邊　先生は色んな方を世話されていますね。ハーヴァードでは広中平祐さんなんかも。

諏訪内　障害児の言語治療や演出家などをしている川手鷹彦さんには、どういうきっかけで指導するようになったのですか。

村井　トランスナショナル・カレッジというのをやっている榊原君というのが、耳から英語を聞きながら踊っているうちに英語を喋れるようになるというテープを開発したのです。それが英語だけではなく、ドイツ語、フランス語、中国語、韓国語など七カ国語聞かせると、七カ国語話すようになると考え出した。

諏訪内　七カ国語話すというのは、ヒッポファミリー・クラブですか。

村井　そうね。ヒポポタマスから来た名前ですね。その榊原君に月に二回、日曜日に来て四人ほどと勉強させてくれと頼まれたので引き受けたのです。川手君はその中の一人です。シュタイナー学校のヤフケ氏が日本に来たので、日本でうろうろしていても仕方がないので、彼を頼ってドイツにでも行ってみたらとアドバイスしたのが始まりでした。放浪の旅の間に、シュタイナーのことを身につけて、自分の道をドイツで開拓し、スイスの演劇学校（ゲーテアヌム）を出て、今では変わったことをしているね。面白い男だよ。バリ島に行って、インドネシア語もやって、踊りのようなこともやっている。

倉橋　川手さんの朗読するドイツ語の詩を聞くと、すごいですね。朗唱というんですか、ドイツ語がわからなくても目の前に情景が浮かんでくるんです。綺麗なドイツ語ですね。

村井　父親だったか祖父だったかが無声映画の弁士をしていたという話でした。

諏訪内　あー、なるほど。言語に繊細な訳ですね。

渡邊　ねむの木学園（続編第四回参照）に一緒に行って、子供たちと朗唱をしていましたね。

村井　色々活動しているね。彼の周りにいつの間にか色々な人が集まって来て、……。

倉橋　言語の発声を通して治療教育をやっていらっしゃいますね。宮澤賢治の作品の朗読も聞かせて頂いたことがあります。

諏訪内　先生は慶應の工学部の藤田広一先生と一緒に教育工学の研究会設立に関係されていますが、どのような経緯があったのですか。

村井　アメリカ留学から帰る時、行動主義心理学のスキナーの助手がティーチング・マシンを鋸でつくって、土産にくれるというから持って帰りました。沼野君がいつも僕にケチをつけて、「先生の話は高尚ですが、我々のように余り頭は賢くないけど、子どもが好きで教師になろうという人間の助けになるようにしてください」と僕をいつもからかっていたので、彼への土産にするつもりでした。ところが沼野君はその玩具に夢中になって、忽ちその方面の大家になってしまいました。そのティーチング・マシンに慶應の常任理事をしていた気賀健三さんが興味を持たれて、是非慶應で研究を進めてくれと言われたのです。僕はそんなに面白いとは思わなかったんですが、研究費を用意したというので学習科学センターをつくって、そこに慶應の普通部や幼稚舎の先生方も自由に出入りできるようにしました。工学部の藤田先生がそのことに興味を持たれて相談したいことがあると、僕にコンタクトを取って来られたので、間もなく先生は亡くなられたのです。しかし、話はそれ以上具体的には進展しなかったんです。

諏訪内　それに佐伯先生が関係していたのですか。

村井　佐伯君は関係していない。佐伯君はもう工学には関心がなく、認知心理学をやろうと思ってアメリカに留学したんです。教育学の方に引っぱろうとしたんだけど、本人は教育学には自信がないと迷っている時、留学中に知り合った理科大の人に世話をされ、さらに東大の東洋さんに引っぱられてしまいました。僕自身は教育学とか心理学とか分けないで、やりたい事をやればいいいと言ったのですが、……。

渡邊　『学びの構造』（東洋館出版社）は村井先生の影響が大きいですね。道徳《よさ》と書いていましたから。

村井　慶應は面白い所だね。小金井にある工学部の学生のくせに、三田にある文学部に来てうろうろしていても何も言わないんだから。

諏訪内　あの頃は、面白そうなら、他学部や他大学の授業を聞きに行くというのは結構流行っていましたね。

■「蜘蛛の糸」の後日談

諏訪内　先生はよく、芥川龍之介の「蜘蛛の糸」の後日談について話されていましたが。

村井　慶應普通部教員の伊集院兼信君の息子が普通部にいて、国語の先生が「蜘蛛の糸」の後日談を書けと宿題を出されたのです。そして、出来のいいのを編集して文集を作り、父兄に配ったんだね。ところが、「私の息子の文章は出ていない」と伊集院夫人が言うんだよ。夫人も時々佐伯君と一緒に僕の大学院の授業に出て来ていたからね。「出来が悪かったの？」と聞くと、「そんなことはない。私は面白いと思うんですが」と言うので見せてもらったら、「それからどうなったかの後日談を書け」という宿題だったそうです。

そこで大抵の子が、「それからカンダタは」と書き出して、「クモの糸が切れてがっかりしていましたが、人間とはこんなものです」とか、「カンダタは改心してやがてお釈迦様に救われました」とかいう趣旨のものだったけれども、伊集院君の息子は「それからお釈迦様は」と、お釈迦様の話にしたのです。お釈迦様はお父さんの所に行きました。お父さんにこれこれしかじかと説明したら、お父さんに怒られました。『そんなこともわからないで人を救うなんて生意気なことを言うんじゃない、修業し直せ！』」と。それは、僕の道徳判断の三段論法で言えば、裁判官的機能から抜け出て、一足飛びに立法家的機能や愛智者的機能にまで行っているんだね。だから僕がこれは面白いと言ったら、夫人の不満が納まったんです。ところが僕は、後に普通部で講演をした時に、ついその話をしてしまった。講演の後で伊集院君が、国語の先生が講演を聞いていたんだと言っていました（笑）。

倉橋　後日談の後日談ですね。

村井　その子は文化学院の西村（礼門）君と親しくて、後に一緒に僕の大学院の授業に出ていた。今はその子が伊集院家の当主として、しっかりやっているよ。

■ 慶應女子高校長就任の経緯

諏訪内　昭和三十九年の十月に女子高の校長になっていますが、その時の経緯を聞かせていただけませんか。

村井　あの時、校長は日吉のフランス語の二宮先生、主事も日吉の先生が就任していたと思う。二人とも張り切っていたのに、佐藤朔（文学部教授）さんが常任理事になった時に、突然僕を呼び出して校長になれと言われた。後で聞いたところでは、朔さんはお嬢さんを通じて女子高の噂を聞いていたらしいんだね。それで、女子高を根本的に改革しなければいけないと思ったんだろうね。それまでの女子高生は、日吉の教養課程に進学するわけだから、校長は教養の先生がいいだろうということになっていました。それが、いきなり文学部の専門課程の教員が校長になったこともあって、もめたのだね。女子高の方でも先生方がストライキを打つとかの騒ぎになった。その渦中に僕が乗り込んで行ったわけだ。こっちは何も知らなくて、のんびりと行ったのです。だいいち、女子高がどこにあるかも知りませんでした。「女子高の校長をしてくれませんか」「とてもそんなに遠い所には行けません」「いや、昼休みにでもちょっと行ってくれればいい」「どうしてですか。女子高はどこにあるのですか」「大学の隣にあるから」なんて問答の後で、「それなら行けます」と引き受けたのです。それ以来、教養課程の人が行くという体制を崩して、ずっと学部の専門課程の人間が行くようになりました。

倉橋　最初は池田弥三郎先生が校長をしていらしたのでは……。

村井　いや、池田君は最初中等部の主事だった。それが文学部教授から総務担当の常務理事になった。僕が校長の時、いつも遊びに来ていた。生徒の前で一緒に歌や踊りをしていたのです。

倉橋　池田先生は女子高でも国語を担当していたと卒業生から伺いました。

諏訪内　そういうことで女子高に行かれて、先生は最初に生徒を集めて「今日から、君たちは自由だ」と話されて、生徒はびっくりしたとかいう話ですね。

村井　生徒は女の子だから、学校の決まり、校則がやかましかった。福澤先生の言葉から取ったのだと思うけど、女子の学校なので、校是として「品位のある女性でなければならない」とかなり厳しくやっていたらしかった。だから、学校からの帰り道に汁粉屋に寄ってはいけない、スカートの丈は膝下何センチとかと、かなりうるさく規制して、絶えず検査をしたりしていた。そんなの全部自由で構わないと言ったのです。しかし、服装は自分たちで決めたいと言うので任せました。同窓会もなかったので新しくつくったり、日本風の部屋をつくったり、自由に勉強する部屋をつくらせたり、合間に先生方も一緒に自由にお茶を飲んだりする時間と場所を設けたりしました。全て自由に、自分の持っているものを開発して自分の世界を創造しなさいと、「自由、開発、創造」を女子高のモットーに掲げました。

スキーを履いたことがない子にスキーもやらせました。三年間やると女の子はどれ位上手くなるだろうかと興味があったのです。それまでは、危険だから個人でスキーをしてはいけないと禁止していたということで、学校に内緒でスキーに行っていた子もいたらしい。そこで、慶應に六年いて、東大に行ってまた表裏やっている男でスキーがものすごく上手い福山君というのがいると体育の先生に聞いたので彼に頼んで、希望者を募って蔵王に行きました。生徒だけでは危険だからやってはいけない、というので専門家を付けてやらせたのです。その頃の生徒は喜んで、すぐに上手くなりましたね。何年か後に、福山君から、オリンピックで優勝したイタリアのトニー・ザイラーを呼ぶので先生も来ませんかと言われたので、僕もザイラーと一緒に滑ったことがあります。
倉橋　へー、あのトニー・ザイラーと一緒にですか。
村井　いやいや、僕は見回りをしていただけで、ちっとも上手くならなかったけどね。
渡邊　先生は女子高で色々改革されていますね。

女子高の無監督試験制度は最初から秩序正しくやれたんですか。だいぶ長く続いたようですが（『回顧録』一一五～六頁、本書一一七―八頁参照）。今無監督試験をしたら、生徒や学生たちは何をやりだすかわかりませんね。
村井　試験の無監督制は、まず先生方にもわかってもらって、生徒にもしっかり説明した上で実施しました。カンニングする生徒が出てくると言いますが、先生方自身が生徒を自由にしてくれる気持がまずないとだめだね。そういう雰囲気が先生方に浸透したところで無監督制ということを導入しました。在学中の成績によって進学先の学部を決めるというのでは、無監督制だけではカンニングは出てくるよね。毎年問題になっていたらしいね。そこで、「試験は、自分の勉強がどこまで行ったかを確認するためのものだ」ということを先生方にも生徒たちにも徹底的に説明しておいたのです。

また、大学医学部や経済学部への推薦枠を頑張って広げるようにした上で実施しました。医学部は二人の枠を一人増やしてくれました。そうでないと無監督制度なんて、ただではやれないよね。それまでは、成績の低いのを「文回し」にしていたのだけれど、一部を「法回し」に分散しました。法学部長に頼みに行ったら怒って、こんな成績の悪い者は引き受けられない、と名簿を机の上に叩きつけられました。

いつの間にか十五年近く経っていたようですが、女子高の校長になったフランス文学の若林君が「申し訳ないけれど、村井先生が以前に始められた試験の無監督制度を止めたいと思いますが、いいでしょうか？」と聞きに来ました。「いいも悪いもない。校長のあなたがそう思うならお止めになって結構です」と答えました。それで、止めたらしいですね。（注）
渡邊　私も附属小学校の校長を三年間やりましたけど、外部の人間が校長となっても、現場の先生としては、お飾りですよね。それを改革するには大変な労力がかかったと思うのですが。勇気が要りますよ。現場の先生方と乖離がありますので。
諏訪内　大学の先生が行っても、現場の先生が協力してくれないことが多いような気がしますが。

村井　女子高の英語の先生で野本さんという変わり者がいて、私の赴任当時はストライキを画策していたらしいんです。急に校長が代わることになって、前校長に同情したのでしょうね。名物男だったのですけど、先生方の間で浮き上がっているみたいだった。でも、僕が行ったら、すっかり僕と仲良くなって。ストライキどころではなくなった。先日、女子高の同窓会誌に、そのお嬢さんが「父は村井校長の時期が一番居心地がよかったようです」と書いていました（笑）。

ついでに話すんだけど、英語の厨川（文夫）さんに、若くていい英語の先生を紹介してくれませんかと頼んで推薦されて来たのが、英語の安部（博史）ちゃんという先生でした。女子高の教員になるということで、丁度彼が教員室に挨拶に来た時、僕はたまたま隣の先生と「慶應には軽薄な学生が多い」という噂について話していたんです。そこへ安部ちゃんが挨拶に来て、「先生の授業ではお世話になりました」と言うから、「何の授業？」と聞いたら、「教育史」とか何とか言う。「僕は教育史を教えたことはない。ほら、ここにいいサンプルがいるだろう」と大笑いしたことがあります（笑）。純情な人でしたが、誰かにそう挨拶しろと教えられて、その通りに言ったらしいのです。その後、安部ちゃんに時々その話を思い出させてやると、彼は全く恐縮していました（笑）。

諏訪内　安部先生は、私がロンドンにいる時に丁度ケンブリッジにいらっしゃったので、何回か会いに行って随分お世話になりました。長田新先生の年忌で長野に行ったことがあったけど、何で呼ばれたのかよくわからなかったと言っておられましたけど。ケンブリッジには二年間もおられましたね。高校の教員で二年間も留学できるなんて考えられませんでしたが。

村井　幼稚舎の吉田君が今度アメリカに旅行に行くと挨拶に来ました。「アメションと言って、ちょこっと見てくるだけの旅行なんてつまらないから止めたら」と言ったところが、「幼稚舎でアメリカに行ったことがないのは教員だけなんです。具合が悪いんです」と言うんです。本当にそうなんだろうね。「そうか。それは知らなかった。失礼しました。それじゃあ行かない訳にはいかないね」と返事しました。

渡邊　中等部の教員をしていた野村豊君から聞いたのですが、「生徒たちはフランスのここの店はおいしかった」とか言っているんですって。教師は知らないのに。

生徒がそのようなことだから、教師も行った経験がないとまずいんでしょうね。そういう環境みたいですね。

村井　幼稚舎やら諸学校の教員に留学をさせるようにしたのは僕の提案でした。一方、大学の教員で順番に留学させてもらっているはずなのに、その人に渋谷で会ったという話があったりしました。もったいない話なので、ある機会に、小学校から高校の教員でも留学できるようにしたらと塾長に提案しました。塾長が、お金がないからできないと言うので、お金なら十分に持っている候補者がいます。普通部の安川君に行かせたらどうかと言ったのです。それで、安川君が留学第一号、その後慶應から資金が出るようになったけど。幼稚舎の桑原（三郎）君が第二号です。ロンドン大学のエドモンド・キングさんが日本に来ていたので、桑原君をキングさんに頼んで世話してもらいました。その後のことは知らないけれど、ずっと続いているんじゃないの。（『回顧録』一一四～五頁、本書一一六―七頁参照）

諏訪内　キングさんには私がロンドン大学に留学した時に、授業を受けました。その時、「一貫教育とは何ですか」と質問を受けましたが、慶應の付属学校を見学したり、桑原先生をお世話してくれたからでしょうか。

■ 出版社との関係

渡邊　先生は牧書店と東洋館から交互に本を出されていたように思います。牧書店と東洋館との出会いをお聞きしたいのですが。

村井　東洋館の社長錦織さんは慶應出身で、歴史の神山さんと一緒の学年だったらしい。僕より二つ位歳が上です。錦織さんの方が牧さんより二、三歳上で、親しかったようでした。牧書店は僕の『かにの本』を出してくれた。よく売れて評判になりました。牧さんは本屋として錦織さんの多少先輩なんだね。牧さんが亡くなった時、牧書店をどうするか問題になった。編集長をしていたのが、今のあすなろ書房の山浦君。牧さんが亡くなった後で錦織さんが「奥さんではできないから」と世話してあげていた。人情が厚い人だと感心していました。その時に、学部の卒業生の一人を牧書店に紹介して世話になりました。あすなろ書房の方は、今の社長は息子さんだと思うけど、時々新聞に広告が出ている。ほとんど子どもの本を扱っているようです。

渡邊　先日、現職の四十歳代の教員が私の所に来て、『かにの本』を借りたいと言われて貸しました。今でもよく読まれていますね。学生時代に読んだことを思い出して、懐かしくなりました。私の研究室には「村井実コーナー」があって、先生の本を揃えています。いい本を出していますね。

（注）無監督試験制度：山本正身女子高前校長に事実関係を調べてもらったところ、女子高の記念誌『四十年の記録』（一九九一年三月刊行）に安部博史教諭による経緯の解説が掲載されていた。それによると、無監督試験は一九六八年六月の実力テストから、一九八一年三月の定期試験まで十三年間存続している。村井校長から〝先生が生徒を試験するという考えはおかしい。試験は生徒が学んだことをどれだけ理解しているかを自己診断する機会の場ではないのか。先生はアドヴァイザーとして、生徒の自己判断に最適の試験内容の作成に努めるべきである〟との発言を受けて、一年間検討された。生徒に対してもホーム・ルームや全校集会で話し合う場も持たれて、この制度を盛り立てようという意欲が高まって実現した。しかし、「監督をしない」という部分に注意が集中しすぎ、この制度を成功に導くにはこれに相応しい問題作成の努力が必要という要請がぼやけてしまったことと、大学進学競争の激化が点数主義への傾斜を生んで学内の受験化によって廃止せざるを得なくなったようである。

第三回

二〇一一年十月十日（月）
（成城・村井先生宅にて）

◇インタビュアー
諏訪内敬司
渡邊　弘
倉橋桂子

■ コメニウスの遺跡などを求めて

諏訪内　今回は、ヨーロッパに行かれたこと、ドイツ、ペスタロッチーのことなどを中心にお伺いしたいと思います。

年譜によりますと、ドイツに初めて行かれたのが昭和四十七年（一九七二）のテュービンゲン大学留学ですが、ヨーロッパそのものに初めて行ったのはいつ頃ですか。

村井　アメリカの留学帰りにヨーロッパを一回りして、調べて帰りたいと思ったのです。ロックフェラー財団にそう言ったら、半年間通用する飛行機の切符を用意してくれました。自由に使ってくれと言われて、一九六〇年にアメリカ留学からの帰りにヨーロッパに行ったのが初めてです。だから、ヨーロッパには半年はいられたのですけれど、結局三カ月位で帰って来ました。

とにかく、ヨーロッパ中好きな所、特にコメニウスのチェッコスロバキアに行ってみたいと思いました。コメニウスのことを調べたかったのです。しかし、あの時は鉄のカーテンの向こう側で、カーテンをくぐったら二度と外国へ出してもらえないと言われていました。しかし、それでも、くぐって入りたいと思ったのです。その許可を日本大使館からもらわなければならない訳でした。許可をもらうのに苦労しました。その頃はスイスのジュネーブに日本の総領事館があって、全ての仕事の取り次ぎをしているわけですね。ところが、日本の外務省からの許可がなかなか来ないものだから、ジュネーブで二週間程待たされたかな。しかし、それはそれで勉強になりました。暇だったから、毎日スイスをぐるぐる回って。

ところが、本当に驚いたのは、領事館にフランス語をしゃべれる人が誰もいないんですね。僕は前にアメリカでも驚いたんだけど、初めて行った時、ロサアンジェルスの領事館に行ったら英語をうまくしゃべれる人がいないのです。むしろ僕の方がうまいのでびっくりしました。外務省というのはこんなものかなと思ってね。もっとも、これは昔の話で、今は違いますよね。一九五八年だから。

だけどビックリしましたね。領事館とか、公使館とか、大使館にいる人は、どこの国でも、その国の言葉ができるものだと思っていましたけど、全然違うのです。ジュネーブ総領事館に行ったら、チェッコ語はもちろんですが、フランス語ができるのが一人もいない。結局、フランス語のために臨時に雇われる人がいたのです。それがたまたま慶應出身の人でね。助かりました。二週間待たされるわけだから、ジュネーブ近郊を案内しましょうと言って、色々な所を案内してくれました。ルソーの生家やヴォルテールの家などは自分で探しましたが、ここはバイロンがいたホテルだとか、ここはスタール夫人の別荘だとかね。スタール夫人というのは、『ペスタロッチーとその時代』（玉川大学出版部、一九八六年）にも出てくるでしょ。とにかく、ただではなかなか見られない所を二週間ほど回りました。ただ、その人の奥さんがいてね、フランス人だけど、背が高くてディオールの一番のモデルだったというのです。いつも犬を連れて散歩するのです。

倉橋　先生はその奥さんと散歩をなさったんですか。

村井　（笑）それが、一緒にローザンヌに行こうと言われて、困ったなと。そんな人と一緒に歩くのはいやだと思ったのです。ローザンヌに行って、犬を連れてね、日本人がくっ付いて歩くなんて。相手は見上げる程背が高くて、美人でしょ、通る人が皆見るのです。恥ずかしくて困りました（笑）。

英語を話せるんだけど、「アイ　アム　アナピー　アナピー」と言うのが口癖でした。「アナピー」というのは、フランス人だからhの発音ができないわけです。結婚して幸せじゃないということを、しきりに言うのですね。面白かった（笑）。

倉橋　ローザンヌにはそのフランス人女性と先生のお二人で？

村井　そうでした。ご主人は多分仕事か何かでその時いなかったのです。あの時は本当に困った。街の賑やかな通りを歩くんだもの。

諏訪内　今日の話につながるんですが、その時はペスタロッチー関係の所までは行かれなかったんですか。

村井　ローザンヌは関係ないですね。ペスタロッチーはもっと東の方でチューリッヒを中心に活動しているから。フランス語圏に一番近づいたのがイベルドンですね。ジュネーブでは活動していないですね。

諏訪内　その時は、ジュネーブは見られたのですか。

村井　その時は、今言ったように、ジュネーブで二週間経ってやっと外務省から許可が下りたわけです。大騒ぎでした。長田先生からチェッコ大使に頼んでもらったりして。それで、ともかく入ったわけです。

渡邊　プラハへは行ったんですね。

村井　プラハにコメニウス研究所がありました。そこがコメニウス研究のセンターだからね。オーストリアのウィーンから汽車に乗って入るんだけど、途中汽車の中で税関の検査なんかがあって、プラハに入るわけです。プラハの駅に着いたら、誰かが「村井先生」と言うのです。ビックリしてね。どうしたのかと思ったら、迎えが来ていたのです（『対談・人間観と教育観』四〇～四二頁参照）。

その迎えが、プラハ大学の日本語学科の二年生だって。二人、かわいい女の子でね、声をかけてくれたのです。こっちはそんなことを全然期待していないからビックリしました。二週間待っている間に、外務省でチェコ大使と色々交渉があったらしいのです。チェコ大使の方では、喜んで「入ってもらいたい」とか何とか言ったようです。それだから迎えが来ていたわけです。すごくビックリしました。だから、国家的な問題になっちゃったわけです。

諏訪内　国賓待遇ですね。

村井　それで、改札口を出たらホテルにすぐ案内してくれるわけだけど、着いたらね、こんなに厚い札束を持っていて、「これ、滞在中のほんのお小遣いです」と言うのです。

本当に国際的な訪問になってしまいました。チェコにまだ日本人が入ったことが余りなくて、議員が何人か来た記憶があると研究所では言っていました。

渡邊　そうですか。

村井　とにかく、そんな時代だったもんだからね。国賓待遇になってね（笑）。迎えに来てくれた二人が案内役になってチェコ中の主な所を二週間、向こうが見せたい所を案内してくれました。ドボルザークやスメタナの生まれた家とかね、有名な所を案内してくれた。国賓待遇だもんだから、自動車で、運転手もついて通訳もついて国中を一緒に行くわけです。

倉橋　それでは、全部日本語で？

村井　英語でやればいいのだけど、向こうはかなり日本語ができるのです。「何を勉強しているの」と訊いたら一人は「谷崎潤一郎」で、もう一人は「三人の会」（注　一九五四～六二年まで、三人の新進作曲家が合同で五回演奏会を開き、自作曲を発表している）とか言っていました。あの当時、音楽で黛敏郎だとか、芥川也寸志とか、もう一人は誰だったかな。

渡邊　團伊玖磨ですね。

村井　とにかく「私は三人の会を研究しています」と言うんだよ（笑）。日本語がかなり上手くて。

諏訪内　「三人の会」があるなんて、よく知っていましたね。チェコ人が。

倉橋　日本の情報がそんなに伝わっていたんですね。

村井　とにかく、「三人の会」が卒業論文だって言うからすごいよね。

諏訪内　色々よく調べているんですね。

渡邊　僕がプラハに行く時先生にお電話したら、「コメニウス研究所とその昔の二人の女学生を探せ」と言われて（笑）。三日間しかいなかったんですけど、コメニウス研究所はなかったですね、どこかに移転したとかいうことで。プラハ大学には行きましたが。スターリンの銅像がなくなっていて、メトロノームに変わっていましたね。

村井　あっ、そう、そう。スターリンの銅像だ。とにかく巨大な銅像だったね、銅像ってなもんではないですよ。プラハの街を丘の上から見下ろしているんです、それが。丘の上にお城があったんですけど、そのお城より背が高い銅像という印象でね。僕が写真を撮ろうとしたら、通訳に「私たちの恥だから撮らないでくれ」って言われました。だから撮りませんでした。

諏訪内　やはり、そうだったんですね。

渡邊　真正面に、今は大きなメトロノームがあるんですよ。そこにスターリンの銅像があったんですね。

倉橋　それは面白いですね。メトロノームは動くんですか？

村井　この間イラクのフセインの銅像が倒されたけれど、あんなものじゃない、もっと巨大なものでした。

諏訪内　北朝鮮の金日成のすごく大きな像、あんな感じでしょうか。

村井　ああ、そうね。とにかく大きかった。

渡邊　そんな感じですかね。観音像みたいな。

村井　写真に撮らなかったのは残念だったけど、帰りにウィーンに戻ってから、あっちこっちで撮りまくった写真を現像しなければならないので、ヨーロッパのフィルム会社・アグファの本社がウィーンにあるので、しめたと思って現像に出したのです。ところが、「失敗しました」と言われて、結局全部ダメになっちゃった。一枚もなくなったのです。

倉橋　えっー。

村井　だからチェコの写真は一枚もないんです。

諏訪内　意図的に何かされたのではないんですか。

村井　いや。意図的にではなくて、戦後だからまだ技術が回復していなかったんだね。戦前のヨーロッパの映画のフィルムは全部アグファのものだからね。アメリカのはコダックで、何かキラキラ光っている感じですが、アグファのは非常に地味で沈んだ色調で、プラハの街なんかは、茶色がかった沈んだいい色になったはずなんだけど。「すいません」と言って代わりのフィルムをくれたけど、そんなものもらったってしょうがないよね（笑）。

諏訪内　本当に残念でしたね。

渡邊　それから、コメニウスのことで何か問題になったことがなかったでしたっけ。

村井　それは、帰りにコメニウス研究所で、コメニウスの何百年記念とかで、伝記映画ができたからお土産に差し上げますと言うんです。これは僕が個人でもらうのはもったいない。僕は学会の幹事をしているので、「学会にいただきます」と言って、僕が預かる形にしてもらって持ち帰り、学会の事務局が東大にあったから、東大に持って行って訳を話して預けたんだよ。僕はそれを「全国の大学に回して見てもらってくれ」と言って渡したんですけど、それっきり音沙汰が全然ないもんだから、暫く経って訊きに行きました。そうしたら、話が全然よくわからない。コメニウス研究所からはどうしたと言ってくるし、後で助手の人が僕の家まで謝りに来ました。謝られても仕方ないんだけど、そのフィルムは結局、その後どうなったかわからないのです。

渡邊　そうなんですか。

村井　その後、コメニウス研究所から僕の所にかなりきつい手紙が来てね。「あなたが持って帰ってから、一度も何の連絡もしてくれないじゃないか」とね。女性の秘書から手紙が来ました。こっちは謝る以外になかったけどね。そんな妙な経緯もありました。そのことでしょ。

渡邊　そうです。そのことです。でも、堀内守先生は東大にいらっしゃったんですよね。

諏訪内　まだ東大の大学院生だったはずですが、学会事務局のことは知らなかったかもしれませんね。それは、そういうものを見せては困るということがあったのですか。

村井　いや、そんなことはないでしょ。

その後、コメニウス学会というものを梅根悟（東京教育大学）さんと一緒に一応作ったのです。一回最初の集まりをやりましたけど、それっきりになりました。梅根さんが病気になられたからね、会長は梅根さんだったから。

諏訪内　要するに、それはきちんと管理していなかったから、どこへ行ってしまったかわからなくなったということですか。その映画フィルムは。

村井　そう、東大ではね。でも、どこかにあるんだよ、学会の事務局には。今、学会の事務局は東大にあるのかな、広島大かな。

諏訪内　日本教育学会の事務局は以前東大にあったのですが、今は東大前のビルの一室を借りているはずです。教育哲学会の事務局は中央大学にあります。

村井　そう。ガラクタが全部そこにあるだろうから、探せばあるんだろうけど。

諏訪内　先生はその頃、コメニウスにかなり関心をもたれていらしたということですね。

村井　うん、今言ったように、二週間待ちに待って、しかも、鉄のカーテンの向こうには鬼でも住んでいるみたいな、当時はコールド・ウォーと言っていたけど、鉄のカーテンを挟んで向こうとの交流は全然禁止されていたわけだから。行くこと自体が一種の冒険だったわけですね。だけど、こっちは関係ないや、行っちまえ、と思って行きました。行ってみれば、いい夢を見たということだけど。行ったからといって、僕のキャリアに何かケチが付いたわけでもありません（笑）。

渡邊　コメニウス研究者というのは、その頃日本にいたのですか。

村井　梅根さんは前から関心を持って調べてはいたらしいですね。

渡邊　そうなんですか。

村井　それから、広島では辻幸三郎さんという人がコメニウスの研究家として知られていましたね。

諏訪内　広島にいらっしゃいましたね。

渡邊　そうですね。堀内さんの本（『コメニウス研究』福村出版、一九七〇年）の参考文献に出てきますね。

村井　プラハの街を歩いているとね、モーツアルトが最初の何かをここでやったとか、ベートーベンがどうしたとかね、すごい街だと思いました。とにかくずっと国中を案内してくれました。

劇場で一度、劇を見せられたことがあります。劇を見てもわかりはしないんだけど、とにかく特別席に案内されてね。その通訳が学生でしょ、それがなんとも見事にドレスアップして、長いドレスでめかしこんで二人が来たの。一人は大して美人ではないんだけど、もう一人はものすごい美人でね（笑）、面白かった。

諏訪内　ヨーロッパの人は劇とか音楽会に行く時は、きちんとした服装で行きますね。それが楽しみみたいですね。

村井　驚きました。学生がこんな淑女に一変するなんてね。

倉橋　スターリンの銅像があっても、そういう伝統はずっと続いていたんですね。

村井　そういうのはね。

それから、コメニウスの生家だとか、ドボルザークやスメタナの生まれた家だとかね、そういう所を色々案内してもらいましたね。チェコの隅々まで案内してくれましたけど、僕はコメニウスのことを知りたかったわけだから。コメニウスが若い頃、お坊さんをしたり教師もしていた頃の田舎をずっと回ったりしました。それが主たる目的でした。

渡邊　今はチェコスロバキアは、チェコとスロバキアとに別れていますけど、スロバキアの方ではないですよね。

村井　そう、別。チェコの方だよね、案内されたのは。

諏訪内　宗教改革をしたイヤン・フスの話を伺ったことがあるのですが。

村井　あっ、そうそう（笑）。あれは傑作だった。発音が違うもんだからね。

倉橋　私たちはフスと習ってますよね。

村井　記念館か博物館みたいな所に案内されてね。色々絵を見ながら説明してくれて誰かの名前を言っているんだけれど、その名前が全然聞いたこともない名前なんです。こっちが知らないわけはないと思って、ひととおりヨーロッパの歴史を思い出してみた。とうとうある瞬間に、「あっ、フスか?」と言ったのです。そうしたら、今度は向こうに通じない。そうではないと言う。結局、hの発音が違うらしいんだね。こちらは何度も「フス」と言う。すると通訳が何度も「ウス」とか何とか言っているんだけれど、どうも同一人物なのは間違いないんです。「火あぶりにされた」と言って、絶対に間違いないんだよね。最後にやっと、「日本ではフスと言っているんだ」とね（笑）。あれは滑稽だったね。

渡邊　発音と言えば、先生、プラハでは「プラハ」では通じないですね。「プラハッ」と言わないと。なんか、音がないんですよね。

村井　「プラハ」という発音がダメなんだね。さっきのフランス人女性の「アナピー、アナピー」も、hの発音が難しいんだね。

コメニウスのことは、『大教授学』という本があるのと、大昔の三十年戦争の時のことだから、ここが生まれた家だとか、遺跡があるだけで、別に新しく勉強しなければならないことはありませんでした。国家としてはコメニウス研究所をつくって、何百年記念で映画をつくったり、切手を作ったり、大小様々なことをやっていましたね。昔の遺跡巡りみたいなものでした。

諏訪内　国会議員が何人か行ったことがあるということですが、それは社会党や共産党の議員でしょうかね。

村井　そうでしょう。確か、二、三人来たという話でした。

渡邊　あの頃プラハに行ったことはすごいことですね。堀内先生が行かれたのはそれからだいぶ後になってからですから。

村井　堀内君はその後だいぶ経ってからですね。チェコ語を勉強してから行きましたね。ブランポラーさんという人にだいぶ世話になったので、会って消息を知らせて欲しいと探してもらったけれど、わからなかったと言われました。ブランポラーというのはチェコ人に多い名前で、「じゃがいも」という意味らしいのだけれど。

チェコから帰って、フランスやイギリスなどに観光旅行みたいなものをしました。ケンブリッジに行ったりもしました。オックスフォードに行った時面白いことがありました。ぶらりと行ったので誰かに会うというのはなかったけど、モードリン・カレッジの庭でベンチに腰掛けて休んでいたんです。そうしたらベンチの背中に書いてあるんだ、“In Memory of Our Dear School Servant”って。卒業生が小使さんに世話になったといって、ベンチを寄付して卒業したんでしょう。「そうか、オックスフォードにも『塾僕』がいるのか。慶応と同じだな」と感激しました。ところが、帰国してみたら、何のことだ、「塾僕」なんてもういない。というのは、僕がいない間に組合が出来て、「塾僕」なんてよくないと言って止めてしまった。「用務員」という名に変えてしまった。塾僕のほうが品があっていいのに。用務員では、Our Dear School Servant と感じが全然違うよね。実際、偉い人が塾僕さんにいたことも記憶があります。半世紀以上も前のことだけど。（『回顧録』一五七〜八頁、本書一六一—二頁参照）

渡邊　ギリシアにも行かれたのですか。

村井　アメリカからの帰りに真っ先に行きましたよ。アテネの街に泊まって、街の中を全部歩き回って、イリッソス川はあるだろうかと聞くと、「あるある」と言うんだよ。訪ねて行ったら今では小さな用水路みたいな川。その川沿いを歩いてみたり、昔ここでソクラテスがパイドンと一緒に足を冷やしながら対話をしていたのか、とセンチメンタルになりながら歩き回りました。パルテノンを見下ろすプニュックスの丘があります。三日間アテネにいて、街中を歩き回りました。僕が多少知っているギリシア語は大昔の言葉なので、英語を使って不自由しなかったのです。「また来るから」と思って、その時は一通り見ただけでした。でも、そう思っただけでも大変なことだね。

諏訪内　あの頃は、留学もそうでしたけど、海外に見に行くこと自体が全然できない時代でしたね。

村井　日本のお金など全然通用しない時代だったからね。

■ ペスタロッチーの遺跡を初訪問

村井　チェコに二週間近くいて、ウィーンに帰って、そして今度はフランスに行ったり、イギリスに行ったり、好き勝手な所に行って、それからトルコに行って、トルコから飛行機で帰ったのかな。その時の帰りはね。

倉橋　これ（『もうひとつの教育―世界にさぐる旅』小学館文庫、一九八四年。後に『村井実著作集』に収録）に、ちょっと待てばペスタロッチーの墓前で長田新先生とご一緒になれたのに、すれ違いになってしまって悔やまれる、と書いてあるのですけれど。これはその時、アメリカからのお帰りの時ですか。長田先生がチューリッヒ大学に招かれていて、もうちょっと待てば一緒になれたのだけれど、また機会があるだろうと、先にお帰りにならなれてしまわれたと。

村井　多分そうですね。

倉橋　やはり、その時チューリッヒまでいらしているのですね。ペスタロッチーのお墓まで。最初のご留学のお帰りに。一九六〇年の春と書いてあります。

村井　一九六〇年の春だったら、そうだね。

倉橋　「初めてビル村を訪ねた」と書かれています。だから、チューリッヒにいらしているはずですね。

村井　ああ、そうだ。なるほどその通り。行っているわけね。初めて行った時ですね。長田先生が講演して、多分その時、名誉博士号をもらったんでしょう。

渡邊　長田先生が亡くなったのは、その後そんなに経たない時でしたね。

村井　先生のスケジュールを僕はその時知らなかったのです。僕はアメリカから来ているわけだから。二年間日本にいなかったんだからね。長田先生がスイスのチューリッヒ大学に行く予定ができていたことは、帰ってからわかったんだね。

渡邊　それじゃあ、先生、その時ノイホーフに行ったんですか。

村井　その時、初めて行ったんだね（笑）。行かないわけはないね。ジュネーブまで行っているんだから。いや、すごいね。倉橋さんと渡邊君がいないとわからないもの。

渡邊　でも先生、その時代には、『ペスタロッチーとその時代』（玉川大学出版部）のまえがきにも、「ペスタロッチーへの畏敬と反発があった」と書かれているのですが。

村井　広島文理大というのはね、ペスタロッチーを知らなければ夜も日も明けない感じだったものだから、学生時代にはかえって興味を持たなかったのです。長田さんのお城に侵入するのは悪いという気ももちろんあるわけだし（笑）。

渡邊　でも、ノイホーフに行かれたわけですね。ささやかな、淡い反発と書かれていましたが。

村井　そうでしたか。色々思い出させてもらってありがとう。

倉橋　先生、初めてペスタロッチーのお墓にいらした時の印象を覚えていらっしゃいますか。

村井　そうね、一人で訪ねて行ってね、探し探し歩いて行ったわけだよね。電車に乗って、ブルックから一つ目か二つ目の駅でしたね。乗ったら、飛び降りるような電車でしたね。

倉橋　私はバスで行きました、ブルックから。

諏訪内　もう、電車はなかったのですか。

渡邊　昔は、歯車の成瀬政男さん（東北大学名誉教授、中央職業訓練所＝職業訓練大学校の前身＝初代校長。歯車の世界的研究者だが、ペスタロッチーの研究も行った）が書いている伝記（『ペスタロッチーその業績・遺跡・巡礼』、雇用問題研究会、一九七九年）では、電車で行くんですよ。あの頃はブルックのローテスハウスに泊まって行くんです。私の頃はバスで行きましたけれど。

村井　ああ、そうか、歯車の成瀬さんの本ね。

渡邊　私はあれを頼りにして、ずっと行ったのです。その写真を撮ってきて。そばにハプスブル家の発祥の地がありますよね。

村井　僕は最初の時は、ハプスブルクのことなんか念頭になしにね、バスの停留所があったなっていうことだけ、覚えていた。ただ、その後何度も行ったからね。かなり歩くんだよ。駅からずっと歩いたことを覚えていますね。ビル村にあるということで。

渡邊　私はペスタロッチーの行跡を丹念に辿って、先祖の住んでいた町から、グルニーゲルの山まで登って行きました。ペスタロッチーが疲れ果てて、グルニーゲル温泉で療養したのですね。そこからブルクドルフに行きますからね。

■ ドイツ人教授との交流

諏訪内　年表によりますと、アメリカ留学からの帰国後の一九六〇年に、東アジア教育研究センターを設立して会長に就任されていますね。これはどういう組織なのですか。後に日独教育協会となったものですか。

村井　ドイツの側が東アジアに興味をもったものだから、ドイツの顔を立てて東アジアと言ったのです。その組織をつくろうと言い始めたのは、ドイツ語の達者な鈴木謙三君（大東文化大学教授）だね。教育学者なんだけどドイツ語の学者ではないかと思う位ドイツ語が出来て、亡くなる前にドイツから勲章をもらいました。ドイツ人の友人が多くて、しょっちゅうドイツ人を家に泊めたりして、訪ねて来るドイツ人が多くて、親切で気持のいい人でね。僕に会長になって欲しいと言うから引き受けて、ドイツ側ではチュービンゲン大学のボルノーさん、ボン大学のデアボラフさん、ビテッヒさん、などがいました。ビテッヒさんは日本が好きで、かなり頻繁に来日して、最後の頃は日本の観光にドイツ人を連れて来ていました。日独の交流に熱心な人でした。ビテッヒさんと鈴木さんの間で下相談があったので、僕は具体的な、余り細かなことには関わっていなかったのです。

諏訪内　具体的な活動としては、日本人の学者とドイツ人の学者との交流をしたということでしょうか。

村井　機関誌を発行していました。

諏訪内　一九六九年に『文化と教育』（第一号）という機関雑誌が東洋館から発刊されています。日本側の論文をドイツ語に、ドイツ側の論文を日本語にそれぞれ翻訳していますね。

村井　日本語を鈴木君がドイツ語訳するんだけど、なかなか手間のかかることで。珍しい形の雑誌でした。

諏訪内　七号まで出ていますね。慶應大学法学部の宮澤浩一先生とか、文学部ドイツ文学の宮下啓三先生など、色々な方が関わっていますね。ドイツ側では、ドーメンさん、ブレツィンガーさん、フリットナーさん、クラフキーさん、キュンメルさん、レールスさんなどが入っていますね。

「東アジア教育センター」は一九七七年に改組して「日独教育協会」になりましたが、やっていることは実質的に同じだったのですか。

村井　雑誌を日独で一緒に編集しようということでしたね。その連絡役は鈴木さんが細かくやってくれて。彼はドイツ語が自由自在だったものだから。

諏訪内　活動としては雑誌出版が中心でしたか。

村井　それが組織として唯一のコミュニケーションの手段でした。

諏訪内　その後、一九七二年にテュービンゲンに行かれた後、ドイツに行くことが増えたのですか。

村井　そうです。渡邊君を誘ったこともあります。オーバーアマガウってあるでしょ、渡邊君は神主さんだから、不思議な世界に迷い込んだ不思議の国のアリスみたいになった。

渡邊　カルチァー・ショックでした。十年に一回、その村の人がキリストの受難劇を一日中ずっとやるのですね。ドイツのミュンヘン近くの村で。

村井　十年を待ちに待って、村の人がキリストになったり、ユダになったりして、キリストの受難を劇にしてやるのです。最初のテュービンゲンの一九七二年の時には行けなかったので、それから十年経って、渡邊君がどうしても行きたいと言うので、一緒に行きました。

渡邊　東京芸大のピアノの井上先生と一緒に。

村井　渡邊君は神主さんだから、聖書も読んだことがないので、ユダと言ったってユダヤ人と思うレベルで、何のことかわからない。スイスからキリスト教の奥の院に連れて行ったわけです。渡邊君が珍しがって行くと言うものだから。

渡邊　その後ミュンヘンのミュージアムに行って…キリスト教の絵画ばかりなんですね。

村井　ミュンヘンから南に行って。だけど昨日のキリストが今日は店番、帳場に座ってるんだよね（笑）。

渡邊　十年間待つのですから。きれいな村ですよね。今思えば、いい経験でした。

■ テュービンゲン大学にて通信教育の研究

村井　テュービンゲン大学には日本人がよく行きたがり

ました。ボルノーさんがいたからかな。そこにボルノーの弟子で若いキュンメルさんというのがいて、日本に講演に呼ばれたことがあります。多分、世話になった人が呼んだんではないかな。

僕はドイツに留学するチャンスがないかなと思っていたら、その後、一九七二年（昭和四七年）にドイツに初めて行く機会ができました。丁度放送大学設立の動きがあったのです。ギュンター・ドーメンという教授が『通信学習による大学改革』という本を書いたのです。これを訳して欲しいと言うので鈴木君と僕の共訳だったんじゃないかな、訳して出版して。ところが、ドーメンさんがテュービンゲン大学に通信教育の研究所をつくったんだね。そこで、ＤＡＡＤ（ドイツ学術交流会）の援助でテュービンゲンに行ったんです。Fernstudien を訳しようがなくて、自分がいる所で勉強するということなので、「在所教育」としたんだけど。

倉橋　あの言葉は先生がおつくりになったのですか。

村井　そう。適当な言葉がないものだから。文部省が後になって「遠隔教育」と訳してしまい、それが通り相場になってしまいました。

渡邊　遠隔教育と訳すのは何故だろうと思って、遠隔操作みたいでおかしいと思いました。「在所」は俳句的ですね。俳句でも使う言葉ですよ。その場で学べるんだから。

村井　「遠隔」とすると意味がずれておかしいと思ったんです。訳しようがなくて「在所」としたんです。「在所」には田舎という感じがあるんですね。

渡邊　一茶の句で、「初雪や　雪にくるまる　在所かな」というのがあるのですが、「在所」という言葉を使っていますね。俳句も在所教育です。

村井　「在所」と言うと、「田舎」臭いかな。

渡邊　バックグラウンドは江戸時代辺りにありますね。

村井　その頃、既にイギリスでは最も早くその発想が起こっていました。ウィルソンという労働党の党首が政権を取って首相になって、University of the Air、「電波による大学」とでも訳せばいいのかな、電波を利用した大学を提唱したということになっています。地上ではなく、空中の大学で学ぶという。内閣の表看板としてやるという夢を打ち出したのですね。イギリスでは、政府を挙げてその計画に乗り出したわけね。ところが、「空中楼閣」みたいで、ウィルソンが勝手に夢を見ているんだと野党に冷やかされたらしいのです。それで、Open

University と名前を替えたんです。
名前を替えた頃には計画がかなり進んでいて、イギリスの主な大学の目ぼしい教員を選んで委員会を作り、テキストの著作計画を作って、Open University のテキストとして立派なものが出来ました。日本でも目の早い先生はそのテキストをいち早く大学の講義でも使っていました。千葉大学の人が、日本のテキストを使うよりずっとわかりやすいと、それを使って講義して学生に評判がよかったようです。そういう立派なテキストが出来て、イギリスの通信教育のテキストが世界のテキストの模範と考えられる時代が始まりました。それと同時に、「電波による大学」というアイディアがもてはやされるような時代になったんです。僕はその様子を知りたいと思って、ＤＡＡＤに相談して、調べたいと言ったらＯＫをもらった。ドイツがイギリスに倣って、Fernstudien の研究センターをテュービンゲン大学につくり、そこを中心に他の大学の教師のネットワークをつくって研究を始めたのです。ドーメンさんがそのセンターの所長になっているのでそこに行って客分として Fernstudien の研究をしたいと言って、ＤＡＡＤに援助してもらったのです。

諏訪内　その時、期間はどれ位でしたか。

村井　半年間だったのかな。

諏訪内　その後、ドイツには頻繁に行くようになっていますね。

村井　ちょくちょく行きましたね。

渡邊　私もテュービンゲン大学に行きました。シュトットガルトから川沿いに列車でずっと行きました。いい所ですね。

倉橋　イギリスの University of the Air の Air は、電波なのですが、それはラジオのことですか。

諏訪内　テレビも入っているのではないですか。

村井　ラジオもテレビも両方含んでいるのです。

諏訪内　ただ、イギリスの当時のテレビの放送局は、ＢＢＣと民放のＩＴＶだけあり、朝と昼のニュースと、夕方からだけ放送していましたね。テレビはあまり放送していなかったですから、ラジオが中心ではないですかね。今では衛星放送が二十四時間放送しているようですが。

倉橋　ドイツでも、放送も使って、郵便も使ってレポートを送るということでしょうか。

村井　そういうことの綜合的研究のセンターがテュービンゲンに置かれたのです。大学によってそれぞれ受け持つ役割が違っていて、カリキュラムはフランクフルト大学を中心に全国大学のネットワークをつくりたいというので、フランクフルト大学に見学に行ったことがあります。つまり、日本ではまだ何も考えていなかったけれど、まずイギリスで始まり、ドイツがフォローして発展したわけです。僕がドイツにいる間にも、ヨーロッパ中で会議を何度も開いていました。一番感激したのは、明治時代からやっているというスウェーデンのマルメーにある通信教育施設「ヘルモードス」の所長が来て、話を聞いたのです。後にそこを訪ねて行って見学しました。システムが非常によく出来ていましたね。

倉橋　郵便を使ってやっていたのでしょうか。

村井　学生の世話をするシステムがよく出来ていて、その後日本で放送大学をやりたいという時に参考になると思ったのです。見学のために委員を選んで、僕にも行ってくれということでしたが、僕は既に行っていたので、スウェーデンのヘルモードスに行ったらとアドバイスだけしました。東大の二人の若い研究者が帰ってきて、「小さい研究所ですね」とばかり言っていた。そりゃあ、文部省が全国に渡ってネットワークをつくろうという夢を描いているのに、向こうは明治時代から私的にやっているのだから、小さいのが当たり前だよね。

学生の身になってみると、通信教育は難しいですね。けれど、そういったところの指導法が行き届いているというので感心したんだけど、文部省から行った先生方は「小さい」という印象だけで、ちっとも感心してくれませんでした。

渡邊　歴史があるというのはすごいですよ。

村井　考えてみれば、日本という国は明治維新の時から偉そうなことを言うけれど、もっと昔から、新羅や高麗の時代から、先進国がいつも隣にあったわけですね。その先進国の真似をして神武天皇が自分も国をつくらなければいけないと思った。そのうちに唐が出来て来ると、そっちの方に遣唐使を送って、空海なども留学してきて。維新の時は欧米の真似をしなければならないと言って、中心人物を留学生として何年もかけて送って、ずっと後進国として来ている。そういうことを考えないで、「大日本帝国」とか言ってみたって、いつも隣に先進国があり、そこに追いつこうとしてここまで来た国ではないか。そういうことを最近つくづく思わされるんだけど。正直言ってそうだものね。

渡邊　今でもそうですね。国立教育政策研究所あたりが外国のものをできるだけ早く手に入れて、翻訳するという形で。それでないと研究者ではないと思われて。

村井　おかしいと思うのは、学校に入って中学に行くと英語が出来るのが、数学や物理や国語が出来るより一番有利なんだよね。入試の配点も一番大きくて。英語が出来るが故に、入試で得する形です。旧制高校では、中心とする言葉でクラスを分ける、そこで言葉が出来れば一番有利で、秀才とされるんです。ところが、語学しかできないのに、一番有利に梯子を登っていくんです。大学でも、他のことは全然ダメでも外国の言葉が少し出来ると大きい顔をする。随分馬鹿げた話だと思うんだけれど。

渡邊　向こうから来たものを翻訳して、それを日本語に直して教えるだけなのに。

村井　それで一生涯大きな顔で送れることになるのだから、考えてみるとおかしな話ですね。日本の歴史というものは。

渡邊　「在所学習」という言葉を残さなければならないですね。

村井　僕は開放制の体制ということを前から言っているのですが、「遠隔」なんて訳さないで、開放制の体制というものをもっと考えなければならないですね。日本は最初から後進国として閉鎖制の体制を取っていて、これによってこれまで辿り着いたけど、国民個々人のポテンシャルを育てるということは考えなかった。先進国に辿り着くためのシステムだから。これは教育の根本問題だと思うんだけど。

渡邊　開放制の話ですが、一九六九年に『現代日本の教育』（日本放送出版協会）で開放制のことを書かれています。テレビの大学講座の講義ではOpen Universityを意識して触れたのですか。

村井　それは全体のシステムの問題だから。制度だとかには余り触れていなかったのではないかな。

渡邊　本の中では、開放制と閉鎖制は触れられていますが。その後『教育の再興』（講談社、一九七五年）ではもっとはっきりと出されていますね。

倉橋　先生がテュービンゲン大学からお帰りになった直後に、どなたかの結婚式でお会いして、ヘッセがいたマウルブロン修道院のお話をしてくださって、ファウスト博士が籠もった塔の話とか……。

村井　シラーやヘッセなどがマウルブロンの修道院学校を出ているので、行ってみたいと思って行きました。

倉橋　『ヘッセ紀行』を見ていましたら、新島襄がバーゼルでヘッセに会っているのですね。ヘッセが七歳の時に両親が日本人の新島に会ったことを覚えていると書かれています。

村井 両親は何をしていたの。

倉橋 牧師ですね、代々。

村井 牧師の息子が何で本屋の小僧をやっていたのですか。

倉橋 反抗児だったようで。

キリスト教のお坊さんが葡萄酒を作って、修道僧が葡萄酒作りに励んでいると先生から伺ったのですが……。

村井 ドイツに行って葡萄酒を飲みたくなったら、まず教会に行けと言う。必ず旨い葡萄酒があるからと。ドイツの葡萄畑の五十から七十パーセントは、昔から教会が所有しているということです。たまたま昼時に教会を訪ねたら、丁度ワインを飲んでいる最中で真っ赤な顔をしたお坊さんが出てきて、「教会付属の博物館を見学させてください」と言ったら、「どうぞご自由に見てくださ い」と言われた。家内と二人だけで博物館に入りました。鎧だとか兜だとか、剣や槍などの武器が並んでいたので、手に取って振り回してみました。夢のような経験ですね。南ドイツの有名な教会だったけど、名前は忘れましたが(後にオットーボイレン教会と判明)。

渡邊 テュービンゲン大学は古い大学ですね。ヘッセの本屋があって、ずっと城跡がありますね。石畳が古い感じで、町自体がおとぎの国みたいで、大学があるのかと思いました。

村井 休みになって学生がいなくなると、町が空っぽになる。

渡邊 駅からネッカー川を渡る橋は風情がありますね。人里離れた町で。

村井 ヘルダーリンが頭がおかしくなって閉じ込められた、丸い尖がり帽子の塔があって、大学町というのはこういうものかという印象です。ハーヴァードに行っていたでしょ、ハーヴァードも大きいと感心したけれど、後にケルン大学に行った時ビックリしたのは、ケルンはハーヴァードが二つも三つも入るような大きさで、町中に広がってすごい大学だよね。ヨーロッパでは町ごと大学が広がっていることが多いね。

倉橋 ドイツではそんなに古い大学があちこちにあるのですね。

村井 日本の大学は文部省がちょこちょこっとつくっただけのことだから、歴史の違いを考えさせられますね。ヨーロッパでは大学のそもそもの始まりは自然発生的に僧侶が集まり、学生が集まり、段々と資格を出すようになって、お金を貯めて土地を広げていったりして。

倉橋　国家が出来る前から大学があり、それが数百年続いているのですから……。

■ドイツ人教授の律義さ

村井　ドイツの大学教授は非常に威張っているという話を聞いたことがありますが、僕が経験したところでは、そんな人に一度も出会ったことはないですね。

簡単に言うと、本当に律義ですね。日本の昔の大学の先生は、ドイツではこうだということで怠けに怠けている感じだったんだけど、本場のドイツではそうではありません。また、日本では事務局が威張っていて、先生が事務局にこき使われている感じですね。ドイツではそれとも違って、学問に熱心で真面目なのだね。この違いというのは話に聞いたことはなかったですけど、僕の経験ではすごいと思いました。

当時、ボルノーさんが日本では随分有名だったでしょ。日本に何回も来たこともあるし。僕はボルノーさんに特に興味があって行ったわけではなく、通信教育のことを研究しようと思ってドイツに行ったのだけれど、一応挨拶だけはしようと思って、「○時に伺います」と連絡して家に行ったら、丁度その時間に表に出て、玄関前で直立不動で立っているんです、ボルノーさんが。あの時は僕から言えばおじいさんでしたけれど、玄関のドアを背にして立っているのですよ。タクシーに乗って行き、近づいたら見えるんです。「あれっ、誰だろう」と思ったら、ボルノーさんご自身で。二度目には別れの挨拶に行きましたが、その時も「○時に行きます」と連絡したら、また同じ情景が映画のように同じように繰り返されました。教授のああいう律義さには驚きました。ドイツのプロフェッサーにはこんなことがあるのかなと思って、本当に驚きましたね。

渡邊　すごいですね。出迎え方が。

村井　その後ケルン大学に行ったら、学長を二度もやって、三度目もやらなければならないかもしれないという若いメンツェさんに世話になったのだけれど、授業に行くから一緒に行こうと言うので授業に同行しました。教室の前まで行ったら、時計を見て「一分早い」と言って、「ちょっと歩こう」と庭を散歩して、ピタリとした時間に教室に入って。

渡邊　カントみたいですね。

村井　授業は五十分なのだけれど、その間汗水を飛ばして熱弁を振るうわけです。ドイツでは学生の習慣として、授業が終わると学生がお礼に一斉に机をコツコツコツと叩くのです。一斉に叩くと壮観ですよ。「よかった、ありがとう」という挨拶ですね。こんなに時間が正確で、アカデミッシェ・フュンフュツェーンなんて考えられなかったですね。驚いてドイツを見直しました。

　ドイツの教授は威張っていて、上着も自分では脱がないと聞いていたけど、僕の経験では律義でしたね。しかも、教授らしい律義さ。杓子定規な事務的律義さとは違って、学問の世界での律義さは特記されるべきことだと思いました。

渡邊　日本では、授業の初めには十五分遅れて行き、十五分早めに終わるという話がありますね。

村井　そういうものだと僕も思っていましたけれど。

倉橋　アメリカの先生とドイツの先生とお付き合いなさって、その違いがおわかりになったということでしょうか。

村井　ドイツの場合は律義な誠実さ、劇の脚本みたいでした。傍で付きっきりで見ていましたから。アメリカでは学生と一緒に授業に出ましたが、アメリカでは学生に媚びる印象が多かった。印象はドイツの方が強烈ですごいと思い、驚嘆しましたね。

渡邊　学生も幸せですね、そうやって熱弁を振るわれて、授業時間をぴちっと教えられて。

村井　あれはドイツだけだと思いますね。学生がコツコツとやるのは。いいね。あれをやられたら、話す方もいい加減にはやれないですね。

倉橋　授業に対する一種のバロメーターですね。

渡邊　自然に出てくるのでしょうね。日本では、現職の学校の先生方に教えると、自然に拍手が来る場合がありますが、学生は拍手をしないでしょう。

諏訪内　学生は教室の前には座らず、後ろに座るのですから、いかにも聞きたくないという姿勢で。

倉橋　世田谷市民大学では、講義が終わるとみなさん拍手されるのですが、お茶の水女子大の内藤俊史先生がいらした時、「そんなに気を使わないでください」とおっしゃって。気を使ったと思われたのか、それがおかしかったです。

村井　コツコツがいいね。自然に出るよね、「ありがとう」の気持から。

倉橋　オーケストラの場合は、足踏みして指揮者に「よかった」って挨拶をしますね。

先生は英語とドイツ語とどちらがお楽なんですか。

村井　そりゃあ英語ですよ。ドイツでも歳をとった先生は英語がダメな人が多い。だけど、若い先生には英語が得意な人が多いですね。向こうが英語を使うと、こちらもつい喜んで英語を使いますが。年配者は英語ができないですね。英語をバカにしているのですね。

倉橋　戦争もしたからでしょうか。

諏訪内　アメリカ人も、外国語をほとんど勉強しないですね。

村井　ハーヴァード大学大学院の図書室に外国語の本なんて、全然ないんだもんね。みんな英語の本ばかりで、ペスタロッチーの本が一冊だけ、しかも小説『リーンハルトとゲルトルート』の抄訳だけしかないのには驚きましたね。日本では、大学で色々な言葉をやるものだと思うのは、外国に追いつけ追い越せだったからですが、追い越す必要がないもんだから、自分の言葉だけで足りるのだね。外国語を重んじるということがないんだね。

倉橋　日本人にとって学問をやるのなら、まず外国語を習得するのですけど、そのハンディがないのですね。

村井　それが当たり前だと思っていたのだけれど、アメリカではそういう頭がないんだね。いつだったかそのことの思い違いにハッと気がついて、明治維新からのことを見直さないと、と思いました。国民は何も知らないから利口にしないといけないということで学校教育を始めたものだから、一種の啓蒙主義で来ているわけでしょ。国民の方も、学校の階段をより高く登っていけば、その人間のキャリアはおしまいになる。

倉橋　それで、森有礼なんかも、日本語を止めた方がいいと本気で考えたのですかね。

村井　森は考え方が激しいからね。

■ケルン大学とプリンストン高等研究所にて研究

諏訪内　慶應の二回目の研究休暇では、ケルン大学とプリンストン高等研究所に行かれていますが、その時の研究テーマは、十八世紀のヨーロッパ教育思想の研究ということで、主にペスタロッチーのことを考えて行かれたのですか。

村井　そうです。考えてみたら、僕は慶應の世話になって、お金をもらって留学したことが一度もなかったので。そろそろ定年が来るから、いっぺんＤＡＡＤの援助でドイツにでも行って、ドイツの十八世紀という思想状況を考えてみたいと思ったのです。

ペスタロッチーが山から下りて来てブルクドルフに教師になって行く時（一八〇〇年）は、一七八〇年ころからフランス革命が終結に向う大変な時代なのです。英語で言うGrand Century（大世紀）なのです。その時のことを考えていないと、なぜペスタロッチーはあれほどイライラしているのか、何を考えていたのか、何を悩んでいたのか、読んでもよくわからない。ただ書きなぐりをしている。それほど興奮しているのだけど、結局、十八世紀という時代、ペスタロッチーが育ち活動した時代を、ペスタロッチーが出なければならない時代でもあったと思ったものだから。

定年前に一度は慶應に世話になるのもいいだろうと思って有給休暇を申し出たら、大学側が妙なことを言ったのです。「定年まであと二年しか残っていないから、せっかく休暇をやっても大学の役に立たない」と。随分ケチな言い分ですが、それじゃ仕方ないと諦めていたら、一週間ほどして、誰かが留学する予定を止めたという話があって、その代わりにこの間の話をいいことにしようということになったのです。

さっそく行くことにして、急きょどうしようかと思い、ドイツのボン大学のデアボラフさんに聞いたら、ケルン大学で二回学長をしたメンツェさんがいるのでそこにしたらいいと言う。そのことをアメリカのハーヴァードでお世話になったホワイトさんに知らせたら、後の半年はプリンストンの高等研究所に来いというので、半年・半年ということにして、両方に行きました。一応お金はDAADが出すんだけど、高等研究所自体が大変な所なんだね。後の半年はプリンストンに行くと言ったら、ボンでデアボラフが「オー、パラディース（楽園）だ」と叫んだよ。

だから、今度のいきさつは、慶應での日本風のみみっちさに端を発して、ドイツ人やアメリカ人の心の広さで結ばれていますね。

ドイツではメンツェさんがフンボルトの研究者で、昔のプロイセンの若い将校のような感じの、ドイツ人でなければ人間でないように思い込んでいるみたいな、しかし、男らしい、しかも、気の良い人でした。

プリンストン高等研究所も大変な所で、あまりよくしてくれるから、誰かが、「こんなによくしてくれて大変有難いけど、私はどういう義務があるのか」と訊いたそうです。ところが、"You have no duty, you have only opportunity." と言われたという有名な話がフレックスナー所長の自伝に書いてあるけど、本当にそうなのです。

家はアインシュタインが近くに住んでいたところにありました。今、この隣の部屋にあるテーブルクロスは四重にたたんであるのですけど、それはプリンストンでの住まいの食堂で使ってたものです。全部広げると部屋一杯になってしまう。とにかく、生活の桁が違うんです。何十年か前に出来たのに全部地域暖房で、冬は寒い所なんだけど問題にならない。とにかくデアボラフさんが言ったように、「パラダイス」ですよ。そこで、渡邊君にもいっぺんみせておいてやろうと思って、その後連れて行ったんです。

渡邊　ニューヨークから郊外に出ると田舎ですが、別世界ですね。小さな駅で列車を降りて、大学に入ります。寮みたいな所があり、家内がトイレを借りたら、広々としていて……。あそこでどなたかにお会いしていますね。

村井　高等研究所にホワイトさんがいました。研究所はプリンストン大学ではありませんが、広い土地を持っていて、実験はさせない。ペンと紙だけで全て済む研究のみが認められて、機械を持ち込むことは許されていません。フォン・ノイマン（ハンガリー出身の数学者。計算機科学や核兵器開発に関係した）だけ特別に許されたそうです。

研究分野としては、数学、物理学（天文学を含む）、社会科学、歴史学の四つしかありません。物理学者にはアインシュタイン、オッペンハイマーなどがいて。僕は歴史学に招かれたのだけれど、歴史学がなぜ入っているのかよくわかりません。土地は、迷い込んだら出られなくなるのではないかと怖くなるほど広くて。

渡邊　大きな木があって、森というか、その中に研究所があり、その周りに研究者の住まいがポンポンとあるのですね。

村井　その住まいの一つ一つがすごくて、想像もできない広さですね。その時は思わなかったけど、帰ってきてその大きさに驚きました。後半の寒い時にプリンストンで過したわけでね。外国で落ち着いて正式に研究したのは、これが三回目かな。

諏訪内　プリンストンでの研究テーマも、十八から十九世紀にかけての教育思想ということでしたか。

村井　そうです。十八世紀は大変な時代でした。調べるとしても調べようがないから、もっぱらケルン大学の図書館に入りっきりで、十八世紀の終わり頃の様子を知りたいと、ペスタロッチーを主にしながら一生懸命本を探してね。

ドイツではそれほど感じなかったけれど、プリンストン高等研究所では立派な図書館があって、夜中でも自分で鍵を開けて入っても構わないのです。プリンストン大学が隣にあって、大学の図書室が幾つもある。その一つにゲスト・ライブラリーというのがあり、東洋を中心とする図書館に行くと、出られなくなってしまいます。一つの本を見たくて行くと、次に参考になる本があってそれにひっかかる、それを見てまた別の本にひっかかるといった具合で、朝から晩まで、これは出られないと思って過したことが何回かあります。それができるのです。

倉橋　帰らなければならないのにバスの最終便を逃したりしたとか。

村井　ああいう経験はしたことがなかったですね。時間を忘れて夢中になって帰れなくなってしまいました。だいいいち、僕の本がほとんど全部あるので驚いた。他にも、面白半分に探したら、『坂本竜馬を殺した男』というのもありました（笑）。「俺が殺したんだ」と、死に際に大きく叫んだとか細かに書いてあるんです。面白くて家に帰るのを忘れてしまいました。図書室の設備が行き届いて次から次に興味が湧いてくるようになっているのです。

倉橋　日本以上に日本の本がそろっているんですね。

村井　坂本竜馬の本には驚きました。日本では聞いたこともなかったので。

倉橋　その間の様子がこれ（『もうひとつの教育』）に全部網羅されて、よく記されていますね。

村井　ビル村にも行って……。

倉橋　日本の明治維新前後の横井小楠の甥たちとフェリス師とのエピソードとか、ウィロー・グローブの日本人のお墓にいらしたり、新島と福沢を森と対照させてお書きになられて、とてもわかりやすいです。

諏訪内　これ、小学館からもう一回出版してくれないですかね。

倉橋　「私による立国」と、「公による立国」と分類して、福沢の「痩せ我慢の記」を引用されて。すごく親切ご丁寧に……。

村井　そんなこと書いてた？　全然忘れていました。

倉橋　福澤の「立国は私なり、公に非ざるなり」を引き合いにされて、日本はアメリカと逆さまだ、アメリカでは一人一人から始まるのに、日本では国が先立つ、と書かれています。

渡邊　タフ・マインドとテンダー・マインドのことは、別のところで書かれていますし（『教育におけるタフとテンダー』）。ブラウンシュヴァイク大学のレッター教授の家庭生活を紹介されていて、家族で音楽会をしたり、簡素ながら豊かな、テレビのない生活が印象的でしたね。（『もうひとつの教育』四一〜五〇頁。）

村井　子供が十何人いるでしょ。この前会った時はみんな元気だとか言ってたけど。その後、結婚したり、外国に行ったり、あの祭りばんてんを着ていた男の子はおまわりさんになったって。

倉橋　ヴォルフェンビュッテルの図書館も、昔からあこがれていらした所なのですか。

村井　名前だけ、変な名前だなとは思っていましたね。自分がそこに行くとは全然予測していなかったですね。写真を撮ろうと思ってパチッとやったら図書館の女性の司書が飛んで来て、「今、写真を撮りましたか」と聞かれて、「撮りました」と答えたら、「禁止されています」と言われて（笑）。（『もうひとつの教育』五三頁）

倉橋　貴重な写真ですね。よく撮れていて、ちゃんと現像できてよかったですね。

村井　そう、そうね。レッシングの家に、メンデルスゾーンのおじいさんね。「賢人ナータン」の話。レッシングと親しかったらしいね。

渡邊　一九八三年の旅がずっと全部つながって。

この本が出来た時先生はすごく喜ばれて、印象的でした。山手線の電車の中で「いいだろう。この本は表紙に金色を使って、金がかかっているんだよ」と言われて。

村井　エマーソンもその頃研究し始めたのですか。

倉橋　それはもっと前からです。アメリカに一回目に行った頃からです。今でも読むことがありますが。

村井　広中（平祐）さんの後書きもいいですね。

渡邊　広中君が書いていた？

村井　広中さんをお世話したのは一回目の留学中でしたね。

村井　彼はまだ大学院の学生だったと思うけど、何か賞をもらって既に有名になっていて、大学院生を教えていましたね。近頃広中君の名前をあまり聞かなくなったね。元気かな。山口大学の学長をした後、高崎の新しい大学の学園長をやって……。その後のことは知らないけど。

諏訪内　和歌子夫人が国会議員をやっていましたね。

渡邊　プリンストンに行った時は、吉家（定夫）さんがニューヨーク州立大学に行っていた時ですか。
倉橋　エマーソンの碑がなくなっていた時の……。
村井　アメリカには何度も行っているから、こんがらがっちゃって。プリンストンに住んでいる時に、川上清文君（聖心女子大）も近くに来ていたのかな。
諏訪内　岩佐信道（麗澤大学）さんがハーヴァード大学に行っていた時期ではないですか。
村井　そうそう。家の前を通ったことがありますね。
渡邊　三十年前ですね。
村井　いやーっ、本当に何を書いたのかもすっかり忘れてしまったけど、お陰様で色々思い出させてもらってありがとう。
諏訪内　前回いただいた本『日独文化研究』創刊号（芸林書房）と、『文化と教育』との関係はどのようなものでしょうか？　一九八九年の出版ですから、大東文化大学に移った頃ですが。
村井　よく覚えていません。『文化と教育』には鈴木君の思いがこもっていたから、どうしてもまたやりたくなって出版したのかな。ボルノーさんがまだ元気な頃でしたね。
諏訪内　『文化と教育』がなくなったので、何かつくりたかったということでしょうか。
村井　そう思います。
渡邊　先生は慶應を定年一年前に退職して大東文化大学に移られたのでしたね。
村井　鈴木君が大東文化大学にどうしても来てくれと言うものだから行ったんだけど。選択定年だと退職金が多いんだってね。知らなかった。
諏訪内　定年前に早めに退職すると、退職金が割り増しになるという制度ですね。確か西村先生が常任理事の時に導入した制度だったと聞いています。
村井　世田谷市民大学で正田（彬）さんと一緒になったら、「私も村井さんの真似をして、一年早く辞めます」と。その後真似して早く辞める人が出てきたんだってね。僕は何も知らないでやったことなんだけど、なぜかと聞いたら、慶應は病院があるから、そういう制度を始めたんだって。病院長などでどこかに空きがあったら、競争だから早くそこに行ってもらわないと。それが他の学部にも及んだんですね。
諏訪内　大東文化大学には七十歳までいらしたのですか。
村井　そう。

諏訪内　確か、移られたその年に日本教育学会の大会が大東文化大学であり、大会委員長をさせられて大変だったとかお聞きしました。

渡邊　先生が慶應をご退職した頃、『ペスタロッチーとその時代』（玉川大学出版部、一九八六年）が出版されたのですよね。

倉橋　私の学生時代の頃は、先生からペスタロッチーの「ペ」の字も聞いたことがありませんでしたので、この本が出版された時はびっくりしました。イヴェルドンのお城、学校のあったところの記念館のおばさんにこの本をお見せしたら、これはいい本だと、日本語はわからないけれど、写真を見てわかると。範子先生のことを覚えていらっしゃるようでした。

諏訪内　私もそうでして、ペスタロッチーについての話は授業中に聞かされていましたが、論文は読んだことがありませんでした。ソクラテスについては、何回も論文を書かれたり学会発表されて積み重ねておられましたけれど、ペスタロッチーについては、一九八五年頃、月刊雑誌の『総合教育技術』（小学館）に「ペスタロッチーの思想と実践」という原稿用紙百枚位の論文が出て、その後すぐにペスタロッチー関係の本が一気に堰を切ったように出版された印象ですね。

倉橋　私は読んだ後、一晩この本（『いま、ペスタロッチーを読む』玉川大学出版部、一九九〇年）を抱いて寝ました。みなさん、今この本を欲しいとおっしゃって（注　玉川大学出版部では現在、オンディマンド出版している）。今までペスタロッチーのことがよく伝わっていなかったのでしょうか。村井先生のご本が出るまでは。

渡邊　ペスタロッチーについては色々な人が書いていますが、これ（『ペスタロッチーとその時代』）ほど細かく書かれている本は他にないのではないでしょうか。ただ祭り上げるだけで。色々な人間との出会いが書かれていますね。

倉橋　『いま、ペスタロッチーを読む』は素晴らしいですね。

村井　玉川大学出版部で『いま、○○を読む』というシリーズを出版したいと言うので、僕が試みに『いま、ペスタロッチーを読む』を書いたら、後が続かなくて。

倉橋　ペスタロッチーは外国ではあまり注目されず、忘れられてしまったのですか。

村井　とにかく、読んでもよくわからないところがあるのでね。

倉橋　難かしいということですか。

村井　と言うより、ペスタロッチーが難しい時代に生きていたというわけでしょう。フランスでは国王の首をちょん切る真っ最中に活動しているし、政治的には戦争ばかりしている激動している時代でしょ。社会はテンヤワンヤで、スイスではジュネーブだってチューリッヒだって同じようにてんやわんや。そういう中でスイスは貧しくて、岩と氷しかない国だとペスタロッチーは書いているけど、親が子供を養えないものだから、働ける子供だけ残して、働けない子供は全部捨てちゃうんだね。働けない子供が集団をなして、あっちこっちにもらわれて歩くという習慣があったらしいんだね。湖のそばの町、ヌーシャテルの町の博物館に、ペスタロッチーの伝記を書いたアンケルの絵があります。アンケルはペスタロッチーに夢中になって、一生涯ペスタロッチーの生涯の絵を描くのだけれど。町の広場で、金持ちが子供を選んで働かせる、それを当てに子供は群をなしてあちこち回り歩くという時代の中でペスタロッチーは活動していました。

なぜそういうことが起こったのか、フランス革命は一七九〇年代後半にナポレオンが出て納まるのですが。とに角十八世紀は不思議な時代で、旧体制では全部ギロチンで首を切られて行く。新体制はまだ出来てこない。その中でペスタロッチーが心配していたのは、新体制としての国家というお化けのようなものが出てくる。国家の正体はまだわからないのです。チューリッヒは自治的な町なんですけど、自立した町というのは、国家の走りだよね。そういうのがうごめいて出てくる時代で、考えてみればとにかく不気味な世紀でもありました。

一つのものが終わる世紀でもあり、新しいものが生まれる世紀でもある。それをペスタロッチーを中心にして見直さなくてはならないと思って、そのテーマを選んだけれど、半年・半年・半年と歩いたのでは、とても間に合わないです。

渡邊　シュトルム・ウント・ドラングの時代ですよね。要するに、ナポレオンが出て、ウーリ州とシュビーツ州とウンターバルン州が最後まで抵抗していくわけですけど、実際には先生のおっしゃるように、てんやわんやになってしまう。

村井　結局、得体の知れない何かが人間に起きている、というのがペスタロッチーの気持でしょうね。その中で子供は頼る所がなくて、ほっぽらかされている。これを何とかしないといけない。あの絵の中に、ペスタロッチーが群集の中に立っているのです。そういう時代なんだね。そういう時代の正体を知ろうと思っても、パンドラの箱みたいなもので、もう少し調べたいと思ったのだけれども、中途半端になってしまった。

倉橋　このご本（『新・教育学の展望』、東洋館出版社、二〇一〇年）の初めに、ドイツの大学でカントが教育学を講座として取り上げた時代、それも十八世紀、近代国家とともに教育学というものが国家の要請から始まったというようなことが書かれていますが、それに比べてペスタロッチーの教育は大学でのアカデミックなものとしてではなく、目の前の子供たちへの必要に迫られて探究され、考えられた教育ということでしょうか。

渡邊　私が歩いた中でリヒタースビルという所が印象に残っていて、ペスタロッチーとフィヒテが話し合った場所に行きました。フィヒテから、「それはカントの考えに似ている」と言われてペスタロッチーが非常に喜んだという話がありましたね。根本的な人間の捉え方が、知力、能力、意欲と全人的な人間観が印象的でしたね。

村井　リヒタースビルはペスタロッチーのお母さんの故郷だよね。

渡邊　一方で近代国家というものが出て来て、人間観が変わってくる、丁度変わり目なんでしょうね。

村井　今の時代は国家が怪しくなってきたけど。国家が破綻するとは何だろうね。マルクスみたいなのがもう一度出てこないとわからないですね。そういう時代が来ているのかもしれないね。とにかく、十八世紀を Grand Century と言うけど、本当にその通りだよね。

諏訪内　話が尽きませんが、本日はこれ位にして、そろそろ終わりたいと思います。

渡邊　私たちも色々思い出しますね。

村井　三人が揃っていると、色々思い出させてくれるね。大変な仕事だよ。どうもご苦労様。

諏訪内　貴重なお話を聞かせていただいて、大変に勉強になります。次回も続けないといけないですね。

第四回

二〇二二年四月二十一日（土）

（成城・村井先生宅にて）

◇インタビュアー

諏訪内敬司

松丸修三

渡邊　弘

倉橋桂子

■ペスタロッチー旅行を企画実施

諏訪内　今日は前半に一九九二年のペスタロッチー旅行についてお伺いし、後半に聞き残した項目を聞きたいと考えています。そこで、ペスタロッチー旅行に参加した松丸さんにも、特にお願いして参加していただきました。この旅行は先生の後半生の中では大きなイベントだったと思いましたので、特に取り上げることに致しました。

そもそもペスタロッチー旅行を実施しようとしたきっかけはどういうことだったのでしょうか。

渡邊　旅行会社の中鉢泰平さんからペスタロッチーの遺跡巡り旅行を企画したいという話が村井先生にあったのだと記憶しています。中鉢さんは教員を対象としたフレーベルやルソーの遺跡めぐり旅行を手がけている方で、村井先生の『ペスタロッチーとその時代』が一九八六年に、『いま、ペスタロッチーを読む』が一九九〇年に出版されて、ペスタロッチーの遺跡旅行を始めようと考えたのではなかったでしょうか。

村井　もともと、広島大学の庄司（雅子）先生の思いつきで、フレーベルやルソーのツアーをやっていたのです。

渡邊　女優でねむの木学園を始めた宮城まり子さん（広島大学の第一回ペスタロッチー教育賞を受賞）も参加するということでしたが、宮城さんは、パートナーの吉行淳之介さんが病気になったので、看病のために直前になって参加をキャンセルされましたが。

私はそれまでに多くの遺跡を二回巡って日記に残していましたので、行くルートを作りましょうということで準備が始まり、参加メンバーも沼野先生、本吉先生（第六回ペスタロッチー教育賞を受賞）など決まりました。中鉢さんは遺跡がどこにあるかもわからなかったですね。

中鉢さんはその後、ペスタロッチーのツアーを随分実施していましたね。

松丸　最初から村井先生がかなりコミットされていたと思います。何回も案内状が来ていましたから。沼野先生、本吉先生は長年行きたいと思っていらしたので、是非実現したいということで計画が始まりました。

村井　みんな、ローンを組んだりしてね。

渡邊　特に、先生が「是非行こう」と非常に勢いがあったような感じでした。

村井　大旅行だったから、みんなそれぞれ志があったんだね。参加した人たちはそれ以来すっかり元気になった。黒川君もきりっと人が変わったような感じになったね。

渡邊　私が行った時は、東北大学の成瀬政男さんの『ペスタロッチーその業績・遺跡・巡礼』（雇用問題研究会、一九七九年）と玖村敏雄さんの『ペスタロッチーの生涯』（玉川大学出版部、一九四八年）を読んで整理して行程を立て、ホテルは村井先生に紹介していただきました。特に、成瀬さんの本は役に立ちました。

諏訪内　玖村さんは実際には行っていなかったのではないでしょうか。村井先生はこの旅行までに何回も行かれていたわけですね。

村井　アメリカの留学帰りの一九六〇年に寄ったのが最初でしたが、その後スイスに行くたびに寄っていましたからね。成瀬さんの本は、ある日書店の本棚で気づいて、「確か歯車の大家だと思ったのに、おかしいな」と手に取ってみて、意外な信奉者がいるんだなと、驚きました。

渡邊　お手元にある地図や資料（森田希一氏作成の全行程地図、参加者名簿、旅行会社作成の日程表、渡邊氏作成の「教聖ペスタロッチーとかれが愛したスイスの山と湖を訪ねる旅〈ガイド&メモ〉」、渡邊氏作成の記録）は、人間主義学会で報告するために用意したものです。旅〈ガイド&メモ〉は、私が作成したものに村井先生の指示を受けて修正したものです。全ての遺跡をくまなく盛り込み、かなりマニアックな所にも行きました。ペスタロッチーゆかりの地は全部訪れたと思います。

倉橋　ほとんどバスで行っているのですね。こうして見ると、本当に全て行っていますね。

村井　それでは、日程に従って行った所を取り上げてみますか。（本書「付録」参照）

諏訪内　新しい発見、特に印象に残ったことなどを思い出していただければと思います。

渡邊　参加者は、村井先生ご夫妻の他に、長田先生のご子息長田五郎先生（横浜市立大学名誉教授）、範子夫人の妹さんの熊谷文子さん、沼野先生（元玉川大学教授）ご夫妻、本吉先生（白根開善学校校長）、橋本さんの勤務先（東京教育専門学校）の同僚の川辺香津枝さん、啓明学園で国語教諭をしている榎本武揚と黒田清隆のひ孫に当たる諏訪部美和さんのお母さん、橋本昌夫さん、吉家定夫さん（学習塾経営）、松丸修三さん（足利工業大学を経て高千穂大学）、森田希一さん（東京国際大学を経てベルカント保育園副園長）、私の家族、中本正気さん（幼稚園経営）の奥様とお子さん、それに黒川五郎さん（ティー・セラピー・スタジオ経営）でした。かなり多彩なメンバーで、結構人数が集まりました。

村井　五郎君も行ったんだね。倉橋さんは行かなかったんだ。
倉橋　私は祖父母の看病があって、行けませんでした。中本さんから参加呼びかけのお便りをいただいたのですが、とても残念でした。十年程経ってからほんの二、三カ所だけですが一人で行ってきました。このお誘いの案内はずっと大切にしていました。
諏訪内　中本君はＮＨＫの教育担当のディレクターや女優の吉永小百合に呼びかけて、取材してもらおうとしていましたね。この手紙によりますと、吉永小百合もペスタロッチーの愛読者だと書いてあります。
村井　この手紙によると、諏訪内君から案内があったと書いてあるよ。
諏訪内　中本君は幼稚園を経営していましたので、広く呼び掛けて案内を出したのだと記憶しています。
村井　諏訪内君自身は行かなかったんだね。
諏訪内　私は、丁度所属先が変った年だったので、授業その他があって残念ながら参加できませんでした。
村井　それでは、日程に従って行った所を回顧してみますか。
渡邊　九月七日に成田空港を出発し、フランクフルト空港を経由してイタリアのミラノ空港に同日夜に到着しました。翌日八日午前中に市内を見学しました。サンタ・マリア・ディッレ・グラッツェ教会でダ・ヴィンチの絵「最後の晩餐」を、スフォルツェスコ城ではミケランジェロが死の数日前まで制作したという絵「ロンダーニのピエタ」を見学したり、ドゥオーモを見て周りました。
松丸　これがミラノのドゥオーモを背景にした集合写真です。
村井　どれどれ。教会の前だね。随分整理しているね。
渡邊　今日は持って来ませんでしたが、私も沢山写真を撮っています。
　午後にミラノを出発し、コモ湖に到着しました。夕方、ホテルで先生のレクチャーがありました。夕食には、トスカーナ地方の地酒ワイン「キャンティ」を飲んだと記録されています。
村井　レクチャーは、全般的な話をしたんだったね。
（本書付録に収録）
渡邊　翌日早朝、宿泊したグランド・ホテル・トレメッツォ近くのスタンダールの『パルムの僧院』に出てくる主人公ファブリス・デル・ドンゴの館のモデルとなったグリアンテの教会を見学しました。主人公の別荘のアトリエ、これは映画「舞踊会の手帖」の撮影に使われた所でした。前が湖、後ろが山できれいな所でしたね。

村井　そこに泊まったんだね。

渡邊　翌日はホテルを出発し、ペスタロッチーの先祖が住んでいたキャヴェンナに着きました。ペスタロッチー広場がありますが、ペスタロッチー家は一九九〇年に絶えて、もうないということでした。建物もありませんでした。

村井　キャヴェンナはペスタロッチーのお祖父さんの出身地だね。だから、伝記はここから始まるのです。

渡邊　昼にイタリアからスイスに入りました。天気が悪い為雨じゃもったいないということで、「天国の入り口」と言われるソーリオ行きを翌日に回し、先にサン・モリッツに行って昼食を取りました。午後にアルプスの画家セガンティーニ美術館を見学しました。ベルゲル地方の高峰が背景に認められる象徴的なアルプス三部作「生成―存在―消滅」を見ました。

倉橋　この間、新宿（損保ジャパン東郷青児美術館）でセガンティーニ展をやっていましたので、見に行きました。

渡邊　マローヤからシルスマリアに行ったんですね。ニーチェが一八八一年から八年間夏を過ごした場所で、『ツァラトウストラ』はここで書かれています。私たちはニーチェ記念館を見学しています。

村井　シルスマリアではホテル・ヴァルトハウスに泊まったんだね。

松丸　夕食後、ホテルのロビーで音楽会が開かれていました。ホテルでの音楽会なんて初めての経験でした。

渡邊　我々が泊まってもいいのかな、という位のクラシックで豪華なホテルでしたね。十日は「外は雨と雷。山に初雪が降る」と記録されています。寒かったですね。部屋にはヒーターが入っていました。

諏訪内　標高は富士山くらいでしょうから、初雪も早く来るのでしょうね。

渡邊　朝、後戻りして、ソーリオに向けて出発しました。ベルゲルの谷に入って間もなく、ソーリオに着きました。世界中の画家が集まるという村です。詩人リルケを皮切りに、多くの文人墨客が宿泊した由緒あるホテルがあります。全く絵の通りの美しい景色でしたね。ゆっくり見て回りました。

村井　ソーリオは日本人として僕が初めて行ったのではないかな。今では、あれ以来日本人のツアーに組み込まれているようだが。リルケが詩の中で「天国への入り口」と書いていると言うけれども、本当に天国の入り口のような所だね。

松丸 これがその写真です。

渡邊 霧のため山があまりよく見えませんでしたが、散策していたら一時雨があがって山が見えました。その後セガンティーニの墓参をしてホテル・ヴァルトハウスに戻りました。セガンティーニの墓を背にして景色を見ると、セガンティーニの三部作が写真のようにピッタリはまるのには驚きます。

村井 その日の夕食で文子の誕生会をやってくれましたね。

松丸 お米のリゾットか何かが出ましたね。

渡邊 よく覚えていますね。私はホテルの記憶があまりないのですが、湖の向こうに山が見える所にありました。

十一日はバスの車中で先生のレクチャーを聞いた後、ユリア峠などを経てリヒタースビルに行きました。ペスタロッチーの母・スザンナ・ホッツの生家がある町です。町の教育委員の方がその家を案内してくれました。ペスタロッチーが四十七歳の時、フィヒテが訪ねてきて数日間熱心に語り合った場所でもあります。夕方、宿泊地のルツェルンに到着しました。一三三三年に作られたヨーロッパ最古の木造橋・カペル橋がありました。

諏訪内 確か、火災で焼けてしまったとニュースがあった所ですね（一九九三年に焼失し、後に再建される）。

渡邊 十二日は出発前に先生のレクチャーがありました。ホテルを出発して間もなく、ナポレオンにやられたアルトドルフに行きましたね。ウィリアム・テルの銅像がある所です。テル博物館見学後、一路シュタンツに向いました。シュタンツは、有名な孤児院の跡で、ノイホーフに次いでペスタロッチー第二のゆかりの地です。ペスタロッチーゆかりの孤児院跡や教会を見学しました。

村井 シュタンツには広場があったね。戦争が起きて孤児がたくさん発生したため孤児を収容する必要が出て、ペスタロッチーが孤児の救済に乗り込んだわけです。

渡邊 孤児院は、現在中学校と実科学校とを持つ「シュタンツ聖クララ女子学園」として使われています。この建物の正面の壁のプレートには、「ここにハインリッヒ・ペスタロッチーは、ニードヴァルデンの孤児たちへの献身のなかで、教育の新しい道を見いだした。一七九八－一七九九」と説明されています。二階には、「聖ケシリア」と名づけられた部屋があります。当時の孤児たちの寝室であり、ペスタロッチーが子どもたちの真ん中で寝たという、まさにその部屋です。教会も印象に残っています。

その後、すぐにロープウェイに乗ってティテリスの山頂に行っています。山頂のレストランで昼食を取りました。みなさん、体力がありましたね。夕方、ルツェルンに戻っています。

十三日は、グリンデルワルト、シャイデッグなどを経て、宿泊地のベルンに行きました。カーレース開催中ということで、残念ながらあと少しのところでグルニーゲル（ペスタロッチーが療養しながら『シュタンツ便り』を執筆した場所）には行けませんでした。

十四日午前中は自由行動でした。村井先生ご夫妻、本吉先生、中鉢さんはタクシーで、前日に行けなかったグルニーゲルに行っています。本吉先生は大変感激して帰って来ましたね。

午後、ブルクドルフに行きました。ここは、ペスタロッチーが五十四歳のとき、グルニーゲルで療養した後すぐ、文部大臣シュタッパーの計らいで教師としてスタートを切った場所です。公立小作人学校跡やブルクドルフ城跡を見学しました。その後キルヒベルグでチッフェリー農場跡を見学しています。ペスタロッチーがアンナと恋文のやり取りをした所です。さらにミュンヘンブーフゼーでペスタロッチーが学校として使用した修道院跡とフェレンベルクの学校跡まで見学していますね。バスであちこち行きましたが、この辺については、私の記憶がはっきりしていません。

村井　この辺も、今まで誰も行ったことがなかったと思うね。

松丸　お城にも行きましたね。

渡邊　夕暮れとともにヌーシャテルの町に入っています。町をさらに上ってホテル・ショモンに到着しました。

十五日はイヴェルドンに行っていますね。ここは一八〇五年から一八二四年にわたってペスタロッチーの教育実践が華々しく展開された所です。

城の中を随分見て歩きました。ペスタロッチーの生涯のスライドを見たり、ペスタロッチーに関わる部屋を見学しています。その後、アンナのお墓参りまでしました。今でもペスタロッチーとアンナは別々のお墓に入っているのでしょうか。長田先生が一緒にしてあげたいと言っていらしたそうで、私もそう思うんですけど。

村井　ほんとだね。どうしてかね。

渡邊　その後、クランディーの学校をバスで訪ねています。

村井　女子学校、貧民学校、聾学校と三つあります。

渡邊「貧民学校」というプレートがかかっていて、今は個人の住宅になっていて、人が住んでいます。申し訳ないのですが、誰かと二人で入っていったら、二階にペスタロッチーの肖像画が飾ってありました。

村井「貧民学校」とでかでかと書かれているね。

倉橋　今でも人が住んでいるのですね。

諏訪内　スイスでは地震がないんですかね。

村井　あの辺はないだろうね。

渡邊　午後にイヴェルドンを出発して、ヌーシャテルに行きました。ヌーシャテル美術・歴史博物館にアンカーの「一七九八年モラのペスタロッチーと孤児たち」の絵（一九〇二）がありました。また、マリー・アントワネットが結婚する時に持参したハープシコードもありました。

松丸　これがその写真です。

村井　よく撮れているね。真っ暗だったでしょ。

渡邊　ヌーシャテルでは時間があり、天気もよかったので、ゆっくり散策できました。夕食の中華料理に蛙がどさっと出て、ビックリしました。

村井　ヌーシャテルは、以前に森田君たちがカニ族の格好をして、アガシ（博物学者、後ハーヴァード大学理学部教授）の生家を訪ねて行ったところだね。

また、森田君や黒川君などは、隣の湖にルソーの遺跡を訪ねたりしたんだね。

渡邊　十六日昼、バーゼルに到着しました。昼食中に、ペスタロッチーが死ぬ一年前に訪れたボイゲンの場所を調べ、ボイゲンはドイツ国に入ることがわかりました。夕方ボイゲンに入り、駅から歩いて二分の所に孤児院跡を発見して、一同感激しました。ペスタロッチーが樫の葉の冠を贈られた時、「この名誉は、私のものではなく、この純真な人のものです。私には相応しくない。この子にこそ相応しい」と言って冠を子どもにやったと伝えられる孤児院ですね。ここには私も初めて行きました。

松丸　居合わせた建築家の方が教えてくれたのです。

村井　たまたま修復中の技師がいてわかったんだね。昔のことを説明してくれる人がいたのにはビックリしたね。

倉橋　随分高い建物ですね。

諏訪内　当時もここんな七、八階の建物だったのですか。

渡邊　いや、違うと思います。跡です。

倉橋　ドイツなんですね。

渡邊　国境から入って行くことになりましたが、初めは予定になかったんですよね。その後ビル村に行って、ホテル・ベーレンに泊まりました。翌朝、ノイホーフを見学した後、みんなでペスタロッチーと長田新先生のお墓参りに行きました。ヤーコブ誕生を記念してペスタロッチーが植えた木がありました。

　その後、ミューリゲンで新婚生活をした場所をさがしましたが、見つかりませんでした。この辺ではないか、という家は残っていますが。

村井　ペスタロッチーが結婚式を挙げた教会にも行きましたね。みんな残っているから驚いたね。

渡邊　ノイホーフにピーターハウスという名称の青少年収容施設が出来ています。食堂にグローブの絵「ペスタロッチーとシュタンツの孤児たち」の絵があるのを発見しました（注一）。以前に、村井先生からグローブの絵の所在を探すように言われてわからなかったのですが。

諏訪内　広島大学に複写がある絵と同じ複製画ですかね。

渡邊　食堂と言うか、集会所みたいに広い部屋で、食事もすると言っていました。多目的ルームみたいな部屋でした。所長さんが案内してくれたのです。大きい部屋でした。何気なく飾っていたのです。

村井　痛むといけないから、別の所に保管してはと連絡しなければ、と考えたけど。

渡邊　もともとどこかにあったのではないかと思うのですが、少年院みたいな、矯正施設のようなもので、ペスタロッチーの絵を見て更生して欲しいという願いが込められているのでしょうか。

諏訪内　何歳くらいの少年が収容されているのですか。

渡邊　中学生、高校くらいでしたね。

　神聖ローマ帝国のハプスブルク家の発祥地、ハプスブルク城にも登りましたね。その後ブルックに行きました。ローテス・ハウスでは、ペスタロッチー終焉の場所を訪ねました。

　十八日にホテルのご子息の案内でミューリゲンにもう一回行き、新婚生活をした場所を見つけました。番地が記録に書いてあります。現在も人が住んでいます。さらに、ペスタロッチーとアンナが結婚式を挙げたゲーベンストルフ教会にも行っていますね。沼野先生が用意してくれた村井先生の『ペスタロッチーとその時代』の抜粋コピー集が役に立ちました。

　昼にチューリッヒに着きました。先生ご夫妻は、長田先生の墓碑を書かれたペスタロッチーの研究家レオ・ウェーバー氏宅を訪問されています。先生はこの時、ウェーバーさんとは久しぶりだったのですか。

村井　何度も会っているので、この時は挨拶にいった程度です。シルス・マリアの近くに別荘を持っていて、よく会っていました。チューリッヒには湖の近くに自宅がありますが。

渡邊　昼食後ペスタロッチー公園まで歩き、別行動することにしました。ペスタロッチー生誕の家跡、ペスタロッチーが幼い頃母に連れられて日曜礼拝に出席したと言われるグロスミュンスター大寺院、青年時代を過した家跡、四十四歳から五十三歳まで住んでいた家跡、ペスタロッチー記念館など関係施設があります。橋本さんがペスタロッチー記念館で、ペスタロッチーの墓を掘り起こして骨格を調べた本を探し出して勧められたので、買いました。ドイツ語で書かれているので中身はよくわかりませんので、誰かが翻訳してくれると面白いと思いますが。

ホテルで先生の、この旅行締めくくりのレクチャーがありました。翌日フランクフルト経由で帰国の途につきました。以上でだいたいの旅程を振り返りました。

村井　なつかしいね。

渡邊　ウエーバー教授が監修したペスタロッチーの伝記映画があって、東京のどこかで試写会があり、村井先生、宮城さんと三人で見た記憶があります。宮城さんは「これはペスタロッチーではない」と怒っていました。子どもの前で机をコツコツ叩いたりしているのはおかしい、と。

村井　そんなことがあったね。あれは東ドイツでつくった映画じゃなかったかな。色彩が暗くて。

渡邊　そうでしたね。東ドイツで作ったものでした。かなり硬い印象でした。

諏訪内　この間インターネットを見ていましたら、ペスタロッチー、フレーベルなどの映画が学校用に販売されていますね。

倉橋　ところで、ルイ・アガシの生家はどこにあったのですか。

村井　モラ湖のほとり、対岸のモチェという町です。

渡邊　アガシについては、先生が幼稚舎の雑誌『仔馬』に「科学のパイド・パイパー」を連載されていますね。

村井　倉橋さんが行ったのは、ずっと後だったの。

倉橋　十年位前です。お墓の前の木は、私が行った時にはこんなに大きくなっていました。

村井　あぁ、そんなに大きな木になってたの。絵が隠れてしまっているじゃない。

倉橋　洋梨が民家の庭になっていました。九月末でしたが。やはりビル（洋梨）村なのだと思いました。

村井　僕が行った時にはビルがないなと不思議に思っていました。

倉橋　先生、この写真どうぞ。ペスタロッチーと長田先生のお墓が一緒に入るようにして撮ったものです。いくらでも焼き増しできますから。

村井　ほんと、珍しい写真だね。一枚に二人のお墓をうまく入れたね。どうもありがとう。

倉橋　今は教育学でペスタロッチーをあまり取り上げないんですか。

渡邊　今の世の中、ペスタロッチーを拝む雰囲気がなくなっていますね。慌しくて。

村井　学校はつまらない、罪のある場所になっているね。ペスタロッチーを拝む雰囲気なんてないよね。学校はただ通り過ぎるキャリアの中の一つで、変なものになって。

（注一）グローブの「ペスタロッチーとシュタンツの孤児」の原画はバーゼル公立美術館が所蔵しているとの調査結果を、広島大学大学院の丸山恭司教授が「グローブ画『ペスタロッチーとシュタンツの孤児』の複製と伝播について」『広島大学大学院教育学研究科紀要』第三部第五十四号、二〇〇五年、で報告している。この報告によれば、ピーターハウスの絵は複製画ということになる。なお、広島文理科大学の福島政雄教授が大正時代にペスタロッチー遺跡巡りをして、グローブの原画を見ていることが、福島政雄『ペスタロッチ遺跡巡礼』（イデア書院、一九二六年）に報告され、『ペスタロッチ』（福村出版、一九七六年）に再録されている。

■慶應関係で聞き残した事項

諏訪内　最後に、聞き残した項目をいくつかお聞きしたいと思います。まず、慶應では久野塾長時代、常任理事になってほしいと打診されたことがあると聞いているのですが、どういう経緯だったのですか。

村井　経緯も何も、いきなり塾長に呼ばれて、僕には学務担当理事を、学生担当理事を西村君にやってもらいたい、と言われたのだけれども、教育学専攻から二人も出るわけにはいかないから、次の日に笹塚にある久野さんの白宅に行って、西村君は仕方ないけど僕は勘弁してもらいたいと断りました。教育学専攻から二人ということに塾長は気がつかなかったのかな?

諏訪内　村井先生の発案で女子高で著名人の講演会を開くようになった時、高橋誠一郎先生に講演をしてもらったのに、当日テープレコーダーの調子が悪くて、うまく録音できなかった。そこで講演を聞いた生徒に講演を再現する原稿を書かせたら、出来が非常によかったので、『三田評論』(六六二号、一九六七年七月)に掲載してもらったということがありましたが。

村井　二、三人に書かせたのですが、ひとり非常に出来がよかったのです。女子高校生はこんなに記憶がいいのかとびっくりしました。まるで稗田阿礼と太安万侶みたいで。お医者さんの娘で本間直美さんと言ったかな。思いもしなかったことでしょ。急に言われて書いたのに。

倉橋　高橋先生の貴重なお話なのに『三田評論』の扱いが小さかったとおっしゃっていましたね。「私の福澤先生」というタイトルで、福澤先生が散歩中、魚籃坂で貧しい納豆売りの少年から、自分では食べられない納豆を全部買っていたというお話をされていましたね。

村井　そのあと、福澤先生を真似て高橋先生が少年のためにお金を集めようとしたら、「あれは僕の悪いくせだ。真似しちゃいけない」と叱られたということでした。

諏訪内　先生は学部ではよく合宿に付き合っていただいたと記憶しています。八王子の大学セミナーハウス、蓼科湖その他に。セミナーハウスでは、帰りによく野鳥料理屋に寄りました。

村井　随分行ったね。特にセミナーハウスはよく利用したね。野鳥料理が主目的ということだったかもしれないけど(笑)。

渡邊　セミナーハウスでは前日午前三時くらいまで飲みながら話し、あくる朝早くたたき起こされて散歩したりして、先生は随分お元気でしたね。

倉橋　私たちがセミナーハウスで合宿している時、当時の坂田道太文部大臣が丁度視察に見えて、部屋に入って来ました。先生は会釈するのかなと思っていましたら、一顧だにせず、そのまま演習をお続けになり、そのことがとても印象的でした。「なんだ。人の演習に入って来て」「文部大臣なにするものぞ」という感じでした。黒板に Naturalistic Fallacy と書いてあって、それを見たお付きの文部官僚の方だったと思いますが、帰りがけに「随分難しいことをやっているんですね」と言っていきましたけど。忘れられません。

村井　そういうことがあったね。

倉橋　山中湖で三年から四年になる春休みに、二泊三日で合宿をしました。白石克己先生（玉川大学を経て、仏教大学）がご一緒くださり、二班にわかれて勉強しました。三日間朝から晩までやって、一年分の授業時間でした。そのことを新聞に書かれたことがありましたね。

村井　作家の江藤淳君がそれを読んで、雑誌『三田評論』か何かにそのことを書いてたね。文学部の村井教授は一年間分の授業を三日間でできると言っている、とか何とか。

倉橋　スローガン、メタファーなど英語の論文を読まされ、難しくて、下調べに必死で、三日間ほとんど一睡もしないで予習したのでみんな痩せてしまったとお話したら、最後の晩、「何キロ痩せたか端から順番に言え」って（笑）。本当にこわかったですけれど、有難かったです。ただ、文字面を訳しても「それはどういうこと？」「自分の言葉で説明しろ」と先生に言われて……。

村井　あの頃は本当に面白かったね（笑）。

諏訪内　演習で女子学生が緊張しすぎて気を失ったという言い伝えを聞いたことがあるくらいです。

村井　それは大げさだよ（笑）。

諏訪内　渋谷の飲み屋「止まり木」によく行っていたとおっしゃられていましたが。

村井　あの頃は色々なところに行っていましたね。妻の兄（長田三郎氏）が渋谷の飲み屋で鉄工所の職人さんと親しくなりました。後に自分で鉄工所を興した人です。義兄がその方の息子さんの家庭教師をたのまれたりして。普通部から慶應に入って、後に工学部の教授になったのです。私もその方と親しくなって、大相撲の千秋楽の入場券を毎年いただきました。その方が亡くなるまで、三十年間も続きました。升席で四人入るからね。色々な人を誘いました。

■ 研究上のことなど

諏訪内　学位論文の審査のことですが、東京教育大学の石山脩平先生に提出しようとしたのが、体調を崩されたので広島大学に提出されたと聞いているのですが。広島での主査はどなただったのですか。

村井　石山先生はギリシア語がわかるからと思ったのですが、体の調子が悪くなられたので止む無く広島大学に提出しました。主査は杉谷雅文さんで、高田三郎さん（アリストテレスの研究者）が副査だったと思います。高田さんから「当たるべき文献はきちんと当たっているようだね」と聞いたことがあります。

諏訪内　学位論文を公刊した『教師ソクラテスの研究』に対する哲学者たちの反応はなかったのですか。岩波新書の『ソクラテス』を出版した田中美知太郎氏にも贈呈したのですか。

村井　送りました。その礼状に「色々な見方があるものだ」と書かれていました。あまり印象に残っていませんね。

諏訪内　橋本さんのサジェスチョンを受けて、先生の研究はソクラテスが出発点になっているように思いますが。

村井　中学生の時に初めて岩波文庫の『ソクラテスの弁明・クリトン』を読んで、随分理屈っぽいことを言う人がいるものだなという印象だったですね。初めての哲学書ですから、その意味では、そうかもしれませんね。それが最初の出会いでしたから。

諏訪内　これも橋本さんの考えなのですが、先生は他の学者と同じ本を読んでも、独特の視点、見方、取り上げ方がある。その違いはどこから来るのだろうか、ということなのですが。

村井　よくはわからないね。格好よくやって行けば簡単に済むけど、簡単に済まそうとは思わない。

都会で生活していると、生活態度は都会的になってしまうけど、僕は田舎育ち、炭鉱育ちだから、どこまでも掘って掘ってまた掘ってということになったのかな（笑）。

諏訪内　他の人は「教育とは何か」ということをわかったとしてずっと触れないままで済まそうとしていますね。

諏訪内　先生が編集された『原典による教育学の歩み』（講談社、一九七四年）は、グロリア・インターナショナルのシリーズ〈西欧文化〉『教育の系譜』（平塚益徳との共編、一九七二年）を発展的に拡大して編集したように思ったのですが、『原典による〇〇学の歩み』シリーズの最初でしたね。

渡邊　私はあのグロリア・インターナショナルのシリーズを全部もっています。古本屋で買いました。

村井　アメリカで、*Two Thousand Years of Pedagogy* とかいった本があり、昔のことが出ていて大変役に立ったことがあったので、日本にもそういう本がそれぞれの領域にあったらいいなと思ったのです。講談社の山本（康雄）さんという編集長が現代新書を発刊する時に相談を受けていたので、僕から彼に提案したのです。
現代新書の『人間の権利』（一九六四年）は、見本として僕が書いたのです。あの現代新書の巻末にある野間省一社長の「『講談社現代新書』の刊行にあたって」は、実は僕が書いたのです。『講談社史』にそのことが書かれています。「この文は、村井教授が書いたものです」と（笑）。（注二）

倉橋　ゴーストライターをなさっていたんですね。

諏訪内　『教育学の歩み』は『原典による』シリーズの中で一番厚いですね。しかも、色々な本から抜粋している本がよくありますが、先生のものは一つの視点から文献を集めていて、ぶれていませんね。

村井　一つのストーリーに乗せているのでね。他の『哲学の歩み』とか『法学の歩み』などは後に『講談社学術文庫』に再録されるのですが、『教育学の歩み』は入っていません。厚すぎるし、シリーズ最初の本で、コピーができる印刷の仕方ではなかったのです。

倉橋　それは残念ですね。

渡邊　あれは便利な本ですね。私は今でも演習で使っています。最近、研究者の研究領域がどんどん狭くなってきていますね。大きい問題を誰も考えないで。

村井　未だに、「教育とは何か」がはっきりしないのに。近頃の若い人たちはかっこよく簡単に済ますという基本的生活態度が、都会的というか、部分的に小さいことだけをして、手を広げない。一つのことだけをしていると安全で、領域が狭くなっていく。「教育とは何か」という大きな問題を誰も考えない。それがおかしいとは考えないんだね。

渡邊　それに、今はああいう原典を読まなくなっていますね。

村井　「教育とは何か」ではなく、「カリキュラム」だけやる、それも理科のカリキュラム、社会科のカリキュラム、という風に、細かく細かくなって…。「葦の髄から天井をのぞく」というようなことだね。利口だから難しいことはやらない。スタートラインを決めて、後ろに下がってまではやらない、という意識があるんではないかな。

渡邊　今は授業する前にシラバスを書き、しかもほとんどインターネットで公開されていますから、教育学でどのような講義をするのか、項目を調べたら面白いと思いますね。教育学の講義の最初に、いきなり教育基本法が出てきたり、学校から始めたり、いじめから始めたりして。よくそれでスタートできるなと不思議に思いますが。

村井　教育観、人間観、世界観が全然入っていなくてね。

渡邊　先生が四十歳代で小学館の教育学全集を編集されて、本格的な教育の定義を提案されて……。あの年齢で真正面から定義に挑戦したのですから、凄いと思いますよ。

村井　吉田（昇・お茶の水女子大）さんに相談を受けて編集委員を引き受けたのだけれど、彼は最初から僕に序章を書かせるつもりがあったんでしょう。みなさん、書けないことはわかっていたから。

倉橋　先生には書けるとわかっていたのですね。

渡邊　ＮＨＫの教育原理の講義や、小学館の全集はほぼ同じ時期に出ていますね。

倉橋　ＮＨＫの教育原理の放送が山中湖での合宿中にちょうどあるというので、先生がご覧になりたいとおっしゃって。宿の場所が山の麓で、電波がうまく入らず、よく映らなかったのを憶えています。

諏訪内　私が大学院生の時に、先生は学部の授業、大学院の演習をされた後、夕方大学の正門を入った所でＮＨＫの旗を立てた黒塗りの車が待っていて、先生が乗られるのを見たことがあります。ＮＨＫに行って何回分かの放送の録画を取ったということで、朝から数えると十時間位講義をしたことになり、スタッフの方に驚かれたとか。

村井　あの頃は元気だったからね。

諏訪内　小笠原道雄先生から伺ったのですが、広島大学に集中講義に来た時、ゴルフシューズしか持たないで来られて、メモも何も用意しないで講義して驚かれたとか。学長室だか学部長室だかにゴルフセットが置かれていて、ゴルフをするのを楽しみにしていたようだったと。

村井　そんなことがありましたかね。

諏訪内　ゴルフと言えば、有統会を作ったきっかけはどういうことだったのでしょうか。

村井　講談社に文学者のゴルフの会があり、学者の会をつくろうという話が持ち上がりました。僕もゴルフを始めていて面白いものだから。社会学の尾高邦雄（東大教授）さんを中心に始めました。僕は講談社とは関係なく、東洋館の錦織さんとゴルフ会を共同で始めたということです。

有統会という名前の由来は、学者は自分が習ったことしか言わないので、出身大学によって言うことが違う傾向があります。そこで、「学問あって学科なし、学統あって学派なし、学閥なし」。ただ学統があるだけという意味で「有統会」と名前をつけました。僕の言葉です。色々な人が入って来ました。東大の富永健一さん（社会学）なんかもメンバーになりましたね。

諏訪内　富永先生は、後に慶應の教授に来たので、縁があったのですかね。

村井　全部で五十回位やりましたかね。

諏訪内　大体一泊でやられたのですか。

村井　錦織さんが牛久金乃台カントリー・クラブの会員だったもんだから、牛久でやることが多かったので、一泊二日の時もあったし、日帰りの時もありました

諏訪内　先生は今でもお酒を嗜まれていらっしゃいますし、またお強いようにお見受けします。川上さんの情報では、子どもの頃、家にあった佐賀の地酒「窓の梅」を飲んでいたとか。その話を伺って、福澤諭吉が子ども時代からお酒を嗜んでいたことを思い出しました。東大の先生方が「村井実を酔いつぶそう」と夜さんざん酒を飲ましたのに、翌朝ケロッとして起きてきて、とてもかなわないと舌を巻いたという話を小笠原（道雄）先生から聞いたことがあります。

村井　「窓の梅」は、正月前に集まる一升瓶が家の床の間に集められていました。酒は子どもに禁じられていることはわかっていましたので、内緒で時々試飲した程度です。福澤ほどではありません。

諏訪内　戦後デューイが来日した時、通訳したことがあるとか…。

村井　デューイ本人ではなく、一番目の夫人が亡くなって二番目の夫人をもらい、デューイが亡くなった後に来日した時の講演を通訳したのです。デューイに直接会ったことはありません。

諏訪内　確か、朝日講堂で行われたということでしたね。

諏訪内　学生時代教育史の講義で、慶應義塾では開祖の福澤先生についてはだれも研究しない、よその研究者に任せる、それが慶應義塾の面白い特色だと習われたことが印象に残っていると書かれています（『今こそ教育にビックバンを！』東洋館出版社、一五二頁参照）。しかし、福澤先生について政治主義的にしか受け取られない

傾向が出てきて、あまり人任せにしておくわけにもいかないし、福澤先生の教育についての考え方に興味を抱くようになって研究を始められたということですが。

村井　慶應では福澤の研究はしないという変な伝統があるみたいで。本気でやるのはよその人に任せて。慶應では富田さんが伝記的研究をしていましたが、評論を書くというのはしなかったですね。「先生」というのは「福澤先生」だけで、我々教職員には「君」をつける変なところがあるのですね。

諏訪内　私は学生として慶應に割りに長くいたものですから、「福澤先生」「福澤先生」と耳にたこが出来る位聞かされていたので、どちらかと言うと敬して遠ざけた傾向があります。しかし、村井先生の福澤の見方に接して非常に新鮮に感じましたね。

諏訪内　もう一つ確認したかったのは、先生はある時期まで、「よさ」と言う時に漢字の善悪の「善」の字を使われていましたが、書物ですと二〇〇七年出版の『みんなに伝えたい教育問答』（東洋館出版社）から「よさ」と平仮名を使うようになられていますね。表記を平仮名に変えたことについて、その理由をお伺いしたいのですが。

村井　「よさ」には色々な表現があります。「良」や「佳」などもあるけれども、中国の古典では「善」が論語でも、孟子でも使われているので、漢字の「善」にしようと思って使っていました。けれども、大和言葉の「よさ」の方がいいと最近思ってね。

諏訪内　この『新・教育学の展望』（東洋館出版社二〇一〇）でも、「善」だと倫理主義的偏向につながる恐れがあると書かれていますね。

村井　そこでは、中国の倫理主義的偏向が儒学にはあると書いているね。万葉集を読んでいて、天武天皇が「よさ」とは不思議な言葉だと歌った歌があることに気づきました（『教育と「民主主義」』二〇〇五年、東洋館出版社、九三頁参照）。それなら、ということで平仮名の「よさ」にしたのです。大和言葉にしておいた方が意味を全部カバーするから、いいのではないかと考えて、平仮名に変えました。

諏訪内　考えてみますと、漢字よりも大和言葉の方が我々にはしっくりきますね。

村井　世界中に通用しますね。

諏訪内　最近老子や荘子について書かれることが多く

なった気がしますが。

村井　老荘については、学生時代から関心を持っていました。中学生時代に漢文の先生に「村井は百三十点」と褒められてね。漢文を返り点・句読点・送り仮名などのついていない白文で読ませられたのだけれど、うまく読めるので評判になって。

倉橋　『教育の再興』では、荘子が歴史をどう見ているかについて書かれていましたね。

諏訪内　一九七八年に台湾に講演旅行に行かれていますが、あれは慶應の大学院に留学に来て博士号を取得された王さんの招きなのですか。

村井　いや、李順徳さんに呼ばれたのです。

諏訪内　李さんは私が修士課程に進学した時、丁度留学して修士課程に入学してこられましたね。確か、小学校の教頭先生だったと思いますが。

村井　台湾中の大学を講演して回り、台湾を隅から隅まで見て回り、食べて回りました。台湾は一番いい島だと地元の人は自慢していますが、その通り、綺麗な島ですね。王さんは通訳をしてくれました。どこかの大学の学長をしていたと思います。最近は音沙汰がないのですが。李さんはもう亡くなりました。

諏訪内　コールバークさんがモラロジー研究所の招きで来日した時（一九八五年）村井先生のお宅を訪ねましたが、どのような経緯があったのですか。

村井　コールバークのことを熱心に研究していた内藤俊史君（お茶の水女子大）に会わせてやりたいと思って、時間がある時に寄って欲しいと頼んだのです。

諏訪内　先生がプリンストンに留学された時、ハーヴァード大学教育哲学センターで「東洋と西洋における『善さ』の問題」と題して講演されていますが、その時コールバークさんが聞いていたということを岩佐さん（麗澤大学）から伺っていますので、コールバークさんも村井先生には一目置いていたのではないでしょうか。あの時は岩佐さんが案内して、御殿場の帰りに寄られました。私も同席させてもらいました。

（注一）その後平成二十六年三月に、講談社現代新書が創刊五十年になるのを記念して、その新書創刊に村井先生が深く関わっていたことがわかったので、その経緯を講談社発行の読書人のための月刊雑誌『本』にインタビュー記事を出したいと依頼があり、二十六年五月号に「特別企画　『現代新書創刊五十周年』」記念インタビュー㈠「講談社文化を背負って」として掲載され、本書付録に転載した。

■ 宮城まり子さんとの出会い

諏訪内　次に、ねむの木学園の宮城まり子さんと知り合いになった経緯をお伺いしたいのですが。

村井　小学館の人から、「変わった女優がいて新しい学校のようなものを作ろうとしているけど、本物かどうか見てくれないか」と言われて、会いに行ったのが始まりです。その少し前に、電車の吊り広告で「子どもたちの才能が、風船玉を針で突っついた時のように、パーンとはじけて出ました。宮城まり子」と書いてある文句が目に留まり、「あれっ、面白いな」という印象を持っていました（『教育する学校』二六二頁参照）。「あぁ、あの人か」と思い、早速会いに行くことにしました。

小学館の編集部の人数人と前の晩に静岡市に泊まり、次の朝掛川に行ったんです。ねむの木学園で十一時に会う約束でした。ところが、本人はいなくて、いくら待っても東京に行ってまだ帰って来ないというので、「けしからん。もう帰ろう」と思ったり、せっかく来たのだから「もう少し待ったらどうか」と散歩したりして、二時か三時頃になって、車が着いたのです。変な女性がよろよろと降りて来ました。それが宮城まり子さんでした。「お待たせしてすいません。昨夜八時に東京を出発したのですけれど、東名高速道路の日本坂トンネルで大きな火災事故（一九七九年七月）があり、こんな時間になって申し訳ありません」と言う。こちらが「それは大変なことで、お婆ちゃんなのに気の毒な」と思って、「ちっとも気にしていません」と応じると、「五分ほどお待ちください」と言われて応接間に通されました。間もなく、今度はしゃきっとした女性が現れて（笑）。さすがに役者だと思いましたね。びっくりしたのは、さっきのお婆さんがすっかり元気を回復して、話し出したのです。どんな人物なのか注意しながら話を聞いたのです。

ところがおかしな気配なのです。窓の外に子どもたちがいっぱい顔をつけてじっとこちらを見ているんです。宮城さんが何日間かいなかったので、待ちかねていたのですね。そのうち子どもたちは待ち切れなくなって、一人二人とこっそり入り口から部屋に入って来るんです。話をするのに邪魔なんだけど、宮城さんはそれを実に愛想良く迎えて、子ども一人ひとりを喜ばせることを言うのです。「帰って来たわよ」とか「元気でいたでしょ」

とか何とか言いながら、僕と話を続けているんです。面白い人だなと思いました。だんだん子どもの数が増えて、しまいには子どもに取り囲まれてしまいました。その応対の姿を見て、「これは本物だ」と小学館の人に言いました。その後施設内を案内してもらったというのが、最初の出会いです。

倉橋　先生は、グローブの名画「ペスタロッチーとシュタンツの孤児たち」の光景だと思ったとおっしゃっていますね（『教育する学校』二七一頁参照）。

村井　あなたのことは電車の中の広告で見て、「子どもがパーンとはじける」というのは面白い表現だと言いました。ところが、「風船がはじける」という表現は悪いから使わない方がいい、と誰かに言われたので二度とその話をしないようにしていたらしいのです。でも、先生に褒めてもらったのでこれからは大きな顔をして使います、と言っていました。そんな雰囲気でしたね。宮城さんとの最初の出会いは、日本坂トンネルの事故があったので、よく覚えています。

諏訪内　宮城さんは最近歌手活動を再開されて、ヒット曲を集大成したCDも出されました。

■ 実践的教育運動との関わり

諏訪内　先生は晩年に次第に色々な実践的教育運動をしている団体、アガトスの会、子どものいのちを守る会などと関わりを持つようになったと思いますが、それらは依頼されてのことなのですか。

村井　そうですね、僕自身がどうしようと言うのではなく、頼まれて引き受けたということです。

アガトスの会は、日本が好景気のバブルの時に、お金が余ってしょうがないからアメリカに学校をつくる用意をしよう、でもその前に日本でしかるべき人に相談して後援する組織をつくったほうがいいということで、その人々の間で出来たものです。組織の名前を付けて欲しいと言うのでいくつか候補を出したら、「アガトスの会」と付けたと報告を受けました。そういう相談があったので役員を引き受けました。その後お金をどう使うかと話しているうちにバブルがはじけて、活動規模が小さくなって行きましたが。学校をつくるお金も使ってしまったんではないですか。

そうしている間に九州大学の井口（潔）さんが、自分の生物学的意味での人間の研究と一緒にやって欲しいと

諏訪内　会報『Dawn』一号によりますと、青木さんたちが四〇年前に、農薬や汚染されていない、安全で美味しいミルクを子どもたちに飲ませたいという母親たちの願いから始まったと書かれています。そして一九九九年に、環境が悪化しているので、子どもたちが健やかに育ち、よく生きるために必要な活動を行う目的で任意団体として設立され、二〇〇二年にはNPO法人として認可され、二〇〇七年には認定NPO法人になっています。

村井　そうですか。

青木さんとは暫く途絶えていたんだけれども、アガトスの会が出来て、会議をする場所がないので困っていたら、青木さんが部屋を貸してくれるというので、そこを借りて定例会議をやるようになりました。その後、「子どものいのちを守る会」が出来ました。たまたま物理学の高良和武さん（東大名誉教授）が会の理事長になり、僕も会の理事になりました。その後、高良さんが理事長を辞められたので、僕に理事長をやって欲しいと言われ、とても出来ないけれど、名前だけならいいですよということで、理事長になりました。

倉橋　先日の総会でも、理事長として会計報告をされて。

言って入ってきました。大学を退職する時に、金の延べ棒をあげましょうかと（製薬会社から？）言われたらしい。井口さんは、金の延べ棒はいらないから、日本の学術に役立つものを作りたい、と言って数千万円もらって、これはという学者たちと毎年箱根の小涌園で会を開いているうちに、資金がだんだんなくなって来て活動ができなくなったんです。

諏訪内　「子どものいのちを守る会」との関わり合いはどういう事情からでしょうか。先生はこの会の今、理事長をされていますね。

村井　副理事長の青木紀代美さんが、自分のやることが教育に関係ありそうだというので、会を始める前から僕に会いに来ていたんだった。講演を頼まれたこともあります。それが青木さんとの付き合いの始まりです。

倉橋　青木さんはご自身の子育てから、安心できる食べ物の必要性を痛感され、活動をお始めになったと伺いましたけど。

村井　自分の子どもを育てるのにいい牛乳がないので、これはいかんというので運動を始めたんだね。大分前のことだけど。

諏訪内　上廣倫理財団とのつながりのきっかけはどのようなことでしたか。

村井　初代の会長は広島で被爆体験をした人ですが、今の会長は二代目です。早朝に起きて掃除して、人生体験を語り合って励まし合うという運動をしている実践倫理宏正会が支えている財団です。

財団はできたが何をしていいかわからないと悩んでいる時に、僕のラジオの放送、アウグスティヌスの話をたまたま聞いて、「これは」と言うのでコンタクトを取って来ました。未だに、何かあると相談を頼まれて、とても親しい関係になっています。偶然のきっかけですが。(『わが師・先人を語る1』弘文堂、二〇一四、「あとがき」参照)

カーネギー財団と組んで、オックスフォード大学に上廣倫理財団の講座を寄付して、教授、准教授、講師、助教を置けるようにしたりしています。日本でも、東大、京大、東北大などに寄付講座を広げています。世界中の大学に寄付講座を設けて、生命倫理関係の学問を広げたいと考えているようです。

二〜三年に一回全国大会があって、全国各地から代表者が武道館かどこかに集まって、旗をたてて行進しています。閣僚は選挙での票が欲しいものだから、全員が出席しています。

諏訪内　まだまだお伺いしたいことはありますが、主なことは聞けたと思いますので、これで四回にわたって実施した補充インタビューを終わりにさせていただきます。長いことどうもありがとうございました。

村井　それはご苦労さん。色々思い出させてくれてありがとう。まとめるのは大変だろうけど、出来上がるのが楽しみですね。

Ⅲ

付録

（注：三田哲学会『哲学　第九十二集―文学部開設百周年記念論文集Ⅱ―』、平成三年四月一日発行、より転載。資料は省略した。転載許可をいただいた三田哲学会に感謝申し上げる。）

座談会・三田哲学と教育学

出席者　村井　実　氏
　　　　斎藤　幸一郎　氏
　　　　西村　皓　氏
司　会　安藤　寿康
註作成　真壁　宏幹
日　時　平成二年十二月二十一日

安藤　本日は十二月のお忙しい中を、先生方には三田まで駆け付けていただき、本当にありがとうございました。まさに「師走」という感じがいたします。このたびは文学部開設百年の記念ということで、各専攻の名誉教授の先生方を囲んで、三田哲学にちなんだお話をしていただいて、それを『哲学』誌上に発表しようということで、お集まりいただきました。

もともと教育学専攻というのは哲学科にあった専攻で、調べてみましたら昭和三十八年に「社会・心理・教育学科」に分かれた。ですからそれまではずっと哲学科にあったわけです。私たちなどは、入ったときから哲学科とは別でしたので、実のところ哲学科にはあまり強い帰属意識をもっていないのですが、村井先生・斎藤先生は十年以上も哲学科の中にいらっしゃいました。そこでまず、哲学科にあったころのお話、ご着任なさったときのご様子などからお伺いしたいと思うのですけど。

村井先生は慶應にいちばん最初にいらっしゃったときの、最初にもたれた授業の思い出とか印象的だったことかいうのがございますでしょうか。

敗戦と「民主主義教育」

斎藤　村井先生は私がまだ幼稚舎の教員をしていた時に、大学の方においでになったんですよ、広島から。それは幼稚舎にいても私は聞き及んでおりました。そして村井先生、昭和何年ですか、どうしても昭和二十四年よりも前だと思うのです。村井先生がご着任なさって。

村井　二十三年です。幼稚舎に講演にいったことがありましたね。あれは何年ですか。

斎藤　佐原先生[1]が舎長でいらした。村井先生は新進気鋭の新しい先生だというので、ひとつ村井先生にお話を伺おうということになって、そして幼稚舎へおいでいただいて、われわれが村井先生の講演を聞いたんです。その時のテーマまで覚えていますか、私は。先生覚えてますか。

村井 私は覚えていない。（笑）

斎藤 それは要するに、舎長の佐原先生が司会役やっていましたから。それで村井先生に「アメリカの民主主義教育の批判」というテーマをね。

村井 「批判」というのがついていた？

斎藤 「批判」というテーマを村井先生に差し上げて、それでお話伺おうと。そしたら村井先生の最初の話だけは覚えているんですけど、「批判というテーマをもらったけども、批判というのは何も悪いところばかりを選ぶことではない」というところから始まりましてね。で、アメリカの民主教育というものについて知っていることを、いろいろお話ししましょうということだったんですよ。覚えております。

村井先生、その後かな、教育使節団の翻訳をお出しになりましたよね。だからたぶんその頃は村井先生は教育使節団の、「日本の教育に関する勧告書」、それを村井先生一番よくお調べになってる真っ最中だったんじゃないかと思うのですけどね。

村井 そんなことなかったね、全然違う。（笑）

斎藤 違いますか。今度は村井先生にいろいろしゃべってもらわなきゃ。（笑）

安藤 その教育使節団の翻訳というのは、講談社から「学術文庫」(2)で出ましたね。

村井 ずっと後のことだものね。

安藤 あれはもうその頃から御関心をおもちで、研究なさっていたんですか。

村井 いや、全然関心ないわけ。（笑）

だからその時はそういうテーマをもらったけど、戦争に負けたばっかりだし、不愉快なだけ。（笑）民主主義というものも考えたこともない。だから民主主義教育なんて特別にあるものかという話を、確かその時しているとと思います。

斎藤 何かそうだったと思いますね。

村井 教育は教育なんで、いまさら民主主義教育でなければならないなんてことはないと。当時は敗戦直後で、民主主義教育というのが流行って、これからは民主主義でなくちゃいけないということがワアワア言われてたから、そういうテーマをもらったんでしょう。

斎藤　われわれは幼稚舎の教員でしょう。それで新教育、新教育というんで、やれコア・カリキュラムだとか、何だとか、アメリカさんの持ち込んだ、至って変わった、われわれからみれば常識外れな、そういうことをいろいろ知ってきたから、戸惑いでした。

西村　それはずっと後の村井先生の講義とか、あるいは普通の話のときにも、だいぶ後からでも出てね。いわゆる民主主義というのは政治の概念であって、民主主義的教育などというものはない、民主主義と教育なら話はわかると、そんなことを。

村井　一般的に、教育は民主主義でなければいけないというようなことが、戦争に負けたばっかりで、言われだした。昨日までの反対のこと言ってた連中がそういうことを言い出した、そういう状態の中だったから余計に民主主義教育などというものはないという話をしたわけです。そうしたら桑原（三郎）[3]さんが、民主主義ということはファンクショナルには言えるんじゃないかという質問をしたりした。後で桑原さんとその話をしたことがあるけど、ファンクショナルには民主主義教育と言えるんじゃないでしょうかという質問が非常に印象に残っていました。とにかくあの時はそういう状態でしたね。もうすっかり忘れてたけど、その時斎藤さんもいたんだね。

斎藤　わたしが教員の仲間にいたんですよ。

斎藤先生の赴任

西村　大分（大学）にはいついたの？

斎藤　大分には昭和二十四年の四月からです。

西村　そうすると幼稚舎から大分へ行ったわけ。

村井　しかし大分にはほとんどいなくて、直ぐにこっちへ呼び返されたわけね。

斎藤　大分には骨を埋めるつもりで行ったんですよ、私は。自分の郷里でも何でもないんですけどね、行く時はそのつもりで行ったんです。大分では二、三ヵ月たって専任講師でしたけどね。ところが横山先生[4]というのは私の恩師で、その先生から秋になって手紙がきまして、それで慶應の助手になって戻る気があればどうだという手紙がきた。私は直ちに電報を打ちましたよ。（笑）あの頃は電話の時代じゃないんです。電報を打ってそれで戻りたいと、そして昭和二十五年の私は六月に村井先生と結局お仲間に、その時からさしていただいたという形です。

安藤　では大分にはほんの……。

斎藤　一年と二ヵ月。
村井　大分からこういう人を呼ぶからよろしくという話を、西谷さん(5)から聞いて待ってた状況だったんだけど、どっかで腹痛を起こして来なくなったという話だったんだね。
斎藤　そうなんです。いや来なくなったんじゃなくて、（笑）その時盲腸炎、大分の最後で、三月の末ごろ盲腸炎で、一ヵ月ぐらい。東京へ来るだけは来たんです、それで寝込んだんです。だから慶應で四月採用にならなかったわけです、六月採用で。寝込んでたから。その辺ではそういうご心配なさってたわけね、来ないんじゃないかなんていう心配、それは知らなかったけども。（笑）
村井　西谷さんが斎藤さんというのはこういう人だということまで詳しく説明してくれて、それで待ってた状態だった。あの時、どっか汽車の中で腹痛起こしたという印象だったけど。
斎藤　腹痛のまま汽車に乗ってきたんです。それで一ヵ月寝込んだんです、東京へ来て。

■ 教育学専攻再興

村井　その前の状態がこの年譜ではわからないんだけど、要するに教育学専攻というのは、哲学科の中にあったわけだから、小林さん(6)が一人でやってらしたんじゃないかと思う。ところが小林さんがパージ(7)になった。だからその代わりということで、ぼくが急遽呼ばれてきたという形です。で、来てみたら、教育学科というのは一種の崩壊状態にあって、新館さん(8)という社会学の主任教授の預かりということだった。
安藤　預かりというのは……？
村井　社会学主任教授が教育学科を預かっていたのです。新館さんが仮親、仮主任、そして実質的には、学務理事だったカポちゃんが……。
安藤　カポちゃんというのは……？
斎藤　橋本孝(9)という先生。カポちゃんじゃもう通じないんだ。（笑）橋本孝というね。
村井　倫理学のね。
斎藤　とても恐い先生がいて。
村井　その橋本さんが当時学務理事で、結局はすべてを取り仕切っていたわけです。だから斎藤さんに来ないかというのも、もちろん横山さんが直接の恩師だろうけれども、実際上は全部橋本さんのところで話が決まった。つまり教育学科の再編成の話が進められて、結局ぼくがいなきゃいけないし、加えて、あの当時は全国の大学に教育学部というものをどんどん作っていく状況のなかだから、新しく教育心理学とか、教育社会学だとかいうのが必要になってきた。慶應では教育学部の新設というふうには動かなかったわけだけれども、とりあえず西谷さんが教育心理学ということで来られた。でも西谷さんがいつ来られたのか、ぼくと同じ年なのか、その前の年だったのか、ちょっとそこら辺よくわからない。それから中山さん、[10]山本さん。[11]山本さんは秘書課の仕事をしていた方が急遽社会学をやる。これ進駐軍との折衝をもっぱら秘書課でやっていて、その当時は教育社会学なんていっても実質上はアメリカとの折衝の問題ばっかりだからでしょう。だから教育社会学を山本さん、教育心理学を西谷さん。西谷さんは普通部から来られたという話でした。

斎藤　最初はそうですかね、それで予科の先生をなさってた、予科で心理学を。

村井　中山さんはそれまで幼稚舎の先生だったのかな。

斎藤　その頃は普通部の先生。

村井　だからこうして僕が結局教育学概論とかそういうことをやって、西谷さんが教育心理学、中山さんが日本教育史、それで山本さんが教育社会学ということで、一応の格好をつけてスタートしたのがこの二十三年だろうと思う。そこへ助手がいなきゃいけないということで。

斎藤　助手というのが私です。

村井　それで急遽斎藤さんに来てもらうということになって、そこからスタートしたんだと思います。

安藤　いまは、教育学専攻には「教育哲学」「教育史」「教育行政」「教育心理学」と、大きく四つの柱があるという形で、われわれも新入生には紹介するのですが、この時から……。

村井　そういう形になったのはもうずっと後のこと。

斎藤　その辺からのことですね、結局もとはそこにあるのね。

安藤　それは何かポリシーと言いますか、どなたか小林先生か何かのポリシーで、その四本柱というようなことをとくに意識なさっていらっしゃったのか、それともまたまただったのか。

村井　小林さんとは関係がない。

斎藤　小林先生はパージで、一遍引っ込んでて。

村井　橋本先生が職責上、文部省の委員会に終始出てたから、天下の情勢をよく知ってらっしゃった。だから全国あちこちで教育学部ができる動きもわかっていた。そして従来の旧制の場合は哲学科の中に教育学というのが一つあっただけなのに、今度は新しくアメリカ風に教育学部という考え方になって、教育学概論というのはもちろんあるわけだけれども、教育心理学だとか、教育社会学だとか、要するにアメリカ風の教育学にしなければならない、そういう情勢を知っていたから、慶應でもそれに近づけたいと考えたんでしょうね。しかしとりあえず何もないんだから、まずそういうことの専門の先生を三人ですか四人ですか、日本教育史もあわせて、とにかく揃えておこうということだったんじゃないだろうか、と思います

斎藤　西谷先生はアイフェル（ＩＦＥＬ）という、これはアメリカのＣＩ＆Ｅが[12]主催する、要するに大学の先生の再教育みたいな、アイフェルという講習会というのをやった。日本中から都合のつく若手の先生を集めまして、何カ月がかりでやっていたんです。そのメンバーだったんですね、西谷先生は。アイフェルというのはちょうど西谷先生ぐらいの歳の人が、日本中から集まっていましたね、あの頃は。

村井　それも橋本さんの指図でしょうね。

斎藤　そうでしょうね。慶應からは山本先生も行ってましたからね。

村井　進駐軍との折衝関係をもっぱら山本さんがやってらしただろうから、きっとそうだろうと思います。

西村　小泉さんの[13]鞄持ちやってたからね。

村井　小泉さんの秘書だったわけだから。

教育学への思い

安藤　西村先生がご着任なさったのは二十八年ですが、その前、学生でいらっしゃった頃の村井先生の授業の思い出などを……。

西村　概論は先生だし、それから演習も先生がやってます。そこへ僕が入ったときは、加藤健と二人だった。新入生が二人だけだった。（笑）

村井　君の卒業写真は君と二人だったな。

西村　そうなの、先生と二人だった。（笑）あれは加藤が途中で病気したんで、一年遅れちゃった。だから結局卒業は僕一人で、一番で出たんだ。（笑）

安藤　教育学を志望された動機というのは、どういうものだったんでしょうか。

西村　僕はね、これは先生まだ御存じない、つまり僕は

二十年の暮れに軍隊から帰ってきて入ったんだから、途中で制度が新しくなって、新制の学部に入ったわけだ。その時に僕は教育というかな、要するに人間を直接に扱って、そして人間のことを勉強したいと。しかしもう一つはっきりと教育へ行きたいと思ったのは、とにかく、あれはだれだったかな、確か山本有三の『米百俵』という劇があるんだ。これはある藩が傾いて、そこへ隣の藩から援助が来たわけ、米百俵、これで今の危機を切り抜けなさいと。その百俵をめぐって城内でもって議論が戦わされたわけ。これを領民にそのまま分けるか、それともこれを金に換えて学校を創るかと、要するに将来の人間を創るかということで二つに分かれた。今もう食うに食えないんだから、もうそれは分けろというのと、いやそうじゃないと、ここは歯を食いしばっても頑張って学校を建てて、人材を教育して養成していったほうが将来のためにいいと。結局、究極的にはそれで学校を建てるということに藩内は落ち着いたという、そういう劇なんだけどね。

日本が負けて、それで僕は帰ってきたわけだろう。もう本当に荒廃を絵に描いたようなもんだから、これはやはり日本というものはともかくこのまま滅びてしまったらいけないんで、なんとしてでも建て直していかなきゃいけない。やっぱり建て直すには百年、二百年かかるから、だから今の「米百俵」じゃないけれども、やっぱり人間をつくっていかなきゃいけないというんで、教育という考えがその時はっきりよみがえったわけ、頭の中に。

それで、そのことを僕は予科の時に非常に親しくしていただいた先生で、林さけちゃん(14)、さけちゃんと言っているんだけど鮭蔵さん、予科の時よく遊びに行ったりしてたんだけど。それで来年学部に行くに当って専攻の志望を出せというんだけど、僕はこういうことをやりたいんだと言ったら、教育に村井君という人が若いけど来たと。林先生が言うには、村井さんは何かやる人だと僕は思うと、こう言うんだ。だから君は教育へ行った方がいいというんで、僕は全然村井先生のこと知らないから、林先生の言うことを聞いて、それで教育へ入ってきたわけだよ。

斎藤　そうなのね、林先生のね。

村井　二十三年になるわけ？

斎藤　大学の教育学専攻に入ったわけね。

西村　二十五年でしょう。

村井　そうすると随分後だよね、沼野(15)……。

西村　そうなんです、だから沼野さんのことは知らない。（笑）

村井　そうか、間がだいぶあるんだね。記憶というのは怪しいもんだね。（笑）とにかく僕が来たときに沼野は三年でいた。卒業論文にアドラーを半分やってるのを、結局僕の授業に出たためにやめちゃって、ソクラテスか何かに変えた。（笑）

西村　先生の演習は全部プラトンだった。だけど、それが今思うと本当に僕の基本的な学問への一つの力になったね。

斎藤　それは今初めて聞きました。教育というものにそれだけの重い意思をもって選ばれたわけね。

西村　なぜ慶應を選んだかという、また話が元へ戻っちゃうけども、僕は小林澄兄先生というのを知ってたんだよ。なんで知ってたか。それでともかく何か大正、昭和か、昭和の初めの頃から何かいろんな面白い教育やってたと。ぼく全然知らないけど、そういう新しい教育やってた人が慶應にいるというんで、それで僕は慶應に入ってきた。だから小林先生がそのままいるかと思ったら、いま村井先生のお話になったようにパージでいなくなった。だから哲学でもやるかと思ってたんだけど、やっぱり教育に対する思いは捨てきれない。それでさっきの話に戻るわけだ。林先生のとこへ行ったら、いや村井先生という面白い何かやりそうな人が来たと、君は村井先生について教育やりたまえといって、その一発で決めちゃったんです。（笑）

斎藤　今の話で私のことも言うと、私は心理学専攻なんです、出身がね。だから初めは心理学やってたわけです、実験心理学。ところが幼稚舎の教員になってみると、手元には子供たちがたくさんいて、それで心理学的ないろんなデザイン組んで実験をやるとかいうことをするのには、たいへん打ってつけの、そう言っちゃ悪いけれども研究材料がいくらでもいるわけ。それでいろんなテーマもらったりしてやってたわけです。たとえばローマ字の教え方をどういう教え方をすればいいか、仮説二つぐらい立てて、実験的にローマ字の教え方を変えてみたりして、その結果を比較するというようなことをやっているうちに、結局心理学から教育心理学の方に自然に変化したわけで、それもやっぱり幼稚舎の教員のおかげですね。その結果として結局大分に行くときも、教育心理学ということで行くという形になったものですから、それ以後ずっと教育心理学になったという経緯です。ですから、西村さんみたいに偉大な望みをかけたとか、そういうことじゃないんです。

西村　偉大じゃないんです。

斎藤　幼稚舎の教育から出発した。

安藤　でも、ご自身の経験が出発点だったわけですね。

西村　だから縁というものはあるもんだね、いろいろと。もし先生が来てなかったら、僕の今日はないだろうね。他に哲学へ行って、何かわけのわからんことをやってたかもわからないし。第一学校へ残ることになったのも先生のあとおしがあったからだ。僕は家が傾いちゃったから、斜陽族というか、だから僕は勤めるといったんだ、学部出て。そしたらお前そんなのはどうにでもなるんだと、奨学制度もあるし。で、先生にそう言われて、やっぱりやりたいからそれで大学院へ行った。

斎藤　あの頃は教育学には大学院がなかったでしょう。だから仕方がないから哲学の方の大学院に、西村さん、行ったわけでしょう。

西村　文学研究科の哲学の方へ行ったわけだよ。

斎藤　教育学に大学院ができたのは、出遅れた形ね。よその専攻と比べて遅れているんですよ。

西村　それで二年終わったところでもうこれ以上とても家計のことを考えるとね。そうしたら先生がいろいろ心配してくれて、助手に推薦してくれたんだよ。そういう今までの、つまり僕は新制の大学、そして新制の大学院の初めての卒業だから、そういう例が無いわけだ。だから だいぶ先生は苦労されたろうと思うけど、僕を助手にすることについては。先生はまだその頃助教授で、教授会へ出られないわけだよ。

村井　それも厚かましい。若気のいたりだね。カポネ（橋本先生）に直談判して、随分いじめられて皮肉られたけど。（笑）

西村　だろうと思うんだ。僕は教授になって教授会なんていうものを知るようになってから、あの時先生は御苦労されたろうなと。

安藤　以前『ロマン主義教育学再興』（以文社）の出版記念のとき、先生のスピーチでほんの少しその辺の経緯を伺ったことがありましたが、そういうことがあったんですね。

西村　そうだったかなあ。それで先生が助手にしてくれたという、それでやっと一息ついて。だけど先生にもうひとつ感謝しなければならんのは、助手というのは講義を持たないで専ら研究すべきだという、その考え方を押し通してくれたから、僕は確か授業を持ったのは助手の後の方で、専任講師になってからだと思う。

斎藤　昭和三十五年以後だから、その前は書いていないからわからない。

西村　そんな遅くはないんだけれども、ずっと勉強させてもらったのがよかったね。

斎藤　それはよかったですね。

西村　だから助手というのはいまは気の毒だよ、いろんな仕事があって。（笑）

斎藤　私の場合は逆で、一度大分で専任講師でしょう、それからこっちへ助手で戻ってきたでしょう、もう雑用いっぱいあった。教職課程が始まった頃で、教職課程の、いま松本憲さん(16)が中心になってやってるけど。

西村　いや、ぼくがやらなきゃならなかったんじゃないかとか。（笑）

斎藤　教職課程に関しては、実際に西谷先生と私が一生懸命やらざるをえなくて。

村井　やりそうな顔してるから。（笑）

斎藤　そう、やりそうな顔してたもの。それで助手になって戻ってきて、一年か二年たつうちには、今度は入試の方の本部員か何かに飛び込んだりして、もう横の方から文学部中引掻き回したような動き方を僕はしてました。西村さんとはちょうど正反対、だから勉強する時間もないくらいにすごく忙しかったですよ。（笑）今になると何でも言えるもんですね。

知られざる論文

村井　しかしこれ（年譜）を見ると、西谷さんが三〇年？

安藤　一九三〇年、昭和五年です。

村井　だから西谷さんは、若い頃は「ペスタロッチの社会哲学思想と社会教育思想」と、こんなのやってるわけね。

安藤　これはちょっと調べてみて本当にびっくり、面白いですね。

斎藤　本当ね。西谷先生こういうことやるからね、これはこれは、昭和五年にね。

村井　あの頃は小林さんが一人でやってたわけだから、西谷さん、小林さんのところで勉強したのかねえ。

斎藤　そうでしょうねえ。

村井　小林さんが「ペスタロッチの教育原理」を書いているでしょう、『哲学』に。そして西谷さんが、それから二年たって「ペスタロッチの社会哲学思想と社会教育思想」を書いているでしょう。西谷さん、小林さんにずっとついてやってきたんだね、きっと。

斎藤　恐らくそうでしょうね。

村井　その頃は、だから、小林さんしかいなかったということでしょう、教育学はね、だからそういうことになってるわけだ。それでこの二十三年の時点で、教育学専攻はとにかく寄せ集めで再出発したんだと思うよ。

安藤　小林先生がお戻りになったのはいつごろになるんでしょう、パージで引っ掛かってから戻ってらっしゃったのは。

村井　だいぶ後だな、パージが解けたのは。一般的に日本中解けたわけだから。何年だったかね、それもクロノロジーとしては、ちゃんとわかっているわけです。それでとにかく小林さん帰ってこられたのだけれど、小林さんのやるものがないわけです。それで小林さんに何かやってもらわなきゃいけないというので、教育学概論をやっていただきましょうということにした。(17)

斎藤　村井先生がやってたんですけど、小林先生にやってもらうことに。

安藤　そうなんですか。「履修案内」をみますと、昭和四十六年ですから、つい最近まで小林先生が概論を持っていらっしゃった。村井先生が概論で登場するのは四十七年からなので、そこで初めて概論をなさったのかと思ったんですけど、そうじゃないんですね。

村井　そうじゃなくて、僕が来たときからすでにやっていたんだけれど、小林さんが戻られたから、小林さんにやっていただくことになる。だから、小林さんがいられる間は、小林さんがやってるということですね。辞められてから、また僕がやりだしたわけかな。

斎藤　小林先生は頑張っていたんですよ、ご老体なのに昭和四十六年までですか。頑張っておられてね。

安藤　『哲学』に掲載された論文のタイトルを見ていきますと、西谷先生がペスタロッチをなさったというのも面白いのですがね。先ほど民主主義のお話が出てまいりましたが、斎藤先生が「民主主義の理解」という論文をお書きになっているんですね。これは昭和二十八年になりますか、横山先生などといっしょに。ちょっと読ませていただいたんですけれど、非常に面白い実証的な研究ですね。

斎藤　これはどうしてこういうテーマでやったかというと、結局心理学の方に私が卒論指導その他で協力する、という形を取ってたんです、この頃。心理学の助手じゃないですけどね。それで卒論の学生がいまして、その学生の指導を僕が横山先生に頼まれてやることになりまして。時代はアメリカさんのおかげの民主主義なんだから、民主主義というものを日本の子供たちなりがどのくらいまで今や理解しているか、というようなことでアンケート調査みたいなものをやったんです。

安藤　かなり膨大なアンケート調査ですね、二千人近い子供たちに。

斎藤　そう、アンケート調査ということで、むしろある学生の卒論に協力したという形ですね。

安藤　それから村井先生が「ルソーの自然概念について」というのをお書きになっているのも、非常に興味深かったんです。いわゆる先生のご専門といいますか、プラトンの話がでてくるのはもうちょっと後の一九五八年、昭和三十三年です。このころルソーを先生が取り上げられたのは、どういう考え方の流れがあったのか、興味深いのですが。

村井　あまり理由はないんじゃないかな。自然というのは大切な概念だから、たまたまルソーを取り上げただけだと思いますよ。

斎藤　私は教育学の助手になってからも、随分心理学研究室に片足つっこんでやってたわけです。心理学実験室の方も人手が足りないものだから、そうだったんですね。そういう形でも忙しかったんですけれども、そういう形を随分取っていました。

社会・心理・教育学科時代

安藤　昭和三十八年に、哲学科から社会、心理、教育学が分かれて独立した学科になったわけですが、その時の経緯や雰囲気の変化などについてお聞かせいただきたいと思います。

西村　それは村井先生がいちばん知ってるんじゃないか、その頃のことは。

村井　社会、心理、そうだね、あれは教育学とは関係なかった。よそで地震があって（笑）、その影響で結局そうなったというようなことだったと思う。つまり主として社会学だったと思うんだけれど、哲学から離れたいという何かのことがあったんだね。しかし一人だけ離れるわけには行かない、だからだれか誘わなきゃならない、それで結局、心理学の横山さんと社会学の佐原さんとで哲学から離れることになったらしいね。それで教育も一緒に来てくれないかという話になった。教育学では将来すぐにも大学院の問題もあったけれど、哲学科のままでは大学院を作りにくいし、哲学から離れて新しく動けば、結局新設ということで、大学院も作りやすいだろうし、というようなことで誘われて、要するに哲学から離れたという形だと思う。

斎藤　その頃私はまだ助教授でしたから、教授会のメンバーじゃないので、その辺の細かいことは村井先生に聞くよりしょうがないんですけれども。

西村　その辺は僕の方が覚えているね。それは先生が教室の連中を呼んで、そして実はこれこれこうこうで教育どうするかということを何か決めてくれということを言われてきたというんで、先生がそのとき話したんだけれどね、二つあるんだよ。一つは哲学に入ってると学生が卒業の時に、「文学部哲学科」とそこまでになっちゃって、その下の専攻を書くところがないんだよ。そうすると社会学出ても文学部哲学科になっちゃう。これは就職に大変影響があるんだって。（笑）その考えが良い悪いは別だよ、ともかく客観的にそういうことがあるということが一つ。と、それからこれは取って付けたのかどうか知らないけど、社会学も最近は科学になってきたと、だから古い考えをもった哲学のなかへ社会学が入っているのは馴染まない、と。だからこれからは新しい社会科学としての社会学になっていかないといけないと、それについては教育だって心理だってそうでしょう、というようなことを言って来てという。

村井　まあそうね。

斎藤　裏話みたいな話は知ってるんです。佐原先生がおっしゃったんですけど、教授会で名前をどうするかということになったんです。たぶん社会学専攻は社会学科にしたかったらしいんだな、想像するに。一生懸命それを頑張ったらしいんだけれども、結局横山松三郎先生が頑として聞かなかった。で、社会、心理、教育学と並べて、社会・心理・教育学科という名前じゃなきゃ承知しないという裏話があったみたい。

村井　僕は佐原さんから、「行動科学科」という名前でどうだろうかという相談を受けた。それは、その当時ハーバードで、行動科学、ビヘイビオラル・サイエンスという学科ができた影響もあったんでしょうね。行動科学科ということでどうだろうかという話が、かなり真面目にあった。それで僕は、行動科学科はちょっと、というんで、承知するのを躊躇していた。

斎藤 そうしなくてよかったですね。

村井 そうしたら佐原さんが、行動科学といっても、そう狭い意味じゃないんですけどねえと呟いて嘆いていたのを（笑）、思い出します。しかし結局行動科学科はどうも納得できませんということで、そのときは佐原さん諦めたわけです。

斎藤 佐原先生が私に個人的に言ったことは覚えてるんです。横山先生やたらに頑張るものだから、これ以上反対したんじゃ先生が倒れるといけないと思ってね、負けたんだと言うんですよ。そう言っていましたよ。（笑）

西村 心理が消えちゃうからな。

村井 後でハーバードで聞いたのだけど、ハーバードでも名前を決めるのに困っちゃって、もうどうでもいいや、教授会解散するときに、誰かがひょいとビヘイビオラル・サイエンスといって、それが決まっちゃった。（笑）

西村 そんなもんだね。

村井 そんなもんだよ、名前なんて。

安藤 最初この学科に入ったときは、ただ専攻名が羅列してあるだけで、何か上位概念というようなものはないのかなと思ったものです。しかし現在、「人間関係学科」という、これも意味のよくわからないレッテルがついて、一つの名前にまとめるのはなかなか難しいものだという気がします。まあ名前なんて、それほど重要ではないのかも知れませんが。

斎藤 よく考えてみれば「文学部」だっておかしなわけで、みんなが文学やってるわけじゃないんですね。でももうそれで通っちゃってるから、全然不思議がらないんですね。

安藤 では昭和三十八年の段階で分かれたときに、学部単位の教育内容とかは、実質的には変わりなかったということですね。

斎藤 そうですね。実質的には何も変わらなかった。

安藤 西村先生がディルタイに関心を持たれたのは、村井先生のゼミのプラトンの影響から、どういうふうに移っていかれたのでしょうか。

西村 それは大学院に行ったときについた僕の先生が務台理作先生(18)で、西田哲学の例のあの先生なんだけど、この人が、「西村君、助手に残ってからどうするのかい、何やるかね、ナトルプでもやってみたらどうかな」と。「ナトルプ？」って僕は渋ってたんだ。そしたらディルタイやってみないかと、それで何の気なしにディルタイ始めたわけ。で、村井先生にディルタイやってみたいと言ったら、先生はこの通りの人だから、そうかおまえがやりたいならそれやれということで、ディルタイへずっと。

それにはしかしもう一つの話があるんだ。二年ぐらいたってから、僕はディルタイのことはもう大体わかったと、だからディルタイから先へ行きたい、シュプランガーか何かやりたいと言ったら、慶應の前にルミエールという喫茶店があったの斎藤さん覚えているかな、ルミエールというのがあったの。そこで先生が、おまえディルタイから先へ行きたいと言うけど、ディルタイの考えが二年やそこらでわかるはずがないと言うんだ。もっと勉強しなきゃだめだと。それからそう言われてまたディルタイへ帰っていったら、今度は止まらなくなっちゃった。それからずうっとやって、十年目に先生がやっとね、おまえ十年もディルタイやったんなら、少しまとめてみないかというんで、先生の推薦で、先生がそのころ計画していた『世界思想全集』というのがあって、牧書店に先生関係してたから、そこへ『ディルタイ』というのを入れてくれて、それで『ディルタイ』というのができた。大体ディルタイがああいう『全集』の中に入ってるのなんか、ほとんどないんだ日本には。およそ『全集』と称するもののなかに『ディルタイ』が単行本として入っているのは、世界でも珍しいんじゃないかな。先生があれを取ってくれたというのは、だから非常にありがたかったね。まだディルタイ研究は続いているけど、どうもしようがない、これは。だけどそういうことがあってね、先生の一言でまたもとへ戻って。(笑)

村井　わかったからやめたいなんて言うのは、まったく生意気ですよ。

西村　まったくピシャッとやられたよ。

女は一流？——学生事情の変遷——

安藤　昭和三十年代ぐらいの学生というのは、今の学生と比べてどのような違いがあったんでしょうか。学問的な関心とかゼミなんかを振り返って、なにか興味深い逸話があったらお聞かせいただきたいのですが。

村井　最初のころは戦争からいきなり戻ってきたりというふうなことで、まさに玉石混淆だったね。歳もまちまちだし。その後しばらくの間というのがどうも石ばっかりだったかな。玉は女だけだったりして、男は駄目、今でもそうだけど。女は一流。

斎藤　落ち着いてくるに従って、女子学生がのしてきましたね、何となく。

村井　だから、一時ふつうに試験すれば必ず女が多くなるので、女の数を制限しようという話が教授会で出たことがある。だけど、「それはおかしいよ」と、結局やらなかったけど、やはりそういう話が出るほどだったね。

斎藤　女性がのしてきた。

村井　しかし最近は男子もレベルが上がっているんじゃないですか、昔と比べればね。とにかく一時は、いろんなのがいて面白かったとは言えるけど（笑）、それはイメージ的な意味で、本当に面白い学生がいたということはない時期がかなり続いたような気がするね。

西村　それで思い出すのは、昔は演習というのは教育学演習しかなかったんだよ。それは必修で、これは教育心理学をやる人でも教育史をやる人でも、教育学演習は必修。それからあともう一つ取らなきゃいけない、それは選択で教育心理学演習を取るか、教育史演習を取るか。だから学生は二つの演習を取ったわけね。教育学演習はずっと村井先生やってたんだけど、僕が講師ぐらいになってからかな、おまえ三年生持ってくれというんで、その頃二十五、六人だったけど、教育学の学生は、それをだから先生が四年生を持って、僕が三年を持つという、そういう形になったわけだよ。

で、ぼくはある時教室へいったら、男子学生は三人ぐらいしかいないんだけど、それが外の廊下にいるんだよ。もう時間なのに廊下にいてぼそっとしているから、「お前どうしたんだ、中へ入れよ」と言ったら、いや先生とてもじゃないけど中へ入れませんと言うんだよ。なんでだって聞いたら、中で女の子がキャアキャアやってるわけだ、その中に入っていけないんだ。（笑）だらしがないんだ、全くもう、女の子に押されちゃって。だからおれが来るまで待ってたのかといったら、そうだと。先生と一緒に入っていきたい、そんな調子だからね。

村井　一般にマスプロ化していったわけだね、急速に一年一年と。だから最初は学生は何人かしかいなかったんだけど、それが、今のお話のように演習も手分けしてやらなきゃいけないように数が増えていったでしょう。そのマスプロ化していくプロセスで、自然にまかせておけば、女がどうしても優勢になった。

斎藤　結局その後演習二本立てというのは止めたのね、人数がやたらに多いから。やっぱり先生の数で分けた方がいいということで、演習は一本立てになった。

西村　だって卒論を見なきゃならん、それは心理とか教育史のように選択だと学生が分散されるけれども、教育学演習は必修だから全部きちゃうわけだ。その卒論見るったって、そう簡単にはいかない。それで先生にいつか申し上げて、ともかくこれだけスタッフも揃ってきたしね。

斎藤 それで教育学がみんなで話し合ったうえ、やっぱり変えようと。

西村 だからその代わり教育学演習にして、Ⅰ、Ⅱ，Ⅲでナンバーにして。

斎藤 名前は全部教育学演習でね、内容は教育心理であってもいいしということで。

西村 そういうふうにした。

安藤 「案内」を見てますと、村井先生の教育学演習が、「教材は未定」というふうにかかれていることが多かったのですけれども、昔から学生と相談して決めるというような主義でいらっしゃったんですか。

村井 それはそういうことでしょう、多分。

斎藤 そうよね、演習の授業に教材というものがきちっとしなければならないわけじゃないし、演習というのは本来、いろんな教材が入れ替わり立ち替わりしたってちょっとも構わないんで、はじめから決めておかないほうがいい場合だってあるわけですね。その後卒業論文も文学部全体がそういうふうに取り決めて、義務ではなくなりましたね、卒業論文必修じゃなくなった、今もそうでしょう、卒業必修じゃないでしょう。

西村 いや、なった、元へ戻ったんです。

斎藤 そうですか、ひと頃必修じゃなかった。

西村 ひと頃そういうことがあったんだけど、それはやっぱり卒論が責任もってみれないということだろうと思うんだけどね。だけどもう一度帰ったというのは、やっぱり文学部というのは卒論を書かないと、四年間の締め括りができないいんじゃないかと思う。やっぱりそこへ戻ってきたわけね。

村井 そうだね、だからマスプロ化というのはすごい。いつのまにかこっちの方が押されに押されて、結局もうやりっぱなしになってきてるわけです。教育学演習など初めはどうしてもわからしておかなきゃいけないとかと言うんで、必修とかってやってたのが、結局そんなこと言っておれなくなった。結局最後には、卒業論文もそうなった。

斎藤 昭和三十年に入って直ぐぐらいの時ですかね、いま上野毛幼稚園にいる伊東幸三君、あの年代だけが二人だった、浜西とあれと二人、それ以後増えたんです。どういうわけかあすこだけ二人になっちゃったのね、変な現象なんですけど。それは非常に貴重な二人だったんです。

村井　男がでしょう、女はいたんじゃないの。

斎藤　いや、二人。

村井　女もいなかったの。

斎藤　浜西と伊東幸三と二人だけしかいなかった。

村井　ああそうかねえ。しかしとにかく入学試験も文学部全部で何百人しか採らなかった時代がある。だからその頃は試験はもちろん面接なんかも一人一人にしてたわけだ。教授が何人がかりかで一人一人を面接してた。また、成績がちょっと悪いと、すぐ父兄を呼び出したりしてた。清水（潤三・考古学）なんかはそれが熱心だった。丹念なことやってたもんだね。だけどそんなものもいつのまにかなくなっちゃって、もう今は面接なんて考えられないでしょう。本当にどんどん手抜きがひどくなっていったね、時の流れでしょう。

安藤　確かに手抜きになってきたのかも知れませんが、逆に大学院の入試は昔は何かすごく大らかで、先生が本を一冊持ってきて「おう、ここからここまで訳してみろ」とか言って、それで決まったとか。そういう意味では昔の方が手を、どっちが手を抜くかわかりませんけど、一応形式的にはだんだんしっかりしてきたような……。

村井　逆ですね。昔は手を抜くんじゃなくて、結局一人一人が親しかった。だからよく知っているから、それでよかったんです。だが、だんだん知らなくなってくると、どうしても機械的にやることになる。今は大学院の試験は、名前もわからなくしてるんじゃないの。

安藤　そうです、全部名前を伏せてやっています。

斎藤　よその大学から受けることも多くなってきたし、そういうことでやっぱり少しシステム化したわけですね。

安藤　昔は内部からの出身者がほとんどだったんですか。

斎藤　外からなかなか来なかったですね。

安藤　今は四年生が二十人、三年生が三十人、二年生が四十人と、少し増えつつあります。

村井　そんなにいるんですか。

安藤　はい、私が入った頃はもっと多くて、六十人とか八十人とかいたように思います。斎藤先生のゼミなどは六十人近くいたのではないかと記憶していますが。

斎藤　僕のゼミの時に、三，四年合わせてのゼミという演習が、六十人超えたときがあるんです。ゼミの体をなさない。

西村　ゼミにならんでしょう。

斎藤　あの頃の学生は本当にゼミは経験してないみたいなんですね。

村井　だから本当なら先生の数が増えてなきゃいけないわけだね。

斎藤　そうなんです。学生が増えただけ増えてなきゃいけない。

村井　先生を増やさないで、実際は減らす方向で来てるでしょう。助手がほしいと言ったって、採らしてくれないというようなことがずっと続いてたからね。昔、西村君の学生の頃なんて、一人の生徒に五人の教授がいて、寄ってたかってかわいがるというような。（笑）

西村　たいへんだよ、先生の数の方が多いんだから、贅沢なもんだ。

村井　もちろん経済学部あたりからは、俺たちが儲けてやってるのに文学部は何だって言われて、ずいぶん小さくなってた。文学部長の西脇さんなんて、[20]経済学部長に頭があがらなかった、可哀相なように。

斎藤　赤字の学部だから。

『哲学』と教育学

斎藤　『哲学』しか学内の研究雑誌といえばなかった時代がずっとあって、その後、社心教が分かれたりして、それで結局社会学研究科の方の『紀要』ができたでしょう、大学院ができたからかな。『社会学研究科紀要』というのができたですし、私個人で言えば学生相談室ができたために『学生相談室紀要』というのも出発したりして、それは昭和三十年代の終わり頃なんですね。そういうものが出発したりして、結局『哲学』という雑誌は私から遠くなっちゃったんです、私個人で言えばね。『社会学研究科紀要』とか、それから『学生相談室紀要』とか、そっちの方が忙しくて。

だけど今にして思うと、『哲学』という雑誌一本であった時代の方が、やっぱりいい時代でもあったという感じがします。つまり哲学と結びついているでしょう、すべての学問が。だから『哲学』にその号でいろんな人が書いているのがとても読みでがあるし、われわれ教員はみんな読めるんだけれども、その仲間に入って書く気になる。原稿の種類がどうしても『哲学』という雑誌にふさわしい原稿を書きたいというようなことは、とてもいいことだったと思いますね。

今僕は水戸の常磐大学に行って、人間科学部というとこなんですけど、人間科学部というのはとても魅力がある。その気持ちと哲学科の中に教育学もあったという時代と、何か重なってくるんですね。人間科学部の中でいろんな専門が一緒くたになって、それでむこうにも「紀要」があって、一緒くたになって書くと。それでお互いに専門違いが話し合うというようなチャンスに恵まれるというようなことで、哲学の存在理由が今改めてぼく自身としては見なおしてるという感じがしますね。

安藤　私は二年生への専攻説明会などで、教育学専攻というのはそれ自体が一つのユニバーシティみたいに、いろいろにアプローチをとることができるところだといった説明をします。それはやはり、教育においては、人間を一つの面から見たんでは見えてこない、多面的な見方が必要な学問なのだからだと考えるからです。今のお話を聞きますと、村井先生が赴任なさったころからそういう学科としてのシステムを取り、決して教員養成のための技術的なことを教えるというのではなくて、教育の根本にたち戻ってアカデミックに考えていこうという姿勢がずっとあったのだということを改めて認識できたような気がします。

斎藤　教育学というのは、さっき四本柱とか言ったけれども、人間科学そのものなんだな教育学は。だから教育学専攻は四本柱などと言われるようないろんな専門の人がいて、お互いに交流して過ごしてきたということは、僕にとってもとても良かったという感じがしますね。

西村　三田哲学会に関して言えば、この中で先生が何年だったか、哲学会の会長をやられた。やっぱり先生のコメントがほしいね、会長を務めたのは一人だったから。

村井　今の西村君、斎藤さんお二人の話のように、やはり三田哲というのは、もともとが教育も心理も社会もみんな、大きな意味での哲学ということで、ずっとやってきたわけでしょう。それが戦後の情勢の中で、社会・心理・教育というものが外れていったわけだけれども、やはり慶應では全体としての哲学というものの伝統を持っていて、とりわけ教育学の場合、他の大学は全部教育学部というものになってるのに、慶應ではそれはしないというつもりできたわけです。しないということ、つまり、いたずらに店を広げて、百貨店みたいなものにするんではなくて、大きな意味で教育とは何かということを基本的に考える、要するにフィロソフィーで統一された、学問研究のシステムを保っていきたいという気持ちがあったということです。教育学科というものもあえて学部にまで広げないで、基本的に哲学的教育学と、全体としてそういう形を取っていくということだったわけです。

それがなりゆき上哲学と離れて、社・心・教とかになった。それだけでなくある意味で非常にまずいことには、哲学科までが、本来は一つの大きなキャパシティーを、あらゆる学問の全部をカバーするだけのキャパシティーをもっていなきゃいけないんだけれども、どうせ社会や心理や教育なんかが外れちゃったんだから、哲学としてはこれでいこうというふうに、自分自身をまた狭く限定するようになってくる、そういった傾向が実際に起こっているような気がする。

しかしそういったことを、やはり慶應の場合にはなくしたい。

三田哲学の伝統というようなものがずうっと保たれていって、哲学や倫理なんかはもちろんのことだけれども、そういった特徴がずっと保たれていけばいいなと考えた。そういうふうになんとかならないもんかと、僕は自分が三田哲の会長をしていたときは専らそう思った。だけれども、これはちょっとの期間のことだし、現実には僕がそう思ったからといったって、そういうふうにできるというものでもない。現実にはみんな専攻の科が分かれていて常に動いているわけだ。しかしやはり気持ちとしては、少なくとも『哲学』という雑誌には、そういった大きなキャパシティーの哲学への夢が何か反映されて出てくればいいなということは、しきりに願っていましたね。

安藤　今日はおかげさまで教育学専攻の歩みについていろいろなお話を伺うことができました。私たちにとってはどれも初めて聞くことばかりでした。たぶん学生たちもこれを読んで、教育学専攻というのはこういう専攻だったのかということを、改めて感じたり考えたりするいい材料になるのではないかと思います。本当に今日はお忙しいところをありがとうございました。

〔註〕

(1)　佐藤六郎　大正十一年四月―昭和四十三年三月在職。社会学。

(2)　村井実訳・解説『アメリカ教育使節団報告書』（講談社学術文庫）。昭和五十四年。

(3)　桑原三郎　昭和二十三年四月―平成二年三月まで幼稚舎に在職。現在（座談会を実施した平成二年）は白百合女子大学教授。

(4)　横山松三郎　大正十一年四月―昭和四十一年三月在職。

心理学。
(5) 西谷謙堂　昭和六年九月―昭和四十四年三月在職。教育心理学。
(6) 小林澄兄　明治四十三年四月―昭和二十一年十二月在職。教育学。昭和三十七年四月から講師として昭和四十六年七月に亡くなられるまで、講義をもたれた。
(7) いわゆる「教育追放（別名 white purge）」。GHQは昭和二十年十月以降、教育に関する四大指令を発し、戦前、軍隊主義的教育に積極的に関与した者の教育追放を指示した。日本政府はこれに基づき昭和二十一年五月「教育追放令」を公布。各種審査機関による審査、GHQによる直接指示により約五千名の者が追放されることになった。一九五〇年前後の占領政策の変化とともに今度は red purge が行われたが、上記追放者は、昭和二十七年四月講和条約の発効を機にその追放が解かれることになった。
(8) 新館正国　大正十二年五月―昭和三十年十月在職。社会学。
(9) 橋本孝　大正四年―昭和四十四年在職。倫理学。
(10) 中山一義　昭和十五年―昭和四十九年三月在職。教育史。
(11) 山本敏夫　昭和二十四年十二月―昭和四十七年三月在職。教育行政学、教育社会学。
(12) CI&E（Civil Information and Education Section）民間情報局。被占領期において対日占領教育政策の立案と実施を担当し教育改革を遂行した。GHQの一部局。（前記の四大指令にも大きく関与した）
(13) 小泉信三　明治四十三年四月―昭和二十二年一月在職。昭和八年―昭和二十二年まで。塾長を務める。
(14) 林鉦蔵　昭和十一四月―五十二年三月在職。心理学。
(15) 沼野一男　元玉川大学教授。現在神田外語大学教授。
(16) 松本憲　昭和四十七年―平成十一年三月在職。教職課程センター。
(17) (7)を参照。
(18) 務台理作　昭和二十五年―昭和三十六年三月在職。哲学。
(19) 伊藤幸三　一九六三年教育学修士課程卒業。上野毛幼稚園副園長。
(20) 西脇順三郎　大正九年四月―昭和三十七年三月在職。
※在職期間は、専任として職にあった期間に限定した。

（座談会当時の肩書）
村井　実：慶應義塾大学教授、大東文化大学教授を歴任。慶應義塾大学名誉教授。
斎藤幸一郎：慶應義塾大学教授、常磐大学教授を歴任。慶應義塾大学名誉教授。
西村　皓：慶應義塾大学教授、杏林大学教授を歴任。慶應義塾大学名誉教授。
安藤寿康：慶應義塾大学文学部助手。
真壁宏幹：慶應義塾大学文学部助手。

（注：講談社現代新書は平成二十六年四月に、創刊五十年を迎えた。同新書創刊に村井先生が深く関わっていたため、講談社発行の読書人のための月刊雑誌『本』五月号にインタビュー記事が掲載された。同誌の許可を得て、ここに転載した。転載許可をいただいた同社に感謝申し上げる。本書二七七、二八一―八二頁参照。）

「講談社現代新書創刊五十周年」

記念インタビュー

講談社文化を背負って

村井　実

■　戦後の模索の中で

――講談社現代新書はこのたび創刊五十周年を迎えました。

講談社の社史には、シリーズを立ち上げるにあたって、村井先生から「講談社も『新書』をなさったらどうですか」とアドバイスがあったことが記されています。それから、今も現代新書の巻末に必ず掲載されている「刊行のことば」（後掲）も先生が起草されたそうですね。つまり、先生は現代新書の「生みの親」です。創刊に至る経緯を振り返っていただけますか？

村井　もう五十年になりましたか。最初の三冊が発売された時のことはよく覚えていますよ。私はいつも下北沢駅で電車を乗り換えていたのですが、井の頭線の売店にズラーッと並んでいた。今では考えられないと思うけど、すごかったですよ。とても壮観でした。

私が講談社とかかわるようになったのは、一九五〇年代の後半だったかな。当時、講談社も小学館の後を追って『たのしい一年生』『たのしい二年生』といった学年誌をやっていたんです。そこでかかわりができた。

でも、学年誌にしても、教科書にしても、学習参考書にしても、いろいろやっていたんですが、なかなかうまくいかなかった。

そこでなんとかしなくちゃいけないということで、『たのしい一、二年生』の編集長をやっていた山本康雄さん（一九五二年入社。現代新書の初代部長、二〇一三年死去）が、私のところに相談に見えたんです。「どうしたらいいんでしょう？」と。二人でずいぶん議論をしましたよ。それで、どちらが言い出したのかははっきり覚えていませんけど、講談社も新書をやろうという話になったんです。

■講談社文化と岩波文化

――新書というからには、そのとき先生の頭の中には当然、岩波新書の存在があったわけですよね？　当時、新書という器を発明した岩波新書は圧倒的なブランド力と存在感を持っていたと思うのですが。

村井　もちろん、それは念頭にありました。でも、岩波新書とは別のやり方があるのではないかと考えたんです。

古いワープロの中を探してみたら、現代新書創刊の前に山本さんに頼まれて、私が編集部で話した時のメモが出てきました。このメモには「講談社文化と岩波文化」というタイトルがついています。「岩波文化」という言葉はあるけど、「講談社文化」と言われても、ちょっとピンと来ないでしょうね。

私は自分の専門である教育に引きつけて、明治以来の日本の文化を、近代的な学校制度の導入をきっかけにした「岩波文化と講談社文化の絡み合いの歩み」として見たら面白いのではないか、と思ったのです。

岩波書店は岩波文庫や岩波新書や学術書において、戦争中から「大学」とぴったりくっついていました。だから、戦後にわりあいスムーズに移行できた。それから小学館は『小学一年生』などの学年誌で「小学生」を対象にしていました。これらが近代的な「学校路線」ですね。

学校制度は明治五年に西欧にならってスタートしました。これはどういう意味をもったかと言うと、「近代化」にとって必須とみなされたすべてのことがらが、「政府」によって、国語、算数、理科、地理、歴史などの「教科」として編成され、当時のおよそ三千四百万の国民は一律に、この用意された「教科」の枠組みに合わせて生きることを余儀なくされることになったわけです。

しかし、その一方で忘れてはいけないのは、それ以前の江戸時代までの寺子屋や私塾や町中の講釈所などで育まれてきた、「民衆」のもうひとつの文化です。学校制度の導入によって、これらの民間の教育施設は前近代的なものとして捨て去られたわけですが、その文化までが失われたわけではない。

それを戦後に担っていたのは、どこよりも講談社だったと思う。「講談」という社名からしてそうですし、国民的雑誌であった『キング』や、私が子供のころに夢中になって読んでいた『少年倶楽部』の存在は圧倒的でした。『キング』はどこの家に行っても必ずありましたし、

『少年倶楽部』には血湧き肉躍る痛快な冒険ものがたくさん載っていて、学年誌なんて馬鹿らしくて読めませんでした。世界中を見渡してもああいう雑誌は稀有なものだったと思います。

つまり、「講談社文化」と呼べるものが戦前にはあったんです。そのことを自覚して、その伝統をどういうふうに生かしていくかを考えたらいい。だから私は、講談社は民衆の文化を背負うつもりで、新しい新書をつくれるのではないかと思ったわけです。

――先生のお考えを聞いて、編集部の人たちはどんな反応でしたか？

村井　山本さんは首をかしげていましたね（笑）。そんなことを本当に自分たちができるのか、と思ったんでしょう。とにかく講談社がいちばん落ち込んでいた最中でしたから、「講談社文化」なんて言われて、びっくり仰天したんじゃないかな。

それから、外から見ていて、講談社にはどこか、「娯楽的な方面が自分たちの専門だ」という気風が感じられました。これは最初から講談社が持っていた意識かもしれない。だから、「文化を背負うなんて自分たちにはとてもとても……」とちょっと照れるようなところもあったでしょう。

■　現代新書らしさとは？

――先生が思い描いていた、岩波新書とは違う「現代新書らしさ」とは、具体的にどういうものでしたか？

村井　岩波新書が読者に高校・大学以上のレベルを要求し、知的エリートを対象にしていたのに対して、中学卒でも十分わかるもの、しかし内容においては高度で深いものを目指しました。

岩波新書のまねをするのではなくて、それこそ戦前に『キング』や『少年倶楽部』を読んでいたような人たちが、「そうか、自分たちが日本の文化を背負っていけばいいんだな」と思ってくれたらいいなと。

「刊行のことば」は、新書創刊の意志を固めた山本さんに頼まれて書いたのですが、そこで私はこんなふうに言っています。

「教養は万人が身をもって養い創造すべきものであって、一部の専門家の占有物として、ただ一方的に人々の手もとに配布され伝達されうるものではありません」

つまり、教養とは、民衆の一人ひとりが能動的につくり上げるものだということです。現代新書はそうした知的活動に役立つものであってほしい。それは講談社の出版の理念である「面白くてためになる」とも合致するものじゃないですか。

――いま「民衆」とおっしゃいましたが、「刊行のことば」の中でもこの言葉は使われていますね。

村井 そうです、これは「大衆」では駄目なんです。「民衆」というのは、「国家に対する民」「政府に対する民」です。もっとも「講談」というものはやっぱり娯楽ですよね。別に政府に対抗する気持ちがあったわけじゃない。だけど、「政府に対抗する」という建前をとると、講談社が相手にすべき民衆という像がくっきり浮かび上がってくる。そして、それが「講談社文化」じゃないかと思います。

――どういう書き手に頼むかも、先生がアドバイスなさったんですか?

村井 最初のころのラインナップは、ほとんど山本さんと私の二人で相談して決めました。山本さんは、一度やると決めたらとことん本気でやる人でした。執筆を引き受けた人たちも、山本さんの熱意と心意気にうたれたんだと思います。

それに、私のように『少年倶楽部』を愛読していた世代がちょうど働き盛りになっていて、講談社の苦境を何とかしたいという思いでいた人も多かったんじゃないかな。依頼はほとんど断られなかったのではないでしょうか。

最初に刊行された都留重人さんの『経済学はむずかしくない』（通巻番号一番）も池田弥三郎さんの『光源氏の一生』（二番）も、よく売れましたよね。私が書いた『人間の権利』（四番）はあんまり売れなかったんですけどね。

――『光源氏の一生』は今でも版を重ねています。でも、先生の本も十万部を超えているので、十分によく売れましたよ。

――最後に、五十年もこのシリーズが続くと思いましたか?

村井 いやー、あのときの山本さんの首のかしげ方からすると、きっと難しいだろうなと思いましたよ（笑）。

だから、最近も新聞に載っている現代新書の宣伝を見ては、「なかなか元気そうにやってるじゃないか」とうれしく思っていました。これからも「講談社文化」を背負うつもりで、がんばってください。

「講談社現代新書」の刊行にあたって

教養は万人が身をもって養い創造すべきものであって、一部の専門家の占有物として、ただ一方的に人々の手もとに配布され伝達されうるものではありません。

しかし、不幸にしてわが国の現状では、教養の重要な養いとなるべき書物は、ほとんど講壇からの天下りや単なる解説に終始し、知識技術を真剣に希求する青少年・学生・一般民衆の根本的な疑問や興味は、けっして十分に答えられ、解きほぐされ、手引きされることがありません。万人の内奥から発した真正の教養への芽ばえが、こうして放置され、むなしく滅びさる運命にゆだねられているのです。

このことは、中・高校だけで教育をおわる人々の成長をはばんでいるだけでなく、大学に進んだり、インテリと目されたりする人々の精神力の健康さえもむしばみ、わが国の文化の実質をまことに脆弱なものにしています。単なる博識以上の根強い思索力・判断力、および確かな技術にささえられた教養を必要とする日本の将来にとって、これは真剣に優慮されなければならない事態であるといわれなければなりません。

わたしたちの「講談社現代新書」は、この事態の克服を意図して計画されたものです。これによってわたしたちは、講壇からの天下りでもなく、単なる解説書でもない、もっぱら万人の魂に生ずる初発的かつ根本的な問題をとらえ、掘り起こし、手引きし、しかも最新の知識への展望を万人に確立させる書物を、新しく世の中に送り出したいと念願しています。

わたしたちは、創業以来民衆を対象とする啓蒙の仕事に専念してきた講談社にとって、これこそもっともふさわしい課題であり、伝統ある出版社としての義務でもあると考えているのです。

一九六四年四月　　野間省一

ペスタロッチー・スタディー・ツアー記録

〈参加者（敬称略）〉

村井実・範子、本吉修二、川辺香津枝、熊谷文子、松丸修三、沼野一男・和子、渡邊弘・明美・順、森田希一、橋本昌夫、長田五郎、吉家定夫、黒川五郎、諏訪部揚子、中本惠子・愛美・秀樹、中鉢泰平（アサヒトラベルインターナショナル）

〈旅程記録〉

平成4年（1992）

9月7日（月）　晴れ

11：30　　成田空港南ウイング待合室にて説明会。

14：40　　ルフトハンザ機にて出発。

…………

（local time）

18：10　　フランクフルト・アム・マイン（Frankfult am Main）空港に到着。

20：40　　出発。空路ミラノ（Milano）へ。

21：50　　ミラノ空港に到着。空港よりバスでホテルへ。

22：10　　ホテル　エクセルシオール　ガリア(EXCELSIOR　GALLIA)に到着。

＊部屋の窓からミラノ駅が真正面に見える。

9月8日（火）　晴れ

8：00　　起床。

10：00　　出発。市内見学。

①サンタ・マリア・ディッレ・グラッツェ教会　ミケランジェロ「最後の晩餐」を見る。

②スフォルツェスコ城　ミケランジェロ「ロンダニーニのピエタ」を見る。

③ドゥオーモ、スカラ座などを見る。

13：30　ミラノ出発。

17：45　グランド　ホテル　トレメッツォ　パレス（GRAND HOTEL TREMZZO PALACE）に到着。

18：30
～20：00　村井先生レクチャー

20：30
～22：00　夕食。

＊トスカーナ地方の地酒ワイン「キャンティ」を飲む。

9月9日（水）雨

6：30　起床。

7：30　1838年にスタンダールによって書かれた『バルムの僧院』の主人公ファブリス・デル・ドンゴの館のモデルとなった教会を見学する。
ホテルより徒歩2分。

9：35　ホテル出発。

9：43　Menaggio

10：10　Dongo

10：15　★Glavedona

＊ペスタロッチー家のキャベンナに住む前の地。

10：35　Novate

10：45　★キャベンナ（Chiavenna）

＊駅のところにバスをとめて、歩いてペスタッチー家を訪ねる。駅前の通りを200mほど行き、左に曲がると古い商店街がある。その商店街をさらに200mほど抜けるとペスタロッチー広場がある。ペスタロッチー家は商店街の向かいの角にあり、ペスタッチーの先祖の家跡にはそれを示すプレートがあった。現在は、ブティックと一般の住居となっている。ペスタロッチー家は、2年前（1990年）に絶え、キャベンナのペスタロッチー家はもうないとのこと。

12：00　キャベンナを出発。

12：10　Castasegnaで、イタリアからスイスに入る。
国境はスムーズに通り抜ける。
＊天気が悪いため、ソーリオ（Soglio）行きを明日に変更し、一路St. Moritzへ行くことにする。

12：30　マローヤ峠（Malojapass）（1815m）を通る。霧のため景色見えず。

13：00
～14：00　St. Moritzで昼食。

14：15
～15：30　セガンティーニ美術館（Segantini Museum）を見学。
＊ベルケル（Bergell）地方の高峰が背景に認められる彼の象徴的なスイス三部作「生成－存在－消滅」を見る。

15：45
～16：20　真珠を連ねたような湖畔の村シルス・マリア（Sils-Maria）のニーチェ記念館を見学。

16：30　HOTEL WALDHAUSに到着。

19：00　夕食。食後、ホテル内で音楽祭が開かれる。

9月10日（木）　雨のちくもり

6：00　起床。
＊外は雨と雪。山に初雪が降る。部屋にはヒーターが入っている。

8：00　ソーリオ（Soglio）へ出発。
マローヤ峠を行く。右手にイン川の水源となっている滝が見え、虹が出る。

9：05　Plomontognoに到着。
＊ここで定期のエキストラバスに乗り換える。

9：15　Plomontognoを出発。
＊細い急な坂を上る。霧のため山があまりよく見えず。

9：30　Soglioに到着。
＊まず「HOTEL PLAZZO」へ歩いて行く。セガンティーニ

の「生成」の場所などを散策する。

＊散策時、一時雨があがり山が見える。

13：00	Soglio を出発。
13：45	セガンティーニの墓をお参りする。
14：20	HOTEL WALDHAUS にもどる。
～19：00	自由行動。

9月11日（金） 晴れ

7：00	起床。
9：10 ～9：30	バス出発前に、バス内で村井先生レクチャー
10：00	ユーリア峠（Julierpass）（2284m）を通る。 ＊バスを下車して風景を眺める。
10：20	Marmorera 湖が見える。
10：50	サヴォニン（Savognin）で下車する。
11：50	Thusis から高速に乗る。 ＊ライン川が左に見える。クール（Chur）の町も前方に見える。
12：15	「アルプスの少女ハイジ」の舞台になった Maienfeld の村が右手前方に見える。
12：30	Mels 近くの高速から、目の前に1800～2200mの鋭い山々が見える。 ＊右手に、Walensee が見える。
12：40	Zürichsee が見える。
13：15	★リヒタースビル（Richterswill）に到着。 ＊郵便局の前でバスを降り、近くのレストランに向かう。 ＊「Einsiedler（隠者）」という通りがある。
13：20 ～14：30	昼食。 ＊この町の教育委員会の方が来てくれ、スザンナ・ホッツ（ペスタロッチーの母）の家を案内し説明してくれる。

15：30　Richterswill を出発。
＊ルツェルン(Luzern)の北側を通り、一路宿泊地(Buochs)に向かう。
16：40　Meggen
17：00　ルツェルン（Luzern）の町へ入る。
＊左に Rigi の山が見える。
18：00　HOTEL SEEHOTEL RIGIBLICK に到着。

9月12日（土）　晴れ

6：30　起床。
8：15
～9：00　村井先生レクチャー。
9：20　ホテル出発。
9：40　アドルフ（Altdolf）に着く。ウィリアム・テルの銅像の前で下車。
10：30
～11：00　Burglen のテル博物館を見学する。
一路 Stans に向かう。(24㎞)
11：20
～11：40　★シュタンツ(Stans)に着く。ペスタロッチーゆかりの場所である孤児院の前で下車。近くの地区の教会も見学する。

12：00　Engelberg に着く。
～15：30　ロープウェイを乗換えて、Titlis（3238m）の山頂へ登る。
＊天気も良く、遠くにはユングフラウ・アイガー・メンヒなどの山も見える。
15：30
～16：00　Engelberg の修道院を見学。
＊ちょうど結婚式が行われていた。
16：00　出発。Luzern へ向かう。
17：00　Luzern に着く。

19：15
～21：15　市内スイス料理店シュタットケラーで夕食。
＊ヨーデルなどを聞く。

9月13日（日）くもりのち晴れ

6：30　起床。

8：30　ホテル出発。一路グリンデルワルト（Grindelwald）へ向かう。
車内にて村井先生のレクチャー。
＊これまで「魔の山」「信仰の山」と呼ばれていたスイスの山々が、人々に親しまれるようになったのは、ルソーの影響であるといわれている。
都市化・情報化・産業化などの従来の「重商主義」の志向が、その反動としてルイ王朝、ブルボン王朝の爛熟と相俟って、「重農主義」へと志向が移っていく。それによって貴婦人たちもこぞって山へ出かけるといったことが起こり始めた。そうしたことからアルプスも開けてきた。そのうちに旅行を商売にする人々も現れ始めた。その先駆けがイギリスのトーマス・クックである。そしてしだいにイギリスのホテル業者が入り込んできた。……そして、現在は、自然に親しむこと自体が問題となってきた。つまり、"自然に帰れ" から "自然を返せ" の時代へ変わってきた。

10：00　村井先生ご夫妻と森田氏は、Wiledrswill で下車。
Schynige Platte（2100m）に登る。

11：00　Grindelwald に着く。
列車で Kleine Scheidegg（2601m）に向かう。

11：30　Kleine Scheidegg に着く。
＊アイガー（3970m）・メンヒ（4099m）・ユングフラウ（4158m）が眼前に見える。

13：00　Kleine　Scheidegg を出発。
列車で Wengen を通り、Lauterbrunnen へ向かう。

14：00　Lauterbrunnenに着く。ここでバスが待っている。
バスに乗り、一路グルニーゲル（Gurnigel）に向かう。
Thun → Uetendolf（ここでグルニーゲルに行く道を尋ねる。自家用車で途中まで案内してくれる。）Seftigen → Kienersrüti → Riggisberg
★グルニーゲルにあと少しというところで、カーレースが開催中で行くことができなかった。（残念！）宿泊地ベルンに向かう。

17：00　BERN HOTELに着く。

9月14日（月）くもりのち晴れ

午前中　自由行動。
★村井先生ご夫妻・本吉先生・中鉢氏は、早朝タクシーで昨日いくことができなかったグル二ーゲルに行く。

13：30　ホテル出発。

14：00　ブルクドルフ（Burgdorf）に着く。
＊この地は、ペスタロッチーが54歳のとき、グルニーゲルで療養したのちすぐ、文部大臣シュタッパーのはからいで教師としてスタートを切った場所である。
★公立小作人学校跡を見学。
★ブルクドルク城跡を見学。

15：00　Burgdorfを出発する。

15：30　キルヒベルク（Kirchberg）に着く。
★チッフェリー農業跡を見学する。

16：30　Münchenbüchsee および Hofwill を出発する。
★ペスタロッチーが学校として使用した修道院跡を見学。
★フェレンベルクの学校跡を見学。

17：00　Münchenbüchsee および Hofwill を出発をする。
＊ Kerzersで高速をおりる。
＊夕暮れがとても美しく、眼前にジュラ山脈が見えてくる。やがてヌシャーテルの町に入る。

＊ペスタロッチーは、ミュンヘンブーフゼーから子どもたちと向かうとき、ヌーシャテルを船で渡り、そこから馬車で行ったと言われている。(村井先生)

18：00　HOTEL CHAUMONT ET GOLF に着く。

＊ヌーシャテルの町からさらに山道を登る。

9月15日（火）晴れ

6：30　起床。

8：30　ホテル出発。

9：20　Boudry で給油。

＊左手にベルーナオーバーラントの三山が見える。

9：55　Yverdon Sud で高速をおりる。

＊イヴェルドン（Yverdon）の城が前方に見えてきた。城の入口の所に私たちを案内してくれる女性が２名いた。バスを駐車した後城へ歩いていく。

★城内でペスタロッチーの生涯のスライドを見る。

★ペスタロッチーの部屋を見る。

★アンナのお墓をお参りする。

★クランディー（Clindy）の学校跡を見る。中に入る。２階にペスタロッチーの肖像画がある。

★ニーフの聾唖学校跡をバス内から見る。

★ペスタロッチー資料室を見学する。

13：30　Yverdon を出発。

ヌーシャテル（Neuchâtel）に到着。ホテルボーラックの前で自由解散。

＊多くの人たちは、市内を見学する。本吉先生・中鉢氏・森田氏・黒川氏は、ルソーゆかりの地サンピエール島へ行く。

★美術・歴史博物館に Albert ANKER（1831-1910）の「1798 モラのペスタロッチーと孤児たち」(1902) の絵がある。

＊マリーアントワネットが結婚するときに持参したすばらしいハープシコードがある。

	＊美術・歴史博物館見学の後、ヌーシャテルの城に向かう。この城は旧市街の南にあり、15〜16世紀のもので、修復されているが、南西ファザードのロマネスク様式の回廊などに12世紀の面影を残している。
	＊その後、隣の参事会聖堂を見学する。とても内部がすばらしい。ブルゴーニュのゴチック様式。ヌーシャテル伯家代々の当主の墓碑（14世紀）があり、さらに14〜15世紀の製作になる厳格で威風堂々たる14体の多彩食の立像がある。
	＊極舎の塔のところへ行く。
	＊湖の見える公園で休憩。
18：30 〜20：30	中華料理店で夕食。

9月16日（水）　晴れ

7：00	起床。
9：00	ホテル出発。
	＊右手にヌーシャテル湖、さらにビエンヌ湖が見える。サンピエール島の話がある。（中鉢・本吉・森田・黒川）
10：40	ゾロトゥルン（Solothurn）で途中下車。市内を見物する。
	＊旧市街の中心は、ルネサンスとバロック期の美しい建物をそのまま残している。
12：00 〜13：30	バーゼルに到着。
	＊昼食の間に、ペスタロッチーが晩年（死ぬ１年前）に訪れたボイゲン（Beuggen）の場所を調べる。最終的に、ボイゲン（Beuggen）はドイツ国に入るということがわかる。
13：30 〜15：30	自由行動。
	＊バーセル動物園・バーセル美術館・大寺院・エラスムスの墓など各自見学する。

16：30　スイスからドイツに入る。
＊国境の検問で多少時間をとる。ちょうどライン川の橋の上で、子どもたちが「世界はひとつ」の歌を歌う。
17：10　国境から10分でボイゲンの地に着く。
＊土地の方に聞く。古い建物を見つける。
17：30　★ボイゲン（Beuggen）の孤児院跡を発見する。全員感激！
＊ボイゲンの駅から歩いて２分ほどのところにある。
＊そこに居合わせた建築家の方が教えてくれる。
「KARL BECKER TALSTRASSE 52　2800 FREIBURG」
19：00　HOTEL ZUM BAEREN に着く。
20：00
～21：30　夕食。「シンツナッハ」というワインを飲む。

9月17日（木）　くもりのち晴れ

7：30　起床。
9：00
～9：40　★ペスタロッチー・長田新のお墓参りをする。
9：50
～11：00　★ノイホーフ（Neuhof）を見学する。
＊こちらの先生方が説明し、案内してくれる。
＊19771年の建物。
＊1825年の建物。
＊グローブ作「シュタンツの孤児たち」の絵がここにあった。
＊ヤーコブ誕生の記念樹。
11：00　★ミューリゲン（Mülligen）に行く。ペスタロッチーとアンナが新婚生活を過ごした場所を探すが見つからず。
11：30　★シンツナッハ（Schinznach）へ行く。
＊ペスタロッチーが生涯の終りに会長に推された「ヘルヴェチア協会」の本拠があったところを訪ねる。現在は、閑静な保養所となっている。
＊片隅に、現在は使われていない古い教会がある。

12：00　★ハプスブルク城に着く。
～14：00　＊ここはハプスブルク家発祥の地。
＊城山で昼食をとる。遠足の子どもたちがたくさんいた。
14：30　★ブルック（Brugg）へ行く。
＊ローテスハウスの前で下車。ペスタロッチー終焉の場所を訪ねる。その後、アーレ川のほとりを散歩する。
15：00　自由行動。
～17：30
18：00　ホテルに着く。

9月18（金）　晴れ

10：00　ホテル出発。まずミューリゲンに向かう。
＊そこまでホテルのご子息が車で案内してくれる。
10：10　★ミューリゲン（Mülligen）に着く。ペスタロッチーとアンナが新婚生活を過ごした場所を見つける。
＊「Birrfeld 46－B　現在 Marra 家」
＊「アンナは貧しい人たちを集めては、金曜日にパンを与えていた。」（村井先生）
＊その家の前に、シルボビッツ（あんず）の木があり、たくさん実がなっていた。
10：30　★ゲーベンストルフ（Gebenstorf）の教会に着く。
＊途中、ローテスハウス（ブルックとは別のホテル）で道を尋ねる。そこから車で2、3分の所にあった。
＊この教会は、ペスタロッチーとアンナが新婚式をあげた場所である。
＊ここの牧師の息子・レンガーが内務大臣となり、ペスタロッチーと親交をもっていた。
＊この教会はツヴィングリ派。1897年火災で焼ける。
12：00　チューリッヒのホテル到着。
＊村井先生ご夫妻、レオ・ウェバー氏宅を訪問する。
13：00

～14：10　沙羅東京という日本料理店で食事。
14：10　チューリッヒ近くのバスパーキング場へ行く。
＊ここからペスタロッチー公園まで歩く。
14：20　★ペスタロッチー公園に着く。
＊ここでみな別行動。
★ペスタロッチー生誕の場所　ヒルシェングラーベン（Hirschen graben）18番地
★グロスミュンスター大寺院（Grossmünster）
★ミュンスターガッセ（Münstergasse）23番地
★チューリヒ大学（Universität Zurich）
★プラッテンシュトゥラッセ（Platten Strasse）16番地
＊現在ここは、大学関係の建物が立ち、昔の建物はない。
＊このプラッテンシュトゥラッセの隣にペスタロッチーシュトゥラッセがある。
★ペスタロッチー記念館（Beckenhof Strasse）
＊ペスタロッチー関係の遺品や肖像画が展示されていた。
＊長田新先生の著書や平凡社の『ペスタロッチー全集』などが所蔵されていた。
18：30
～20：00　SWISSOTEL ZURICH INTERNATIONAL にて、村井先生の最終レクチャー。
20：00
～21：00　ホテル近くのイタリアレストランで打ち上げをする。
＊本吉先生の音頭で一本〆を行う。

9月19日（土）　小雨
8：00　起床。
午前中自由行動。
★渡辺・森田はタクシーでヘンク（Höngg）の教会に行く。
★ Kunsthaus へ行く。セガンティーニ・アンカー・ホドラー・フェースリーらの各部屋がある。

＊アンカー作「ペスタロッチーとシュタンツの孤児」の絵がある。

12：30　ホテル出発。空港に向かう。

14：50　チューリヒを離陸。

16：00　フランクフルトに着く。

17：00　ルフトハンザ機にてフランクフルト離陸。

…………

日本時間 9 月20日（日）

12：00　成田空港に無事到着。解散。

（渡邊弘氏作成。一部省略した。森田希一「ペスタロッチー関連の遺跡保存の現状に関する調査報告」慶應義塾大学大学院『社会学研究科紀要』37号、1993年、を参照。）

ペスタロッチー・スタディー・ツアーでの講演

講演①

一九九二年九月八日
於：GRAND HOTEL TERMZZO PALACE

明日はいよいよキャベンナです。ここから車で一時間くらいではないかと思います。いよいよペスタロッチーの遺跡に接することになるわけです。

ミラノを出発点にして、現在ここ、コモに来ているわけですが、なぜミラノから出発したかというと、もちろんミラノがキャンベンナへの入り口であったということはあります。が、最も必然な事情と言いましょうか、そういうものが考えられます。それは、ペスタロッチーが生きた時のイタリアのミラノの繁栄と、これから行きますスイスのキャベンナの貧しさの違いです。

ペスタロッチーが教育の仕事に就いた動機というのは、スイスの当時の農民の貧しさ、そこから来る子ども達の哀れさということですが、それを考える時に、今の私たちの時代のスイスは大変に違っています。経済的に繁栄しており、例えば、日本や今のアメリカと比べてみても、おそらくGNPから言えば一・五倍くらいになります。ですから、一般の人々の生活も平均しまして、今の私達日本人の生活とは比べものにならないくらい豊かです。そういうスイスを私達は知っていますので、一般的にスイスと言えば、豊かな国と考えています。ですから、そういうスイスから考えますと、ペスタロッチーの生きていた時代は、ちょっと想像がつかないくらいに貧しい状態であったわけです。ちょうどフランス革命の時代の頃、と考えてくだされればよいのです。ですから、そのスイスの貧しさは、一体、何であったのか。どこから来ていたのかということを考えないと、ペスタロッチーの活動した意味というものが、十分にわからなくなるでしょう。

ここで、スイスの農民たちのその困窮原因というものを考えますと、どうしても昨日私たちが見ました北イタリアのミラノの繁栄ということが比較されるのですね。

その頃はミラノ公国ですが、その頃のミラノには、現代とはちょうど対照的に、スイスの農民の困窮した生活があった。だから、今日、ミラノからコモへというルートを取って明日キャンベンナに入るということの意義が出てくるんですね。

そのミラノですが、それは今日、ご覧になって、大変な町だということがおわかりになったでしょう。大理石を敷き詰めたホテルの階段、町の通りまで敷き詰めて、建物ひとつひとつがなんとも大変な建物ですね。スフォルツァのお城を今日見ましたが、日本のお城と比べても、例えば江戸城と比べてみても、江戸城がおもちゃのように見えますね。なんとも、力量感があります。ああいう文化というものがミラノにあって、このコモ湖の向こうに行けば、スイスの農民の困窮というものがあったわけです。

ミラノと言えば、北イタリアのちょうど真ん中です。東の端にはベニスがありますし、西の端は海ですが、それの少し北です。ちょうどロンバルディア地方の中心です。こうしてみますと、何よりも交通の要所です。ミラノを通ってフランスへ真っすぐつながるのは、サンベルナール峠です。一番南の、昔ナポレオンが越えた峠です。それから、ここから真っすぐ行って、マジョーレ湖からルガノ湖と上がってきますと、いわゆるシンプロン峠ですね。しかし、一番古い峠というのは、もう一つ隣のサン・ゴッタルド峠、ミラノから直通で行きますね。ルガノ湖の所を通って真っすぐ上がっていって、明後日私達が行く、スイスの発祥の地と言われる原始三州ですね。ウーリ州だとか、ウンターバルデン州だとか、ルツェルン湖の所へ行くわけです。そのルツェルン湖の所から、ボーデン湖を通って、ミュンヘン、ヨーロッパの中心部に真っすぐ一直線につながっているのです。そして、これから私達が行くマローヤ峠、シュプリューゲン峠、非常に高い山々ですが、その一番こっちにいわゆるブレンナー峠があります。オーストリアに真っすぐ行くわけです。その中間にマローヤ峠があり、そこを上がっていって、サンモリッツを通って、イン川に沿ってずっと下って行くと、インスブルックへ出て、ウィーンへというわけです。だから、これらはみんなミラノを起点に、その頃栄えに栄えたウィーンを中心にした、いわゆるハプスブルグ王朝とか、パリを中心としたルイ王朝のヨーロッパをつないでいる。その扇の要になっているのがミラノなんです。そして、ハプスブルグ王朝だとか、ルイ王朝の貴婦人たちが贅沢を重ねましたが、彼女たちのために必要なものは、全部ミラノからスイスを通って運ばれていったわけです。今でも、ミラノは贅沢品の中心ですね。今日皆さんが目の色を変えて、ハンドバッグを探したりしましたが、その昔から、長い長い伝統があって、ミラノという町で作られていたのです。

ただ、その場合に、実はミラノからヨーロッパへ入る途中に、スイスという貧しい国があったのですね。もちろん、ミラノで出来上ったものが、今述べたいろいろな峠を越えてヨーロッパへ行きますけれども、それに対して、絹とか木綿とかいうものは、全部材料のままで、どんどんスイスに運びこまれて、スイスの貧しい農民たちが、そういったものを手がけて売り物にしたのです。そういうスイスの売り物というのは、おそらく今でも世界で最高級のランキングじゃないですか。刺繍をしたレースとかカーテン、あれはザンクト・ガレンあたりが本場ですね。どなたかやっていらっしゃった、川辺さんですか、レース編みなんていうものもスイスの特産で、ああいうのが、結局、ルイ王朝の貴婦人たちや、ウィーンのハプスブルグ家の貴婦人たちが喜ぶようなものでしたが、そういうものは全てスイスで、スイスの山の中で貧しい農民たちが作っていた。しかも、スイスというのは本当に山国で、岩と氷しかなくて、農作物ができない。ただ狩りをするしか出来ない。そういう中で、結局、生きていかなければならないとすれば、絹糸だとか、木綿糸だとかそういった軽いものを峠を越えて運んできて、それを自分の谷間の寒村で織物に作り上げるわけです。結局、谷間を通る川の水を利用して、水車を回して織物に作り上げる。それから手でもって刺繍をして、それを高価なものに変える。軽くて、運べるものを集めては手をかけて、自分の頭と心と手と、いずれペスタロッチーの教育のアイディアにもなるのですが、「頭と手と心」で加工して、高級品にして送り出すわけです。これがスイスの産業の昔からの特徴になっています。

スイスの時計というのは昔から有名でしたが、その時計は専ら山岳地帯で農民が手でつくっていたわけです。

ところが、三十年ほど前ですが、日本の時計に押されて一時どうしようもないというようなことが言われました。我々が少年の頃は、スイスの時計と言えば、大変な宝物で、日本の時計は大変ちゃちなものでした。ところが、戦後になって、あるきっかけで急速に変わったのです。その時、スイスの誰かが言ったということですが、自分達はちっとも困らない。私達は、本当に良いもので、本当に価値の高くなるものをどんどんつくればいいんだ。私達は昔からそうしてきている。本当の高級品を作って高い値段で売れれば良い。だから困らない、と。面白いことを言うものだと思いましたが、事実、スイスの産業のやり方はそうであったし、今でも、そうではないかと思いますね。

だが、そういうスイスの伝統は何から来たかと言うと、もともとは、本当に岩と氷しかなかったわけです。だから、ペスタロッチーがそういう農民の困っている有様を見て、何とかして役に立ちたいということで、いよいよ大学を出ることになって最初にノイホーフに土地を買い求め、農業を拓くことを決めた。多分立ち寄れるのではないかと思いますが、その当時農業改革で非常に有名になっていた、チッフェリーという人がやっていたチッフェリー農場にまず弟子入りするわけです。

どういう修行をしたかというと、私はよく知りませんが、あかね草という、辞書を引くと、マメ科の植物みたいで、それを植えると、日本で言えばレンゲのように、土地質が改良されるんじゃないですか。そのあかね草というのを栽培しておいて、その後にものを植えれば農業が出来るということを、とにかくチッフェリーという人が言い出したらしい。そこへペスタロッチーが弟子入りして、これならやれる、というような成算があったのでしょう。それで、結婚もできると思い、アンナ・シュルテスという前からの恋人と結婚しました。そして、ビル村のノイホーフでスタートするが、まんまと失敗するのです。財産をはたいて、友人から借金をして、農場を買い集めたりして始めたが、値打ちのない土地をつかまされたと言う人もいます。しかし、ペスタロッチーの考えから言えば、スイスの場合、一般的には値打ちのない土地ばかりで、そこを改良してやるからこそ、自分がやる値打ちがあるので、儲かる所で、肥沃な土地で、農業をやっていくという気持ちは、ペスタロッチーにはなかったわけです。だから、いろいろやってみても、結局うまくいかなかったということだと思います。これでもか、これでもか、とやっているうちに、全部財産をはたいてしまった。

とにかく、そういったことで、今のスイスと比べますと、いかに当時のスイスが貧しかったかがわかります。だが、私たちはミラノから出発してここへ来ましたが、ミラノという所はどういうふうな地域で、どういう都市としてあったか、ということを思い返してください。なるほどそういう所だったのかということがわかりますね。ヨーロッパの扇が広がっていくちょうど要となる所ですね。扇のさんがあって、上に紙があって、ちょうど紙とさんとの間にあたる所にスイスのアルプスの山があって、その山を越える所にサンベルナール峠とか、マローヤ峠だとか、いろいろあるわけです。そこを越えて、全然別の世界が始まる。山と谷、これがスイスだということです。

だから、今のスイスは、状況が完全に逆転しているわけでしょう。もともとは、氷も食えない、岩も食えない、ということで、こぼしていた。一年のうち九ヶ月は雪に覆われ、あと三ヶ月は吹雪だったという、本当につらい生活しか農民には出来なかった。そういうスイスが、今は世界でとにかく一番結構な国だと誰もが思うような国になった。スイスの生活が苦しいなんて、今、私たちはほとんど考えない。どうして、こんなに隅々まで箱庭のように、出来上がった絵に描いたような、山や野が、川がそんなふうになるのか、本当に不思議でしょうがない。これはまさに、完全に逆転してしまったのです。逆転というのは、一番マイナスであったもの、岩とか、氷とか、水しかないという中から、谷間の水をどう利用するか、何も仕事のできない冬をどう利用するか。風景をどう観光資源にするか、村の生活をどう作り上げていくのか。ゲマインデと言っていますが、自治体をがっちり作っておいて、よその国からは偏狭だと言われるが、その偏狭さ頑固さによってがっちり生活を保ってきたわけです。

ついでに考えてみますと、スイスには今、そういうゲマインデと呼ばれる自治体が三〇六〇から七〇あると言われていますが、それが全部それぞれのルールに従って独自の自分の自治体を作っている。スイスはその三〇六〇余の自治体の寄り合い所帯なんですね。全体は九州くらいの広さですが、極端に言えば、三〇六〇のゲマインデひとつひとつが国なのです。あるゲマインデは、もちろん民主主義だと言って男女平等にやっておりますし、ある国では、全然女はだめだと選挙権を持たせないというふうに、隣どうしでもまるっきり違っている。しかし、それがまた全体としてはスイスとして、一応まとまっているわけです。とはいうが、そのまとまり方はスイス独特で、日本なんかとは、まるっきり違う。これは今回、明日からスイスの国へ、町へ、村へ入りましたら、どういうところが違うのかということも私たちの関心において、見ていく必要があると思います。

そういうわけで、とにかくこの貧しかったスイスが逆転を通じて現在のようになっていった。苦しい、谷と岩と氷といったものを逆手に取ることで、スイスは発展していった。そして、その逆手に取っていくきっかけとなるような、スイスの人のものの考え方のきっかけを、子ども達の教育という形でつくったのがペスタロッチーという人ではないか。そういうことが考えられるのです。ですから、特にその意味で、ミラノを出発点にしてコモを通って、キャベンナからペスタロッチーの足跡をたどっていくことに意味があると思います。

私は、この逆転の発想が、ペスタロッチーに関係があったということに、以前は気付いていなかったような気がします。ある日、東京の本屋で、ペスタロッチーについて書かれた本を見つけました。その本の著者の名前が成瀬政男という人でした。おかしいな、この人は前に読んだことがあると思って考えてみたら、そうなんですね。戦争中に英才教育というのがはやりまして、例えば、東西の高等師範学校が数段できる子を小学校段階から集めて、特別のクラスを作って教育したことがあります。その英才教育と合わせて、自然科学に関する、子どものための本が熱心に作られた時代があったんです。例えば、トンネルを掘る話、難工事だった丹那トンネルがどうやって掘られていったかとか、有明海の干潟の話とか、非常に印象的な本がたくさん出てきました。その中に、『歯車の話』というのがありまして、水車の歯車で水車のエネルギーをどういうふうに利用するのか、そういう力学的な力の変換ですね。時計も歯車を組み合わせて出来ているわけですが、とにかくその歯車というのはそんなに面白いものか、と思ったことがありました。その歯車の話を書いたのが、世界的な歯車の大家ということでしたが、それが成瀬政男さんだったんです。東北大学の方です。

ところが、その人がその時労働雇用大学とかの学長さんでしたが、『ペスタロッチー』という本を書いたんですね。読んでみましたら、お父さんが千葉県の小学校の先生で、子どもの頃から、晩酌のたびにペスタロッチーの話を聞かせて、とにかく、神様のような人がいるんだということを聞かされていた。だから、子どもの頃から一遍でもペスタロッチーという人がいたスイスという国に行ってみたいと思っていた。そのうちに自分が歯車の研究をするようになって、文部省の留学生として、いよいよスイスに行けるようになった。その時彼は歯車の研究という自分の専門領域よりも、とにかくペスタロッチーのお墓参りができると思った。それで、最初にドイツに行って、ドイツでとにかくドイツ語をしっかり学ばなければならないというので、オペラ歌手の先生について、ドイツ語の本当の発音から勉強し始めて、それで本当にドイツ語も達者になったらしい。そこでいよいよスイスに行って、ペスタロッチーの遺跡を全部巡ろうというので、今回私達が巡る遺跡を一人で巡ったんだそうです。大昔ですよ。田舎に行きまして、チッフェリーの農場だとか、あるいは今度私達が行くイベルドンとかみんな行くんですが。「こんな草深い田舎へ何しにいらしたんですか」と土地の人から聞かれますと、「私はペスタロッチー先生のお心をいただきに参りました」と、ドイツ語でどういうふうに言われたのか知りませんが、そう答えました、と彼の本に書いてありました。そうすると、スイスの人は、「それはご奇特なことで」という挨拶を返したそうです。「学校の先生でもしていらっしゃったのですか」、「私はエンジニアです」。「おお、そうですか。信じられない。どうしてペスタロッチー先生を」。とにかくそういったことで、スイスの人々に驚かれて、というようなことが書いてありました。

この人が、実はその書物の最後のところで言っていたことはが非常に印象に残りました。スイスが今のようになったのは、どうもペスタロッチーのせいじゃないか。ペスタロッチーの「頭と手と心」という言い方をしますが、頭、つまりものを考えること、それから心というもの、人間に対して優しい気持ちを持つこと、それから手、つまり働くことですね。やはりこの三つが子どもの頃から、子どもの中に持って生まれてあるのだから、それが子どもの中に直感的に働いていく、それを大事にしていく、というようなことをペスタロッチーは考えたらしいと言うのです。

それをペスタロッチーが実際うまくやったかどうかは別問題です。彼の方法というものは、ペスタロッチーの「メトーデ」と呼んで残っていますが、どうもそういったことはペスタロッチー自身がやるというよりは、ペスタロッチーの取り巻きが夢中になって、授業をこういう風にやるという工夫をしていますが、ペスタロッチー自身にとってあまり意味を持たないじゃないんですかね。かなり無理だったり、形式だけであったり、熱心にやればやるほど詰め込み的だったりするんです。ですから、フレーベルなどは、ペスタロッチーのイベルドンの学校に行きまして、非常に失望した。と言うのは、やっていることは押し付けばかりではないかという印象を持ったということが、フレーベルの自伝の中に書いてあります。それは当然ですね。つまり、ペスタロッチーというのは大先生で、わかってやっているんですが、その下でやっている先生方というのは、いろいろな人が「我こそペスタロッチー先生のことはわかっている」と思って、それぞれ科目を教えている、ある人は数学を教え、ある人は国語を教え、ペスタロッチーのやり方はこうなんだと、とにかく一生懸命やって見せるわけです。それはペスタロッチーから見れば、どうもやっぱりまずい。世間には評判にはなりますが、どこまでいってもペスタロッチーは不満であった。ペスタロッチーの考え方を弟子なりに歪めていく、ということが必然的に起こったわけです。結局、そういったことのトラブルが最後には弟子と弟子との対立となりました。「ペスタロッチーの考え方は俺がわかっているのだ」と沢山の弟子がそれぞれ思うようになって、それをペスタロッチーはどうにも統括できなくなった、というのが、イベルドンの学校が崩壊していった原因ではないか、と思うのです。しかし、ペスタロッチーとしては、最後まで自分の力が足りなかった、というようなことを考えていたようです。私が今から考えてみますと、当然いつの場合でも起こるようなことが起こった、というふうな感じですね。

忘れられないのは、さっき述べたスイスの当時の社会状況ですが、非常にヒエラルキアの強い生活があったわけですね。これも今では考えられないことですが、その当時はまさにそうであった。例えば、あのルソーの書物が彼の出身のジュネーブの町では禁書になっていた。ところが、チューリッヒの町でも、ペスタロッチーが大学生の頃に、学生たちがものすごく批判と攻撃を政府に加えるというような学生運動が起こったりした。それは、スイスという国が非常にヒエラルキアの強い貴族主義的な体制の中にあったということですね。

さっき言いました、ミラノ辺りから集まってくるいろんな材料、絹だとか木綿だとかに手を加えて、フランスやウィーンなんかに売り込むといった、その売り込んだ利益というものは、都市に集まる。フランスとの関係ではジュネーブ、ドイツとの関係ではチューリッヒになりますが、そこに貴族階級が生まれることになる。貴族と言っても、いわゆる王朝風の貴族ではなくて、職業貴族、都市貴族と言います。要するに、富裕な商人なのですね。そういう都市貴族が宗教、お坊さんとがっちり手を組んで民衆を抑えていく。だから当時、チューリッヒの市民権を持つことは大変なことなんです。しかし、農民は市民権を持たず、町の外に住んでいる。これが絞られ絞られて苦しい生活をする。道を通れば、さっきのゴッタルド峠なり、あちこちに関所を設けて、領主が通行税なんていうものを取りました。その税金がまた、結局、ハプスブルグ家やなんかの大変な収入になります。そのために、例のウィリアム・テルの時のゲスラーなんていう代官を置いているわけです。水戸黄門の映画なんかで、悪代官が年貢を取りたてるのと同じことなんですね。だから、それに対してスイスの農民の反抗があったわけです。

つまり、そういう風にして、都市貴族というものと宗教というものが結合した力が農民を圧迫していた。だから、ペスタロッチーは、特に十分の一税というものを批判しています。それが中世以来農民を圧迫してきたのですが、ペスタロッチーの時代にもあった。収穫の十分の一を領主や坊さん、教会に差し出さなければならない。この十分の一がどれくらいになるかわかりませんが、大変なことらしいですね。ペスタロッチーが書いた論文の中で、十分の一税の廃止を唱えることばが随所にあるんですね。学生の頃私はよくわからなかったのですが、十分の一税というのはだんだん大変な税だったんだなということがわかって来ました。後にペスタロッチーがシュタンツへ行って、家を失った子ども達を集めて世話をするという有名な話はご存知かと思いますが、あれにしても、十分の一税を廃止するという問題と関わっています。ナポレオンの支配下で、新しい政府が出来た。ところが、さっき述べましたが、三千余りの自治体ですから、一つの国というものを作ることに警戒する。一番警戒していたのはシュタンツの町のある、今度私たちが行きますが、ウンターワルデン州でした。隣りのフランスが新しく共和制で統一されますと、それと同じようにスイスもしたらどうかと、フランス革命に感激した人達がいますから、その連中が共和政府をスイスに作って、スイスを新しくしようとしたのです。その中心勢力が、学生時代にペスタロッチーと一緒の愛国者団という人々でした。ヘルベチア協会といった協会を作って、都市の搾取から民衆を解放して、スイスを民主的な国にしなければならないと考えた青年たちの集まりでした。ヘルヴェチアというのは、スイスの昔の名前ですから、日本で言えば大和民族の集まりというようなことですね。私たちの国を建て直しましょう、昔の質実剛健だった立派な国の時代に返しましょう、都市貴族から解放しましょうという夢なんですね。そのヘルヴェチア協会というものを、若い頃からペスタロッチーは熱心に友達と一緒にやっていたんですが、その仲間がナポレオンと呼応しまして、新しい共和政府を組織したわけです。そして、内閣に入って大臣になったりするわけです。大蔵大臣になったり、文部大臣になったりする。

それで、ペスタロッチーもそれに呼応して、この際スイスをもっと民主化できるんじゃないかと、新しい政府の発足に賛同したわけです。ところが、その共和国としてのスイスが発足することに反対だったのが、今のシュタンツを中心とするウンターバルデン州だった。絶対反対でした。それで、フランスのナポレオン軍に焼き討ちされて、家を失った子ども達がたくさん出てきた。それを新政府としては何とかしなければならない。で、誰かにやってもらいたいのだが、そういった、いわば内乱を起こした所へ政府から出向いていって、子ども達の世話をするというのは、誰もが恐ろしくて適当な人がいないわけです。そこで、周囲が随分止めたらしいのですが、ペスタロッチーはもう歳も五十を過ぎて、普通ならそろそろ引退していいのに、これこそ私の本当にやりたいと思ったこと、困っている子ども達を何とかしてやりたい、その仕事がいよいよこれでできると思って引き受けたわけです。それまで彼は専ら書物を書くこと、作家として有名でしたが、ここで教師になろうと決意したのです。

五十歳過ぎてからですね。それでシュタンツに出て行って、教育に開眼することになった。

シュタンツでの仕事は半年しか続かなかった。スイスの内乱のどさくさの中でやっていることですから、また情勢が変わりまして、結局、ペスタロッチーは仕事を続けることが出来なかったわけです。しかしその間、ペスタロッチー自身は、本当の意味で教育のしごとに開眼していったとも言えます。さっきの頭と手と心、これが一体となって働く、その直感的な働きを何とか伸ばしていくことができるじゃないか、という夢のようなものに目覚めた。それを実際に、家を失った子ども達とシュタンツで半年間寝食を共にしてやってみて、そこから、「ああ、そうだ。この子ども達は今まで教育をなまじっか受けていないから、体にはシラミばかり湧かしていて、着る物もない状態でいるけれども、それだけに、学校だとか普通の教育を受けた子ども達より却って純粋で、生まれたままの子どもという、よさを持っている。だからそのところをつかんで、その直感的な働きを何とかして伸ばしていくことが出来れば、今までできなかったような教育ができるんじゃないか、ということですね。それを今度は、学校という形でやれば、全国の子ども達がそういう形の教育を受けることが出来て、新しい教育ができるんじゃないかと、夢は広がっていくわけです。

その意味で、ペスタロッチーの教育への開眼がそこでできたんですね。それまでの教育は、貴族は貴族で家庭教師を雇ったりして子どもの頃から鍛えていたんですが、庶民は子どもの頃から読み書きを始めて、学校に行って学んでいた。教会は専ら、教義問答とあわせて、読み書きを教え込んでいた。そういう教え込むというということばかりしかやっていなかった。それに対して、ペスタロッチーの発見は、そういうことをされていない人間の方が、本当の意味で、それを実現していく能力を持っている。教育を受けていなければいないほど、それを純粋にもっている、ということだったのです。

そこで、スイスの社会の貧しさから逆転して、今のようなGNPが世界一となって行くに当たって、ペスタロッチーの教育の考え方がどうも大きな役割を果たしていたということが考えられるのです。

これを考えてみますと、合理主義とも言えますね。とにかくスイスのやっていることは、貧しいところを何とかして逆手に取り、手仕事を中心に自分の知恵を加えて、なるたけ少ない材料で大きな利益を収めていこうという、徹底して、合理的な考え方です。全体としてスイスの経済にしても、政治にしても、そうなんですね。永世中立というものもそうですね。とにかく、よく言えば合理的だし、悪く言えばうまくやりすぎるというか、だからヨーロッパ中で批判の的にもなるんです。しかしとにかく、他には真似のできない生き方というものを作った。それが、現在のスイスです。それに対して、その歴史的逆転のきっかけを作ったのがペスタロッチーの、例えば「頭と手と心」という考え方だということを、今も申し上げました。

しかし、結果的に合理的なスイスの生活を見ていますと、どうもペスタロッチー自身の生活はあまり合理的ではないんです。ペスタロッチー自身の発想の根源には、どうも非常に非合理的な、ものすごい情熱と申しましょうか、貧しい人、子どもたちをとにかく助けなければならない、そういう情熱というものが強い。人一倍強い。それは一体何だろう、ということを考えます時、これはどうも、ペスタロッチーに流れていた祖先の血、イタリア人の血というものが思い出されます。何かこう、今日通って来る道すがらそうですが、イタリアには、いつも通れるか、通れないか、わからないような道がある。こんなに立派な宿屋ですが、スイスの宿屋の在り方と比べてみますと、すぐにわかると思います。いかにもスイスというのは合理的で、イタリアというのは非常に立派なんだけれども、どこか抜けている。どこか違うところがあります。どうもスイスには、冷たくて、合理的で、それこそ岩と氷でできていて、ちょっと冷たいじゃないかという特徴がありますが、それを考えますと、ペスタロッチーという人は、やはりイタリアから出てきた人なんじゃないか、と感じさせるものがあります。スイスのカルチャーの中にイタリアのカルチャーを入れたんじゃないか、という気がします。そしてペスタロッチー自身も、とにかく何か苦しい時、あるいはここぞという時には、私は「アルプスの谷の子」で、ということを言うのですね。アルプスの谷の子とはどこのことを言っているのでしょうか。ビル村、私達もいずれ行きますが、あそこはどうもアルプスの谷という所ではないですね。谷という感じではなくて、平野です。ロイスの川に沿って、平野をとうとうとロイス川が流れている。アーレの川が流れている。合流する地点ですから、あそこは平野の村なんですね。ですから、「アルプスの谷の子」という言い方は、あまりふさわしくない。むしろ、ここのキャベンナで、彼の先祖が育ったということになりますと、これは明らかに谷ですね。見てわかりますね。あの山の麓にコモ湖がある。今日も私、近づきながら思いましたが、ここら辺りから谷がずっとアルプスの中に切れ込んでいくんです。切れ込んだ谷がロンバルジアの平野に近づこうとするところに、このコモ湖やマジョーレ湖とか、いくつかの湖が出来ているんです。ですから、「アルプスの谷の子」というのは、どうもこのコモ湖からキャンベンナそしてマローヤに行く、ベルゲルの谷と言いますけれども、昔ながらの生活がそこに保たれていると思われる谷なんです。その谷をペスタロッチーは思い出していたんじゃないだろうか。自分の先祖の発祥の地です。そうした情熱と合理精神との結合、スイスの、谷と岩と氷としかない、生きていくにはそれしかない、合理的にものを考えて、最小の品物で最大の利益を生む。しかも、工業の難しい氷に閉ざされた、氷を越しても運べるような本当に軽い材料を用いて、小さい品物を作って、最大の利益を、知恵を絞って求めていった、三〇〇年くらいの歴史ですね。それと、今のペスタロッチーの情熱、南の国イタリア、暑い太陽の国というこのイタリアからもってきた熱い情熱みたいなものが一つになって、そこにペスタロッチーという人のキャラクターの面白さが出ていると思います。

その思想というのは、なかなか独特のものです。ペスタロッチーは鬼子母神のように子どもが好きです。けれども、この人くらい世の中を深刻に見ている人もいない。さっきの、近づく近代国家の権力構造だとか、搾取の構造だとか、そういったのもこの人くらい深刻に見ていた人はいないんじゃないだろうか、と感じられるところがあります。ですから、この問題はまた、何日か皆さんとご一緒している間に適当な機会に考えていただきたいと思います。

とにかく、そういうペスタロッチーの情熱と合理的な精神ですね。スイスというものを考える時の合理的な精神とイタリアの南の国の特徴、そういうものが私はペスタロッチーの面白い特徴だと思いますので、それを皆さんに今回の旅行の間に時々思い出しながら、旅行を楽しんで頂きたいと思います。

今日は、ミラノからここまで参りましたが、これから見ようとします所についての非常に大まかな特徴みたいなものをお話させていただいたと思っています。いよいよ細かな問題は、これから現実に遺跡を見た後、さまざまの問題意識が皆に起こってくるんじゃないか、そこで、また皆さんの新しいご関心の起こったところで、それについての細かな問題のお話ができればと思っています。以上です。（拍手）

（長田五郎先生からの質問に対する回答）

ペスタロッチーについて言いますと、なんとか苦しむ人々の力になりたいと、子どもの頃から思っていたのです。それは、おじいさん、私たちも訪ねることになるかもしれませんヘンクというチューリッヒのそばの教会がありますが、ペスタロッチーのおじいさんはそこの牧師さんでした。そのおじいさんに可愛がられて、その影響が困っている人を助けてあげようということだったと、よく本に書いてあります。そういうこともあったんでしょうが、ペスタロッチーはやはり子どもの頃から、困っている人を助けたいという情熱が不思議に強かったみたいですね。

それが、さっきの青年時代の、十分の一の税で苦しんでいる農民たちがどれだけ搾取されて困っているかということを、農民が語り合う形で書いた「農民対話」という闇文が書見つかって事件になったのです。それでペスタロッチーが捕まって、三日ほど牢屋にたき込まれるんです。しかし、彼は結局、主犯ではなかったということで釈放されます。しかし、作った文書がチューリッヒの町の広場で焼かれる時、広場の屋根の上に登って、タバコをふかしながら自分の作った文書が焼かれるのを見ていたというので、それでまた罰金を取られるということがありました。そのように、一つには農民たちをそのように助けなければならないという情熱があった。

もう一つの、彼の学生時代の大きな基点というのは、ヴォー州、イベルドンの町のあるほうですが、ヴォー州の二人の少女が赤ちゃんを産んで、それを自分が殺してしまったという事件でした。その当時はそうした少女は見せしめに、村中引き回して死刑にするという大変むごいことをやっていたみたいなんですが、ペスタロッチーはその問題を取り上げて、やがて本にして出します。『嬰児殺し』という本です。そこで言っているのは、「傷ついた鳩の血を見てさえ、気絶するような少女じゃないか。それがなぜ自分が産んだ子を絞め殺すということをするのか」ということです。それは結局、その女の子が相談した相手の男が彼女を裏切ったこと、親はどうかと言うと、破廉恥なことで世間に顔向けもできないからと言って、彼女を叱るばかりで彼女の相談には少しも乗らなかったこと、教会に行ってお坊さんに懺悔をしても、坊さんも全然本気になってくれない、ということ、結局、誰も彼女にとって本当に力になってくれる人はいなかった、その絶望というものが、彼女を自分が産んだ子を殺すということに追い込んでしまった。これがペスタロッチーの論理なんです。だから、もしそういう子が出てきた時に、死刑にするという非人情なやり方でその若い女の子に接しても、何の役にも立たない。もし、人情ある生き方をさせようと思うのなら、やはり人情のあるやり方でその若い女の子に接しなければならない、死刑などもっての外という考えでした。

講演②

一九九二年九月十二日

於：HOTEL SEEHOTEL RIGIBLICK

ペスタロッチーの遺跡を見る時に、個人と国家、人間と国家、それから教育、そういったものの関係を考えないわけにはいかない。

一番最初のレクチャーでお話し申し上げましたように、スイスにはゲマインデという自治体がある。ここはボークスというゲマインデで、ルツェルンのゲマインデとは全然違うゲマインデであるわけです。スイス全体には三〇六〇位、ものすごい数のゲマインデがある。一つ一つが国で、日本から言えば、感覚がまるで違う。自ずから教育の感覚もそれぞれまるっきり違います。教育についての考え方も違うわけです。ペスタロッチーの仕事もそれに関係しているのですね。今日シュタンツに行きますけれども、ペスタロッチーの出身地チューリッヒともまるっきり違いますね。宗教もまるで違います。チューリッヒは新教で、ことにカルヴィンの宗教改革の影響の強い所。それに対して、シュタンツは違う。昨日お話ししかけて、続きみたいな形ですが、そのことを一言お話ししておきたいと思います。

もう十数年前になりますが、私はビックリしたことがあるんですね。総理府の青少年国民育成会議に関係していまして、その時総理府がものすごいお金をかけて、世界中の青少年の意識調査をしたことがあります。「あなたは何のために学校に行きますか」という質問項目があるんです。その質問の答えに五つの選択肢があるのですが、その中に「教養のため」いう答えが圧倒的に多いのが日本の青少年です。「生活のために」が一番低いのです。逆にスイスでは、「生活のために」学校に行くというのが圧倒的に多い。その時本当に面白いと思って印象に残りました。「あー、なるほどね」。日本では結局、明治からこっち学校をつくって、学校に行って教養を積むという教養主義というのがあって、学校に行くと教養を身につけ、それによって人間の値打ちが決まってくるわけですね。一人前の人間になれる。明治の初めから「生活のためではない」と皆思って来たわけです。今でもそうです。うっかりすると、教養主義がいいじゃないかと思われる方が多いのではないかと思います。

スイスでは何故「生活のために」を考えるのだろうかと改めて考えてみますと、なるほど、そうした一人一人が一生懸命よく生きていく環境の中で精一杯ぎりぎり生きていく、やはり食っていかなければならない、生活のために。そういう中で、生きていくことは大事だから、時計をつくり出し、絹をつくり出し、刺繍を作り出し、これを売ってフランスやオーストリアの貴婦人たちに買わせて生きていく、そういう風にして生きていくことが人生なんだ、と考える。ここの人たちは、教養のために学校に行く、勉強するということがわからない気がしますね。そこいらへんにスイスの人たちには、日本と違った歴史的経緯があったわけですね。「教養のために勉強する」ということはわからないのではないかと思います。

考えてみますと、しかし日本でも江戸時代までは、皆が自分で自分なりに寺子屋に行くにしても、塾に行くにしましても、自分で行きたいな、行く必要があると思った時に行く、行く必要を感じた時に行く。自由にそれを利用しながら行くだけで、しかも最高のレベルに達するシステムが出来ている。江戸時代までは一人一人の人間が自分で自分の修養を、教養とは言わずに、自分を高めていこうとした。自分の心を養い、体を養うのを当然のこととして考えていたわけです。それが、明治に入ると、そうではなく、とにかく上から与えられる知識や技術を外側から身につけていけば、色々な飾りを背負ったみたいな形になって、それを教養人と称した。明治以前はスイス的だったんだけれども明治時代に入ってから、スイス的ではなくなったと言える。そういう違いがすっかり出てきてしまったこと、そこに、近代国家というものの問題が介在した、しかし、ペスタロッチーは教育上一番最初にそれを問題にしたと言えるのではないかと思います。ナポレオンのフランス革命の時代、ペスタロッチーは『リーンハルトとゲルトルート』という小説を書いて有名になっていましたので、『リーンハルトとゲルトルート』のファンにペスタロッチーがフランス市民の中で最も民主的であると推薦されて、革命政府から名誉市民にされるんですね。そういう進歩的知識人として有名であったわけです。しかし、フランス革命は一種のドサクサですから、ナポレオンが専制的に学校制度をつくった。ナポレオンは中央集権的な皇帝になりますが、そういう形での政府をつくるわけです。そういった形でスタートしたフランスに対して、ペスタロッチーは非常に反発する。ところがそのナポレオンの支配下にスイスは直ぐに入りますから、スイスも共和制にして新しく出直せと言ってたちまち押さえつけられる状態になるわけです。出直さなければ何をされるかわからない。

それまでスイスはずっと中立的立場で、神聖ローマ帝国でも神聖ローマ皇帝に税金などを差し出して、一応神聖ローマ帝国の一部のような形を取っていたのです。一種の契約です。一種の契約として、もしスイスに何か起こったら守ってあげますという安全保障条約みたいなものがスイスと神聖ローマ帝国の間に出来ていました。そういう歴史がずっとありましたので、ナポレオンもそれを尊重して直接には踏み入れないのだけれども、しかし、圧力をかけて共和制にしたいということはやるわけです。そういったナポレオンに対してペスタロッチーは段々反発していくわけですね。ことにペスタロッチーが反発しましたのは、ナポレオンがいつか「子どもたちはこれからは国家の子どもである」と言ったということが非常に気に入らなかったようです。「いやいや、ボナパルトはああ言うけれども、幸いにして子どもたちはまだ私たちの子どもだ」というようなことも言っています。ナポレオンではなくて、ボナパルトと言うんですよ。ナポレオンの教育上の国家主義に対して反発します。国家というのは国民に自由と平等とかを保障しなければならないためにつくる訳ですね。しかし、ナポレオンは建前として共和制国家を創る。ヨーロッパ中をそうしようとし、またドイツの啓蒙君主と言われたフリードリッヒ一世という人も、そういう意味では積極的に国民に教育を与えようとした、義務教育として。しかし、それが専制国家になるんですね。

それに対して、ペスタロッチーには逆にどうしても一人一人の人間、一人一人の子どもが「よさ」を探して考えて作り出していくんだという、それを助けるのが教育でなくてはいけないという考え方が出てくる。歴史的に言いますと、歴史に対抗的に出てくる。歴史上では、国家の側の力がどんどん強くなっていきますから、どちらかと言うと、一人一人という考え方はむしろ衰えてきています。逆に、国家はそれに対して専制的になる、それをどうもおかしいと、哲学で言っていたのがニーチェなんかですね。しかし、国家というのはとにかく人間を見失っていく、そういうものが国家なんだと凄いことをペスタロッチーは言っているわけです。私たちも身につまされて思いますね。

考えてみますと、あっという間にソビエトが崩壊しまして、ベルリンの方でも壁が崩壊しました。あれだって、共産主義がダメで資本主義がいいんだ、勝利したと一部では言われたりしていますが、資本主義とか共産主義とか、そんな問題よりも、もっと基本的には大きい問題、要するに人間の自由とか平等とかを求める歴史的うねりがずっと来てて、たまたま近代国家というものが出来た。近代国家の中でたまたまソビエトという共産主義国家ができたというだけのことで、それはどうしても逆に、人間の自由と平等をいろんな形で変化させていく。それが非常に早くソビエトには起こってきた、ということです。そうしますと、アメリカだろうが、日本だろうが、ソビエトの場合とはまた違った意味での自由とか平等とは何かという問題を起こして困っているわけでしょう。そういう中で国家と教育という問題が起っている。一人一人の人間は自由と平等を求めているに違いない。これが歴史の流れですね。それに対して、世界中専制君主が出てみた、共和制政治をつくってみたと、色々とやってみて、なおかつどうしても中々うまくいかないという状態になるわけです。そこで共通した問題として、それをこれからどうするか、国家の中で新しく一人一人の人間を考えなければならない、国家は出直さなければならない、——そういうことを一人一人の乞食の子どもたちを助けるという形でペスタロッチーはいち早く考えたということですね。

そういうことで、ペスタロッチーの教育活動の位置づけが出来ると思うのですけれども、そのペスタロッチーと国家との関わりの問題がシュタンツではっきりと出てくるということだろうと思います。とにかく、チューリッヒは新教ですし、ここいら辺（ルツェルン）は頑固な旧教ですし、昔は今と違って山に囲まれていましたから、地形上情報がほとんど伝達しないわけです。私たちはバスでスゥッーとここに来ましたが。山の中の三州、シュヴィーツ、ウーリ、ウンターヴァルデン、は山のど真ん中です。ジュネーブだとかチューリッヒは割合ヨーロッパの影響を受けやすい。情報がヨーロッパ中を交流する一つのセンターにもなっているような所なので、まるで違うわけです。

ナポレオンから共和制になって出直せと言われた。これは考えようによっては、スイスは今までテンデンバラバラにして来たことを共和制という形にして一つ一つが自由と独立を保ちながら、全体としては一つの融合体となるということです。今まで神聖ローマ帝国の属国みたいな形だったのが、一つの独立国家であるということになりそうだという期待も持てますから、是非そうしたいと思った人達が当時のスイスのインテリの中にたくさんいたわけです。その中に、この前お話した青年時代に学生運動として、いつまでも神聖ローマ帝国の属国の形みたいに置いておくのはいやだなと思っていた愛国者団の青年たちがいたわけですね。これがヘルヴェチア協会というのをつくるのです。ヘルヴェチアというのは懐かしい名前ですね。スイスの一番古い名前です。スイスの切手やお金には、ヘルヴェチアという字が書かれています。日本では大和民族と言った時の「大和」に似たような感じを与えるのかもしれません。そのヘルヴェチア共和国というものをつくろうとする。ところがそう思った人たちの主な人たちがほとんど、ペスタロッチーの学生時代からの親しい友人たちなのです。ペスタロッチーも何かやってくれると期待されまして、大臣をやってくれとか何とかいう話もちょいちょいあったわけだと思います。現実にシュタッパーはペスタロッチーに是非何か重要な仕事に就いてくれと頼んだんですね。ペスタロッチーはその時、「自分はそういうことに関心がない。それよりも私は学校の先生になりたい。一人一人の子どもに実際出会ってやりたい」というようなことを言っていたようです。そこへシュタンツは頑固にヘルヴェチア共和国が成立するのに反対してしまったわけです。

それで、ナポレオンが軍隊を派遣して、この反対派の抵抗をつぶせというわけで、シュタンツをつぶして、虐殺、放火ということが起こった。それで、たくさんの孤児が生まれた。フランス軍が去った後は惨憺たる状態で、乞食の孤児たちがあふれている状態ですね。結局、新政府つまりヘルヴェチア政府としてはこれを早く救済しなければならない。早く収め、信服して賛成してもらってヘルヴェチア共和国として協力してもらいたい。しかし、とにかく子どもたちは何とかしなければならない、どうしたらいいかというところで、とりあえずどこかに収容して、食べさせてやって、着せてやらなければならない。そこでペスタロッチーが「よし、じゃあ私がそれをやりたい」というのでシュタンツに来たんです。奥さんに随分反対された。「あなたもう五十歳を過ぎて、年寄りの部類に入るのに。常識から言ったらそんなことできますか」と。友人も皆止めました。けれどもペスタロッチーはどうしもそれをやりたいと言って。アンナ夫人が止めるんです。「今まであなたは我慢してやってくれたんだから、もう一回我慢してください、あなた」(笑)という手紙を書いた。

とにかく、そういう状態で、無理やりにやったんですね。しかし、とにかく状況は非常に難しいわけですし、内務大臣の庇護もあるわけですが、ここシュタンツは言わば敵地ですから、シュタンツの住民の見る目は冷たいわけですね。乞食として本当に困っている人は物をかっぱらって、勝手なことをしている。ペスタロッチーが変なことを教えていると思っている人もたくさんいる。カトリックの信仰に熱心な人はそう思うかもしれない。孤児たちはあそこに行って食べさせてもらい、着物を着させてもらい、また取り返しに行けばいいんだと、勝手に取り返しに来るんですね。とにかくそういう状態で、半年ちょっとですが、その間にペスタロッチーには大変な収穫だった。何故かと言うと、子ども達には一方で国家が上から何がよいかを決めてそれをわからせたり身につけさせてやることが教育だとして、熱心にやろうとしている。しかし、ペスタロッチーの場合は、そうではなく、子ども一人一人が、ペスタロッチーの独特の言い方ですが、よさへの意欲と知力と能力を持って生まれて備えているのだから、それをとにかくそのまんまの形で働かせてやればいい。その持って生まれた働きが、この世の中におぎゃぁーと生まれてお母さんのお乳を吸い始めた時から既に、純粋に伸びていくのが現実にはもの凄く難しい。この世の制約のためにどんどんどんけがされ、よごされ、痛めつけられていくわけですね。しかし、この持って生まれた働きを何とかして、極力、自然のままに、生まれたままに純粋にできないものだろうかと、ペスタロッチーは、純粋無垢という言葉がありますが、純粋(罪がない)、無垢(よごれ、けがれがない)、純粋が大好きなんですね。何とかしてよさへの意欲と知力と能力を残せないものかと、人間の持って生まれた働き、例えば知ろうとする力、知力、作り出す力、意欲する力、意欲、知ることから、知ろうとする力を一生懸命探し出そうとする。数を数えることは物事をよく掴むこと、字を書くことは言葉でよく表現すること、歌を歌うことはよさを表現すること、絵を描くことは物事の関係をよく掴むことですね。「数形語」と言いますが、数と形と言葉、全てに亙って何とか伸ばしたい。これが全体としてペスタロッチーの教育方法として探究されるわけです。

この探究はうまくいったかと言うと、正直言って最後までうまくいかなかった。もちろん今の私たちでもうまくいかないでしょう。そこを一生涯とにかく、本当にもがきにもがいて探していたのですね。そのスタートがこだったんです。そして、「やれる」と思ってしまったんですね、シュタンツで。今まで何も教育されていない、体中シラミを持っているだけの子どもたちが何とまあ、そういうよさへの意欲と知力と能力を見事に備えているのかということを発見した。だから、「これならいける」という確信を持った、ということらしい。そうしましたら、共産主義の世の中と似ていますから、一緒に泣いて、笑って、食べて寝て、その間に色々教える、ということで、それに気がついて、非常に喜んでやり甲斐生き甲斐を感じていた矢先に、閉鎖を命じられたのですね、ナポレオン軍から。傷病兵の病院にすることにしなければならないから明け渡せという。仕方なしに明け渡しました。その時ルツェルンに新政府があって、ルツェルンに行って、子どもと一緒に舟に乗って行ったのではないでしょうか、一日中政府の文部大臣シュタッパーなどに子どもたちは可愛がってもらって、お土産をもらって舟に乗って帰ってくるのですね。そして、いよいよやる気を出して帰ってきたら途端に、「出て行け」という命令が来て、非常に悲惨な運命だったらしい。そこでペスタロッチーはガックリ来まして精神的に参ってしまった。本当に死にかけたと言われています。

それを文部大臣のシュタッパーが心配して、私たちが明日行きますグルニーゲルの温泉に行って、とにかく休みなさいということで、休ませてくれたんですね。そこでペスタロッチーは元気を回復して、「やれる」と自分がシュタンツで思ったことを実際にやってみようと、私たちが明後日に行きますブルクドルフに下りて行って、本格的に小学校の先生になるわけです。小学校と言っても、町の中の質屋さんがやっている。日本で言えば寺子屋みたいなものですね。そういう形でシュタンツで教師として気がついた経験を山の上から友人に書き送るという形で書かれたものが『シュタンツ便り―シュタンツからの友人への手紙―』という形で翻訳されているものです。もう一つは、『今、ペスタロッチーを読む』の中で私が皆さんにわかっていただけるように紹介したつもりです。そういう形でペスタロッチーに国家からの圧力がかかるということです。シュヴィーツ、ウンターヴァルデン、ウーリの三州はこういう仕方で圧力があると感じたわけですね。だから、自分たちの自由のためにそれに抵抗しようとしたわけです。

これはさきほどの神聖ローマ帝国とスイスの人々との契約説、ローマ帝国はあなた方を守ってあげます。それにはあなたは税金を出して、一応家来という形でいてくださいという一種の契約の問題ですね。

最初のウィルヘルム・テルの話になりますが、テルの場合は十四世紀位でしょうかね、神聖ローマ帝国の皇帝に、ブルックのそばのハプスブルク城、これから行く積りですが、その城主であったルドルフ一世がたまたま田舎大名でバカだから、このバカを皇帝にしておけばいいだろうということで、選挙で皇帝にされてしまった。神聖ローマ帝国は、キリスト教を信じていて、広い意味でのドイツということです。王様を誰にするかを決めることとなり、選挙はマインツ、ケルン、ドリアの大僧正という三人の坊さん、それから王様が四人、ボヘミア王、バイエルン公、ザクセン公、ブランデンブルク公と四人、皆偉い人が選挙で決めるので、一番バカな奴にしとけば安心だとみな思っているから、ルドルフが選ばれた。ところがルドルフは皇帝になっちゃいますと意外や意外、全然偉かったんですね。皆ぴしゃりと抑えられてしまう。ウィルヘルム・テルをお読みになるとわかりますね。ウィルヘルム・テルの問題が起こるのは、前のルドルフ王様は素晴らしかった、私たちを本当に大事にしてくれて契約を守ってくれて、本当によかった。ところが、そのルドルフが亡くなり、その息子のアルブレヒト一世になると、最初にお話しましたサンクト・ゴットハルト峠、ルツェルン、チューリッヒに通じる大変な地域を、ハプスブルク家としては、がっちり押さえておきたい。峠を越える、橋を渡るのにお金を取ってものすごい財源になる。代官ゲスナーを置いて、にらみを効かせる、人々の日常生活が段々きつくなっていく。それで、これはけしからんというので、立ち上がるのが、山の中の三州、シュヴィーツ州、ウンターヴァルデン州、ウーリ州です。絶対に圧制は許さないぞということを改めて誓い合うんですね。

盟約を結んだという場所を私たちは訪ねます。英語で convention、盟約と言いますが、新聞を見ていましたら、アメリカの大統領選で候補者の一人が盟約を論じようとしているみたいです。この言葉が生きているんですね。これが国家と自由、平等ということ、政治的な自由と平等ということです。教育での自由、平等は、一人一人が自分で自分のことを考えて何がよいかを考えて生きていくことにある、そして身分差別、経済差別がないようにしようということですから、民主主義というのはその人間の働きをどうして純粋に育てるか、ということが問題になるので、教育と政治はそのようにつながっている。そしてここに、ペスタロッチーの教育に対する思い入れとスイスの民主主義、契約という考え方のからまり合いがわかりますね。ペスタロッチーは自分で愛国者のつもりで、死にます時にヘルヴェルチア協会から協会長として最後を飾るんですね。ですから、初めあり、終わりあり、教育と政治が独特の仕方で一貫してつながります。

以上、時間がありませんので、他にも色々お話ししなければならないこともあるように思いますけれども、今日はシュタンツと独立三州に関わってお話ししました。どうもありがとうございました。（拍手）

■ 村井　実（むらい　みのる）年譜

一九二二（大正十一）年　三月六日佐賀県東松浦郡北波多村芳谷（芳谷炭鉱）に生まれる。父右三、母道子の七人兄弟（五男二女）の長男。商家。生家の裏庭は築山になっていて、さまざまなつつじが植えられ、旧藩主からの拝領という、よい実のなる柿と夏蜜柑の大樹があった。山野を駆けまわって育った。小学校二、三年の頃より、家にあった大人向けの雑誌や小説を読みふける。

一九三四（昭和　九）年　四月佐賀県立唐津中学校に入学。炭鉱が廃坑となり、翌年一家は唐津市外佐志町唐房に移転。三年生の頃から胸の疾患で自宅で療養しつつ、もっぱらポー、ホーソン、ディケンズ等の原書を読みふける。学校は試験を受けて卒業。

一九三九（昭和十四）年　広島高等師範学校（英語科）に入学。

一九四二（昭和十七）年　同三年終了。推薦により、広島文理科大学教育学科教育学専攻に入学。この時期、長田新、稲富栄次郎、皇至道等の先生に学ぶ。戦時中の広島文理大学では、西晋一郎を中心に、「国体学」科が設けられる状態で、当時の長田教授を中心とする自由主義的な教育学の研究自体が、大学内の一部からは非国民呼ばわりされた。

一九四四（昭和十九）年　九月戦況切迫のため繰上げ卒業（卒業論文「教育学的思惟の性格―当在と生成」を急遽整えて提出）。卒業と同時に、長崎青年師範学校助教授に就任。同時に陸軍特別甲種幹部候補生として、豊橋陸軍予備士官学校に入校。

一九四五（昭和二十）年　四月同上卒業。東部四六部隊（沼田）に見習士官として配属。八月終戦。長崎青年師範学校に復職して、教育学と心理学を教える。担任したクラス（女子）は長崎で勤労動員中生き残った生徒たちであった。

一九四六（昭和二十一）年　四月広島文理科大学教育学科教育学専攻助手。研究室の書物の疎開で世話になった長束の修道一九四八(昭和二十三)年　院で、アルペ神父の説教の手伝いをする。

一九四九(昭和二十四)年　就職論文として「カントの直観論」を提出。四月長田範子と結婚。慶応義塾大学文学部小林澄兄教授がパージになった後、長田新教授の推薦で文学部専任講師となり、教育学概論および教育学演習を担当。

一九五〇(昭和二十五)年　同助教授に昇任。長男(成)誕生。

一九五三(昭和二十八)年　最初の著作『教育学』(初版三分冊、慶応通信)を出版。

一九五四(昭和二十九)年　関東教育学会の創設とともに理事に就任。

一九五五(昭和三十)年　『ハーヴァード教育評論』で、シェフラー教授の「教育の分析哲学へ」という論文を読み、強いインパクトを受ける。

一九五六(昭和三十一)年　次男(純)誕生。九月、民主党の『うれうべき教科書』問題に対し、社会科教科書(実教出版)の著者の一人として抗議。

一九五八(昭和三十三)年　教育哲学会理事に就任(一九八九年まで)。『ソクラテス(西洋教育史I)』(牧書店)を出版。この書は、慶応義塾賞(昭和三十二年)を受けるとともに、学術会議年報(英文、一九五八)に当年の代表的論文として要約が採録された。

一九六〇(昭和三十五)年　ロックフェラー財団の援助を受け、ハーヴァード大学(大学院)に留学。研究目的は私立大学の問題と教育の分析哲学的研究。当時アメリカの教育研究の領域に分析哲学の手法を導入したシェフラー教授の指導を受ける。またスキナー教授のティーチング・マシンの研究に関心をもつ。
留学からの帰国途中三月から四月にかけて、ギリシア、チェコスロヴァキア、スイス等において、教育史関係の調査を行う。ソクラテスやペスタロッチーの遺跡を初めて訪れる。冷戦下にウィーンからチェコに入り、コメニウスへの関心からモラヴィア地方の田舎を旅する。帰国後、一九六一（昭和三十六）年　東アジア教育研究センターを設立して、会長。

一九六三（昭和三十八）年　四月慶応義塾大学文学部教授。学位論文「教師ソクラテスの研究」により広島大学より文学博士の学位を受ける。慶応義塾労働組合執行委員長。ティーチング・マシンを中心に学習問題の研究のため、学習科学センター創設。この年秋より、東京大学教育学部で「西洋教育史」の講義を担当する。『りすの本―教育学者が見たアメリカ』（牧書店）を出版。

一九六四（昭和三十九）年　馬場四郎氏、清水義弘氏とともに、雑誌『教育の時代』（東洋館出版社）の編集を始める。（一九六五年まで続いた）この頃講談社現代新書の企画に関わる。

十月慶応義塾女子高等学校長となり（一九六七年まで）、同校の改革に取り組む。スキー学校、学校祭（十月祭）の開設、無監督試験の実施、通知表の改変、校内誌（萌木）の発行、卒業生の会（銀杏の会）の整備、奨学金制度の発足、ハワイ・プナホウ高校との交流（留学制度）の促進。幼稚舎をはじめ、諸学校教諭の留学制度の進言、第一回生安川國雄教諭、二回生桑原三郎教諭等とつづいた。『人間の権利』（講談社現代新書）を出版。

一九六五（昭和四十）年　『日本人の学校観』（東洋館出版社）を出版。『教育の時代』のほか諸雑誌への寄稿を集めたもので、当時の教育界のトピックを論じている。

一九六六（昭和四十一）年　学位論文を『教師ソクラテスの研究』（牧書店）として公刊。

一九六七（昭和四十二）年　吉田昇氏らと『教育学全集』（全一五巻、小学館）を編集する。慶応義塾大学通信教育部長となる。この頃通信教育への関心から、「開放制の教育」を主張し、『通信制による大学改革』（日本放送出版協会）を翻訳出版。政府のいわゆる「放送大学」計画に抗議して、全国の通信教育関係大学の大同団結を実現する（これが後に「大学通信教育協会」の設立となる）。『道徳は教えられるか』（国土社）を出版。

一九六八（昭和四十三）年　ＮＨＫ教育テレビの大学講座「教育原理」を担当して日本の教育問題を講じ、『教育原理』（日本一九六九（昭和四十四）年　放送出版協会）として出版される。

一九七二（昭和四十七）年　経済企画庁国民生活審議会委員。大学通信教育関係からの「放送大学」構想への批判によって、新たに文部省内に設置された「放送大学（仮称）創設設立準備委員会」の委員となる。慶応義塾大学工学部（藤田広一教授）と共同の「教育工学会」発足。『現代日本の教育』（日本放送出版協会）を出版。

一九七三（昭和四十八）年　三月から九月、ＤＡＡＤ（ドイツ学術交流会）の招待により、チュービンゲン大学で「在所学習」（Fernstudien）制度の研究にあたる。

一九七四（昭和四十九）年　総理府青少年育成国民会議委員会委員。この頃、『原典による○○学の歩み』（講談社）の企画に関わる。

一九七五（昭和五十）年　『原典による教育学の歩み』（講談社）を出版。

一九七六（昭和五十一）年　十月慶応義塾大学大学院社会学研究科委員長。十～十二月ＮＨＫ大学講座教育学担当「教育思想の展開」。教育学科卒業の旧学生を中心に「アガトロジー（あるいはアガトソロギア）—『善さ』の研究—研究会」結成（一九八五年まで継続）。『教育の再興』（講談社）を出版。

一九七七（昭和五十二）年　ＮＨＫ大学講座の教育学（「教育思想の展開」および「日本の近代と教育」）を担当。法務省矯正保護審議会委員。『教育学入門』（上下、講談社）を出版。

一九七八（昭和五十三）年　東アジア教育研究センターを改組して、日独教育協会を設立し、同会長（ドイツ側の委員は、オットー・フリードリッヒ・ボルノー［チュービンゲン大学］、ヨーゼフ・デアボラフ［ボン大学］、クレメンス・メンツェ［ケルン大学］教授）となる。「二一世紀教育の会」評議員。

一九七九（昭和五十四）年　中華民国（台湾）の政治大学、台北師範学校などで講演。この年、村井教育理論の実践をめざして、本吉修二により白根開善学校が創立される。『「善さ」の構造』（講談社）を出版。ねむの木学園の宮城まり子と出会う。

一九八〇（昭和五十五）年　福岡教育大学付属久留米中学校で村井教育理論をもとに実践が試みられる。翌年、その実践報告が『問い続ける子ども—過程像志向の教科の教育』（東洋館出版社）として出版。

一九八一（昭和五十六）年　社会福祉法人・ねむの木福祉会評議員となる。八月〜十二月、ラジオ大学講座（大学放送教育実験番組）で「教育思想」を講ずる。

一九八三（昭和五十八）年　慶応義塾大学から研究休暇を得て、四月からDAADの招待によりケルン大学で、九月よりプリンストン高等研究所の招待により同研究所で研究。研究休暇のテーマは「十八世紀末から十九世紀前半にわたる教育思想の動向」であった。十一月、ハーヴァード大学教育哲学センターで「東洋と西洋における『善さ』の問題」を講演。

一九八四（昭和五十九）年　放送大学客員教授（「教育思想」担当）。『もうひとつの教育』（小学館文庫）を出版。

一九八六（昭和六十一）年　慶応義塾大学を退職し、大東文化大学教授に就任する（一九九二年まで）。文部省教育課程審議会委員に就任。世田谷市民大学（一九九〇年まで運営委員、一九九一年から評議員）で教育ゼミを担当する。『ペスタロッチーとその時代』（玉川大学出版部）を出版。

一九八七（昭和六十二）年　『教育改革の思想』（国土社）出版。七月から『村井実著作集』（全八巻、小学館）の刊行が始まる（翌年完結）。

一九八九（平成　元）年　アガトソロジー（「善さ」の研究）の会を受け継ぎ、「人間主義学会」発足とともに会長に就任（平成十六年まで継続）。

一九九〇（平成　二）年　教育哲学会代表理事（一九九五年まで）。学校法人・ねむの木学園（静岡県掛川市）理事に就任。学園長宮城まり子氏の実践を、かねてより教育学の理論的裏づけをもって支えてきた。三田教育会で「福澤諭吉の教育思想—『独立自尊』と国家の自立」と題して講演。『いま、ペスタロッチーを読む』（玉川大学出版部）を出版。

一九九一（平成　三）年　日本学術会議十五期会員となる。

一九九二(平成　四)年　九月、ペスタロッチー研究旅行を企画・実施。『教育からの見直し—政治・経済・法制・進化論』(東洋館出版社)を出版。日本通信教育学会会長(二〇〇三年まで)。

一九九六(平成　八)年　教育の原点を求める研究会(通称、アガトスの会)を創設して、同会長。機関誌『アガトス』に論文、エッセイ、時評等を寄稿。『人間の権利』(講談社)を出版、現代新書版を新構想のもとに全面改訂した。

一九九八(平成　十)年　三田教育会十周年記念講演会で「福澤諭吉の教育思想—人間のための教育」と題し、福澤諭吉の教育思想を語る。

二〇〇〇(平成十二)年　『近代日本の教育と政治』(東洋館出版社)を出版。

二〇〇二(平成十四)年　NPO法人「子どものいのちを守る会」理事に就任(二〇〇七年より理事長)。

日本通信教育学会第50回研究協議会にて「教育の原点にかえって—学ぶとはなにか」を基調講演。

二〇〇三(平成十五)年　佐賀新聞社、佐賀大学等主催の「インターネットと教育シンポジウム」で、基調講演「目指すところは自由な学び」と、子息純氏との親子対談を行う。

二〇〇四(平成十六)年　上廣フォーラム21(日本人の生き方)で「福澤諭吉と教育」と題して講演。本講演は、同年七月NHKラジオ第2放送「文化講演会」にて全国放送された。

二〇〇六(平成十八)年　『三論或問　付「善さ」或問』(東洋館出版社)を出版。

二〇〇七(平成十九)年　慶應義塾創立百五十周年記念講演会(広島会場)にて、「よく生きようとする人間」と題して講演。また、教育哲学会の招待講演において、「教育」とその「定義」の問題を提起。「教育」の研究的コミュニケーションの可能性を真剣に探る学会の責務を訴える。

二〇〇八(平成二十)年　『新・教育学「こと始め」』(東洋館出版社)を出版。教育哲学会のプロジェクトにより、五回にわたるインタヴューを受ける。

二〇〇九(平成二十一)年　青年時代より愛読した英米の詩の数々を翻訳、『道連れ英詩折々抄』としてまとめる。

二〇一〇(平成二十二)年　『新・教育学の展望』(東洋館出版社)を出版。

二〇一一(平成二十三)年　「『新・教育学の展望』補遺　快い夢―「よく生きよう」とする、という「人間観」について」(東洋館出版社)を出版。翌年にかけて、四回の補充インタヴューを受ける。

二〇一三(平成二十五)年　上廣フォーラム21(日本人の生き方「わが先人・師を語る」)にて、「ペスタロッチー、長田新、両先生と私」と題して講演。本講演は、同年六月NHKラジオ第2放送「文化講演会」にて全国放送され、『わが師・先人を語る1』(弘文堂)に収録された。

二〇一四(平成二十六)年　『日本教育の根本的変革』(川島書店)を出版。

「講談社現代新書創刊五十周年」を記念したインタビュー記事「講談社文化を背負って」が、講談社の読書人雑誌『本』二〇一四年五月号に掲載される。

日本通信教育学会により、通信教育制度について五回にわたりインタヴューを受ける。日本通信教育学会第62回研究協議会において、「開放制教育としての通信教育」を特別講演する。

二〇一五(平成二十七)年　『聞き書　村井実回顧録　正続』(協同出版)、『教師と「人間観」』(東洋館出版社)を出版。

(本年譜は、森田尚人編『聞き書　村井実回顧録』教育哲学会プロジェクト「教育学史の再検討」グループ発行、二〇〇九年、所収の年譜に、諏訪内が加筆修正したものである。)

■ 村井 実 著作目録

『教育学』（三分冊、慶應通信、一九五〇年）
『かにの本―子どものしつけ』（牧書店、一九五五年）
『小学校社会科学習指導細案』一・二学年用（稲垣友美と共編、牧書店、一九五五年）
E・シュプランガー著『文化と教育教育論文集』〈世界教育宝典〉（長井和雄と共訳、玉川大学出版部、一九五六年）
『ソクラテス』〈西洋教育史Ⅰ〉（牧書店、一九五六年）
『教育学』（増補版、慶應通信、一九五六年）
『小学校社会科学習指導細案』三・四学年用（稲垣友美と共編、牧書店、一九五七年）
『ありの本―教育の力学』（牧書店、一九五八年）
『小学校社会科学習指導細案』五・六学年用（稲垣友美と共編、牧書店、一九五八年）
E・シュプランガー著『現代の文化問題』（長井和雄と共訳、一九五九年）
『かにの本―悪い子どもにするには―』（牧書店、一九五九年）
『西洋教育史』〈教育学テキスト講座〉（長田新監修、共編、お茶の水書房、一九五九年）
M・ホワイト著『宗教・政治・大学論』（翻訳、牧書店、一九六〇年）
『りすの本―教育学者がみたアメリカ教育』（牧書店、一九六一年）
『ティーチング・マシン』（沼野一男、稲垣友美と共著、牧書店、一九六一）
『夫も教師妻も教師―共に愛し共に学ぶ日々』（丸岡秀子と共編、明治図書出版、一九六二年）
『ソクラテス　歴史をつくった教師』（牧書店、一九六三年）
『倫理と社会の間』（仲康、小泉仰、稲垣友美と共編、牧書店、一九六三年）

『人間の権利―あすの生き方を思索する』〈講談社現代新書、一九六四年〉
『日本人の学校観』〈教育の時代叢書〉〈東洋館出版社、一九六五年〉
『教師ソクラテスの研究』〈牧書店、一九六六年〉※学位論文
『ソクラテス』〈世界思想家全書〉〈牧書店、一九六六年〉
『道徳は教えられるか』〈国土社、一九六七年〉
『教育学全集』全一五巻〈小学館、一九六七―六九年〉
第一巻　教育学の理論〈海後宗臣、吉田昇と共編〉
第二巻　教育の思想〈森昭、吉田昇と共編〉
第九巻　芸術と情操〈山本健吉、周郷博と共編〉
第一三巻　学校と教師〈重松鷹泰、上田薫と共編〉
第一五巻　道徳と国民意識〈海後宗臣、吉田昇、上田薫、長尾十三二、東洋と共編〉
『教育原理』〈NHK市民大学講座〉〈NHKサービスセンター、一九六八―六九年〉
『現代日本の教育』〈NHK市民大学叢書〉〈日本放送出版協会、一九六九年〉
B・F・スキナー著『教授工学』〈沼野一男と監訳、慶応義塾大学学習科学研究センター訳、東洋館出版社、一九六九年〉
『これからの教育』全五巻〈森昭、吉田昇と共編、日本放送出版協会、一九七〇年〉
第一巻　学校―これからどうなるか〈共編著〉
第四巻　シンポジウム―変貌する教育〈討論〉
『かにの本―子どもを悪くする手引き』ザルツマン原著〈訳著、あすなろ書房、一九七一年〉
『ソクラテスの思想と教育』〈玉川大学出版部、一九七二年〉
『道徳と教育』全四巻〈東洋館出版社、一九七二年〉

第一巻　現代道徳の論理（小泉仰と共著）
第二巻　道徳と教育（稲垣友美と共編著）
第三巻　学校と道徳教育（西村文男と共編著）
第四巻　道徳指導の実際（井沢純と共編）
『「実践力」の指導—知ることから生きることへ』（共編著、東洋館出版社、一九七二年）
『教育の系譜』〈西欧文化への招待〉（平塚益徳と共編、グロリアインターナショナル、一九七二年）
G・ドーメン著『通信学習による大学改革』（監訳、鈴木謙三訳、日本放送出版協会、一九七二年）
『人間のための教育』全五巻（森昭、吉田昇と監修、日本放送出版協会、一九七三年）
第四巻　女性（室俊司、樋口恵子と共編）
『教育学用語辞典』（吉田昇と監修、岩内亮一、萩原元昭、本吉修二編、学文社、一九七三年）
K・ウイドマー著『若い世代との出会い—青年の心理学』（監訳、松本憲訳、東洋館出版社、一九七三年）
『近代文明と教育』〈開発シリーズ〉（モラロジー研究所、一九七四年）
『ありの本—若い教師への訴え』（あすなろ書房、一九七四年）
『原典による教育学の歩み』（講談社、一九七四年）
『教育思想』〈教育演習双書〉（吉田昇と共編、学文社、一九七四年）
『教育の再興』（講談社、一九七五年）
『教育思想の展開』〈NHK大学講座「教育学1・2」〉（共著、NHKサービスセンター、一九七五—七六年）
『日本の近代と教育』〈NHK大学講座「教育学」〉（共著、NHKサービスセンター、一九七六年）
『教育学入門』（上・下）（講談社学術文庫、一九七六年）
『現代日本の教育』改訂版〈NHK市民大学叢書〉（日本放送出版協会、一九七六年）
『ソクラテス』（上・下）（講談社学術文庫、一九七七—七八年）

『「善さ」の構造』〈講談社学術文庫、一九七八年〉
『新・教育学のすすめ』〈小学館創造選書〉（小学館、一九七八年）
『教育原理』〈教育演習〉（学文社、一九七八年）
『アメリカ教育使節団報告書』（翻訳・解説、講談社学術文庫、一九七九年）
J・カマラータ他著『パパの育児志願―父親の責任ってなんだろう』（共訳、講談社、一九七九年）
『教育を私たちの手に』（あすなろ書房、一九七九年）
『対談・人間観と教育観』（堀内守と共著、東洋館出版社、一九七九年）
『教育学用語辞典』改訂版（吉田昇と監修、岩内亮一、萩原元昭、本吉修二編、学文社、一九七九年）
I・シェフラー著『教育のことば―その哲学的分析』（監訳、生田久美子・松丸修三訳、東洋館出版社、一九八一年）
『道徳教育の論理』（東洋館出版社、一九八一年）
『教育思想』〈ラジオ大学講座〉―教育の歴史をつくった人びと』（旺文社、一九八一年）
『教育する学校』（玉川大学出版部、一九八二年）
『子どもの再発見―続／新・教育学のすすめ』〈小学館創造選書〉（小学館、一九八二年）
M・ホワイト著『アメリカの科学と情念―アメリカ哲学思想史』（田中克佳、松本憲、池田久美子と共訳、学文社、一九八二年）
『人間の教育とその原理―現代教育の展開』（監修、川島書店、一九八三年）
E・シュプランガー著『文化と教育』新版〈西洋の教育思想〉（長井和雄と共訳、玉川大学出版部、一九八四年）
『たのもしい善さの教育』〈ふたば文庫〉（水海道教会、一九八四年）
『もうひとつの教育―世界にさぐる旅』（小学館、一九八四年）
『かにの本―子どもを悪くする手引びき』ザルツマン原著・村井実訳著あすなろ書房、一九八四年

『教育思想史』全六巻（上智大学中世思想研究所編、大谷啓治、平野智美、クラウス・リーゼンフーバー、クラウス・ルーメルと監修。東洋館出版社、一九八四年）
　第一巻「ギリシア・ローマの教育思想」（共著）
J・デアボラフ著『現代ドイツの教育学と教育行政』（監修、広池学園出版部、一九八四年）
『教育思想―教育の歴史をつくった人びと』〈放送大学教材〉（放送大学教育振興会、一九八五年）
『開放制への道―教育改革と開放制教育』（私立大学通信教育協会、一九八六年）
『ペスタロッチーとその時代』〈教育の発見双書〉（玉川大学出版部、一九八六年）
『もう一つの教育』〈ふたば文庫〉（水海道教会、一九八七年）
『続・もう一つの教育』〈ふたば文庫〉（水海道教会、一九八七年）
『教育改革の思想―国家主義から人間主義へ』〈教育選書〉（国土社、一九八七）
J・R・マーティン著『女性にとって教育とはなんであったか―教育思想家たちの会話』（監訳、坂本辰朗・坂上道子訳、東洋館出版社、一九八七年）
I・シェフラー著『教育から見た知識の条件』（監訳、生田久美子・山口栄一・舟山敏明・松丸修三・大江正比古訳、東洋館出版社、一九八七年）
『村井実著作集』全八巻（小学館、一九八七―八八年）
　第一巻　教育学入門（解説・和田修二）
　第二巻　教育の再興（解説・波多野完治）
　第三巻　ソクラテスの思想と教育・「善さ」の構造（解説・長井和雄）
　第四巻　道徳は教えられるか・道徳教育の論理（解説・小泉仰）
　第五巻　新・教育学のすすめ・子どもの再発見（解説・吉本均）
　第六巻　かにの本・ありの本（解説・平井信義）

第七巻　りすの本・もうひとつの教育（解説・森田孝）
第八巻　人間の権利・日本人の学校観（解説・堀内守）
『教育思想（一）―発生と展開―』〈放送大学教材〉（放送大学教育振興会、一九八九年）
『教育思想（二）―近代からの歩み―』〈放送大学教材〉（放送大学教育振興会、一九八九年）
T・W・ムーア著『教育哲学入門―哲学的分析への手引き』（監訳、諏訪内敬司・東敏徳訳、川島書店、一九九〇年）．
『共にまなぶ道徳教育―その原理と展開』（遠藤克弥と共編著、川島書店、一九九〇年）
『道徳教育原理―道徳教育をどう考えればよいか』（教育出版、一九九〇年）
『いま、ペスタロッチーを読む』（玉川大学出版部、一九九〇年）
『道徳は教えられるか』〈現代教育一〇一選〉（国土社、一九九〇年）
『教育におけるタフとテンダー―埋み火を熾こす』（国土社、一九九二年）
『教育からの見直し―政治・経済・法制・進化論』（東洋館出版社、一九九二年）
『教育思想（上）―発生とその展開』（東洋館出版社、一九九三年）
『教育思想（下）―近代からの歩み』（東洋館出版社、一九九三年）
『人間と教育の根源を問う』（小学館、一九九四年）
『人間の権利』〈増訂版〉（講談社、一九九六年）
『教育からの見直し―政治・経済・法制・進化論』〈新訂版〉（東洋館出版社、一九九六年）
『人間のための教育―閉鎖制から開放制へ』（東洋館出版社、一九九七年）
『「善さ」の復興』（東洋館出版社、一九九八年）
『今こそ教育にビッグバンを！』（東洋館出版社、一九九九年）
『近代日本の教育と政治』（東洋館出版社、二〇〇〇年）

『岐路に立つ教育—教育・政治・科学の対論』（東洋館出版社、二〇〇〇年）
『教育詩 新・ありの本—子どもたちのためにせっせと働く親あり、先生ありに贈る本』（東洋館出版社、二〇〇一年）
『教育の理想』（慶應義塾大学出版会、二〇〇二年）
『教育と民主主義』（東洋館出版社、二〇〇五年）
『女性』〈現代日本女子教育文献集〉（室俊司、樋口恵子と共編、日本図書センター、二〇〇五年）
『三論或問—附「善さ」或問—』（東洋館出版社、二〇〇六年）
『家庭教育を考える』〈慶応義塾創立一五〇年ブックレット 学問のすすめ〉（渡辺秀樹、岩崎弘と共著、慶應義塾、二〇〇七年）
『みんなに伝えたい教育問答』（東洋館出版社、二〇〇七年）
『新・教育学「こと始め」』（東洋館出版社、二〇〇八年）
『教育を見直しましょう』（子どものいのちを守る会、二〇〇九年）
『聞き書 村井実回顧録』（教育哲学会、二〇〇九年）
『新・教育学の展望』（東洋館出版社、二〇一〇年）
『新・教育学の展望補遺—快い夢—「よく生きよう」とする人間観について』（東洋館出版社、二〇一一年）
『日本教育の根本的変革』（川島書店、二〇一三年）
『小学道徳 心つないで』（一～六年）（教育出版、監修、二〇一四年）
『聞き書 村井実回顧録 正続』（協同出版、二〇一五年）
『教師と「人間観」』（東洋館出版社、二〇一五年）

（本著作目録は、書籍のかたちで出版されたものを年代順に並べたものである。単著、編著、監修および翻訳に限られた不十分なものであって、小学校~高校の検定教科書、雑誌論文のほか、寄稿のみで編者として名を連ねていない書籍は含まれていない。：森田尚人編『聞き書　村井実回顧録』教育哲学会プロジェクト「教育学史の再検討」グループ発行、二〇〇九年、所収の著作目録に諏訪内が今回若干加筆補正した。）

■ 正続編　あとがき

本書刊行のきっかけになったのは、第一に、教育哲学会特定課題研究助成プロジェクト「教育学史の再検討」グループによる『聞き書　村井実回顧録』の発行である（平成二十一年）。発行の経緯は編者森田尚人先生の「正編　あとがき」を参照していただくとして、第二に、五回のインタヴューでは、村井先生の教育学研究の七十年に亘る足跡をカバーしきれないことがあり、補充インタヴューを実施したことによる。森田先生ご自身も「あとがき」に「生涯にわたる仕事の全容をうかがうには少なくとも十回の対話を重ねることが必要と思われた」と書かれている。また、この『回顧録』は市販されたものではなく、教育哲学会員向けに出版されたため、学会員以外の手に渡る機会が限られたという事情がある。その貴重な内容が広く共有されないことは、今後、教育学研究の新たな道を広く拓いていくためには実に惜しまれることであろう。

そこで、合計四回にわたって補充インタヴューをさせていただいた。音声起こし、原稿の確定、出版社との交渉、私の多忙などの理由から、今日まで出版が延びてしまったことをお詫びしなければならない。

正編を再録することに同意していただいた森田尚人先生に感謝申し上げる。今回、正編を再録するに当たり、原則としてそのままとしたが、事実関係の確認による若干の加筆修正と補注追加させていただいた。

補充インタヴューは、村井先生と長年続けてきた読書会メンバーのうち、諏訪内の呼びかけに応えた渡邊弘氏、松丸修三氏、倉橋桂子氏にも加わっていただいた。十分な学問的裏付けをもってのインタヴューではなく、エピソード的な内容に終始した印象があるかもしれない。しかし、先生の多方面にわたる活躍ぶり、指導を求めて集う人々には分け隔てなく応え、接する姿に、一貫して流れる先生のヒューマニズムや人柄を感じ取っていただければ幸いである。また家庭人としての家事分担、我が子のオムツ替えなどを当然のこととする姿勢に、教育学者の原点が垣間見える。小学生の頃から大人向けの雑誌や小説を読まれていたことが、先生の豊かな文章力の源ではなかったかと推察される。語られる内容、語り口から、厳しい学問的姿勢とやさしさを併せ持つ生身の先生が、読者の眼前、傍らに温かく感じ取られれば、編者として望外の喜びである。

付録のうち、「三田哲学と教育学」は、村井先生が所属していた慶應義塾大学文学部哲学科（現在は哲学系と人間関係学系）の教員から組織される三田哲学会の機関雑誌に、同学部開設百周年を記念して一九九一年四月発刊の第92集に掲載されたものである。同大学教育学専攻の戦後の歩みに先生がどう関わったかを表す貴重な資料なので収録した。転載を許可していただいた同学会及び関係者の方々に感謝申し上げる。転載に当たり、資料は省略した。

「講談社文化を背負って」は、講談社現代新書創刊五十周年を記念して実施されたインタビューとして、同社の読書人雑誌『本』二〇一四年五月号に掲載されたものである。転載を許可していただいた同社及び編集人・中村勝行氏に感謝申し上げる。

なお、日本通信教育学会（白石克己会長）が大学通信教育制度について村井先生のお考えを聞く五回のインタヴューを平成二十六年に実施したが、本書はそれとは別途に出版することとした。

ペスタロッチーについての資料・講演は、平成四年秋に行なわれたペスタロッチー・スタディー・ツアーでの記録である。同ツアーは先生と門弟にとって一大行事であり、貴重な記録なので一部を収録した。ペスタロッチー遺跡巡りをする際に参考にしていただければ幸いである。

正編第二回インタヴューで触れられた広島文理科大学に提出した卒業論文、慶應義塾大学に提出した就職論文等も、今後の研究のためには欠かせない資料であろうと思われたが、活字化の作業は今後に残された。また、全著作目録（単行本以外の寄稿文を含む）も今後の作成に期したい。一九八二年現在の著作目録が当時の村井ゼミナールによってつくられているが、その後の著作の調査が不十分なため、今回は収録を断念せざるを得なかった。

先生の著作が正面切っての主張であるとすれば、本回顧録は側面から理解を補い、且つ深める役割があるのかもしれない。その意味で、本回顧録の出版は村井先生の「新・教育学」の「こと始め」の一端を担うと確信している。編集に際して、倉橋桂子さんには貴重な意見をいただいた。記して感謝を申し上げる。

最後に、出版事情の厳しい折にもかかわらず出版をお引き受けいただいた協同出版株式会社の小貫輝雄社長に心から感謝申し上げる。

二〇一五年一月

諏訪内敬司

編者

森田尚人（もりた　ひさと）

一九四四年生まれ。東京大学大学院教育学研究科博士課程単位取得退学。聖心女子大学文学部教授、中央大学文学部教授などを歴任。教育哲学会元代表理事。教育思想史学会元会長。主著『デューイ教育思想の形成』『教育と政治――戦後教育史を読みなおす』（共編著）『教育思想史で読む現代教育』（共著）など。

諏訪内敬司（すわない　けいじ）

一九四六年生まれ。ロンドン大学教育学院ディプロマ課程修了。慶應義塾大学大学院社会学研究科博士課程単位取得退学。杏林大学教授を経て、モラロジー研究所客員教授。主著『倫理道徳の白書 Vol.2』（共著）『現代の倫理道徳Q&A』（共著）『いのちと愛の思想』（共著）など。

インタビュアー

森田尚人

生田久美子（いくた　くみこ）

一九四七年生まれ。慶應義塾大学大学院社会学研究科博士課程単位取得退学。東北大学教育学部教授を経て、田園調布学園大学副学長・教授。

松浦良充（まつうら　よしみつ）

一九六〇年生まれ。国際基督教大学教育学研究科博士課程単位取得退学。明治学院大学教授を経て慶應義塾大学文学部教授。教育思想史学会会長。

渡邊弘（わたなべ　ひろし）

一九五五年生まれ。慶應義塾大学大学院社会学研究科博士課程中退。宇都宮大学教育学部長・教授を経て、作新学院大学人間文化学部長・教授。

松丸修三（まつまる　しゅうぞう）
一九五〇年生まれ。慶應義塾大学大学院社会学研究科博士課程単位取得退学。高千穂大学人間科学部教授。
倉橋桂子（くらはし　けいこ）
一九四八年生まれ。慶應義塾大学文学部卒業。子どものいのちを守る会会員。
諏訪内敬司

聞き書　村井実回顧録　正続

平成27年3月20日　第1刷発行

編　者　森田尚人・諏訪内敬司
発行者　協同出版株式会社
　　　　代表者　小貫輝雄
　　　　〒101-0054　東京都千代田区神田錦町 2-5
　　　　　　　　電話　編集 03-3295-6291　営業 03-3295-1341
印刷者　協同出版・POD 工場
　　　　　　　　振替 00190-4-94061
乱丁・落丁はお取り替えします。